인간안보

개념과 함의

S. 타지박시 · A. M. 체노이 지음
박균열 · 조홍제 · 김진만 · 이영진 옮김

인간안보

개념과 함의

S. 타지박시 · A. M. 체노이 지음
박균열 · 조홍제 · 김진만 · 이영진 옮김

철학과현실사

역자 서문

　인간안보(human security)는 상대적으로 저평가되어 온 '인간' 자체에 대한 안전보장을 의미한다. 전통적으로 안보 문제는 국민, 영토 및 주권에 대해 전쟁을 불사하고 보장하는 군사안보의 시각으로 다루어졌다. 이러한 전통적 안보는 동시다발적, 복합적 안보 위협 요소의 제기로 인해 환경안보, 경제안보, 사회안보, 정치안보 등의 포괄적 안보(comprehensive security) 개념으로 나아가게 되고, 동시에 인간 개개인의 존재 자체에 대한 문제를 다루는 인간안보의 필요성을 수용하게 된다. 따라서 오늘날 안보는 과거 국토방위로 일컬어지는 전통적인 군사안보를 포함하는 다양한 안보주제와 인간 자체에 관심을 동시에 갖게 되었다.

　인간안보라는 용어가 처음으로 등장한 것은 1994년 유엔개발계획이 작성한 「인간개발보고서」에서부터 비롯된다. 인간안보의 일곱 가지 범주에는 경제안보, 식량안보, 보건안보, 환경안보, 개인안보, 공동체안보, 정치안보 등이 있다. 인간안보는 근본적인 인간의 자유를 추구하는데 여기에는 두 가지 유형이 있다. 하나는 공포로부터의 자유

(freedom from fear)이고, 다른 하나는 궁핍으로부터의 자유(freedom from want)이다. 이와 같이 인간안보는 인간 개개인을 대상으로 하고, 인간 개개인의 안전과 복지를 목표로 한다. 위협 요인으로는 군사, 비군사적인 것을 동시에 고려한다. 인간안보 문제는 개인, 사회, 국가, 지역, 그리고 초국가(transnational) 층위를 동시에 다루게 된다.

이 책의 저자들은 주로 유럽에서 국제적인 인간안보 문제를 연구하고 활동하고 있는 학자들이다. 타지박시(Shahrbanou Tadjbakhsh) 교수는 프랑스 파리에서 평화문제와 인간안보를 중심으로 연구하고 있다. 체노이(Anuradha M. Chenoy) 교수는 인도 뉴델리에 있는 자와할랄 네루 대학에서 러시아와 중앙아시아에 관한 연구를 수행하고 있다. 그녀는 인도 내부에서뿐만 아니라 국제적으로도 유엔 등에서 다양한 활동을 펼치고 있다.

이 책의 번역은 국방대학교 국가안전보장문제연구소 전문연구원 조홍제 박사, 육군3사관학교 윤리학과 김진만 교수, 전 국방대학교 공보관 이영진 중령, 그리고 본인이 함께 참여해서 이루어졌다. 1-2장은 이영진 중령이 번역했고, 3-4장은 본인이, 5-7장은 김진만 교수가, 8-10장은 조홍제 박사가 맡아 했다.

이 책을 번역하게 된 동기는 오랫동안 전쟁윤리(war ethics)에 공통적으로 관심을 가져오던 번역자들의 학문적 호기심에서부터 비롯되었다. 서양의 경우 고대 로마시대 이후로 전쟁에 대한 윤리적 해석이 다양하게 이루어졌다. 대체로 정형화된 구분이 있는데, 전쟁 자체의 정당성(jus ad bellum), 전투행위에 있어서의 정당성(jus in bello), 그리고 전투 국면을 벗어나 민정단계의 문제를 다루는 전쟁 후의 정당성(jus post bellum) 등이 있다. 실제 전쟁은 첫 번째와 두 번째의 전쟁담론이 중요한 반면, 인간안보의 문제 즉 인도주의적 간섭 또는 개입(humanitarian intervention or engagement)은 첫 번째와 세 번째의 전쟁담론에서 의미 있는 시사점을 얻을 수 있다. 제8장에서 정의 전쟁론과 인간안보의 관련성에 대해 부분적으로 다루고 있기는 하다. 이 문제에 대해 많은 비중으로 다루고 있지는 않지만, 책 전반의 집필 의도 자체가 인간안보의 주제이므로 의미가 크다. 번역 과정에서 번역자 모두는 더 좋은 번역과 적절한 용어 사용을 위해 서로 많은 토론을 했다. 아직도 눈에 익지 않은 용어가 많이 있을 것으로 본다. 이는 인간안보에 대한 유엔 등 국제기구의 관련 보고서가 국내에 번역되어 정착되지 않은 상황이기 때문인 것으로 보인다. 이러한 점에서 독자 여러분들께서 넓은 아량으로 봐주시리라 기대한다.

지난 7월 14일부터 17일 기간 중 유엔교육과학문화기구(UNESCO) 아시아지국과 말레이시아의 말라야 대학이 공동으로 주최한 '아시아-아랍의 철학적 대화 : 평화문화와 인간의 존엄성'이라는 주제의 학술대회에 참석하는 동안 파리의 유네스코 본부 인문사회과학국의 인간안보·민주주의·철학팀의 부팀장으로 근무하고 있는 라오스 출신의 찬타랑시(Phinith Chanthalangsy)를 만난 적이 있다. 당시 그는, 과거 유엔개발계획에서 출발하여 최근에는 유네스코에서 해오던 인간안보에 관한 문제가 2007년경부터 유엔 인도주의업무조정국(UNOCHA: United Nations Office for the Coordination of Humanitarian Affairs)으로 대폭 이양되었다고 하였다. 그의 적절한 조언에 감사한다. 국내에서 인간안보의 학풍을 진작하는 데 큰 기여를 하고 계시는 국방대학교 한용섭 교수님과 고려대학교 이신화 교수님의 관심과 배려에 감사드린다. 끝으로 전체 교정 작업을 도와준 국방대학교 임여진 교수와 경상대학교 윤리교육과 이종현 군의 노고에 감사하며, 좋은 책으로 펴내준 철학과현실사에도 고마움을 표한다.

2010년 10월
번역진을 대신하여 박균열 사룀

차 례

제 2 부
시사점

서 문

인간안보의 개념은 국제적 대전환이 일어나는 가운데 발전했다. 소비에트 연방의 붕괴로 냉전이 끝나고 국제관계를 어둡게 만들던 양극 정치체제의 먹구름이 걷히게 되자, 새로운 위협과 갈등이 미결된 것들과 더불어 나타나게 되었다. 동시에, 세계화로 인해 국경이 사라지고 국제관습은 자본과 기술의 더 빠른 이동이 용이하도록 수정되었으며, 새로운 비국가 주체들이 위협, 지역간·국가간 소통과 같은 국제정치 체계의 중요한 역할을 하게 되었다. 이러한 상황 속에서, 국가의 역할도 변화를 겪게 되었고 전통적 힘의 개념에 관한 논쟁이 제기되었다. 이러한 변화는 개발과 안보라는 해묵은 질문에 답을 제시할 새로운 안을 필요로 했고 인간안보의 이론화는 그 흐름의 대응 방법이었다.

1990년대의 막이 열렸을 때, 세계는 더 이상 이전과 같지 않았다. 몇 해 전만 해도 베를린 도시를 가른 장벽을 넘고자 하면 총살을 당했다. 미국 대통령은 '악의 제국(evil empire)'이라는 명칭을 사용하며 수십억 달러를 더욱더 강력한 신무기 개발에 쏟아 부었다. 두 초강대국이 세계를 지배했고 국제관계는 이 경쟁의 영향력 속에서 발전했다. 그러나 갑자기 모든 것이 달라졌다. 공산주의와 소비에트 연방, 군비확장 경쟁이 사라졌다. 변화의 바람은 모스크바와 세계의 많은 지역을 강타했다. 불가능이란 없어 보였고 갑작스러운 평화는 현실이 되었다. 인간안보의 개념은 이러한 배경 속에서 발생했다. 세계는 갈림길에 서게 되었고, 길을 이끌어줄 지도가 필요했다. 1994년 유엔개발계획(UNDP: United Nations Development Program)은 지향해야 할 길로 인간안보를 처음으로 발표했다.

유엔개발계획은 「인간개발보고서(*Human Development Report*)」에서 군사관계와 군사력에 초점을 맞춘 전통적 안보의 개념을 '일상생활에서의 갑작스럽고 유해한 혼란으로부터의 보호'와 함께 '기근과 질병, 억압과 같은 만성적 위협으로부터의 안전'을 포함하는 개념으로 확장시키려 했다. 그리하여 인간안보는 경제안보, 식량안보, 보건안보, 환경안보, 개인안보, 공동체안보, 그리고 정치안보를 포함하게 된다.

그때부터, 인간안보는 어느 정도 전문용어가 되었다. 캐나다와 일본 등의 국가들은 인간안보를 외교정책의 모범원칙으로 선언해 왔다. 두 나라는 다른 국가들이 구체적 인간안보의 목표달성을 위한 국제포럼에 참여하도록 장려하고 많은 국제회의, 네트워크, 위원회를 조직했다. 인간안보의 개념을 구성해 가고 구체적 상황에 개념을 적용시키는 수많은 보고서들이 발표되었다. 학자들은 이 난투에 참여해 인간안보를 이론으로 정립하기 위해 노력해 왔고 인간안보의 실험분석이 가능하도록 측정방법을 개발시켜 왔다. 행동주의자들은 다양한 기대와 관념, 이해관계를 통합해 인간안보를 슬로건으로 만들었다.

그래서 최근 몇 년간 발전해 온 것이 대개 자세히 논하기가 어려운 생각과 발표, 보고, 분석, 비평의 정글이다. 이 책의 집필 목적은 이러한 정글 여행이 조금 더 쉽도록 돕는 것이다. 이 글을 따라잡는 데 있어 어려움은 불가피하다. 타지박시가 2003년 봄 컬럼비아 대학에서 인간안보에 대한 강의를 시작했을 때는, 입수할 수 있는 자료들이 많지 않았다. 2004년, '인간안보란 무엇인가? 21명 저자들의 설명'(9월, 35호)이라는 제목의 언론특별본 『안보대화(*Security Dialogue*)』의 발행으로 다양한 학술적 정의가 제안되었다. 그때부터 점점 발전된 연구보고서들이 발표되었다. 이 책에서 우리는 이 분야에 대한 우리 스스로의 도전과제들을 제시하면서 인간안보에 관한 현재의 연구보고서들의 포괄적인 개관을 제시하고 분석하려 한다.

이 책을 통해 인간안보의 발전에 핵심 발전 사항과 사건은 무엇이 있었는지, 인간안보가 다른 개념들과 어떻게 연관되어 있는지, 정치조직, 정치학, 정책에 있어 의미하는 바는 무엇인지를 설명하려고 한다. 영토를 도식화하고, 국제정책 수립 주기와 관련해 빠르게 중요성이 증가하고 있는 개념의 논의를 조직하는 것 외에도 이 책은 지식적 욕구에 해답을 내어줄 것이다. 세계화로 위협이 변화하고 국가의 힘이 약해지는 지구상에서 안보는 더 이상 일차원적 방법으로 연구될 수 없다. 안보는 범학문적 관점에서 개념화되어야 하고, 변수 간의 상호작용과 함께 다양성이 고려되어야 한다. 이 책은 이 새롭고 다차원적인 개념에 기여하고, 개념의 강점과 약점, 또 분석과 실행에 있어 개념이 의미하는 바를 보여주기 위한 것이다.

이렇게 변하기도 하고 서로 대립되는 우선순위들은 연구서들이 답하고자 하는 다음의 논점들을 교묘히 회피하고 있다.

- 인간안보의 접근법은 근본적 변화를 제시하는 것인가, 진부한 정책에 인기를 끄는 이름표를 붙인 낡은 해결책의 새로운 이름인가?
- 인간안보의 개념은 비현실적인가, 현실적으로 의미를 가지는가?

국제관계에서 도덕규범의 역할은 무엇인가?

- 국가의 역할과 책임, 지위는 무엇이고, 새로운 안보 시각에서 본 국제사회는 어떤 모습인가?

- 인간 비안보를 전통적 안보수단으로 해결할 수 있는가? 그 대안책이 요구되는가?

- 국가의 주권, 문화적 상대주의에 대항하여 세계적 관점의 안보에 대한 요구를 어떻게 조정할 수 있는가?

- 냉전이 끝나면서 탄생한 인간안보의 개념은 9·11 사태와 같은 국가안보 문제에 관심이 집중되고 있음에도 여전히 현대적 의미를 가지는가?

구성

이 책에서는 신체적 또는 심리적 안전, 존엄 그리고 복리를 위협하는 위험으로부터 개인을 보호하는 것으로 인간안보를 폭넓게 정의한다. 인간안보는 개인의 안정적이고 자결적인 삶의 영위를 의미한다. 인간안보의 관점에서 보면, 국경 갈등 상황, 경제위기 또는 개발 모델과 같은 사회현상들이 중요성을 가지는 이유는 개개인 삶의 안정과 존엄에 영향을 끼치기 때문이다.

이 책은 크게 두 부분으로 구성되어 있는데, 1부에서는 인간안보 관련 분야 내의 이론적이고 개념적인 논쟁, 2부에서는 인간안보에 대한 실제 규정이 가지는 의미를 국가와 지역, 국제적 수준에서 살펴볼 것이다.

1부는 정치가(1장)와 학자들(2장)이 제시해 온 다양한 인간안보의 개념을 평가하는 것으로 시작한다. 1장에서는 국제기구와 지역기구가 정의하는 인간안보 개념을 채택하는 것과 그 중간쯤의 개념을 채택하는 것이 가지는 정치적 의미를 알아볼 것이다. 그리고 2장에서는 여러 가지 정의와 인간안보의 개념에 반대하여 제시되는 다양한 종류의 비판을 제시한다. 그 후 3장에서는 인간안보 개념을 확정된 연구 분야와 비교 대조할 것이다. 안보에 관한 좀 더 전통적인 개념, 즉 국제관계에 대한 현실주의적, 자유주의적, 구성주의적 그리고 급진/대안적 이론의 개념과 인간안보를 비교해 볼 것이다. 다음 두 장에서는 인간안보의 관점을 최근 몇 년 간의 국제정책과 개발정책, 다시 말해서 인간개발(4장)과 인권(5장)의 두 개념과 나란히 함께 이야기해 볼 것이다.

2부에서는 인간안보가 실제로 얼마나 보장될 수 있는지의 문제를 제시할 것이다. 인간안보가 어떻게 갈등과 저개발 사이의 상관관계에 대해 논쟁을 변형시켜 왔는지를 살펴본다(6장). 그리고 나서 세 개의 장에서 다양한 책임의 변화에 관해 살펴본다. 7장에서는 인간안보를 제공, 위협, 그리고 보호하는 데 있어 외부주체와 내부주체 모두로서의 국가의 역할을 살펴볼 것이다. 8장에서는 국가와 국제기구들이 세계의 특정 지역에서 인간안보를 '강요'하기 위해 사용하는 방법인 인도주의적 중재를 살펴본다. 중재의 결점은 무엇이고, 또한 그것이 가지는 가능성은 무엇인가? 장기계약의 내정간섭을 통한 보호 책임이라는 사고방식을 어떻게 재개념화할 수 있는가? 그리고 9장에서는 해외원조에 대해 인간안보 체제가 가지는 의미를 이야기한다. 원조가 어떤 방식으로 해가 되거나 방해가 될 수 있는가? 원조가 목표국가의 인간안보 상황을 어떻게 개선할 수 있는가? 결론인 10장에서는 인간안보라는 새로운 분야가 필요로 하는 연구조사 문제를 확인해 보기 전에 이론적인 것으로서 그리고 실질적인 것으로서의 인간안보에 대해 요약한다.

인간안보 관련 저술 구상: 공통가치에 기반한 공동연구

저자의 말

바라건대 이 책이 학자, 정치가, 학생, 개발전문가, 그리고 현대의 국제사회가 안고 있는 문제와 도전과제에 관심이 있는 시민사회 모두에게 유용한 입문서가 되었으면 한다. 이 책에서 문제의 해답을 찾기보다는 더 많은 의문을 품게 될 수도 있지만, 그것이 이 책이 의도하는, 바로 더 나아간 연구에 대한 관심을 북돋우는 것이다.

세계 각지에서 조사를 시작했을 때 우리는 인식론상의 의견차라고 할 수 있는 것과 마주하게 되었다. 미국과 앵글로색슨계에서는, 인간안보의 개념은 항상 당혹감을 샀다. 결국 안보는 전략적 교섭, 방어시설, 군대, 전쟁억제 등과 자동적으로 연관지어진다. '무엇이 인간안보였나?' 우리는 되풀이하여 질문을 받았다. '인간'과 '안보'라는 두 상반된 세계의 단어를 일원화시킨 모순이 아닌가? 그러나 놀랍게도 프랑스에서는 학생들이 해체적 접근을 이해하지 못했다. 그들에게는 이미 사회안보의 개념이 구체화되어 있었고 학생들은 우리의 상상하는 좌절을 거의 이해하지 못했다. 인간안보는 명백한 것이지 않았나? 새로운 용어가 필요했나? 이것은 단순히 다른 두 사회, '보수적' 학자나 '진보적' 실행자들에게 이야기하는 것의 문제가 아니었다. 우리가 이해하게 된 것은 '인간안보'의 본질적 이해는 질문자, 이 경우에는 힘이 지배하는 냉전 속에서 자란 학생과 복지국가에서 자란 학생, 그들 개인이 경험을 통해 얻은 세계관에 따라 구체화되어 있었다는 것이다.

그러나 제3세계에서는 어떠한가? 인간안보는 불가피하게 내정간섭주의적 생각, 아직까지는 회초리를 동반한 '북방' 국가에서 온 또 다른 개념으로 생각되었다. 그러나 노골적으로 정확히 얘기해서, 남반구의 개발도상국, 바로 그들의 사회야말로 인간안보와 개발안보가 강조되어야 했던 곳이 아닌가? 우리가 이해하게 된 것은 수많은 불신이 동반된 집단적 경험이었다. 첫 번째 불신은 국제기구로부터 유래한 것으로, 남반구 국가들에게 국제기구라는 것은 북방 강대국의 지휘를 따르는 기구로 보이는 경우가 많았다. 논의가 민주주의가 되었든, 인권과 지금 이야기하는 인간안보가 되었든 간에 강요의 기미가 보였다. 두 번째로 깨달은 것은 안보가 군사증강과 관련되는, 국가/비국가적 무기상을 통해 남반구 국가들이 군사무기를 무심히 구매하게 되는 희생을 겪은 집단적 경험이었다. 안보는 프랑스 복지국가가 의미하는 바와 거리가 멀었다. 안보는 치명적인 모든 것들에 있어 앵글로색슨의 전통적 사고와 더 흡사했다.

그래서 인간안보의 많은 의미들을 고찰하고 이를 통해 최종적인 결과를 도출하기 위해 연구조사가 엄밀히 진행되었고 파리의 정치학연구소와 뉴델리 자와할랄 네루 대학의 두 교수가 공동연구를 하기에 이르렀다.

타지박시는 인간안보에 관한 학문적이고 전문적인 직업의 결과물로 책을 출판하는 것을 생각하였는데, 그것은 학문적 직업을 개발의 정책과 실행에 연결시키는 것이었다. 그녀는 소비에트 체제와 중앙아시아 공화국에서의 국적문제에 관해 중심지역과 주변지역의 관계를 공부하여 컬럼비아 대학에서 박사학위를 수료한 뒤, 중앙아시아와 동유럽, 독립국가연합 현지의 유엔개발계획, 그리고 결국 뉴욕 본부의 「인간개발보고서」를 위해 7년간 일했다. 타지박시는 이라크, 아프가니스탄, 인도, 중국, 쿠웨이트, 몽골, 타지키스탄, 우즈베키스탄, 카자흐스탄과 같은 다양한 국가에서 국가인간개발보고서(National Human Development Reports)를 담당하는 경제학자, 정치과학자들과 함께 일했고, 그 경험을 통해 인간안보의 개념과 의미 관계에 공감하게 되었다. 2002년 유엔을 떠난 뒤, 이 일은 인간안보를 처음 강의하기 시작했던 컬럼비아 대학과 파리 정치학연구소의 강의실로 이어졌고, 그곳 국제관계교육연구센터(CERI: Centre d'études et de recherches internationales)에서 그녀는 평화와 인간안보를 위한 계획을 지도하고 있다.

체노이는 자와할랄 네루 대학 국제정치학부에서 강의를 하는데, 그곳에서 학부장을 역임해 왔고 지금은 러시아와 중앙아시아 계획을 담당하는 지도자이다. 『남아시아의 군국주의와 여성(*Militarism and Women in South Asia*)』과 『새로운 러시아 건설(*The Making of New Russia*)』을 썼고 컨설턴트로 일해 왔으며 유엔의 회의를 포함, 다양한 국제회의에서 성별, 안보 문제에 관해 연설을 해왔다. 이 책은 체노이가 타지박시와 함께한 학문적 성과의 일부이고, 국가안보보다는 인간안보와 관계된 그들 공통 관심사에 대한 의견 일치의 결과이다. 국민의 일상적 걱정까지 포함하는 포괄적, 대안적 안보 개념이 가리키는 방향은 이렇다. 사람들의 삶이 대면한 비안보는 그것이 다음 끼니나 거처가 없는 문제든, 목표달성을 위해 정치체제를 구축하는 일이든 간에, 개발도상국, 특히 인도와 같은 국가의 모든 지식인들이 마주선 문제가 되었다. 남은 것은 이러한 문제들에 어떻게 대응하느냐이다. 어느 쪽에 이론적 합의를 둘 것인가? 바로 이것이 체노이를 인간안보의 개념에 이끌리도록 만든 것이다.

우리는 세상을 바꾸고자 하는 학자들이다. 이것은 모순처럼 보일 수도 있다. 연구단체에서 이야기하는 것처럼, 말로 설명하고 분석, 예측하는 것은 학자지만 세상을 바꾸는 것은 정치가이다. 그러나 마르크스가 자와할랄 네루 대학에서 학생들의 기치에 관해 예언했듯이 단순히 해석하기보다는 세상을 바꾸고자 하는 욕구가 존재한다. 그래서 미국 대학에서 교육을 받았고 교단으로 옮겨가기 전 유엔에서 일했던 한 이란 여성과, 다행히도 인도 지식인의 신념을 저버리지 않는 행동주의 전통이 깊게 스민 한 인도 여성이 공동연구를 통해 맺어지게 되었다. 수많은 요인들로 우리는 맺어졌다. 우리 둘 모두 미래를 위한 교육에 책임이 있으며, 개념을 밝히고, 학생들을 이끌고, 궁극적으로 학생들이 세상을 변화시킬 수 있도록 함으로써 그 책임을 다하길 선택한 사람들이다. 이 책의 출판을 위해 많은 학생들의 도움을 받았다. 우리 둘 또한 모두가 강한 정의와 윤리의 신념을 가지고, 원칙에 의거해 정치학으로 접근하는 데 단결하게 되었다. 이 공동연구를 통해 우리는 세 가지 논의점을 제시했다.

첫째, '실제에 적용될 수는 있지만, 이론으로 정립될 수 있는 것인가?'라는 진부한 문제가 인간안보에 관해 제기된다. 이 책에서 앞으로 보여줄 것처럼, 다양한 정의와 비판에 관한 많은 보고에서 인간안보가 한편으로는 안보학자 자신들 사이의 전쟁, 그리고 다른 한편으로는 안보와 개발전문가들 사이의 전형적인 논쟁으로만 다뤄졌다. 그리고 생각의 자유와 존재를 위태롭게 하는 위협이 대단히 밀접한 관계의 다차원적 집합체가 되는 동안에도 인류는 복잡하게 얽히고설킨 삶을 살아가야 한다는 것은 부정할 수 없는 사실이다. 그렇다면 결국 왜 우리는 그 긴 시간 동안 문제를 판단하고 설명하기 위해 고민해 왔는가?

둘째, 인간안보에 관한 연구는 인간안보의 개념이 어떻게 기존 연구 분야와 공존하는지를 보는 개념론적 접근법 또는 실질적 의미에 초점을 맞춘 정책 위주의 접근법에 의해 힘을 얻을 수 있다. 이 책에서, 우리는 둘 모두를 고려해 왔다. 그러나 인간존엄의 강한 신념 때문에, 결국 중요했던 것은 실제적, 개념적 차원 모두에 영향을 미치는 윤리적 접근법이었다. 우리에게 인간안보는 궁극적으로 인간복지,

정의, 존엄과 관련된 것이었다. 그렇다면, 인간존엄을 지키기 위해(안전하게 하다라는 의미로서, 안보화와는 다른 것이다) 우리는 윤리와 도덕에 따라야 행동해야 하는가?

그러나 인간안보에 관한 네 번째 접근법도 있었는데, 행동주의적이고 구체적인 정책과 비상대책에 주안점을 둔 접근법이다. 교육자, 연구자일 뿐이기에 우리는 가장 중요한 부분에 관여할 수가 없었고 그것은 정책 실행가와 입안자들의 몫이었다. 우리는 구체적 해결책을 위해 연구조사를 실행하고 '행동' 결의를 모으기 위해 기동력을 조성해 왔을 뿐이다. 그러나 실제와 이론의 분리시키는 데 불쾌함을 인정하고 2005년 아랍권에서 유엔교육과학문화기구(UNESCO: United Nations Education Sciences and Culture Organization)를 위해 추루(Chourou)가 발표한 인간안보 관련 논문에 동감하게 되었다.

우리가 앉아서 보고서를 토론하는 동안, 우리의 땅은 사막으로 변해가고, 우리의 자원은 고갈되며, 우리의 아이들은 절망을 느끼고, 우리의 인재는 망명을 하며, 우리의 여성들은 격리되고 우리의 지식인들은 은둔해 버린다. … 우리의 지성이 이렇게 말하고 있는데, 양심이 우리를 고무하여 행동하도록 하지 않는다면 어떤 일이 일어나겠는가?(Chourou, 2005:95)

제 1 부

개념

윤리에서 다루어야 하는가, 이론에서 다루어야 하는가?

1장 이론적 해석과 정치적 용법

　인간안보는 군사적 위협으로부터 국가의 안전을 보장하려고 하는 전통적인 국가안보로부터 '안보'의 문제에 천착하여 인간과 공동체 모두의 안전에 그 초점을 맞춘다. 일단 안보의 목표대상이 개인으로 바뀌기만 하면, 그때의 '안전'이란 개념은 살 가치가 있는 삶, 그에 따른 복리와 인간의 존엄에까지, 단지 존재(생존)하는 것 이상의 상태로 확장될 것이다. 그래서, 예를 들어, 가난을 인간안보에 대한 위협이란 개념으로 해석하는 이유는 국가 안정을 위협하는 폭력을 유발할 수 있기 때문이 아니라, 개인의 존엄을 위협하기 때문이다. 이것이 간단히 말해 인간안보이다.

　정치가 학계보다 우선한 경우, 국제기구, 지역단체와 국가정부가 제시하는 인간안보의 개념에 대한 관심이 많은 국제회의, 네트워크, 그리고 위원회로 이어져 왔다. 많은 보고서들이 발표되고, 개념을 정교하게 만들고 그것을 구체적인 상황에 적용시켜 왔다. 행동주의자들은 인간안보의 개념을 다양한 바람, 이데올로기, 그리고 관심사를 통합하기 위해 슬로건으로 만들어왔다. 학자들과 정치분석가들은 현재 논의에 참여해 인간안보를 이론화하고 그것이 실험적 분석에 유용하도록 측정법을 개발하기 위해 노력하고 있다.

그러나 현재 인간안보의 유일무이한 정의는 없다. 유럽연합(EU), 캐나다, 일본, 유엔개발계획과 학자들은 모두 인간안보라는 용어에 대해 다른 정의를 내려왔고, 그것은 폭력방지라는 좁은 의미의 용어에서부터 개발, 인권, 그리고 전통적 안보를 모두 포함하는 넓고 포괄적인 관점에까지 그 범위가 이른다. 그래서 최근 몇 년 동안 발전해 온 것이 서로 절충하기 어려운 경우가 많은 견해, 발표, 보고서, 분석, 그리고 비평의 혼합물이다. 인간안보의 간결한 주장내용, 학회와 학자들의 활발한 참여에도 불구하고, 인간안보는 그 개념, 구조 또는 정책의제를 포괄한 합의된 정의가 없다. 각각의 개념 제안자들은 서로 다른 정의를 내리고, 그것은 인간안보의 관점이 실로 방관자적이라는 비평가들의 견해에 힘을 실어준다(Paris, 2004:36). 이 정의의 신축성은 인간안보의 개념과 그 실행에 대한 가치를 떨어뜨리는 것인가, 높이는 것인가?

인간안보는 1990년대 초 인간개발이 그러했듯이, 정치가와 학자들에게 유용한 패러다임의 변화가 될 수 있는가, 그렇지 않으면 단순히 보통의 영향력을 가진 국가들의 얽히고설킨 연합과, 국제무대로 나가고자 하는 개발기구들을 함께 묶는 접착제 역할의 슬로건인가(Paris, 2001)? 인간안보는 분석적 효용 또는 실질적 효용이 없는 모호한 개념으로 묘사되곤 하며, 그 넓은 범위는 모든 것을 포함하는 것이고, 그러므로 어떤 것도 포함하지 않는다. 인간안보는 약소국에서 전쟁과 내정간섭을 개시하기 위한 변명에 싸인 북방국가들의 새로운 응징이다. 인간안보는 어떤 개념적인 부가가치를 의미하는가, 아니면 단지 개발, 인권, 또는 갈등해결 분야에 속한 문제들을 '안보화'하려는 시도인가? 다양한 정의는 타협이 불가능한 것인가, 아니면 연구, 실행 가능한 하나의 개념으로 모아지는가?

저자들의 목적은 인간안보는 시대의 개념이라는 것, 탐구하고 장려하고 비교하며 정치수단으로 사용할 가치가 있는 개념이라는 것을 확립시키는 것이다. 2장에서 인간안보의 무수한 정의와 비판들을 다루기 전에, 이 장에서는 인간안보에 힘을 실어주는 두 요소에 집중한다. 첫째, 인간안보의 개념은 지난 10년 간 제기되어 온 많은 새로운 문제들의 답을 제시한다. 둘째, 인간안보가 정당화되든 되지 않든, 또는 학문적 개념으로 명백하든 아니든 간에, 오늘날 많은 국가와 국제기구, 유엔의 정치의제 속에 인간안보가 놓여 있다. 이러한 이유만으로, 인간안보는 21세기 국제관계의 배경 속에서 검토해 볼 가치가 있다.

우리가 정의하고 있는 것은 무엇이고 우리는 어떻게 인간안보를 개념으로 판단하는가?

스미스가 주장하는 것처럼, 안보는 그 자체가 "필수적으로 논란이 될 수밖에 없는 개념"이다(Smith, 2002). 부잔(Buzan)은 궁극적으로 안보를 "문제가 지정 대상의 존재를 위협하는 것으로 판단될 때"의 정치과정이라고 하는 반면, 킹과 머레이처럼, "보호받거나 위험에 노출되지 않는 상태, 근심과 불안 또는 우려로부터의 안전 또는 자유, 위험이 없음으로써 지각하는 안전 또는 자유의 느낌"이라는 옥스퍼드 영어사전의 정의를 참고하는 것 또한 유용하다(King and Murray, 2001). 그러므로 부잔이 문제를 안보로 분류하는 것에 있어서 정치적 특성을 탐구하는 반면, 옥스퍼드 영어사전의 정의는 '지각'으로서 안보에 내재한 주관성을 강조한다.

'안보'와 '비안보'의 개념은 서로 다른 맥락 속에서 상대적인 함축

의미를 가진다. 어떤 사람들에게 비안보는 일자리, 의료복지, 사회복지, 교육 등으로의 접근 권리 보장이 갑자기 사라지는 것이다. 다른 사람들에게 비안보는 인권, 과격주의, 가정폭력, 갈등의 확산, 환경 붕괴 등에서 기인하는 것이다. 그러므로 인간안보가 의미를 가지기 위해서는, 그것이 사람들의 경험이란 측면에서 세세한 수준의 주관적 경험으로 재정의될 필요가 있다. 예를 들어, 카슈미르 계곡의 농부에게 '안보'는 핵무기 보유국이 되기를 열렬히 바라는 파키스탄과 인도의 '보안' 관심사와는 매우 다른 것이다. 아프가니스탄 잘랄라바드(Jalalabad)의 교사에게 안보는, 탈레반(Taliban)이나 알 카에다(Al Qaeda)에 의한 자살테러나 폭동사태가 재개될까 두려워하는 팍티카(Paktika) 연합군의 안보와는 다른 문제인, 아이들을 교육하고 자신의 집을 짓는 데 투자할 가능성, 오늘 그가 가진 작은 것이 내일 그에게서 사라지지 않는다는 확신이다. 따라서 우리는 실제로 안보가 방관자적 관점을 취하는 것이라 생각하면서 시작한다.

인간안보를 하나의 개념으로 정의하기 위해, 또 반박하기 위해 노력해 온 역사는 그 자체 내에서 전쟁터였다. 국제관계와 개발연구 보고서는 새로운 이론이나 개념으로, 분석, 세계관, 정치의제, 정책구조, 그리고 심지어 새로운 패러다임의 시작점으로 인간안보를 표현해 왔다. 인간안보의 정의가 합의점에 도달하는 것이 얼마나 중요한가? 스톳의 주장처럼, "용어를 정의하는 것은 기본법이다."(Stoett, 1999) 그러한 키워드의 이해는 본질과 구조, 우선순위의 윤곽을 그리는 것을 돕는다. 정의는 개념과 해결책을 제한하거나 동시에 확장시킬 수도 있다. 더 중요한 것은, 정의를 내리는 것이 주체에 의해 실행되는 법이고, 최소한 개념이 관련된 분야에서는 중립적이거나 객관적일 수 없다는 것이다. 그러므로 최고의 권위를 가지는 것은 '무엇이 인간안보인가?'라는 질문에 정의가 과거 이론에서 어떻게 파생되거나 그에 반하는지, 누가 정의를 내리는지, 목적은 무엇인지, 그리고 그 정의가 행동적 측면에서 수반할 결과는 무엇인지를 유념하는 것이다. 인간안보의 개념은 현존하는 패러다임과 책임을 새롭게 바라보는 것을 의미하기 때문에 정치적 또는 학자적 관점으로부터 결코 중립적일 수없다. 따라서 인간안보의 정의는 다양한 주체들 사이의 힘의 이해관계이다. 이것은 늘어난 정의와 많은 비판 모두에 대한 이해를 도울 것이다.

인간안보는 오늘날 국제정치의 변화와 관련이 있는 것인가?

답은 긍정적이다. 인간안보의 접근법은 국제관계의 주요 변화를 다룰 필요성과, 무엇보다도, 증가한 국가간 그리고 개인간 상호의존성에 대처하는 것이다. 냉전의 종결은 기대했던 평화의 몫을 할당하지 않았다. 갈등이 줄지 않고 계속되는 동안, 새로운 비안보가 국가와 개인에게 닥쳤다. 사회와 개인이 겪는 계속되는 기근의 확산과 권리 위양의 제한, 극심한 성차별 때문에 안보, 여기서는 개발의 지속성은 그 자체 내에서 의문이 제기된다. 코피 아난(Kofi Annan)이 언급하듯이, 세계는 유엔이 창설된 1945년 이래로 크게 변해 왔다.

지정학적 모형, 경제 흐름, 기술의 변화와 다른 종류의 발전들은 지난 10년간 존재해 온 집단 안보체제에 심각한 해를 입히고 있다. 영향력이 커진 기존의 것과 완전히 새로운 위험을 포함한 오늘날의 위협은 국경이 존재하지 않고, 고도로 연결되어 있으며, 모든 지역에서 사회에 해를 입히고, 심지어 사회를 파괴할 수 있다(Annan, 2000b).

그러므로 양극 진영의 종말과 함께 나타난 새로운 가능성과 위협들은 인간안보가 발생하게 된 조건이 되었다. 냉전 동안, 국가안보의 전통 속에서 안보가 군사방어를 통한 국가의 특권이었고 평화는 전쟁이 없는 것을 의미했다면, 양극 경쟁의 종결은 사기업, 국제기구, 비정부기구(NGO: Non-Governmental Organization)와 비국가 주체와 같이 국경을 초월한 강력한 주체들의 출현을 촉진시켰고, 그들이 국제관계에서 현대적으로 의미를 가질 수 있게 했다. 민주화와 세계화는 '국민들에게로의 힘의 위임'을 예고했고, 그것은 부채 탕감과 더 공정한 국제기구를 추구하는 세계시민사회의 행동주의 증대를 통한 것이었다. 이면으로는, 국경을 초월하고 전례 없는 방법으로 인터넷을 사용한 알 카에다(9월 11일 이후)와 조직적 테러에서 볼 수 있듯이 불만의 네트워크가 출현했다. 양극 경쟁의 종말은 위협과 그 개념의 특징을 변화시켰다. 다른 한편으로는, 세계적인 대립과 주요 국가 간 갈등의 위험은 감소한 반면, 양극화된 환경에서 세계화된 환경으로의 변화는 내분, 윤리적 대립, 테러, 이민, 면직 강요, 극도의 가난, 사회적 고립, 집단간·지역간의 배척, 인체면역결핍바이러스(HIV)/후천성면역결핍증(AIDS)과 새로운 질병 등의 증가를 의미했다. 냉전의 종결에 따른 기회와 도전을 넘어, 빠른 금융 이동을 위해 국가장벽이 사라지면서 세계화의 진행은 자본과 기술의 자유로운 이동을 가능하게 했다. 이러한 제한 없는 이동은 파괴적인 영향력을 끼치는 마약밀매와 인신매매, 무기밀매의 증가뿐 아니라 아시아(1997)와 러시아(1999)의 위기에서 볼 수 있듯이 금융 붕괴와 경기침체로 이어졌다. 인간안보의 다양한 정의 속에는, 수백만 사람들에게 영향을 끼치는 새로운 비안보를 처리하는 데 있어 긴급한 필요를 인정하는 것뿐 아니라 이러한 위협에 대한 인정, 그리고 지배적이었던 현실주의적 안보의 개념이 설명에 실패했다는 인정이 존재했다.

냉전 후의 시대는, 갈등은 진정된 것처럼 보였지만, 후기 재건과 장기 평화구축에 대해서는 보스니아, 코소보, 동티모르, 아프가니스탄과 이라크의 국제 중재에 있어 아직 입증할 만한 성과를 보이지 못하고 있는데, 그 이유는 특히 집단간의 불평등과 정당성의 부정에 대해서 여전히 태만하기 때문이다. 이러한 태만은 애당초 갈등이나 정권 억압의 바로 그 이유였다. 9월 11일 이후, 세계적인 '테러에 반대하는 전쟁'의 시작이 가난과 같은 사회경제적 불공평에 반대하는 전쟁에 피해를 주면서 국가에 기반을 둔 전통적 안보의 이익이 개인의 자유에 도전하고 있다. 아프가니스탄과 이라크에서의 중재는 폭동과 테러에 대해 점점 더 폭력적인 반격을 가하며 정권 변화를 위한 완력 사용을 만연시키지만, 불만의 근본 원인을 이해하는 것과 같은 예방적 조치는 국가안보 문제를 위하여 무시된다. 유엔의 권위가 계속 실추되고 국제연합이 그 합법성을 위해 노력을 계속하지만, 버터보다 위험한 총기의 교섭 조건뿐 아니라 군사비용의 반환과 원조 조건은 국제 정치체계의 지속적인 군비구축을 증명한다.

열린사회, 열린 시장과 같은 자유주의적 가치들 또한, 가난한 사람들을 '해방과 자유'로 이어지는 길로 이끌며 수백만 명을 구제해 올릴 의도였지만, 가진 자와 가지지 못한 자 사이의 차이가 벌어지면서 훼손되고 있다. 그동안에도 대다수는 더 냉담한 주변인이 되어 간다. 또한 자유에 기반한 중재는 체제 전환국에서 정부의 책임과 능력, 제3세계 국가 대부분에 존재하는 민족성, 종교, 지리에 따른 분리와 지역화를 축소하는 구조조정에 환멸감을 더욱 심하게 했을 수도 있다. 전 세계, 그리고 국가와 지역 내 모두에서 공평하지 않은 경제성장 속도로 인해 경제적 불균형이 유발되어 왔고, 그것은 시간이 지남에 따라 증가하고, 경제적 비안보를 야기해 왔다.

분명한 것은 비안보의 근원을 밝히고 증상을 교정하며 위협의 재발을 예방하기 위해서는 혁신적이고 국제적인 접근법이 필요하다는 것이다. 기술혁신, 부의 증대, 국경 소멸과 양극 경쟁의 종말은 비안보를 줄여온 것이 아니다. 이러한 문제와 현상들은 국가 규제에 도전하는 것으로, 사실 그 중 많은 것들이 국민의 안보를 제공하지 못한 국가의 실패에서 기인한다. 국가주권과 지위에 관한 전통적 어휘는 21세기의 안보와 관련해서는 부적절하다. 이러한 변화들은 이익과 영토에 대한 군사적 방어 이상의 것에 대해 생각하고 '전쟁이 아닌 복지(welfare beyond warfare)' 개념을 생각하도록 정치가와 학자들을 자극해 왔다.

인간안보는 새로운 문제를 제기하는가?

우리가 주장하는 바는 인간안보 개념의 부가가치가 '안보' 문제에 대해 새로운 의문점을 제시한다는 것이다. 국가에 기반한 안보에서 개인에 기반한 안보로의 변화는 '누구의', '무엇으로부터의', '어떤 수단을 통한' 안보라는 세 가지 질문에 새로운 해답을 제시한다.

누구의 안보?

인간안보가 안보연구에 기여한 것은, 이 새 패러다임으로 국가안보가 완전히 사라진 것은 아니지만, 국가보다는 개인을 안보의 '목표 대상'으로 명시한 것으로, 그를 통해 이제 국민을 보호할 수 있다. 따라서 안보가 국민에게로 '흘러가는' 한, 공동체, 국가, 그리고 다른 집단들은 안보의 대상이다. 인간안보는 인간과 국민, 더 넓게는 존엄, 평등, 단결과 같은 가치와 목표에 중점을 둘 것을 약속한다. 그러나 이것은 새로운 패러다임이 단순히 위협, 주체와 계획의 중심에 개인을 세우는 것 이상의 의미를 포함한다. 더 이상 유기적 통일체의 극미한 부분으로서의 국가의 동질체가 아니라, 국제관계에서 동등한 대상, 주체로서의 개인의 지위를 새로운 패러다임이 바꾸었다. 그레이엄과 포쿠가 상대적으로 강조한 것은 "안보를 '시민으로서의 개인'(즉, 지위에 관하여)과 관련된 것"으로 보기보다는, [인간안보적 접근법] "'사람으로서의 개인'과 관련된 것으로 보라는 것"이다(Graham and Poku, 2000:17). 개인은 본질적으로 '통합체', '근거단위'의 지위에 도달했다. 인간안보를 통해, 개인은 고려하는 궁극적 주체가 된다. 개인의 안보는 궁극적 목표이고, 그것은 모든 수단, 주변 주체들보다 상위에 위치한 것이다. 개인을 궁극적 목적으로 높이는 것은 이 새로운 주체를 한편으로는 그 취약성에 관하여, 다른 한편으로는 변화에 영향을 미칠 그의 역량에 관하여 정의함으로써 가능하다.

무엇으로부터의 안보?

인간안보는 개인의 복지와 존엄에 중점을 두기 때문에, 인간안보적 접근법의 또 다른 부가가치는 폭력 외에 다른 종류의 위협을 조성하는 주체들을 포괄하고 그 위협을 인식한다는 것이다. 인간안보는 위협을 명백히 규명하지는 않지만 새로운 위협을 그의 상호의존성과 함께 인식한다. 인간안보적 접근법은 비안보의 구조적 원인뿐 아니라 매개집단에 근거한 원인 또한 증명한다. 즉, 우연으로나 구조적으로 나타난 것들, 예를 들면 교육과 의료복지 같은 기본 사회경제 부문의 투자 부족과, 집단학살이나 마약 관련 범죄와 같이 의도를 가지고 조직된 것들을 뜻한다. 그래서 위협은 환경적 식량난 또는 이민에서 오는 폭력과 같이, 불특정 영역의 안보라는 일정한 체계가 없는 폭력과, 자국에 의한 위협과 자연재해에 의한 폭력 모두를 포괄한다. 인간안보에 대한 위협은 불충분한 수입, 장기 실업, 적절한 의료복지와 양질의 교육에 대한 낮은 접근성 등 객관적, 현실적인 요소들과, 한 개인의 운명, 모욕, 범죄와 폭력적 갈등 등을 제어하지 못하는 무능력과 같은 주관적 지각 모두를 포괄한다. 그들은 직접적(의도를 가지고 조직된 것들)일 수도 있고 간접적(우연으로나 구조적으로 나타난 것들)일 수도 있다. 따라서 인간안보는 군사적 또는 전통적 안보 위협을 넘어선 수많은 다른 위협을 포괄한다.

사회경제적 위협은 고용과 임금 안보 또는 의료복지, 적절한 주거, 그리고 교육과 같은 주요 공공사업에 대한 개인의 접근성에 관한 것들이다. 미개발이라는 더 전통적 위협을 넘어 구조적 폭력도 비안보의 정의에 포함된다. 식량의 유용성 외에 생계를 유지하는 동안 식량에 접근할 수 있는 자격인 식량안보 또한 이 범주에 속한다. 양적으로 측정될 수 있는 이 수준은 일반적으로 가장 넓은 의미에서 '궁핍으로부터의 자유'와 관련지어진다.

개인적 위협은 범죄를 넘어, 개인의 지각과 두려움에서 기인하는 것들이다. 예를 들면, 건강보험의 개혁 과정에서 의료보험의 혜택을 잃을 수 있는 두려움 또는 기업의 조직 재편성 과정에서 실직할 수 있는 두려움은 개인적 수준에서의 비안보의 원인이 된다. 개인적 위협은 신체적 고통을 통한 국가의 위협, 타국으로부터 위협(전쟁), 국제적 또는 국경을 넘는 테러, 이질 집단(민족갈등 또는 종교갈등)으로부터의 위협, 개인 또는 집단으로부터의 위협(거리 폭력), 가정폭력, 아동폭력(학대, 매춘, 노동착취), 그리고 심지어 자기 자신에게 가하는 폭력(자살 또는 약물남용)의 위협까지를 망라한다. 그러므로 이 수준은 일반적으로 '공포로부터의 자유'와 관련된 것이고 대리 지표와 질적 지각 연구를 통한 측정이 이에 가장 적합하다.

환경적 위협은 이 구조 속에서 환경에 대한 위협(붕괴)뿐 아니라 어떻게 위협이 인간에게 영향을 미치고 인간의 취약성을 가중시키는

지를 (예를 들면, 오염, 인재 또는 홍수, 지진과 같은 자연재해) 의미한다.

정치적 위협은 시민권과 인권의 침해, 갈등으로 인한 폭력과 독재, 부도덕한 정부조직, 제도적 환경의 불확실성, 불완전한 기능의 사법세도, 법에 의한 지배의 권력 위양 부족 등, 일반적으로 '공포로부터의 자유'와 관련지어진다. 또한 이 범주에 포함될 수 있는 것은 1994년 유엔개발계획이 정의한 '공동체안보'의 수준으로, 주체성과 관습에 관한 공동체의 안보와, 차별적 관행과 같은 있음직한 공동체로부터의 위협에 대비하는 개인의 안보 모두를 가리킨다.

1994년 유엔개발계획 「인간개발보고서」(UNDP, 1994)는 인간안보의 위협을 아래와 같이 경제안보, 식량안보, 보건안보, 환경안보, 개인안보, 공동체안보와 정치안보의 일곱 가지 요소로 종합했다.

1. 가난을 주요 위협으로 다루는 경제안보는 생산적이고 보수가 좋은 일 (공공 부문이나 사기업에 의한 고용, 임금고용 또는 자영업을 통하여) 또는 사회안전망에 자금을 지원하는 정부를 통해 기초임금이 보장될 것을 요구한다.

2. 굶주림과 기근을 위협으로 다루는 식량안보는 모든 사람들이 재배를 통해 자족함으로써, 구매를 통해, 또는 공공식량 배분제도를 이용함으로써 언제나 식량을 얻을 자격을 가지는, 기초식량에 대한 물리적, 경제적 접근성을 요구한다.

3. 상해와 질병을 포괄한 위협을 다루는 보건안보는 안전하고 적절한 가족계획을 포함해 의료복지와 공공의료 서비스의 접근성을 요구한다. 보건안보는 농업 지역의 가난한 사람들, 특히 질병에 더 노출된 여성과 어린이들에게 한층 큰 위협이다.

4. 오염, 환경 붕괴와 자원 고갈을 위협으로 다루는 환경안보는 위

생적인 물리적 환경을 요구하는데, 그것은 지역 생태계의 붕괴, 대기와 수질 오염, 산림 개간, 사막화, 염화, 자연재해(예를 들어, 태풍, 지진, 홍수, 가뭄 또는 산사태)와 인재(예를 들어, 교통사고나 핵사고 또는 빈민가 부실 건축공사)로부터의 안보를 말한다.

5. 다양한 폭력형태의 위협을 다루는 개인안보는 물리적 폭력과 여러 가지 위협으로부터의 안보를 요구한다. 갑작스럽고 예측할 수 없는 폭력(예를 들어, 국가가 군대나 경찰을 통해 가하는 물리적 고통의 위협), 전쟁과 같은 다른 국가들로부터의 위협, 국제적 또는 국경을 넘는 테러로부터의 위협, 민족적 또는 종교적 갈등과 같은 이질집단으로부터의 위협, 대립하는 개인 또는 집단으로부터의 위협, 또는 거리 폭력으로부터의 위협, 인질 납치, 가정폭력과 학대 또는 강간과 같이 여성에게 가해지는 위협, 아동학대와 경시되는 노동착취 또는 아동매춘 등 아동에게 가해지는 위협, 자살 또는 약물남용과 같이 가해지는 위협 등, 위협이 점점 더 증가하고 있다.

6. 문화적 다양성 보존에 관한 위협을 다루는 공동체안보는 압제적인 전통 관습, 여성에 대한 가혹한 대우, 소수민족 또는 원주민 그리고 피난자에 대한 차별, 집단 반란과 군사 갈등으로부터의 안보를 요구한다.

7. 정치적 억압을 위협으로 다루는 정치안보는 인권 존중을 요구하는 것으로, 군사적 독재나 남용, 정치적 억압 또는 국가의 억압, 고문제도, 천대 또는 실종, 그리고 정치적 구금과 유폐로부터의 보호를 요구한다.

이러한 '위협들'의 대부분이 인간개발적 접근법에 의해 이미 강조되었다고 주장할 수도 있다. 이것들을 인간안보로 재개념화하는 것이 새로운 이유는 정치적 억압, 주체성과 다양한 형태의 폭력이 '개인안보'의 정의에 포함되기 때문이다. '공동체안보'의 수준 또한 그것이 주체성과 관습에 관한, 전체로서 공동체의 안보와, 구조적 폭력과 같은 공통체로부터의 있음직한 위협에 대항하는 개인의 안보 둘 모두를 의미한다는 점에서 혁신적이다. 그러므로 그것이 가리키는 것은 인간안보는 국가를 넘어 집단, 공동체, 사회, 교류적 연계, 국제조직, 비정부기구, 금융 흐름에 걸친 상호 연결과 네트워크 기능에서 연구되는, 개인부터 생태계까지를 아우르는 가능한 가장 넓은 범위의 주체를 포함한다는 것이다. 결국 '정치안보'는 인권을 가리키고, 그것은 군사 독재나 남용, 정치적 억압이나 국가의 억압, 고문 또는 정치적 구금으로부터의 보호를 의미한다. 정치안보는 비무력적 권력, 영향권 확대를 위한 전 세계적 권위주의를 지지하는 패권국과 이전의 식민지적 권리에 대한 열린 규탄이다(Annan, 2005).

인간안보는 살아남는다는 의미를 넘어 삶의 질, 존엄성을 지키는 생존과 관련되기 때문에 인간안보 체제는, "미개발과 인권침해는 전통적 비안보와 함께 '위협'으로서 동등한 중요성을 가져야 한다." "위협은 상호 이어지고 연결되어 있다." "이러한 연결성은 위협의 우선순위가 매겨져서는 안 됨을 의미한다."는 위협에 대한 세 가지 가정을 주장한다.

위협들은 두 가지 방식으로 상호 연결되어 있다. 첫째, 위협들은 서로 도미노 효과로 연결되어 있어, 위생 비안보가 가난으로 이어질 수 있고, 그 가난은 교육의 부족 등으로 이어질 수 있다. 환경 붕괴 비안보에 대한 대처는 위생상태 악화, 기근, 살림 손실 등 깨지기 쉬운 다른 생태학적 환경으로 인구가 이동하는 원인이 될 수 있다. 둘째, 여러 가지 위협들은 기정 국가에 퍼져나가고(예를 들면, 가난한 지역 외에도 더 발달된 지역의 안정성까지 위협받는 것), 다른 국가로 흘러들어가며(대규모 취업이민, 무기 수출, 환경 붕괴, 의료 보급

등을 통해), 세계안보에 부정적 영향을 끼칠 수 있다(불만을 품은 무장집단, 마약 수출 등을 야기). 네프에 의해 탄생한(Nef, 1999) '상호취약성(mutual vulnerability)'의 개념은 "한 지역의 기능장애는 구조적, 연속적으로 다른 하위조직에서 나타나게 되고, 원인과 결과의 악순환을 야기한다."는 안보 위협의 상호연관성과 관련이 있는 것이다. 동시에 인간안보는 독립변수일 수도 있고 의존변수일 수도 있으며, 위협 간의 상호작용은 서로를 강화한다. 상호작용은 상호연관성과 영향력의 독선적이거나 부도덕한 악순환으로 진화될 수 있다. 그러므로 인간안보의 위협은 더 이상 단순히 개인적, 지역적 또는 국가적 위협일 수 없고 세계적 위협인 것이다. 마약, 질병, 테러, 오염, 가난과 환경문제들은 국경을 지키지 않는다. 이러한 문제의 결과는 세계적으로 영향을 끼치며, 한편으로는 국가간, 국제체제 간의 상호연결성과 상호의존성, 다른 한편으로는 공동체 간의 상호취약성을 유발한다. 정치적 공동체는 다른 지역 국가의 활동에 영향을 받을 뿐 아니라, 다른 지역 공동체와 개인들에게서도 영향을 받는다. 약소 공동체는 세력을 가진 공동체의 영향을 받는다. 네프의 주장에 따르면, 다른 나라 인간안보에 악영향을 미치는 위험에 대해 면책 받을 수 있는 지역은 국제체계에서 존재하지 않는다.

예를 들어, 안보는 개발의 필요조건으로 언급되곤 한다. 그러나 인간안보의 위협을 분석해 보면 개발 관련 문제는 그 자체가 비안보를 만들어낼 수 있고, 개발은 바로 그만큼 긴급한 문제이다. 예를 들어 가난과 불평등은 그 자체가 '잔인함'과 동시에 둘 모두 비안보와 갈등으로 이어질 수 있다. 그러므로 모두에게 안보와 폭력 없는 일상적 삶을 제공하는 '공포로부터의 자유'와 식량, 주거와 공공사업의 기초적 필요뿐 아니라, 장기적, 지속 가능한 개발을 지원할 더 전략적인 필요를 충족시키는 '궁핍으로부터의 자유'를 동시에 계속하는 것이

꼭 필요하다. 그때에는 아마도 경쟁 목표의 우선순위를 결정하는 문제보다는 복리, 존엄 그리고 생존이 용인될 수 없는 경계의 증명에 관한 문제가 정치가들에게 더 클 것이다. 객관적이고 (실제적) 주관적인 (지각된) 두려움 사이를 구분하는 인간안보의 경계와 측정은 특히 복잡하다. 그 이유는, 어떤 저울에 따라도 인간안보는 여전히 하나의 지각일 것이고, 용인할 수 있는 경계는 각기 다를 수 있고 문화, 장소, 시간, 환경에 따라서 구체화될 수 있는 것이기 때문이다.

어떤 수단을 통한 안보?

인간안보가 혁신적인 또 다른 점은 어떤 형태의 폭력과 위협도 단독으로 다뤄질 수는 없다는 인식에 있다. 국경과 국가주권이 많은 타당성을 잃은 세계적 배경 속에서, 위에서 강조한 모든 위협, 주체, 수단, 도전에 대한 잠재적 해결책은 서로 깊게 연결, 의존되어 있다.

인간안보가 가정하는 것은, 안보는 단순히 전쟁의 종식뿐 아니라, 안전한 환경에서 개인이 자신의 일을 안전하게 열심히 할 수 있는 능력으로, 일자리를 갖는 것, 정치과정에 참여하는 것, 자녀교육의 선택권을 갖는 것, 건강한 삶을 사는 것과, 이 모든 것을 하는 데 있어 가족이 안전하고 무사하다는 것을 인식하는 것을 의미한다. 따라서 비안보는 신체 안전의 문제뿐 아니라, 의료시설과 교육시설의 문제, 법적 권리와 정치적 권리의 문제, 그리고 사회적 기회 부족과 제한적 접근성의 문제 또한 포함한다. 그러므로 비안보는 단기적 군사 해결을 통하여 처리되어선 안 되며, 인권 발전과 인권 신장의 약속을 준수하는 장기적이고 포괄적인 전략을 통해 다뤄져야 한다. 이것을 통해 애당초 비안보를 유발하는 지역 장려를 줄이는 공공정책과 국가적 노력이 촉진되어야 한다.

1648년 베스트팔렌 조약 이후 국가에 관한 홉스적 모델은, 국가는 영토 내 합법적 무력 사용의 독점 대신, 즉 국가의 통치권 대신, 안보를 국민에게 제공하라고 주장해 왔다. 어떤 권한도 자주 국가를 능가할 수 없고 어떤 국제기구도 국가간의 관계를 규제할 수 없으며, 따라서 국가는 스스로의 안보(국민의 안보를 보장하는 것)와 다른 나라의 군사 위협으로부터의 생존(자력 구제)을 보장해야만 한다. 그러나 현실주의 학파의 주장에 따르면, 국가중심 안보의 실패 요인은 현재 상당수의 국가들이 국민을 보호하기 위한 사회적 접촉을 부분적으로 또는 완전히 이행하지 못한다는 것을 고려하지 않는 데 있다. 어떤 국가들은 억압, 집단학살 또는 대량학살을 자행하며, 바로 국가 스스로가 국민을 위협하는 주체이다. 맥이 주장하듯이, 지난 백 년 동안 훨씬 더 많은 사람들이 다른 나라의 군대보다는 그들 정부의 손에 죽어갔다(Mack, 2004). 어떤 국가들은 너무 힘이 없고, 쇠하고, 약하거나 존재하지 않아, 이 확대된 개념의 안보를 제공할 수 없다.

인간안보적 접근법이 인간을 안보의 기본 근거로 논한다면, 그것은 의미적으로 국제안보가 개인의 안보에 달렸다는 것이다. 국제체계는 개인이라는 가장 약한 요소만큼만 그 힘을 가지며, 실패는 전염성이 있기 때문에, 개인안보의 실패가 국제적 상호 의존 네트워크 전체를 위협할 수 있다. 개인은 잠재적 안보 위협을 정의하는 데 적극적으로 관여할 수 있고, 그 위협을 완화하는 노력에 참여할 수 있는 '행위자'가 된다. 개인의 생존, 복리와 존엄은 궁극적 목표가 되고, 국가와 같은 구성체, 정치적 민주제도, 시장은 단순히 그 목표를 성취하는 수단으로서 보조적 지위로 격하된다. 만약 주요 위협이 경제 실패, 인권침해, 그리고 정치적 차별에서 기인한다면, 그때는 국가안보를 보장하는 것은 더 이상 군사력이 아닌, 형편에 알맞은 정치경제 여건, 인간개발의 장려, 그리고 인권보호에 있다.

인간안보가 국제관계 속 패러다임을 변화시키는가?

토머스 쿤(Thomas Kuhn)의 이론에 따르면, 기존의 관점에 도전하고 이를 붕괴시키는 새로운 패러다임이 출현하여 패러다임의 교체가 일어나는 것이 과학혁명이다. 따라서 기존의 전통적 지식의 핵심을 찌르는 것이 새로운 패러다임의 특징이라고 볼 수 있다(Kuhn, 1962). '패러다임'이라는 용어의 불분명한 사용에 대한 수많은 비평에도 불구하고, 쿤은 패러다임을 본질적으로 '과학자들이 공유하는 신념의 집합체' 또는 '어떠한 문제들을 인식하는 방식에 관한 합의'라는 의미로 정의하며 대중에게 널리 알려 나갔다. 『과학혁명의 구조(*The Structure of Scientific Revolutions*)』(1962)에서 그는 과학이 진리를 향해 점차적으로 발전하는 것이 아니라 주기적인 혁명, 즉 패러다임의 교체를 통해서 다음 단계로 나아간다고 말하고 있다. 또한 패러다임은 모든 과학의 기본이라고 주장한다. 분명한 것은, 하나의 패러다임이 과학계 연구를 이끄는 이정표이며, 과학이라는 분야를 다른 분야와 분명하게 구분시키는 기준이라는 것이다.

패러다임과 이론이라는 것은 늘 변화를 거부하고 원상 복귀하려는 경향이 강하기 때문에, 패러다임의 전환기에는 이를 재정비하고 정상적인 연구를 할 수 있도록 규칙들이 완화된다. 전환기가 진행되면, 해당 분야의 저명인사들에게는 다소 생소하고 변칙적인 것으로 보일지도 모르는 새로운 명제에 더 많은 관심이 쏟아지게 된다. 이 연구 분야는 학자들의 논쟁에 따라, 패러다임에 관한 비평에 따라, 그리고 명확한 표현이 경쟁적으로 확산됨에 따라서 점차 변화한다. 그러다 보면 새로운 패러다임이 될 후보가 나타나고, 이를 수용할 것인가에 대한 논쟁이 뒤이어 계속된다. 어떠한 이론이 패러다임으로서 인정을 받기 위해서는 다른 이론들보다 더욱 뛰어나 보여야만 하되, 그 이론이 앞으로 직면하게 될 문제들을 모두 설명해 낼 필요는 없다. 이는 앞으로의 연구 가능성을 두기 위함이다. 이제 새로운 가정들이 제기되면서 기존의 사실과 이론들을 재평가하기 시작한다. 그러나 이 과정은 종종 기득 세력들의 거센 반발에 부딪히기도 한다. 이를 두고 쿤은 "새로운 패러다임은 늘 쉽게 얻어지는 것이 아니며, 그것은 저항에 부딪힐 때 더욱 기대를 모으게 된다."라고 말하였다.

사회학자, 경제학자, 심리학자 등 사회과학자들은 쿤의 이론을 다음의 두 가지 이유로 열성적으로 지지했다. 첫째, 쿤이 '과학'이라는 개념을 사회학이나 정신분석학 분야에도 적용시킬 수 있을 만큼 더 포괄적이고 융통성 있게 정의 내렸기 때문이다. 둘째, 쿤이 과학적 결론을 도출할 때에 기존의 방식을 배제함으로써, 사회적, 정치적인 다른 요소들도 결론에 영향을 미칠 수 있도록 길을 열었기 때문이다. 사회적 구성주의 관점에서는 이러한 영향력을, 인정받는 이론들을 구성하는 중심이라고 보았다. 게다가, 쿤은 가치라는 것은 고의적으로 유도된 판단이라고 인정했는데, 이는 과학적 이론에 윤리학을 적용시킬 수 있는 가능성을 열었다.

모든 '새로운' 패러다임에는 그 시초가 있는 법이다. 4장에서 중점적으로 다루어지겠지만, 인간개발은 경제성장을 바라보는 전통적 관점의 단점을 폭로하기에 이르렀다. 마찬가지로, 인간안보는 국가에 기반한 안보를 국제관계 속에서 개념화했던 기존 방식에 윤리적이고 방법론적인 괴리가 있음을 단적으로 보여준다. '무엇을 위한 안보인가?'에 대한 논쟁은 안보의 궁극적 목표에 관한 윤리적 의문을 제기했고, 다국간 공동 정책과 정부기관을 통한 여러 가지 차원에서 안보를 발전시킬 또 다른 방법을 제시했다. 인간안보라는 패러다임이 제시하는 가치체계는 학자들과 전문가들이 동시대의 제도를 좀 더 인간적인 제도가 되도록 평가하는 지침서가 된다.

윤리적 괴리

안보에 관한 이론들의 주요 개념은 가치보다는 사실에 중점을 두고 있다. 즉, 단순히 한 개념이 무엇인가를 설명할 뿐 그것이 어떤 개념으로 존재해야 하는지 연구하려 들지 않는다. 여기서 인간안보는 정치학자들 사이에 의문을 던진다. 사회과학 용어는 어떠한 '작용'도 해서는 안 된다는 것을 상기시켜 주는 것이다. 이론과 학문은 규범적이고 가치함축적인 틀에 얽매여서는 안 된다. 그 당시의 사회과학이나 정치학 분야에서는 '사실에 입각한' 것, 때로는 '실행 가능한' 것들을 다룰 뿐, '바람직한' 것은 다루지 않았다(Gómez Buendía, 2002). 그러나 경제학 분야에서, 인도 경제학자 아마르티아 센(Amartya Sen)은 공리주의를 경제학 이론의 개념적 기초로 하고 경제학과 윤리학이 상호 작용할 수 있는 길을 엶으로써, 가치를 다시 사회과학의 핵심으로 끌어올리는 선도적인 역할을 했다. '기능'과 '역량'이라는 기술적인 용어를 사용한 센의 이론적 혁명은, 유엔개발계획 인간개발입문부서 설립 관련 설계자 마흐밥 울 하크(Mahbub Ul Haq) 박사의 실용적인 명령과 그 맥락을 같이한다. 울 하크는 모든 공공정책의 목적은 대중들의 선택권을 늘리는 것이라고 말했다. 센의 저서 『자유 개념의 개발(Development as Freedom)』에는 자유가 개발을 이룩하기 위한 주요 목표이자 수단이 될 수 있는 이유와 방법이 상세히 적혀 있다. 즉, 개발이란, 인류의 자유를 통해서 그 자유가 더욱 강화되는 것을 의미한다.

인간안보는 현실주의적 관점에도 비슷한 윤리적 도전과제를 제공한다. 근본적으로 인간안보는 규범윤리이거나 국제관계 체제 속 옳고 그름을 가리는 도덕적 기준이 된다. 인간안보는 또한 모든 정치학이 추구해야만 하는 궁극적인 목표, 즉 궁극적인 목표로서의 윤리를 정의 내린다. 그리고 국제적 권력을 가진 모든 기관이나 행위자들을 위한 변형 가능성도 열어두고 있다. 현실주의자들은 윤리적 논쟁은 국가 이성(raison d'état) 그 자체라고 말한다(Campbell and Shapiro, 1999). 국가 이성이라는 개념에 들어 있는 신념은 국가안보에 우선권을 부여한다. 하지만 인간안보는 국민 개인의 행복을 재조명한 것이다. 국민안보의 존재의 이유(raison d'être)를 넘어서는 국가 이성은 존재하지 않기 때문이다.

인간안보가 제안하는 세 가지 주요 변화들의 이면에는 새로운 규범적 틀이 존재하는데, 이는 인류가 최고의 안보를 확보하는 방법에 대한 윤리적 사상을 지지하는 국제정치와 밀접한 관련이 있다(Alpes, 2004). 첫 번째 변화는 국가 차원에서 개인 차원으로 넘어가는 안보로서, 개인적인 안보 문제에 윤리적 우선순위를 부여하는 것을 의미한다. 그리고 독립국가 자체가 국제사회에 있어서 보존가치가 있는 가장 중요한 윤리적 집단이라고 보는 냉전시대적인 발상을 거부한다. 따라서 인간안보는 국가안보에 대한 윤리적 딜레마에 직접적으로 부딪히게 되는데, 국가의 권리와 개인의 권리 간의 충돌을 뜻하는 이 딜레마는 결국 개인 차원의 안보의 손을 들어준다(Bain, 1999). 그러므로 국가주권을 위해 개인의 고통이 무시당하는 일은 없어야 하는 것이다.

두 번째 변화는, 개인과 국제적 안정성을 관련지었다. 즉, 국가보다 우위에 있는 인류 개인의 사회를 표방하고 국제정치의 모든 계급과 행위자들이 상호 의존하기를 제안했다. 마지막 세 번째 변화는, 국가적 차원을 넘어선 범세계적 가치로서, 모든 인류가 '궁핍으로부터의 자유', '공포로부터의 자유'를 경험하는 세상과, 기본권과 인간의 존엄성, 법의 원칙, 좋은 통치법이 존경 받는 세상을 주장한다. 이 세 가지 변화들은 국제정치에 있어서 좀 더 폭넓은 윤리적 관심을 촉구하고 있다. 즉, 개인의 안보는 국가주권보다 우선 보장되어야만 한다.

방법론적 괴리

센과 울 하크가 인간개발적으로 인간안보에 접근하는 방식은 발달이론과 경제성장 차원에서 방법론적인 괴리가 있음을 보여준다. 그들은 국가소득을 늘리는 가장 좋은 전략이 단순히 자본을 축적하는 것이 아닌 국민을 개발하는 것이라고 주장했다. 이와 비슷하게, 인간안보 역시 정부와 국제사회 모두를 위한 안보를 확보하는 가장 좋은 방법은 우선 국민들의 안보부터 증진시키는 것이라고 말한다. 이렇게 재정의된 안보의 개념은 국제질서를 바라보는 냉전시대적 발상, 특히 국제평화를 해치는 주요 위협에 대한 인식뿐 아니라 이로부터 안전을 지킬 해결책을 개선시켰다(Hampson et al., 2002). 실제로 냉전시대의 국제질서는 국가중심 메커니즘의 영향을 받았고, 이는 권력과 안보 간 딜레마, 또는 자유주의자와 구성주의자 간 상호 의존적 관점을 조정하기 위한 접근이었다. 반면, 인간안보의 접근 방식은 개인의 안보와 국제안보를 새로운 국제질서로 연결시킨다. 개인이 위협받는 것은 곧 국제안보가 위협받는 것과 같다고 보는 것이다. 이러한 괴리는 안보 전략의 설계 방법과 밀접한 관계가 있다. 안보 전략은 국민을 보호하고 국민에게 권력을 부여함으로써 국민이 국가안보에 해를 가하지 않게 할 수 있는 기회이다. 즉, 안보 전략은 다른 정부나 하부조직 등이 이민이나 질병의 확산으로 인해 위기에 빠지는 것을 막고, 국민이 국가안보를 위협하는 갈등에 휘말리지 않도록 설계되어야 한다. 그러므로 인간안보의 확보는 단순한 윤리 원칙을 넘어서 정부와 국제사회 체제의 안보를 확보하는 최고의 전략이라는 사실은 반복해서 언급할 만한 가치가 있다.

[표 1.1] 안보와 경제적 성장 비교에 대한 인간중심 접근

	신자유주의 경제	인간개발	현실주의자들, 신현실주의자들 그리고 국가중심 안보 관점	인간안보
최종/목표	경제적 성장 (모든 부를 가져올 것이라고 가정하는 것)	인간+성장 (성장은 자동적으로 되지 않기 때문에)	국가, 주권, 힘 (국민을 보호한다고 가정하는 것)	국민+국가 (보호는 자동적이 아니다 — 국가가 약해질 때나 스스로 영속할 때 무엇이 일어납니까?)
목표 달성 수단	성장정책 -자유화 -자영화 -거시경제적 안정성 등	성장정책+ 사회정책+ 인권	군사적 힘을 강하게 하는 정책	군사+좋은 경제정책+ 정부정책
'사람'에 대한 가정	사람-경제, 시장 파트너를 결정하는 '합리적 남자'	존재로서 '합리적 남자'는 실제로 여자가 포함된다. 여자들의 행동은 그들의 다양한 욕구, 민족성, 생계수단 등에 영향을 받는다.	국가와 국민은 분리되지 않는다. 만약 대량 살상무기가 발사된다면, 그들은 둘 다 파멸한다.	국가 그리고 국민은 개개의 관심사가 반드시 일치하지 않는 커플이 결혼한 것과 같다. 때때로 자리바꿈이 있을 수 있고, 어떤 요소는 한 요소가 다른 요소보다 더 영향을 미칠 수 있다는 뜻이다. (예를 들면, 한 나라는 강한 군대를 가질 수 있지만, 빈곤에 처할 수 있다.)

안보 개념의 확장, 즉 기존의 국가 차원에서 개인 차원까지의 확장이 필요하다는 것을 현실주의자들과 신현실주의자들에게 납득시키는 일은, 인간개발 이론이 신자유주의 경제학의 주류와 직면했던 도전과제와 같은 맥락이다. [표 1.1]을 참조하라.

정치적 차원에서의 인간안보

권력의 이해관계

'인간안보를 고찰하는 것은 왜 가치 있는 일인가'에 관한 입장을 밝히기 위해서, 국제기구들과 정부들이 인간안보의 개념을 받아들이는 다양한 방법에 눈을 돌려보도록 하겠다. 2장에서 다시 설명하겠지만, 인간안보는 그동안 수많은 논쟁을 낳아 온 복합적인 패러다임이다. 결국 '중립적인 정의'는 존재할 수 없는 것이다(Smith, 2002). 인간안보를 정의하는 데에는 새로운 책임이 따른다. 행위자 각 주체는 자신들의 이해관계나 두려움에 따라 그 정의를 받아들이거나 비판하기도 하기 때문이다.

안보 개념은 1994년 유엔개발계획의 「인간개발보고서」를 통해 처음 언급된 이후부터 지금까지 10여 년간 국제체제 속에 상존해 왔다. 이 「인간개발보고서」에서는 인간안보를 "공포로부터의 자유와 궁핍으로부터의 자유"라고 명시했다. 그 이후로, 수많은 정부기관과 지역적, 국제적 기구들이 이 정의를 사용해 오고 있다. 시간의 흐름에 따라 볼 때, 인간안보 개념과 국제정치 간의 상관관계를 크게 세 가지 단계로 구분 지을 수 있다. 첫째, 인간안보의 첫 출현은 1994년 유엔개발계획의 「인간개발보고서」를 통해서였고, 이 보고서는 냉전체제 말에 세상에 적용할 기회를 엿보고 있었다. 그러나 보고서는 77개 개발도상국으로 이루어진 G77의 회의론에 부딪혔다. 그들은 인간안보가 국가주권에 해를 끼칠 것을 두려워했던 것이다. 유엔개발계획에서 정의 내린 인간안보는 1995년에 열린 코펜하겐 정상회담에서 찬밥 신세를 당했다. 그러는 동안에, 오스트리아, 캐나다, 칠레, 코스타리카, 그리스, 아일랜드, 요르단, 말리, 네덜란드, 노르웨이, 스위스, 슬로베니아, 그리고 타이로 구성된 의견을 같이하는 13개 국가와, 발언권이나 투표권은 없지만 남아프리카도 참여한 연합기구인 인간안보 네트워크(HSN: Human Security Network)를 1999년에 형성했다. 그들은 활동 기간 동안 특별 캠페인을 만들어 성공적으로 이끌었고, 1997년 오타와 조약에서 대인지뢰 금지조약을 체결했으며 국제형사재판소(ICC: International Criminal Court)를 설립했다. 또한, 인간안보 네트워크는 장관급 회담을 개최하여 인권문제나 이해관계의 대립을 방지하고 인체면역결핍바이러스(HIV)나 에이즈, 보건 등과 같은 사안에 대하여 가장 떠들썩했던 기간 동안 수많은 논의를 펼쳤다. 2000년에 들어오자 유네스코가 평화와 인간안보를 장려하기 위한 국제 네트워크를 창설하여, 안보와 평화에 관한 문제를 국제적인 논의 대상으로 다시 불러들이기 시작했다.

둘째, 인간안보 개념은 2001-2003년에 캐나다의 주권과 개입에 관한 국제위원회(ICISS: International Commission on Intervention and State Sovereignty)에서의 '보호 책임(responsibility to protect)'에 대한 논쟁과, 일본의 인간안보위원회(CHS: Commission on Human Security)에서 시작된 '개발 책임(responsibility for development)'에 대한 논의 속에서 부활했다. 캐나다와 일본 양국이 인간안보를 국제적인 협의사항에 넣기 위한 지도력과 자금을 제공한 것이다.

셋째, 2004년부터 2005년 동안 인간안보는 안보와 개발을 연결짓는 고리로 인식되었다. 그리고 21세기에 직면한 새로운 현실을 재조정하기 위해서, 그리고 점점 분명해지는 새로운 위협에 대한 공동의 대응방안을 찾기 위해서, 인간안보가 유엔과 유럽연합과 같은 기구의 개혁 사항 중 한 가지로 꼽히게 되었다. 1990년대 후반, 인간안보가 평화를 추구하는 광범위한 의제로써 자리를 잡아가던 후로, 유네스코에서는 인간안보의 특이사항에 주목하기 시작했다. 이 과정은 동아시아, 중부아시아, 라틴아메리카, 그리고 유럽 등지에서 계속적으로 일어난 지역적인 협의를 통해서 이루어졌다.

유엔개발계획의 출범: 평화 배당금으로서의 인간안보

인간안보에 관한 여러 문헌 덕분에, 인간안보 개념이 유엔개발계획의 「인간개발보고서」를 통해 국제정치 무대에 공식적으로 선보이는 주된 계기가 마련되었다. 이는 인간개발 패러다임이 안보 차원으로 발전되어 가는 연장선으로 보였다.

오랫동안 안보의 개념은 외부의 침략으로부터 국토를 보호하는 것, 또는 외부 정책으로부터 국익을 보호하거나 핵 재앙으로부터 국제안보를 확보하는 것 등의 좁은 개념으로만 해석되어 왔다. … 하지만 정작 중요한 것은 바로 매일의 생활 속에서 안보를 구하고 있는 일반 사람들인 것이었다(UNDP, 1994).

인간안보는 "공포로부터의 자유, 궁핍으로부터의 자유"라는 개념으로 폭넓게 정의되었으며, "기근, 질병, 억압 등의 만성적 위협으로부터의 안전과 가정, 직장, 사회 등 일상생활 속에서 일어나는 갑작스러운 혼란 사태로부터의 보호"로 특징지어졌다(UNDP, 1994). 유엔개발계획이 안보를 바라보았던 인간중심적 접근 방법은 다음의 세계적, 상호 의존적인 일곱 가지 요소를 통해 발전되었다. 즉, 경제적, 식량적, 보건적, 환경적, 개인적, 사회적, 그리고 정치적 안보이다. 이 일곱 요소들은, 결핍될 경우 만민 공통에게 위협이 되는 범세계적인 관심사로 떠올랐다. 그리고 비안보 개념을 빈곤, 기근, 질병, 오염 등의 저개발 요소들과 관련된 전통적인 취약성을 넘어서서, 구조적인 갈등 형태로 정의하려는 시도가 이루어졌다. 이러한 인간개발적 접근법은 인권 위배, 무력 충돌, 자연재해와 관계될 뿐 아니라, 불평등, 공중위생, 국제범죄, 인구증가 그리고 환경파괴와 같은 저개발 요소들에 다방면으로 둘러싸여 있다. 이들 요소들은 국제사회를 위한 개발지원에 새롭게 초점을 맞추게 되었다. 이 요소들을 미리 예방한다면 사후 피해에 대처하는 경우보다 비용이 덜 들 것이기 때문이다.

유엔 의제: 공동체의 안전 보장 재고

1992년에 유엔 내에서 다루어진 「평화를 위한 의제(Agenda for Peace)」는 인간안보의 시초가 되었으며, 인간안보에 대한 접근법을 통합하기 위한 유엔의 특별하고 필수 불가결한 역할을 강조했다. 이는 또한, 부트로스 부트로스 갈리(Boutros Boutros-Ghali) 사무총장이 중재, 평화유지, 전후 조정과 관련하여 제안한 새로운 명령의 일환이다(United Nations, 1992). 반면, 1999년 새천년 선언(Millennium Declaration)을 통해서 인간안보 의제를 새로운 유엔 명령으로 채택한 사람은 코피 아난 사무총장이었다. 그는 평화를 "전쟁이 사라지는 것 그 이상"이라고 정의하면서, 인간안보가 경제성장, 사회적 정의실현, 환경보호, 민주화, 군비축소 관련 문제들을 완전히 해결할 것과 인권과 법의 원칙을 존중할 것을 촉구했다(Annan, 2001). 유엔에서 인간안보를 의제로 채택한 것은 그들의 평화유지 노력이 실패로 돌아갔다는 것을 깨달았기 때문이고, 그 실패를 배상하기 위하여 유엔을 좀 더 범세계적인 포럼에 참여시키려는 바람이었다. 이러한 포럼은 비정부기구들이 더 가능성 있고 포괄적인 개발 의제를 수행하도록 정부에 압력을 가하거나 토론할 수 있는 장이었다.

2005년 후반, 인간안보의 향후 위협과 이에 대한 국제사회의 대응책을 명백히 하려는 두 가지 시도가 있었다. 그 중 한 가지는, 유엔의 '위협, 도전, 변화를 위한 고위급 패널'이 연구한 보고서, 「더욱 안전한 세상을 위한 공동의 책임(*A More Secure World: Our Shared Responsibility*)」이다. 또 다른 한 가지는, 코피 아난 사무총장이 「모든 자유를 향하여(*Towards All Freedom*)」에서 제안했던 개혁 의제이다. 위협, 도전, 변화를 위한 고위급 패널은 2003년 후반에 설립되었고, 이는 그 시대의 전통적인 안보 위협을 더 멀리 내다보기 위함이었다. 첫째, 안보 위협의 예로는 테러에 관한 효과적 정의가 요구되었던 이라크 전후 상황, 선제적 내정간섭주의, 그리고 인간안보라는 이름의 인도주의적인 중재 등이 있다. 둘째, 유엔이 설 자리를 찾으려는 노력이 있었는데, 유엔의 책임은 세계화와 국익을 위해 권력을 남용하는 강대국의 출현으로 인해 시련을 겪었다. 「더욱 안전한 세상을 위한 공동의 책임」은 2004년 12월에 공개되었으며, 인간안보를 두 가지 방면으로 진척시켰다. 이는 더욱 악화된 새로운 위협을 건의하기 위한 공동체 안보의 광범위한 틀로써, 오늘날의 위협들을 다음의 여섯 범주로 나누었다. (1) 빈곤과 치명적인 전염성 질병 등 경제적, 사회적 위협, (2) 국가간 갈등과 경쟁, (3) 내란, 내각 붕괴, 민족 말살 등 내부 폭력 사태, (4) 핵무기, 방사성무기, 화학무기, 생물학적 무기들, (5) 테러, (6) 국적을 초월한 조직범죄.

이 보고서는 단순히 위협을 인식하는 데에 그치지 않고 더 나아가, 상호연결성을 제시하기도 했다. 빈곤과 전염병과 전쟁은 서로 먹고

먹히는 악순환에 놓여 있는 것이다. 빈곤은 경제와 사회를 분열시키고 불안정하게 만드는 내란과 깊이 관계되어 있다. 말라리아나 인체면역결핍바이러스(HIV), 에이즈와 같은 질병들은 계속해서 수많은 사망자를 낳았고 빈곤을 극심하게 만들었다. 따라서 고위급 패널은 새 공동체 안보를 개발이라는 개념으로 공식화하는 것은 필수적이라고 생각했고, 정부간 협력과 국가간, 지역간, 시민운동가 간의 공조관계가 중요하다고 밝혔다.

고위급 패널은 코피 아난 사무총장이 2005년 3월에 회원국들에게 제안한 개혁안을 장려했다. 유엔의 신뢰성을 회복하고 공동체안보의 타당성을 확보하는 것이 그 목표였다. 「더 큰 자유(In Larger Freedom)」라는 제목의 보고서에서는, 유엔총회에서 공식적으로 다루어지지 않았다는 이유로 '인간안보'라는 용어를 언급하지는 않았다. 하지만 이 보고서 역시 인권과 인간개발, 인간안보를 서로 강화시키는 필수 원칙으로서, 이들 간의 긴밀한 관련성을 강조했다.

빈곤과 인권의 부정이 내란, 테러, 조직범죄를 '직접 일으킨다'고 말할 수는 없다 하더라도, 이들은 불안정성과 폭력 사태의 위험성을 크게 높일 수 있다. 또한 선정(善政)을 베풀고 국민들의 인권을 존중하는 국가는 갈등의 공포를 더 효과적으로 비켜가고, 발전을 위해 장애물을 극복할 수 있다(Annan, 2005a).

이 보고서는 빈곤과 치명적인 전염병, 환경파괴들이 내부 폭력 사태나 조직범죄, 테러, 대량살상무기 등 모두 '동일하게 비극적인 결과'를 초래할 수 있다고 강조했다. 또한, 국민들의 생존뿐 아니라 국제체제의 기본단위인 국가의 기반을 크게 해칠 수 있다고 역설했다. 정책구조상의 강요는 하지 않았지만, 네 가지 중요한 제도상의 개혁을 건의했고, 이는 결론에 도달하지 못하는 논쟁의 연속인 인내의 시간을 필요로 하는 개혁이었다. 또한, 유엔 안전보장이사회의 확대, 테러 규정, 대외원조 증가, 그리고 유엔 인권위원회를 새로운 인권이사회로 교체하자는 내용을 담고 있다. 그리하여, 2005년 9월 정상회담 중 진행된 유엔총회 고위급 패널 회의의 결과물에서 '인간안보'가 드디어 언급되었다. 고위급 패널 회의 문서 중 143번째 문단을 보면, "우리는 유엔총회를 통해 인간안보의 개념을 밝히고 논의할 것을 약속했다."라는 구절을 찾을 수 있다.

이러한 제안의 밑바닥에는 10여 년 전, 보스니아와 르완다에서의 실패와 오늘날의 다르푸르, 콩고에서의 실패 등에서 효과적인 교훈을 얻을 방법의 모색이 자리하고 있었다. 이라크 사태에서 볼 수 있듯이, 국익을 노리고 있지만 인간안보라는 가면을 쓴 일방적인 내정간섭으로 인해 공통의 조치 마련을 위한 노력은 시련을 겪었다. 예를 들면, 이라크 침공을 둘러싼 수많은 논쟁 사이에는 미국인의 안보를 위협하는 대량학살무기의 존재 여부에 관한 추측이 있었다. 평화와 이라크 사람들의 번영을 위한다는 명분으로 '민주주의를 표방'하는 것이다. 이처럼 인간안보를 도구화 또는 수단화 시키려는 유혹에 맞서기 위해서 유엔은 다국간 공동 정책을 체계화하고, 중립적이고 초국가적인 기구로서의 권위적인 자리매김을 공고히 다져야 했다.

국제위원회: 간섭과 개입의 윤곽을 잡다

인간안보에 대한 가장 두드러진 비평 가운데 하나는 내정에 개입하는 백지 위임장에 대한 두려움 때문에 발생한다. 내정간섭이 다른 국가의 국민들을 대신하여 추진될 경우는 특히 더 심하다. 내정간섭의 조건이나 형식을 뚜렷하게 밝히고 두려움을 완화시키기 위해, 캐나다 정부는 주권과 개입에 관한 국제위원회(ICISS)를 개최하고 개러스 에반스(Gareth Evans) 국제위기감시기구(ICG: International Crisis Group) 회장과 모하메드 사눈(Mohamed Sahnoun) 사무총장 알제리 특별자문역을 공동 의장직에 앉혔다. 2000년 11월 위원회가 활동을 시작했을 때, 국제사회는 무수한 내정간섭에 시달리고 있었다. 그 예로는 세르비아의 코소보 내정간섭의 합법성 문제, 르완다 내정간섭 실패, 소말리아에서의 임무 완수 전 철회, 보스니아의 약소한 시민사회 보호 실패 등이 있다. 이 실패들은 전반적으로 내정간섭에 대해 다시 고려해야 할 필요성을 거듭 촉구했다. 국가주권 안에 포함되어 있는 국민들의 주권 문제에 대한 도전과제에 대응하여, ICISS는 새로운 기구와 관계자들, 새로운 안보 관련 쟁점(비국가 행위자들의 폭력 사태, 일반 시민들의 취약성, 약소한 정부와 군사력 등), 새로운 요구와 기대사항(개념적 틀로서의 인간안보와 기술, 세계화 등), 그리고 협력을 위한 새로운 기회들을 검토해야 했다.

ICISS의 마지막 보고서인 「보호 책임(*Responsibility to Protect*)」은 주권국가에서 인도주의적인 목적으로 군사개입을 감행하는 것에 대한 비판이 거세지자 이에 응하여 제시된 것이다. 이 보고서는 수많은 중대한 영향을 미쳤다. 우선, 주권의 의미를 재정의했다. 이중적인 책임, 즉 외부적으로는 다른 국가의 주권을 존중하고 내부적으로는 자국 국민의 존엄성과 기본권을 존중하는 책임을 주권의 의미에 포함시켰다. 둘째로, 내정간섭은 국가나 정부 지도자에 대한 반발 행위라고 재정의했다. 상대방의 동의 여부에 상관없이 인도주의적이거나 보호라는 명분으로 이루어진다는 것이다. 즉, 군사개입뿐 아니라 국제적 제재와 범죄 기소 등은 군대의 부족을 피하기 위한 예방 조치이거나 군대의 또 다른 대안으로 대응하는 것을 의미한다. 그러나 위원회는 내정간섭에 몇 가지 조건부 제한을 부여하기도 했다. 사실상, 군사개입에 엄격한 규제를 가한 것이다. 보호 책임은 또한 예방 책임(조기 경보, 근본 원인의 방지 등을 통한 예방)과 대응 책임, 재건 책임(평화구축, 정의 및 조정, 안보, 개발, 지역 소유권, 점령 제한 등과 같은 간섭 후 책임)을 수반한다.

우려와는 다르게, 이 보고서는 인간안보라는 명분으로 군사개입을 지지하지 않았다. 내정개입 여부를 결정하는 것은 무기 수출 금지나 경제적 제재, 외교적 압력 등과 같은 조치들이 효과적인 강제성을 발휘하지 못하는 극단적인 경우에만 가능하다. 또 이 보고서는 군사개입을 정당화할 수 있는 다음의 여섯 가지 기준을 명시했다. (1) 유엔 안전보장이사회가 부여한 정당한 권력, (2) 대규모 인명 손실이나 민족 정화 같은 정당한 동기, (3) 인류의 수난을 멈추거나 막으려는 정당한 의도, (4) 최후의 방책으로서 수행되는 경우, (5) 균형 잡힌 수단, (6) 합리적인 성공 가능성.

보호 책임이라는 단 하나의 가장 중요한 국면을 예방함으로써, 이 보고서가 갈등의 원인들에만 초점을 맞추는 경향이 있기도 하지만, 그보다 이에 대한 반동 세력들이 가장 많이 주목한 이유는 바로 시기 때문이었다. 이 보고서의 공개 시기는 9·11 테러의 즉각적인 여파로 안보에 관한 새로운 관심이 모아지기 시작했던 시기와 일치했다. 9·11 테러 이후 급속한 대응으로 미국이 아프가니스탄과 이라크를 선제공격한 사건에 세계의 이목이 쏠리기 시작했던 것이다. 미국의 이라크 점령은 그 후, 군사개입의 악의적인 의도를 정당화시키려는 정책이 아닌가 하는 더욱 큰 의혹으로 이어졌다. 또한, 조건부 제한이라는 미묘한 행로와 내정간섭의 비용과 이점이 무시될 수 있다는 의혹도 제기되었다.

9·11 테러 이후, 2003년 4월에 세계인간안보위원회(Global Commission on Human Security)의 보고서 완성을 기념하는 리셉션이 미

지근한 열의 속에서 개최되었다. 세계인간안보위원회의 보고서는 특히 갈등 상황의 여파 속에 있는 국민들을 위한 인간안보는 국제사회의 군사개입이 아닌, 국가와 정부가 제공해야 한다고 주장했다. 당시 일본의 인간안보위원회(CHS)는 오가타 사다코(Ogata Sadako) 유엔 난민고등판무관(UNHCR) 전 위원장과 노벨 경제학상 수상자인 아마르티아 센이 공동 위원장직을 맡고 있었다. CHS는 2001년, 개발 지역과 개발도상국에 초점을 맞춘 새로운 책임을 조사하기 위한 목적으로 일본 정부에 의해 설립되었다. 「인간안보 근황(*Human Security Now*)」이라는 제목의 CHS의 마지막 보고서에 따르면, 인간안보는 생명의 자유를 보장하기 위해 필수적인 것으로 묘사되고 있다. 또한, 생명의 자유를 보장하기 위해서는 국민들의 힘과 열망을 토대로 하여(센의 접근법) 비판적이고 침투적인 위협으로부터 생명을 지켜내야 한다고(오가타의 접근법) 당부하고 있다(Commission on Human Security, 2003). CHS는 두 가지 방식으로 안보를 재개념화한다. 첫 번째 방식은 생존, 존엄성, 생계유지와 같은 다양한 인류 핵심 가치를 해치는 위협 요소를 없애는 것이라고 보는 부정적 관점이다. 두 번째 방식은 장기적 인간개발에 방해받지 않고 모든 인류의 '생명유지에 필수적인 핵심(vital core)'을 '비판적, 침투적인 위협'으로부터 보호(safeguard)할 수 있는 기회라고 보는 긍정적 관점이다. CHS의 정의 속에 들어가 있는 단어들은 각각 주의 깊게 선택된 것들이다. 즉, 여기에 사용된 'safeguard'는 우연이 아닌 제도화된, 엄격하기보다는 동정적인, 후 대응이 아닌 선 예방적인 접근 방식을 요구하는 보호를 의미하는 것이다. 또한 'vital core'는 인간의 기본권과 기초 능력, 절대적 욕구 등을 의미한다. '비판적, 침투적인 위협'은 갑작스럽고 되풀이되면서 난해한, 대규모의 직접적 또는 간접적 위협을 나타낸다.

인간안보위원회는 인간안보를 확보하기 위하여 보호와 권력 부여라는 일반적인 두 가지 전략을 내세웠다. 이 둘은 서로를 상호적으로 강화시켜 주며, 어떤 상황에서든 대부분 요구되는 요소들이다. 비록 인간안보의 정의에 대한 의문을 명백히 하는 데에 실패함으로써 리셉션에서 열의 없는 호응을 받았지만, 위원회의 보고서는 유엔 역사상 최대 규모의 신탁자금을 제공했다는 점에서 중추적인 역할을 했다. 인간안보 연구에 자금을 제공하기 위하여 일본 정부가 신탁자금을 조성한 것이다. 보고서는 또한 안보 문제의 대안적인 이해를 돕기 위한 유엔 산하 기관들과 시민사회단체 간의 협력 활동을 자극하는 계기가 되었다. 궁극적으로, 이 보고서를 통해서 일본 정부는 유엔 안전보장이사회 내의 권력 분배를 돕는 대체 방안들을 통과시키는 데에 선도적 역할을 하게 되었다.

중류국가를 사로잡다

인간안보 개념이 국가중심 안보의 이해관계를 폭로함에도 불구하고, 본래부터 캐나다나 노르웨이, 일본 같은 국가에서는 외교정책의 수단으로 채택되어 왔다. 반면, 시민사회단체는 세계적 측면에서 볼 때, 인간안보를 받아들이는 데 좀 더 더딘 모습을 보여 왔다. 또한 아이러니컬하게도, 인간안보 개념을 채택한 몇몇 국가들의 채택 이유는 자국 내 안보나 개발 의제와 같은 사안에서라기보다는 그저 외교정책 명령의 한 일환에 지나지 않았다. 그렇다면 인간안보가 외교정책의 틀로서 제공하는 이익은 무엇인가? 캐나다 정부와 노르웨이 정부의 관점에서 볼 때, 인간안보는 국제무대에서의 그들의 지위와 영향력을 향상시킬 수 있는 대표적인 기회였다(Suhrke, 1999:268). 패리스는 인간안보를 '중류국가'와 개발기구, 비정부기구를 한데 붙여서 연합시켜 주는 '접착제'로 보았고, 그들은 정책적 목표와 방책의 조화를 추구한다고 말했다(Paris, 2001:88).

국가들이 인간안보를 외교정책의 일환으로서 채택하느냐 마느냐의 결정 기준에는 두 가지 요소가 작용한다. 첫째는 국내 정치의 역동성이고, 둘째는 국제사회에서 자국의 영향력을 높이기 위해 그 정책을 사용하려는 엘리트 분야의 열망이다. 외교정책으로서의 인간안보는 중류국가들의 관심을 불러 모았다. 그러나 안보를 인간중심적으로 보는 접근법이 한 국가의 외교정책으로서 추진될 수 있는가? 이익에 기반한 의제로 변질되지 않고, 또 국력을 도모하기 위한 수단으로 사용되지 않고서 말이다. 자국민보다 다른 국가 국민들의 행복지수에 관심을 갖는 것은 특히 해당국이 스스로의 '전통적' 안보 문제를 추구하기 때문에 발생한다고 설명된다. 일본이 그 좋은 예이다. 일본은 대외원조를 위한 인간안보 명령을 지지하는 한편, 석유 수입 의존도를 줄이기 위해 군비를 높게 유지하고 실질적인 원자력 산업을 구축했다. 그러나 일본 국민들이 경제적으로 부유하다 할지라도, 인종적 차별이나 불평등과 같은 인권 행사 측면은 과거 사형 문제가 그랬던 것처럼 일본 사회에서 여전히 해결해야 할 사안으로 남아 있다.

결과적으로, 인간안보가 한 국가의 외교정책으로 채택되어 정부의 지지를 받을 경우, 국가중심적인 국익을 제공하도록 정의되었다. 캐나다와 노르웨이가 이러한 과정을 밟았고, 그들 국가는 인간안보를, 유럽연합에 강력한 영향력을 미치는 국제기구들에 대하여 중류국가들이 더 안정되게 독립할 수 있는 기회로 보아 왔다. 캐나다와 일본의 경우에는 인간안보가, 특히 미국에 비할 때, 국제무대에서의 신용을 증진시켜 준다고 생각했다. 일본은 약 1억 7천만 달러를 유엔 사무국을 통한 인간안보 신탁자금으로 기부함으로써 중요 대외원조 기부자로서의 지위를 굳혔고, 지역적으로뿐만 아니라 대외적으로 국가의 경제력을 강화시켰다. 오타와 협약을 통하여, 캐나다는 갈등 후 상황을 조정하는 평화유지자로서 인지도를 얻는 데 집중했다. 이는 캐나다가 이미 입지를 굳힌 분야였다. 노르웨이의 국력은 무엇보다 강력한 사상의 촉진에 달려 있었다(Suhrke, 1999). 따라서 캐나다와 일본의 각기 다른 인간안보 정책은 본질적으로 각기 다른 역사, 그리고 기존의 힘과 역량을 이용하려는 그들의 시도를 반영하고 있다.

일본: 궁핍으로부터의 자유

1998년 12월, '아시아의 미래 구축을 위한 지식 대화'라는 맥락으로 오부치 게이조 일본 총리가 인간안보 관련 프로그램을 개설했다. 오부치 총리는 이 프로그램을 "생존, 일상생활, 인간의 존엄성을 해치는 위협의 올바른 이해와 위협 대처능력 강화"에 기반한 외교정책이라고 언급했다. 프로그램의 개설과 함께 신용을 얻기 위하여, 일본은 인간안보위원회(CHS)를 설립하고 국제연합에 최대 규모의 신탁 자금을 기부했다. 일본은 인간안보를 위한 지도력과 자금을 제공하는 선도적 국가로서 자리 잡아 왔으며, 이는 유엔의 영구적인 회원국이 되고 싶은 열망 때문이었다. 일본 정부는 인간안보의 '아시아적 가치'에 기반한 더욱 올바른 정의를 지지했고, 공포보다는 '궁핍으로부터의 자유'에 더 많은 관심을 기울였다. 일본 정부는 인간안보 문제에 접근함으로써 생계와 존엄성을 해치는 위협으로부터의 국민 보호를 위해 고안한 조치들을 장려하는 한편, 자기 역량 강화도 지지했다. 일본 헌법 제9조에 따르면, 갈등 해결을 위한 무력 사용은 금지되어 있으며 오직 국제적 안보의 목적으로만 정당방위를 허용하고 있다. 따라서 일본은 1997년 금융위기 이후 경제적으로 중요한 역할을 수행해 오면서, 동시에 군사적 제약을 교묘하게 회피하는 방책으로 개발원조 개입을 사용했다.

아시아 전역에 불어 닥친 통화위기는 급속도로 금융위기를 지나 전면적인 경제위기로까지 이어졌고, 지역의 안보를 위협하는 사회정치적인 결과를 낳았다. 이는 위협의 상호의존성에 대한 증거이다. 1997년 안에 일어난 이러한 사건들로 인해 일본 정부는 자국의 경제적 기반이 부실하다는 점을 인식하게 되었다. 또한 아시아 지역의 경제를 안정시키기 위하여 인간안보 개념을 제공할 수 있는 장기 협의 사항을 채택하도록 만들었다. 신탁자금을 통하여 일본은 국가를 개방하려 했고, 중국의 세계무역기구(WTO) 가입과 함께 엄청난 경제적 동맹을 구축했다. 그러나 이는 북한의 핵 확산에 따른 위험성도 내포하고 있었다. 일본의 인간안보 정책은 대외원조 분야에서 성공을 거둔 바 있는 장관급 프로그램을 모범으로 삼은 것으로, 일본 대중들에게 많은 지지를 받았다(Yeo, 2004). 일본의 외교 청서는, CHS의 「인간안보 근황」 보고서에서 정의한 인간안보와 일본이 그동안 실행해온 개발원조 개념이 매우 유사하다고 주장했다. 그러나 일본의 대외원조는 상호 동의와 다양하고 믿을 만한 신용정보를 토대로 이루어지는데, 이 대외원조를 경제적 지위를 높이기 위한 하나의 방책으로 보는 사람들도 있어 비판의 대상이 되고 있다. 게다가 일본의 외교정책이 인간안보에 기반을 두고 있다는 정부 관계자들의 주장과는 관계없이, 일본의 외교정책은 계속해서 자국의 전통적인 안보 이익을 추구해 왔으며 특히 북한 핵무기 생산 위협이 떠올랐던 2002년 이래로 더욱 심해졌다. 즉, 일본의 외교정책에 있어서, 인간안보에 관한 의제는 전통적 안보를 보완할 뿐 완전히 대체하지는 못했다. 그럼에도 불구하고, 일본이 인간안보 문제에 대해 보여준 자금 원조와 지도력은 특히 갈등 후 개발을 다룬 프로그램의 등장을 촉진시켜 왔다.

캐나다: 공포로부터의 자유

인간안보에 대한 유엔개발기구의 정의는 너무 포괄적이고 '접근 방식이 광범위해서 다루기 어려운 정책 수단'으로 비춰질 수 있기 때문에 초기에는 비판의 대상이었다. 그러는 동안에, 캐나다는 1996년 '공포로부터의 자유' 달성에 집중하기 시작했다. 캐나다는 "폭력적, 비폭력적 위협으로부터의 국민 안전, … 국민의 권리, 안전, 생명까지 침투하는 위협으로부터 해방된 상태"를 표방했다(Axworthy, 1999). 캐나다의 국익은 대부분 1996년에서 2000년까지 로이드 액스워시(Lloyd Axworthy) 외무장관의 공으로 돌려졌다. 액스워시 장관은 냉전 후 문제들을 다루기 위해서 캐나다 외교정책을 개정할 필요성을 인식했다. 냉전 후 문제들로는 교전지역에 갇힌 어린이들, 테러 가능성, 마약 밀매 증가, 무기의 유통 등이 있었다. 액스워시 장관은 이러한 문제들을 긴급한 공동책임으로서의 인도주의적 내정개입을 통해 해결하기를 촉구했다. 이처럼 캐나다에서는 인간안보 개념의 채택이 부적절한 군사력으로부터 한 국가를 구출하는 시도로 간주되었다. 군사력에 한계가 있는 중류국가로서, 캐나다는 이웃이자 강대국인 미국의 영향력에서 벗어나기 위해 스스로 국제적인 역할을 개척해 나가야만 했다. 캐나다의 외교정책 속 인간안보에는 강력한 내정 불간섭의 전통과 국제 정사에 있어서 더 중대한 역할을 하기 위한 야망을 결합시키려는 의도가 들어 있다. 그와 동시에, 이민을 규제함으로써 자국의 안보를 지키고 위협을 줄였다. 이러한 캐나다의 태도는 비정부기구들의 거대 연합의 압력에 대응하기 위한 것이었다. 비정부기구 연합은 지뢰금지조약의 체결과 국제형사재판소(ICC) 설립을 성공적으로 이끈 바 있다.

캐나다의 인간안보 정책은 다음의 다섯 가지 사항에 우위를 둔다.

(a) 공공 안전(테러, 마약 밀매, 범죄 확산 등 국가간 위협의 증가에 대항하기 위한 능력을 갖춘 국제 전문가적 지식 배양)

(b) 국민 보호(법적 기준 확립, 무력 갈등에 드는 인적 비용 절감, 인권 효력 보장, 잔학 범죄나 전쟁 등 극단적 상황을 통제하기 위한 군사력 배치)

(c) 갈등 예방(국제사회의 무력 갈등 해결능력 강화, 무력에 기대지 않고 정치적·사회적 긴장 상태를 통제할 수 있는 지역적·국가적 능력 배양, 경제 제재를 통한 내란 발발 억제)

(d) 통치와 책무(국제형사재판소의 효과적 운영, 안보기구의 군사적·정책적·사법적 개혁 추진을 통한 공공·민간 기관의 책무 증진, 부패 척결, 표현의 자유 보장, 기업의 사회적 공동책임 장려)

(e) 평화유지 기능(평화사절단 국제적 지원, 여성 관련 문제 해결, 복합적인 임무 수행을 위한 정책과 시민 전문 인력 제공)

이러한 목표를 달성하기 위해서, 캐나다 정부는 2010년까지 한 해 1천만 달러에 달하는 인간안보 프로그램을 개발, 실행한다.

인간안보 의제를 통해, 캐나다는 오타와 협약에서 대인지뢰 금지운동을 이끄는 선도적 역할을 할 수 있었다. 1997년 12월, 대인지뢰의 사용은 물론 비축, 생산, 이송을 금지하고 보유하고 있는 지뢰는 제거할 것을 촉구하는 오타와 협약에 122개국이 서명했다. 또한, 국제형사재판소와 다이아몬드 국제거래 협약인 킴벌리 프로세스(Kimberley Process)의 창립, 주권과 개입에 관한 국제위원회(ICISS)의 설립도 캐나다의 획기적인 보고서 「보호 책임」이 낳은 결실이다. 한편, 「보호 책임」은 '공포로부터의 자유'에 대한 접근 방식에 있어서 간섭주의적인 요소 때문에 일부 비판을 가져오기도 했다.

다음 [표 1.2]는 국제기구와 국가들이 제시하는 가치와 전략에 관하여 다양한 정의들이 설명되어 있다.

[표 1.2] 인간안보의 정치적 정의 비교

국가/기구	정의	가치, 이익, 중점	위협의 개념
CHS	모든 인간의 생명의 원천핵심을 보호하는 방법으로 활동한다. 저자는 이 정의가 문화를 뛰어넘어 변화할 수 있다고 인식한다. 생명의 원천이 되는 핵심은 개인이 누리는 기본적인 권리와 자유이다. 개인과 사회가 변화하기 때문에 사람들은 '삶의 원천'을 생각한다.	생존, 생계 그리고 존엄성 (공포 및 빈곤으로부터 자유, 존엄한 삶)	위기(심각한)와 위협과 상황의 확산으로부터 사람을 보호하는 것. 빈곤과 폭동에 초점을 맞추는 것
UNDP 1994	기아, 질병, 억압과 같은 상습적 위협으로부터 안전. 가정, 직장, 공동체에서 일상의 삶에서 갑작스럽고 해로운 붕괴로부터 보호	궁핍으로부터의 자유, 공포로부터의 자유	7대 요소: 경제안보, 식량안보, 보건안보, 환경안보, 개인안보, 공동체안보, 정치안보
캐나다 정부	개인의 권리와 안전, 삶에 대한 위협 확산으로부터 자유	공포로부터 자유에 초점. 권리, 안전, 삶	인간에 초점을 두고 있지만, 위협의 목록이나 정의에서 주요 변혁은 아니다. 전통적인 것에 대한 것: 무장 충돌 폭력, 인권 남용, 공적 비안보, 조직범죄
일본 정부	생존, 일상, 인간의 존엄성을 위협하는 모든 위협을 포괄적으로 잡는 것. 그리고 위협 직면에 대한 노력을 강화하는 것	공포와 궁핍으로부터의 자유: 삶, 생계, 존엄	가난, 환경, 타락, 마약밀매, 전통적 조직범죄, HIV/AIDS 등의 전염병, 홍수범람 등등. 핵심은 근본적으로 정신적, 물질적 복지에 관한 것이다.

국가/ 기구	유용성 잠재력	전략
CHS	정치적 의제, '조작화'	그러한 자유를 가능하게 하는 것은 위기와 확산되는 위협으로부터의 보호와 권한위임. 그것은 개인의 힘과 야심을 세우는 것이다. 이것은 정치, 사회, 환경, 경제, 군사, 그리고 삶의 문화적 범위에서 일어날 필요가 있다.
UNDP 1994	평화 배당금	국가, 국제사회 그리고 개인의 그룹들에 의한 공조
캐나다 정부	개인 갈등 충돌 해소, 지뢰 금지, 형사법원의 창조, 시민의 보호, 갈등비용의 절감: -인간안보 임무로서 평화작전 관점 -갈등 예방 -공공안전 개념의 기본 인권 양상의 부분으로서 훌륭한 통치와 정치적 책무	공공의 안전, 개인의 보호, 갈등 예방 통치와 책무 평화지원 작전 소화기와 경화기 국제 행동계획 인도주의자 간섭 보호 책임 지뢰금지 국제적 캠페인 오타와 제휴
일본 정부	아시아 재정위기의 영향에서 지역에 대한 지속적인 답을 제공하는 것. 소위 아시아의 가치로서 적합한 일련의 목표를 강조하기 위한 것	생계와 존엄, 일상의 삶에 대한 위협으로부터 보호에 집중. 잠재력으로부터 가져오는 권한 위임을 찾는 것(능력, 권한 위임)

남부국가들에게 인간안보는 정복할 수 없는 것인가, 적절한 패러다임인가?

소위 남부국가라 일컬어지는, G77의 회원국이기도 한 개발도상국에서는 인간안보 패러다임에 관한 비판들이 쏟아져 나오고 있다. 그들은 인간안보를 서구의 가치 양식을 강요하기 위한, 그리고 강대국들의 대외 내정간섭을 정당화하기 위한 도구라고 생각하고 두려워했다. 개발도상국들의 관점으로는, 인간안보가 개개인을 보호할 목적의 새로운 국제협정을 가져오는 계기가 아니라, 주로 내정간섭을 위한 구실에 불과했다. 특히, 그들은 대외원조를 받을 때 인간안보가 조건부 제한으로 작용할 것을 걱정했다. 또한 인간안보가 원조 수혜자들을 판단하는 잣대가 될 경우, 이중 잣대의 위선을 지적했다. 유엔총회 내부에서도 이러한 점이 보호 책임의 한 부분으로 논의되어야 한다는 주장이 일어났고, 이 사실은 남부국가들의 우려를 강화시켰다.

그러나 인간안보의 등장은 오히려 남부국가의 승리라고 봐야 할 것이다. 인간안보는 남부국가들의 개발 문제를 국제적 안보 논의에 포함시켰기 때문이다. 이는 역사적으로 계속되고 있는 남부국가의 국제적 이해관계와 이익 문제의 연장선이라고 볼 수 있다. 1970년대 중반 이후 개발도상국들의 공통 요구에 응하기 위하여 개발경제가 대중화되었다. 유엔 산하 G77이라는 이름 아래 그들은 좀 더 합리적인 국제무역 조건을 요구했으며, 권력과 부의 차이가 '영원한 불평등'을 계속 이어갈 것이라고 강조했다(Tucker, 1977:3). 저개발과 안보를 연결짓는 것은 이미 남부국가들의 핵심 요구사항이었다. 그리고 그들은 더 안정적이고 정당한 국제관계, 즉 그들의 요구에 맞춰주고 형평성, 안전, 권리를 보장해 주는 국제관계가 그러한 연결을 더욱 공고히 해줄 것이라고 주장했다. 국제사회 속에서 이에 대한 지능적 대응은 빌리 브란트(Willy Brandt)가 위원장을 맡고 있는 남북 독립위원회 (Independent North/South Commission)의 「남북 보고서(*North-South Report*)」의 형태로 나타나기 시작했다.

우리의 보고서는 가장 단순한 공익에 기초를 두고 있다. 인류가 생존 하기를 원하는 것, 생존하기 위한 윤리적 책무 등이 그것이다. 이는 평 화와 전쟁에 대한 전통적인 의문점뿐 아니라 전 세계적 기근과 빈곤, 부국과 빈국의 놀랄 만한 생활수준 차이를 극복할 방법들을 제시한다 (Independent Commission on International Development Issues: Brandt Report, 1980:13).

이 보고서는 근본적으로 군사 침략만큼이나 평화를 파괴하는 기근, 경제위기, 테러 등에 초점을 맞추고 있다. 이는 올라프 팔메(Olaf Palme) 위원장을 앞세운 군축과 안전보장에 관한 독립위원회(Independent Commission on Disarmament and Security)의 지지를 받았 다. 군축과 안전보장에 관한 독립위원회는, 특히 제3세계에서 벌어지 는 군사 문제를 제외한 위협을 다시 도마 위에 올려놓으면서 국제 경 제와 정치 체제의 윤리에 관한 의문을 야기했다. 그들은 제3세계에서 는 기근과 빈곤이 생존에 직결된 도전과제라고 주장했다(Independent Commission on Disarmament and Security Issues. Common Security: A Blueprint for Survival, 1982:172).

이들 보고서에서는 특히 남부에서의 전통적 안보는 개발에 필요한 안보를 제공하지 못한다고 설명했다. 그들은 일반적 안보, 즉 소련과 미국이라는 두 강대국의 대립구도로 국제동맹이 분열되었던 시기 동 안 크게 무시되었던 안보 개념을 다시금 촉구했다. 그러는 동안에, 양국의 대결주의적 이념 사이에 한층 부드러운 제3의 입장이 생겨났 다. 그것은 1960년대 후반에 비동맹운동(NAM: Non-Aligned Movement)으로 연합전선을 이루었던 제3세계 국가들의 목소리였다. 비동맹운동은 인도, 인도네시아, 이집트 등 이전 식민지 국가들이 일으킨 운동으로, 국제적 입지를 확보하고 강대국의 정치 영향력이나 군사력으로부터 벗어나기 위한 독립외교정책을 주장하는 운동이었다. 자와할랄 네루(Jawaharlal Nehru) 인도 초대 총리는 비동맹운동의 핵심 인물이었다. 네루 총리는 다양한 방법을 통해 안보를 확보할 수 있다고 주장했다. 그는 "군사력이 안보를 지켜준다는 것은 전형적인 구실일 뿐이다. 이것은 어느 정도 사실이긴 하나, 그렇다면 정책이 안보를 지켜준다는 것도 또한 사실이다."라고 말했다(Nehru, 1961). 이러한 상황 속에서 비동맹국들이 독립적인 개발 실험을 계속하며 '중도'를 찾는 노력은 서구 세력들에게 좋지 않은 인식을 주었다. 서구 세력들은 비동맹국들의 독립은 소련 진영으로의 흡수를 의미한다고 보았기 때문이다. 반면, 소련은 이 부분에 있어서 비동맹국들에 대한 지원을 아끼지 않았다. 비동맹국들의 군사력이 상대적으로 빈약한 국제관계 속에서, 그들은 더 윤리적인 목소리로 호소했지만 종종 냉전체제의 여운 속에 묻혀버렸다.

하지만 바로 이런 윤리적 호소력 덕분에, 남부국가들을 둘러싼 문제를 해결하기 위한 개발의 개념과 비군사적 안보 개념이 점차 수면 위로 떠올랐다. G77 회원국들이 점점 독립을 이루어내면서 그 세력을 확장시켜 나갔던 것처럼, 유럽연합 내에서 남북대화를 시도하고 전쟁을 넘어서는 공정한 개발과 평화를 추진하는 포럼이 무수히 열렸다. 1990년 초기까지, 줄리어스 니에레레(Julius Nyerere) 남부국가위원회 위원장은 「남부국가의 위기(*Challenge to the South*)」라는 보고서를 통해 빈곤, 산업조직의 축소, 환경파괴, 민주주의의 결핍 등이 비안보를 유발시킨다고 주장했다(South Commission, 1990:11).

그러나 유엔개발계획이 평화 배당 차원의 인간안보를 제안할 당시,

G77 회원국들은 1994년도 보고서를 각하했다. 이는 인간안보가 내정간섭과 남북 분단을 강화시킬지도 모른다는 우려 때문이었다. 대부분의 G77 회원국에게는, 인간안보가 여전히 국가주권에 윤리 문제를 부여하는 조건부 제한처럼 보일 뿐이었다. 개개인을 중시하는 이러한 관점은 아시아 경제발전 모델의 사회가치 지지자들에게 불편함을 주었다. 반면, 부유한 서구 국가들이 개발도상국을 징벌하는 수단으로 이용할 것이라는 인간안보의 이중 잣대에 대한 두려움도 있었다. G77 회원국들에게는 인간안보가 또 다른 민족우월주의적 패러다임처럼 보였고, 그것이 북부국가의 경제력을 강화시키는 가치와 주관적인 측면을 강조한다고 생각되었다. 또한, 인간안보는 비서구 사회에게 서구의 자유 가치와 정치제도를 강요하려는 하나의 시도라는 의견도 있었다. 특히, 이러한 G77 회원국들의 입장은 경제적, 사회적으로 저개발 상태에 있는 남부국가에 정치적 불안정을 야기하고 이는 북부까지 영향을 미칠 것이라는 자유주의 사상에서 비롯되었다. 이러한 사상에 따르면, 현재 테러에 맞서는 전 세계적 투쟁으로부터 유추할 수 있듯이, 남부의 저개발 상태로 인해 향후 군국화도 요구될 것이라고 한다. 그들은 엄밀히 말하자면, 내정간섭, 경제 제재, 누적 채무위기 등으로 이미 쇠약해질 대로 쇠약해진 남부국가를 위협하는 요소는 바로 이러한 안보적 딜레마와 군국화라고 주장한다.

그러나 이러한 불안에도 불구하고, 인간안보는 오늘날의 남부국가를 위해 꼭 필요한 패러다임이다. 인간안보는, 군사개입에 온 힘을 쏟는 북부국가들의 특권이라 일컫는 '보호 책임'의 개념으로부터 완전히 분리될 수 있다. 남부국가를 위한 인간안보 접근법은, 국가중심의 이해관계가 테러에 맞선 전 세계적 투쟁을 명분화시키는 목적으로 점점 더 이용되는 한편, 그들이 저개발 지역과 개인의 존엄성에 대한 관심사에 주목할 수 있게 한다. 인간안보 관련 의제를 둘러싼 관심은 곧 두 가지 입장으로 나뉘었다. 첫 번째는, 미국과 같은 나라들의 일방적 행동에 대항하여 의견을 같이하는 국가들끼리 교통하는 상호주의를 추진하는 입장이다. 그리고 빈곤, 질병, 교육시설 부족, 형벌 면제, 통제 불가능한 인구이동, 지구 온난화, 휴대용 병기의 확산 등 새로운 위협에 대해 정의하자는 입장이 그 두 번째이다. 이들은 현재 테러, 대량학살무기, 그리고 소위 말하는 '불량 국가'들이 유발하는 위협에만 과잉 집중되어 있는 국제협약 의제를, 앞서 말한 위협 요소들로 대신하자고 주장한다. 이러한 성격의 논의를 통해 남북 간의 입장 차가 줄어들 수 있을 것이다. 위험에 처한 것은 비단 남부국가뿐 아니라, 북부 역시 그들의 무기 거래나 환경오염을 유발하는 공업화 등의 위험 행위를 억제해야만 하는 큰 책임감을 가지고 있다. 남부국가들에게는, 인체면역결핍바이러스(HIV)나 에이즈, 자연재해, 통제 불가능한 인구 이동, 광범위한 빈곤과 저개발 등의 비전통적인 새로운 위협에서 발생하는 인간안보 문제에 관한 국제적 논의가 꼭 필요하다. 결국, 국민들은 일상생활 속에서 소위 '조그만' 요소들로부터 더 큰 위협을 받고 있는 것이다. 테러를 당하거나 대량학살무기로 공격을 받거나 하는 등의 '큰' 위협 요소들보다 말이다. 남부의 갈등들은 개인적, 범죄적 성향을 띠며 점점 늘어가고 있다. 이러한 갈등들은 단순한 권력 공유에 대한 정책적 동의로는 해결되지 않고 대신, 전쟁을 유발하는 기회를 억제할 만한 경제적, 사회적 요소들을 고찰함으로써 해결해야 한다. 마흐밥 울 하크 박사는 다음과 같이 강조했다.

남북의 새로운 공조관계는, 박애주의가 아닌 정의 위에, 원조가 아닌 세계시장 진입의 동등한 기회 위에, 일방적 양도가 아닌 쌍방향 계약 위에, 그리고 상호 협력 위에 구축되어야 한다(Ul Haq, 1998:5).

결론적으로, 국제사회로 발돋움하려는 남부국가들을 위해서, 오늘날의 주요 비안보적 위협은 무엇인가, 그리고 예방법은 무엇인가에 대한 공동 대응책 마련이 시급하다. 또한 다른 분야에서 기원한 패러다임도 무시할 수 없다. 국제안보가 더욱 현실화되고, 테러와 대량학살무기에 반하여 내려진 정책적 협의사항이 의미하는 것이, 개발 우선적이었던 자원을 전술 지정학적이고 국익에 유리하게 전환시키는 것이라면, 남부국가들은 그 우선순위에 도전할 기회를 잡아야만 한다. 대외 지원금과 국가 예산이, 빈곤을 없애고 개발 목표를 달성하기 위한 비용이 아닌 전쟁 비용에 소모된다면, 문제는 바로 '과연 남북이 그들의 국민들에 대한 의무와 마주하여 정부적, 국가적, 국제적 안보를 제공할 수 있을 것인가?'이다.

결론

결론적으로, 국제정치적 관점으로 볼 때, 그동안 각기 다른 기구들이 각기 다른 정책적 의제에 순응하도록 인간안보를 채택하여 왔다. 국제기구들과 위원회에서는 그들의 도덕적 권위를 이용하여 정부가 국민들의 삶의 질을 향상시킬 수 있도록 장려해 왔으며, 집단적, 개인적 양심을 다시 일깨우기 위한 시도를 계속했다. 그러나 인간안보의 '활용 가능한' 정의를 내리기 위한 노력은 그저 정치적인 의문을 제기하고 권력을 모색하는 것이라는 주장도 있다(Grayson, 2004). 사실상, 캐나다나 일본 정부가 보여준 잘 규정된 인간안보 개념의 수용은 정책적 효용성에 의해 결정되었다. 캐나다는 인간안보를 '공포로부터의 자유'로 보고 인권에 주목하여 간섭주의 외교를 정당화시키는 데에 사용하였다. 반면, 일본 정부는 '궁핍으로부터의 자유'로서의 인간안보를 지지했고, 서구화되어 가는 인권에 반대하는 아시아 국가의 조직적인 저항에 부딪히지 않으면서 동시에 경제적 이익을 추구할 수 있는 인간개발에 관심을 모았다.

　인간안보를 현실에 적용 가능하도록 맞춘다는 것은 자원의 우선순위를 정하고 분배하는 것을 의미한다. 한마디로 말하자면, 정책적 의제를 구체화하는 것이다. 이 때문에 유럽안보협력기구(OSCE: Organization for Security and Co-operation in Europe)와 같은 일부 국제기구들이 인간안보 개념을 채택하기를 꺼려왔다. 즉, 인간안보 개념을 예산 계획 등의 문제보다 우선적으로 받아들이는 행위나 그에 따르는 감시 체제를 거부했던 것이다. 그러나 그와 동시에, 넓은 의미의 인간안보를 채택하는 것 역시 정치적으로 발생될 수 있었다. 즉, 유엔 또는 유엔개발계획과 같은 국제기구들은 다양한 이해관계를 가진 국민을 대표하는 국가들의 모임으로서, 그들의 협의사항에 모든 종류의 위협을 포함시켜야만 했다. 그 보편적인 이론은 유엔의 위협, 도전, 변화를 위한 고위급 패널의 주장을 예로 들 수 있다. 고위급 패널은 의제의 차별적이거나 이중 잣대적인 느낌을 없애기 위해서는, 모든 위협이 상호 인식을 통해서 평등하게 다루어져야만 한다고 주장했다(High Level Panel on Threats, Challenges and Change, 2004:12).

2장 정의, 비판, 반론

만일 초기부터 인간안보가 국제기구, 그리고 국가들에게 환영을 받았다면, 학계로부터도 그 정의(定義)가 무엇인지에 대한 논의 없이도 점점 더 큰 관심의 대상이 되었을 것이다. 인간안보를 정의하는 것은 마치 장님이 코끼리의 일부만을 만지고 그것이 무엇인지 판단하는 것과 마찬가지였다. 장님이 만일 코끼리 코를 만진다면 길고 부드러운 원기둥이라고 판단할 것이고, 만일 코끼리의 몸통을 만진다면 그것이 거대한 원형 물체라고 생각할 것이다. 또, 만일 상아를 만진다면 아마 코끼리를 뾰족하고 단단한 물건이라고만 생각할 것이다. 인간안보에 대한 학계의 정의는 무수히 많았지만, 지금까지 단 하나의 정의도 확실히 정해진 것이 없다는 사실은 다음과 같은 관점을 더욱 강화시킨다. 즉, 정의에 관한 '진실'은 보는 사람에 따라 달라진다는 것이다.

넓은 의미의 인간안보를 지지하는 사람들은 정의의 부족을 안타까워하지는 않는다. 다만, '안보에 대한 정의가 본래부터 권력관계를 바라보는 관점'과 관련한 연구를 정치적, 도덕적, 윤리적 선택사항에 기반하여 실행해야 한다고 주장한다. 지금까지 동의를 얻어낸 정의가 부족한 것은, 개념적 빈약을 뜻하는 것이 아니라, 개념 정의 프로젝트를 그저 단순한 '정치적 장신구'로 보는 지배적인 관점에 복종을 거부하는 것을 의미한다(Grayson, 2004:357). 따라서 넓은 의미의 정의는 안보연구를 둘러싼 의문이 늘고 있는 윤리성의 변화에 비판적이다. 또한, 국민들의 일상생활에 영향을 미치는 안보 문제에 적용할 포괄적인 조치를 장려하는 것에도 비판적이다. 넓은 의미의 인간안보는 물론 주관적이겠지만 매우 중대한 성격을 지니고 있다. 결국, 만약 안보가 느낌이라면, 인간안보는 느껴본 경험일 것이다.

정의의 미학

최종적으로 분석된 인간안보는 무엇이 될 것이며, 왜 그토록 많은 정의들과 비판들이 쏟아지는 것일까?

안보를 가장 간단하게 정의 내린다면, '불안정과 위협이 없는 상태'일 것이다. 즉, 신체적, 성적, 심리적 학대와 폭력, 박해, 죽음에 대한 '공포'와, 유리한 취업, 음식, 건강에 대한 '궁핍'으로부터의 자유를 뜻한다. 따라서 인간안보는 위협을 식별하고 가능한 한 피하거나 피해를 경감시킬 수 있는 역량을 다루는 것이다. 이렇게 넓은 의미로 사용되는 '안보'는 두 가지를 내포하고 있다. 첫 번째는, 전통적인 관점의 단순한 신체적 안보를 뛰어넘는 '안전'에 대한 개념이다. 그리고 두 번째는, 갑작스러운 위기로부터 사람들의 생계가 보장되어야 한다는 사상이다. 이에 따라서, 인간안보는 현실주의와 신현실주의에 기반한 전통적 국가중심 사상에 어깨를 나란히 하기 시작하였다. 단순화 시킨 [표 2.1]을 보면 안보에 대한 국가중심적 접근과 인간중심적 접근의 차이를 알 수 있다.

학자들과 정책 입안자들은 인간안보에 대하여 다음과 같은 가지각색의 관점을 가지고 있다. (a) 흥미롭지만 정밀한 분석이 부족한 사상, (b) 제한적이고 좁은 의미의 개념, (c) 동시대 사람들의 행복과 존엄성을 위협하는 요소를 이해하는 데에 필수적인 도구. 학계에서는 인간안보를 지지하는 파와 비판하는 파가 나뉘어 논쟁이 시작되었고, 그 다음으로 인간안보를 좁은 개념으로 이론화하는 파와 넓은 의미로 정의하는 파로 나뉘었다.

2004년에 인간안보 개념을 심의한 지 10주년을 기념하기 위하여, 『안보대화(Security Dialogue)』라는 일간지가 인간안보 분야에서 가장 영향력 있는 21명의 학자들을 불러 모았다. 그 결과물은 특집호로 발간되어 '인간안보란 무엇인가?'라는 의문을 해소하는 데에 도움을 주었다. [참고자료 2.1]에는 이 21명의 학자들이 정의 내린 다양한 인간안보가 소개되고 있다. 이들은 학문적 효용성과 정책적 시행 가능성, 실행 가능한 전략 등에 따라 분류되었다.

최소주의(좁은 개념의 인간안보)와 최대주의(넓은 개념의 인간안보)의 대립

최소주의와 최대주의를 아우르는 정의는 인간안보 논쟁의 광범위함과 복합성을 잘 보여준다(Stoett, 1999). [그림 2.1]에는 각 관점의 특성과 관계에 기반하여, 더 잘 알려진 인간안보 정의를 분류하기 위한 시도가 나타난다.

스펙트럼의 양 끝에 수직으로 열거되어 있는 것은 정의에 반영될 만한 각기 다른 특성들이다. 중심부에 가까운 정의일수록 이러한 특성들의 전부 혹은 일부분이 반영되었다고 볼 수 있다. 각 정의들이 얼마나 많은 불안, 욕망, 존엄성을 구체화시키느냐의 문제는 이 스펙

[표 2.1] 국가중심 대 인간중심의 안보 비교

	국가중심 안보 (신현실주의자 비전)	인간중심 안보
안보 목적	홉스의 세계에서, 국가는 안보의 첫 번째 제공자: 만약 국가가 안전하다면, 국가 내에서 살고 있는 사람들은 안전	개인은 국가와 동격이다. 국가안보는 수단이지, 결과가 아니다.
안보 가치	주권, 힘, 지역통합, 국가독립	개인 안전, 복지, 그리고 개인적 자유: 1. 육체적 안전, 기본적 필요에 대한 식량 2. 개인의 자유(교제의 자유) 3. 인권, 경제적, 사회적 권리
안보 위협	다른 국가로부터 직접적인 조직화된 폭력, 다른 국가와 비국가 행위자들에 의한 폭력과 강제	직접적 폭력: 죽음, 마약, 비인간화, 차별, 국제적 갈등, 대량살상무기(WMD), 성폭력. 간접적 폭력: 빈곤, 질병, 자연재해, 저개발, 인구감소, 환경파괴, 가난, 불평등, 인종/파벌 학대. 동일한 원인으로부터의 위협(국가와 비국가 행위자들과 같은). 구조적 원인으로부터의 위협(가정으로부터 세계경제에 걸쳐 있는 힘의 관계)
수단	보복적인 힘, 또는 보복사용의 위협, 힘의 균형, 군사적 수단, 경제적 힘의 강화, 법 또는 제도에 대한 존중이 없는 것	인간개발 증진: 기본적 욕구에 공평, 유지 추가 그리고 민주화 증대, 모든 수준에 관여, 인권 증진. 정치적 발전 증진: 국제적 기준과 기구에 대량학살의 경우에 국제적 제재와 같은 힘의 결집을 추가, 국가간 협력, 국제기구에 대한 신뢰, 네트워크와 연합, 그리고 국제조직

트럼 상단에 수평으로 나타난다. 이 측정치는 누적적이다. 따라서 예를 들면, 토다(Toda)의 정의는 존엄성뿐 아니라 욕망과 불안에 모두 근거하고 있는 것이다. 스펙트럼 하단에 수평으로 나열되어 있는 측정치는, 정의가 반영되는 대상이나 행위자를 누적적으로 나타낸다. 그러므로 이를 통해 한 정의가 개인에게 권력을 부여하는 정도를 알 수 있다.

최소주의를 가장 잘 보여주는 접근은 '공포로부터의 자유'이고, 이는 직접적인 위협으로부터 개인의 안전 확보, 신체적 무결, 기본적 욕구의 충족을 추구한다. 이는 무력 갈등이나 인권 남용, 공공 불안정, 조직범죄 등 상대적으로 전통적인 위협들이다. 이러한 좁은 개념의 인간안보 정의는 분석적 우수성과 정책 적용 가능성에 의해 정당화되며, 불필요한 '쇼핑 리스트'로 간주되는 포괄적인 인간안보 정의에는 반대하는 입장이다(Krause, 2004).

[참고자료 2.1] 인간안보에 대한 학계의 정의 분류

아미타브 아차리아(Amitav Acharya)

아차리아는 인간안보에 대한 논쟁을 현존하는 국제관계 패러다임에 끌어들이는 것을 막아야 한다고 주장한다. 그 대신, 인간안보는 그 자체로써 창의적 통합과 이론적 절충주의를 제공하는 육체적, 정신적 패러다임인 것이다. 정책적 효용성의 측면에서, 인간안보는 현실 세계의 개발은 더 이상 반영하지 않는 좁은 개념의 안보 문제를 다루고 있다. 그는 "정부는 더 이상 경제성장만으로는 홀로 생존하거나 정당성을 가질 수 없으며, 외부의 군사 위협에 방어하는 것만으로는 사회적, 정치적 안정을 유지할 수 없다. 민주주의화는 시민사회와 같은 새로운 행위자에게 안보 구조 안에 존재할 수 있는 권력을 부여한다."고 말했다.

사비나 알키레(Sabina Alkire)

인간안보위원회에 속한 이론가인 알키레는 "자유와 성취감을 촉진시킴으로써 모든 인류의 삶에 핵심이 되는 것을 보호하는 것"으로 인간안보의 개념적 정의를 내렸다. 이 정의는 '생명 유지에 필요한 핵심', 즉 삶에 필수적인 자유에만 중점을 두고, 비판적이고 널리 퍼진 위협만을 가려내면서 인간안보의 내용을 다져나갔다. 그러나 비국가적인 위협에 대한 정책적 대응을 고려하기 위하여 생존에 적합한 안보구조를 생성하는 데에 목표를 두고는 있지만, 다른 한편으로 확실한 정책적 우선순위를 정하는 것이 요구된다고 주장한다.

로이드 액스워시(Lloyd Axworthy)

국가적 이해관계와 인간안보의 이해관계가 서로 보완하는 동안, 국제적인 권리와 국익 간에 절충점을 찾아야 하는 도전과제가 주어졌다. 그는 "이런 종류의 안보는 급부상하고 있는 규범 체제와, 최상위 주권에 이의를 제기하는 국제적, 인도주의적 기준을 정하는 관행에 기초를 두고 있다. 즉, 냉전 세력의 국가중심적이었던 권력으로부터의 기본적 변화를 의미하는 것이다."라고 주장했다. 국익에 집중하던 이해관계에서 개인에 영향을 미치는 이해관계의 변화는 정책을 이해하고 실행하는 것을 바라보는 또 다른 관점을 부여한다. 이 개념은 한편으로는 자신과 이웃의 안보 간의 상호관련성을 인지하면서, 다른 한편으로는 인류의 기본권이 세계안보를 이루는 근본이라는 사실을 명시하고 있다. 인간안보 과학의 발달과 정책적 해결책은 철저한 연구와 훈련, 교육을 토대로 비교문화적 맥락에서 이루어져야 한다.

칸티 바이파이(Kanti Bajpai)

안보에 대한 위협과 위협에 대처하는 능력은 시대에 따라 가지각색이기 때문에, 전 시대를 아우르는 보편적인 개념의 정의는 잘못된 사상이다. 정책과학으로서의 인간안보 연구는 위협의 감시와 가능한 대응 방안에 초점을 맞추어야 한다. 국가적 안보와 인간안보, 그리고 인도인들이 느끼는 불안정성의 정도에 대하여 1만 명의 인도인을 대상으로 실시한 공표되지 않은 여론조사를 통해, 바이파이는 위협을 측정하는 열한 가지 방법에 근거한 인간안보지수(Human Security Index)를 사용할 것을 제안했다.

배리 부잔(Barry Buzan)

국제적 안보와 사회적 안보, 시민의 특권을 혼동하는 한, 인간안보 개념으로부터 얻을 수 있는 분석 가치는 확실한 게 없다. 따라서 인간안보는 국제안보에 대한 환원주의적 관점을 나타내고, 학문적 유용성에 있어서 많은 제한을 가지고 있다. 이 개념은 기존의 연결성을 분석하지 못한 채, 국제안보와 국내안보 간의 차이를 붕괴시킨다. 또한, 이전부터 민감했던 인권 문제에 대한 논의를 참작하긴 하겠지만, '정치적 선동'을 조금 앞지르는 수준에 불과하다.

폴 에반스(Paul Evans)

인간안보는 국가의 책임과 주권, 내정간섭 문제를 강조한다. 국가안보와 개발의 조화는 개발도상국들에게 매우 필요하다. 개인은 안보를 정의하는 데 있어서 누구를 위하여, 무엇에 기초하여, 어떤 수단을 통하여 결정할 것인가의 문제 중 적어도 한 가지에 관련되어야 한다.

카일 그레이슨(Kyle Grayson)

정의를 내리는 행위는 일부를 사회에서 소외시키고 다른 나머지에게 권력을 부여할 수 있는 힘이다. 인간안보에 대한 실행 가능한 정의가 아직 존재하지 않기 때문에, 인간안보는 안보연구에 통상적이고 이치에 맞지 않는 부수적인 주제에 대한 더 광범위하고 심오한 의문을 불러일으킨다. 결과적으로, 기존 패러다임의 적법성에 의문을 제기하기 위하여 권력관계를 뒤엎는다. 또한 이전에는 배제되었던 선택권을 포함시킴으로써, 인간안보는 새롭고 차별화된 정책의 도입을 가능하게 해준다.

돈 휴버트(Don Hubert)

정의를 둘러싼 논쟁은 좀처럼 해결될 것 같아 보이지 않지만, 그렇다고 인간안보를 향상시키기 위한 효과적인 국제적 조치를 방해해서는 안 된다. 그러나 동의된 정의의 부족은 학문적인 연구를 방해할 수밖에 없다. 주요 윤리적 문제는 대외 내정간섭이나 민족 말살과 같은 흉포한 군사력 행사 등에 관한 적법성과 관련이 있다. 이 개념은 정책적 관련성과 영향력을 동시에 가지고 있으며, 예를 들면, 지뢰 금지나 국제형사재판소(ICC)의 설립을 성공적으로 지지한다.

키스 크라우제(Keith Krause)

크라우제는 공포로부터의 자유에 관심을 가졌다. 넓은 의미의 정의는 항목별로 나누어진 희망사항 목록에 불과했고, 안보와 개발을 연결짓더라도 확실한 이득이 없다고 생각했기 때문이다. 따라서 좁은 의미의 인간안보가 명확한 정책적 목표를 세우고, 조직폭력과 같은 개인에 대한 직접적인 위협을 박멸시킬 수 있게 한다고 주장했다.

제니퍼 리닝(Jennifer Leanning)

리닝의 관점에서 볼 때, 인간안보는 사회적, 심리적, 정치적, 경제적 요소를 모두 포괄하는 개념이다. 또한, 심리적 욕구와 개인의 지역적, 사회적, 시대적 관계를 아우른다. 의식주와 같은 기본적 욕구 외에도, 사람들은 정체성 확립, 참여권, 자율성 등의 심리 사회적인 욕구도 지니고 있는 것이다. 왜냐하면 사람들에게는 집과 정체성, 사회적 소통과 가족들의 지지, 그리고 과거를 수용하고 낙관적인 미래를 바라보는 시대적인 관계 모두가 필요하기 때문이다. 따라서 지역적 차원에서 인간안보를 정의하고 측정하는 것과, 조기 경고나 평가를 위한 모델을 개발하는 것이 중요하다.

P. H. 리오타(P. H. Liotta)

인간안보의 개념이 복잡해서 그 가치가 평가절하되어서는 안 된다. 그 대신, 안보를 구성하는 요소가 사회, 국가, 그리고 지역적, 국제적 차원에서 적절하고 올바른지에 대한 연구를 주도해야 한다. 인간안보는 중류국가 정부에게 매력적인 명령이다.

키스 맥팔레인(Keith MacFarlane)

넓은 개념의 정의에 호의적인 본질적 이유도 없고, 인간개발을 인간안보라고 다시 이름 붙일 만한 분석 가치나 규범적 영향력도 없다.

넓은 개념의 정의는 정책적 우위 결정을 어렵게 만든다. 보호에 초점을 둔 좁은 의미의 정의는 그동안 의제를 더욱 성공적으로 이행해 왔다.

앤드류 맥(Andrew Mack)

맥은 " '비안보'의 개념은 존엄성의 모욕에서부터 민족 말살에 이르기까지 개인에 대한 거의 모든 형태의 위협을 포함하며, 이는 정의 능력을 상실한다. 의존적, 독립적 변수를 모두 합치는 정의는 단순 분석을 사실상 불가능하게 한다. 현실의 모든 것을 설명하려는 개념은 결국 아무것도 설명하지 못한다."라고 지적했다. 인간안보의 넓은 개념적 정의에 분석 가치가 없다 하더라도, 그는 국가로부터 떨어져서 안보 대상을 넓힐 가치를 보았다. 만약 국민들을 위협하는 것이 국가라면, 국가가 국민들을 어찌 보호할 수 있단 말인가? 결론적으로, 이 개념은 다양한 행위자 사이의 정치적, 도덕적 공통 가치를 설명해 준다.

에드워드 뉴먼(Edward Newman)

인간안보는 안보를 전통적으로 바라보는 관점이 놓치는 것을 강조하는데, 이것은 유용한 규범적 프로젝트이다. 그러나 넓은 의미의 인간안보는 수많은 실행 불가능한 변수를 생성하기 때문에 유용하지 않을 수 있다. 많은 인간안보가 개인의 영향력 이상의 구조적 문제의 결과로 생긴다. 인간안보는 국가안보의 진화, 특히 '제한적인 안보'를 규범적으로 암시한다. 즉, 국가주권의 국제적 적법성은 영토 규제뿐 아니라 국민의 인권과 복지를 위한 특정 기준을 충족시키는 것에서 비롯된다.

오슬러 햄슨(Osler Hampson)

햄슨은 인간안보의 다양한 정의를 '자유'에 관한 삼각관계로 분류했다. 즉, 천부인권과 법의 원칙, 인도주의적 이해관계, 지속 가능한 개발이다. 천부인권과 법의 원칙은 개인의 생존권, 자유권, 행복 추구권에 대한 기본적, 자유주의적인 가정에 기초하고 있다. 또한, 이를 제공하고 촉진시킬 국제사회의 책임에도 기반한다. 인도주의는 전쟁범죄와 내정간섭 해결, 보호, 평화구축, 갈등 예방을 위한 국제적 노력을 뜻한다. 지속 가능한 개발은 개인의 생존과 보건을 의미한다. 그는 또한 향상된 연구 노력이, 인간안보를 의제에 포함시키려는 국제기구나 비정부기구, 정부에 효과적인 지침서를 제공하는 데에 결정적인 역할을 한다고 주장한다. 인간안보를 향상시키기 위한 효과적인 조치는 법적, 정치적, 경제적 기구들의 재구축을 포함해야 한다.

롤랜드 패리스(Roland Paris)

인간안보는 최근 정의를 심사숙고하는 순환적인 논쟁에 지배적인 영향을 받는다. 그러나 애매함은 인간안보 개념의 구성요소를 분석적 분해를 불가능하게 만들고 학문 연구에 큰 문제가 된다. 또한, 단순 관계의 정의를 불가능하게 한다. 결론적으로, 정의의 애매성은 행위자들의 다양한 연합 구조에 정치적 의도를 부여하게 된다.

아스트리 수르케(Astri Suhrke)

수르케는 인간안보가 캐나다나 노르웨이 같은 중류국가 또는 인간안보 네트워크를 구축하고 있는 국가들을 위한 유용한 도구였다고 주장한다. 하지만 의제로서는, 9·11 사태 이후로 국제포럼에서 밀

려났다. 학계의 관심은 새롭게 부상하는 개념과 정책에 대한 기금 조성의 결과에 따라 생겨났다. 그러나 이러한 관심이 살아남을지 사라질지의 여부는 분명치 않다. "정의의 일관성 또는 강한 규율적 고정재가 되는 생존에 대한 비판은 거의 없다. 다만, 국가의 우위 변화 속에서 인간안보 자체를 독립적으로 유지하기 위해 충분한 자원과 지능적 힘을 움직일 수 있느냐의 문제이다."

라메쉬 타쿠르(Ramesh Thakur)

인간안보는 국민들의 '삶의 질'이 향상될 때 함께 증진된다. 즉, 그가 '인류 복지'라고 일컫는 것을 강화시킬 때를 의미한다. '삶의 질'은 많은 정의의 여지를 남겨두고 있지만, 인간안보는 이 삶의 질이 걷잡을 수 없는 인구증가, 자원의 부족 등의 국제적인 차원의 문제로 인해 격하될 때 위협을 받는다. 국가안보를 인간안보 개념으로 재공식화하는 것은 국제관계와 외교정책, 타민족과 타문화에 대한 사람들의 인식에 '심오한 결과'를 초래한다. 전통적인 안보 개념은 자원 분배라는 차원에서 군사력을 허가하지만, 비전통적 개념은 안보의 중대성을 인정한다.

캐럴라인 토머스(Caroline Thomas)

인간안보는 부문별로 구체화된 위협 간에 다리를 놓아 연결을 가능하게 하는 통합적 개념이다. 다만, 국내보다는 국제적 체제의 위협을 뜻한다. 토머스는, 압제적인 권력구조로부터의 해방을 포함한 기본적인 물질적 욕구와 인간존엄성의 실현을 제공하는 것이 인간안보라고 보았다. 의식주 문제와 건강, 교육 문제와 같은 기본적 욕구를 뜻하는 양적 측면과, 인간의 존엄성과 자율성, 자기통제, 사회 구성원으로서의 역할, 기회와 같은 질적 측면 사이의 구별이 생겨났다. 이 개념은 대다수 인류의 관심을 증대시키기 위한 언어와 이론적 해석을 제공하고, 궁극적으로 각 위협들 간의 상호관련성을 실용적으로 적용하는 데에 쓰인다. 정책적 목표 달성을 위해서는, 뒤집힌 참여 정책 접근이 필요하다.

피터 우빈(Peter Uvin)

인간안보는 인도주의적 안정, 개발원조, 인권 옹호와 갈등 해결 사이를 연결해 준다. 그리고 분야들 간에 중복되는 부분과 교차점에 대한 통찰력과 전략에 관여한다. 그는 "각기 다른 전문 분야의 점점 더 많은 학자들이 각 분야 간의 경계를 벗어나려고 한다. 이는 사회 변화에 대하여 다른 분야 간의 관계를 더 잘 이해하기 위함이다."라고 주장했다.

도나 윈슬로와 토머스 힐랜드 에릭슨
(Donna Winslow and Thomas Hylland Eriksen)

인류학자들은 인간안보를 '전통적' 정의, 즉 공포와 궁핍으로부터의 자유에만 국한시키지 않는다. 대신, 그들은 "각기 다른 사회적, 문화적 맥락 속에서 안보가 어떻게 정의되는지, 사회기구들을 통해 안보와 비안보가 어떻게 다루어지는지"를 연구한다. 인간안보에 포함된 안보 개념은 정적인 개념이 아니기 때문에, 새로운 이론의 등장을 가능하게 하고, 다른 문제들과의 관계에 대한 중대성 연구를 가능하게 한다. "이 때문에 안보연구를 정체성 관련 문제와 결부시킬 수 있다."

출처: *Security Dialogue*, vol. 35, no. 3, 2004. 9.

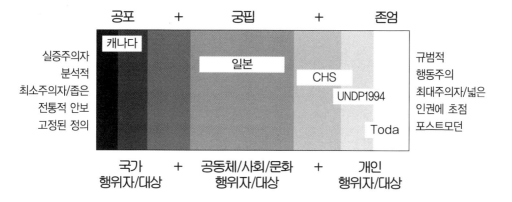

[그림 2.1] 인간안보의 정의 도구

캐나다 정부는 이와 같은 인간안보 개념을 이해하고 "국민의 인권, 안전, 삶을 해치는 침투적인 위협으로부터의 해방"을 옹호한다. 캐나다의 주권과 개입에 관한 국제위원회(ICISS)에서 2001년 12월에 제출한 「보호 책임」 보고서에서도 이러한 좁은 관점의 인간안보를 확인할 수 있다. 이는 공공연한 갈등이나 전쟁과 같은 전통적 인식론에 입각한 직접적인 신체적 위험에 기반한다. "인간안보의 기본 구성요소는 삶, 보건, 생계, 개인 안전과 인간의 존엄성 등을 해치는 위협으로부터 국민 안전을 보장하는 것으로, 위험 상태에서 생겨난다. 여기에는 대외적 공격뿐 아니라 '치안부대'를 포함한 국내적인 요소들도 작용한다."(ICISS, 2001:15) 크라우제, 맥, 맥팔레인은 또한 명료한 개념화와 엄밀한 분석을 이유로 좁은 의미의 인간안보 개념을 지지한다. 크라우제는 인간안보를, 효력 있는 의제를 만드는 핵심수단으로 보았으며, 다만 그 정의가 공포로부터의 자유로만 제한되길 바랐다. 궁핍으로부터의 자유라는 개념까지 포함시킨다면, 잠재적 위협들이 너무 많아져서 끝이 없게 되어 버리기 때문이다. 예를 들면, 그는 교육의 부족을 인간안보의 개념으로 설명하는 것이 정책 결정과 왜 관련이 있는지 받아들이지 않았다(Krause, 2004:367). 한편, 공포로부터의 자유는 막스 베버와 토머스 홉스의 사상에 근거한 일관성 있고 다루기 쉬운 의제로 여겨졌다. 마찬가지로, 맥팔레인도 안보 개념의 확장에 반대했다. 넓은 의미의 정의는 안보의 우위 선정을 어렵게 만들고 결국 통제 불가능하게 만들지 모른다는 우려 때문이었다(MacFarlane, 2004:368). 맥의 입장으로는, 인간안보는 정치적, 도덕적 공통 가치의 기준보다 분석적 개념의 의미가 덜했다(Mack, 2004: 366). 또 다른 의견으로는, 큰 위험으로부터 삶과 자산을 보호하기 위해서 인간안보라는 '필수' 요소는 인류에게 충분히 중요하다는 주장도 있다(King and Murray, 2001).

인간안보의 가장 광범위한 정의는 '공포, 궁핍으로부터의 자유'에 '존엄성을 보장받는 삶'을 더한다. 유엔개발계획과 같은 인간안보 네트워크의 지지를 받으면서, 안보, 개발, 존엄성을 통합하는 개념은 인간안보의 물질적, 양적 측면을 아우른다. 예를 들어, 인간안보를 바라보는 일본의 관점 뒤에는 '개개인의 존엄성과 삶을 보호하고 보존'한다는 이론적 해석이 존재한다. 이는 인간안보 구성요소의 본질적인 불가분성과, 개인과 위협의 상호연결성에 영향을 미치는 광범위한 비전통적 논쟁들이 존재한다는 뜻을 내포한다. 즉, 개인의 안보가 확보되지 않으면 전 세계적 불안정을 가져온다는 것이다. 따라서 일본은 인간안보를 모든 인류의 생명유지에 필수적인 핵심이라고 보는 순응적인 문화적 정의가 필요하다고 강조했다. 이는 아시아적 가치에 적용 가능한 개념의 마련과, 그것이 서구적인 인권 의제의 단순한 복제물이 되지 않게 하기 위한 목적이었다.

넓은 개념의 인간안보를 지지하는 학자들은, 최대주의적 관점의 정의를 전통적인 위협 요소 그 이상을 포함한 부가가치와 결부시켜 함께 인식한다. 맥린은 다음과 같이 강조한다.

> 인간안보는 단순히 교육, 건강관리, 범죄로부터의 보호 등 개인적 혜
> 택만을 덮어주는 것이 아니라 … 오히려 비조직적인 폭력으로부터의 보
> 호를 의미하며, 이는 종종 비영토적 안보, 예를 들면 환경자원의 부족
> 으로 발생하는 폭력이나 과다한 이주 문제를 수반한다(MacLean, 2002).

넓은 개념의 인간안보를 지지하는 학자들은 1994년 유엔개발계획
이 내린 정의와 의견을 같이하였고 일본 정부도 그들을 포용했다. 코
피 아난을 비롯하여 리닝, 알키레, 타쿠르, 액스워시, 바이파이, 햄슨,
윈슬로, 그리고 에릭슨 등의 학자들이 넓은 개념의 인간안보를 지지
하는 학자에 속한다. 제니퍼 리닝은 인간안보를 "사회적, 심리적, 정
치적, 경제적 요소를 모두 포괄하고 시대를 뛰어넘어 인간의 행복을
촉진, 보호하는" 개념으로 보았다(Leaning, 2004:354). 타쿠르는 인간
안보에 대하여 "한 사회적, 정치적 제도 안에서의 국민 삶의 질을 나
타내며, 인구 통계학적인 압박, 자원의 부족 등 국민들의 삶의 질을
떨어뜨리는 요소는 무엇이든 안보를 위협하는 것이다."라고 말했다
(Thakur, 2004:348). 마찬가지로, 아차리아는 폭력 갈등에 드는 인건
비용을 토대로 하여 인간의 욕구와 권리 차원에 중점을 두고 자신의
생각을 발전시켰다. 즉, 갈등에 기초하여 인간안보 개념을 받아들이
긴 했지만, 그뿐만 아니라 다른 근거도 작용한 것이다(Acharya, 2004:
355). 우빈은 "인도주의, 개발, 인권, 그리고 갈등 해결이라는 각 분
야 간에 중복되는 부분이나 각 분야의 상호작용을 다룰 통찰력과 전
략이 절실히 필요하다."고 생각했다(Uvin, 2004:352).

그들에게 넓은 개념의 인간안보란, "여러 국면의 문제를 위한 통합
적인 해결방안"을 제공하고(Hampson, 2004), 학문 분야 간 효과적인

대화를 수반하는 것이다. 따라서 인간안보위원회는 "모든 인류의 생명유지에 필수적인 핵심"이라는 정의를 중심으로 더욱 확장되고 최대주의적인 인간안보 개념을 2003년 보고서 「인간안보 근황」을 통해 소개했다. 이 보고서는 위협과 폭력의 구조를 새로운 인식론적 관점에 입각하여 인간안보 개념을 확장시켰다. 즉, 폭력은 구조적인 틀 안에서 발생하여 불평등한 권력과 결과적으로 불평등한 인생의 기회로까지 이어지는 것이라고 보았다(Galtung, 1969). 인간안보위원회에 따르면, 구조적 불평등과 배분적인 공정성은 직접적인 순수 폭력과 군사적 위협을 훨씬 뛰어넘는다. 그들은 제약 분야의 지적 재산권 제도가 특히 개발도상국에서 주요 건강 문제를 야기한다는 이유로 제도의 개혁을 촉구했다. 이러한 건강 문제들이 구조적인 틀 안에 갇히면 전 세계적인 인간안보 문제에 위협이 될 수 있다고 생각했기 때문이다.

수렴하는 정의

인간안보를 설명하는 정의는 위협의 속성, 추구되는 가치와 우위, 그리고 예방 전략에 따라 매우 다양하지만, 분명 공통성을 찾을 수 있다. 우선, 안보는 국가의 특권을 뛰어넘어 개인 차원의 안보로 여겨진다는 점이다. 두 번째로, 개인의 안보와 사회제도상의 안보 간에 상호의존성을 들 수 있다. 이 때문에 인류가 국가적, 전 세계적 이해관계의 중심이 될 수 있는 것이다. 셋째, 신체적 위협을 넘어서 심각한 영양실조나 인권 남용의 결과 등에까지 다다르는 폭력의 개념 확장이다. 이는 갈퉁(Johan Galtung)의 글 속에 나타나는 구조적 폭력을 반영하고 있다. 갈등, 폭력, 핵무기, 무력행사, 테러와 같은 전통적 개념의 위협은 경제적, 사회적, 환경적 차원의 위협, 즉 삶의 질과 같은 비전통적 위협에 포함되었다.

햄슨의 저서 『군중 속의 광기(*Madness in the Multitude*)』에서는 인간안보의 다양한 정의를 분석하고 있다. 여기서 인간안보의 정의는 세 가지의 축으로 나누어진다. 천부인권과 법의 원칙적 접근법, 국민 안전과 인도주의적 접근법, 그리고 지속 가능한 개발적 접근법이다. 만인에 공통하고 양도할 수 없는 '천부인권'에 초점을 맞추고 있는 '인권'적 관점은 인권의 보호와 증진, 국제안보와 관련된 국제사회의 의무를 전제로 우선 인정한다. 소수의 권리에 대한 의문점은 이러한 접근법에 있어서 중요하고 매우 논쟁적인 측면이다. 인권적 측면에서의 인간안보 개념 발달의 한 예로 국제형사재판소와 같은 국제기구의 설립을 들 수 있다. 그러나 이러한 접근은 여전히 국가 차원의 인권 법률에만 집중한다. 위협은 규범이나 법률의 부재 또는 위반이라는 측면에서만 다루어졌다. 국민 안전에 관련한 접근은 갈등이나 위급 상황, 조치가 시급한 상황에 놓여 있는 사람들의 관심을 모은다. 이러한 관점은 대량학살, 전쟁범죄, 인도주의적 위기 등에 책임이 있는 국제사회를 위한 국제법에 초점을 두므로, '인도주의적 접근'이라고도 불린다. 이는 갈등에 기반하고 있으며, 전시(戰時) 행동 규제를 위한 국제적 노력과 민간 차원 갈등의 영향력으로부터 유래한다. 가장 주목해야 할 점은, 이 관점이 또한 간섭주의적인 접근법이라는 것이다. 즉, 국민 안전을 확보한다는 이유로 대외 무력행사를 합법으로 인정할 수 있는 길을 이 접근법이 마련했다. 이는 분명 논쟁의 여지가 있는데, 일부에서는 군사개입이든 비군사적 개입이든, 내정간섭은 갈등을 해결하거나 피해를 최소화시키기는커녕, 오히려 더 악화시킬 뿐이라는 주장이 나오고 있다. 또 일부에서는 경제적, 구조적 원인을 사정할 필요가 있다고 인식하기 시작했다. 유엔은 이러한 관점에서, "경제적, 사회적, 인도주의적, 생태학적 분야의 불안정을 야기하는 비군사적 위협 요소는 평화와 안보에도 위협을 가하게 되었다."고 보았다(1992 Security Council).

경제적, 개발론적 연구의 파생적 결과로 인해, 인간안보를 경제학적으로도 해석하는 것이 가능해졌다. 이러한 연구들은 시장의 효율성을 확립했다. 그러나 산업화가 끝난 국가와 현금이 풍부한 석유 생산국을 제외한 나머지 복지국가에서는 경제적으로 실행 불가능하다는 사실을 확인했다. 국제통화기금(IMF)과 세계은행의 지원으로 몇몇 복지국가들이 구제된 사건은 전 세계의 과도기적 국가가 생겨나는 결과를 초래했다. 이 과도기적 국가들은 급속한 민영화를 거쳐 실업과 국익 감소라는 경제 붕괴를 경험했다. 이 때문에 생사의 선택권이 심각하게 흔들리고 인간의 존엄성과 같은 삶의 가치를 부정하게 되면서, 경제난과 불안정성이 널리 퍼지게 되었다. 따라서 인간 비안보는 이러한 불안정성에 영향을 받는 다양한 삶의 측면에 상응하여 여러 종류로 분류된다. 경제, 식량, 건강, 취업, 개인 안보 또는 안전, 존엄성, 문화 보전, 환경, 그리고 정치적 안보 등이 그 분류의 예이다. 이러한 접근법은 유엔개발계획 보고서의 입장과 일치한다. 이는 다른 접근법들과는 근본적으로 다른데, 인권침해를 넘어서 저개발, 불평등, 질병, 국제범죄, 인구증가와 환경파괴 등과 같은 범위가 넓고 포괄적인 개념으로 인간안보를 구성하려고 노력하기 때문이다. 이 접근법의 핵심 요점은 군사력 문제를 제쳐두고, 대신 국제안보에 있어서 지속 가능한 개발에 역점을 두고 있다는 것이다. 즉, 관할권과 내정간섭을 반대하면서, 개발, 배분, 사회적 정의 실현, 국민의 안보를 확보할 수단에 집중한다. 반면, 다른 범주에 속한 요소들은 덜 중요시한다. 개발을 위한 권리는 인권이 되고, 건강은 우선적인 안보가 된다. 홍수의 범람은 국제적 책임이 된다.

인간안보의 가시화

 햄슨(Hampson)은 세 개의 서로 연결된 삼각형 모형의 상호관계성으로 다양한 정의를 내리고 있다. 즉, 개인의 안전(공포로부터 자유), 공평과 사회정의(궁핍으로부터 자유), 갈등 예방, 인간개발, 인권을 통해 달성될 수 있는 권리와 법규(자유). 이 세 가지 변수는 서로 존재하고, 확장하고, 심지어 행동하는 데 의존한다.

 햄슨의 세 가지 변수는 가치에 대한 인간안보위원회의 관심사, 즉 생존과 일상의 삶의 질과 존엄성에 직접적으로 연결되어 있다. 인간 안보를 보는 가장 넓은 개념은 사람들이 '생존의 안보(security to live)'(즉, 전쟁과 식량 배급의 문제를 초월한)를 얻도록 보장하는 데서 찾고 있다.

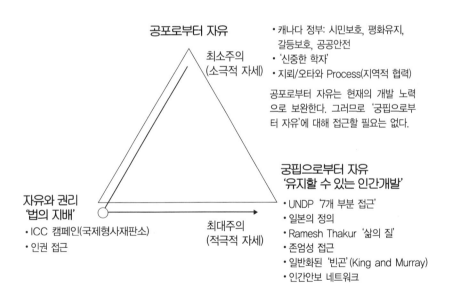

[그림 2.2] 햄슨의 삼각형 정의

빈곤에 기초를 두거나 개발에 기초를 두는 접근은 생계와 관련하여, 즉 생존을 위하여 비교적 장기 형태로서 최소식량으로 살아가는 사람들을 지키는 데 초점이 맞춰져 있다. 빈곤에 기초를 둔 접근에 안보를 추가하는 것은 특히 갈등과 경제위기와 같은 갑작스러운 침체에 관해서는 생존을 보장한다. 충분하지 않은 순수한 존재, 사람은 역시 생존뿐만 아니라 존엄성, 생계보장, 기쁨 등을 갖는 것이 필요하다. 보편적 존엄성의 개념은 아마도 긍정적으로 신선한 개념으로서 인간안보를 구분하는 이 정의의 범위 안에서 가장 많이 논의된 가치이다. 더욱이 햄슨은 그들 사이의 관계를 설명하고 있지 않아, 인간안보는 더 넓게는 '지속 가능한 인간개발'과 관련된다. 여기에는 유엔개발계획, 일본에서의 인간안보에 대한 정의, 인간존엄 등의 개념이 있다.

한편 캐나다에서는 최소주의자가 '사람의 안전' 관점에서 인간안보를 정의하는 것 같다. 그림에서 자유/권리 및 법 부문은 다른 두 개의 부문과 약간은 조화를 이루지 못하는 것 같다. 세 개 부문이 완전한 삼각관계를 이루고 있다고 보기는 힘들다. 그것은 아마도 햄슨이 제시한 범주를 벗어나고 있다. 삼각형 모형 대신에 우리는 인간안보 개념과 다른 다양한 패러다임과의 관계를 설명하는 모형이 필요하다.

[그림 2.3]은 느슨하게 햄슨의 삼각형 모형에서 표현된 분할 개념을 기초로 한다. 하지만 인간안보에 대한 위협을 구성하는 것 이상의 합의에 근거한 행위에 대한 잠재적 출발점으로서 세 영역의 공통되는 중간 영역을 재해석할 필요가 있다. 이 중간 영역은 인간안보가 전통적 안보에 관련된 것과 인간개발과 같은 다른 개념으로부터 구별되는 지점이다. 그림은 인간안보와 다른 개념 사이의 관계를 설명하는데, 겹치는 부분은 가변적이고 늘 쉽게 분별할 수 없는 것은 아니다.

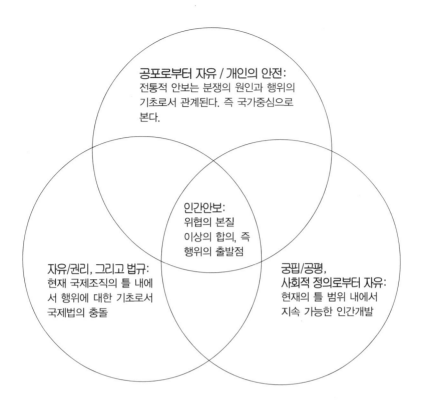

[그림 2.3] 안전, 권리, 그리고 공평과 연계로서의 인간안보

　[그림 2.4]는 그들 사이에 관계성을 보이도록 서로 비교하여 몇 가지 잘 알려진 인간안보 정의를 나타내고 있다. 세로축은 위협이 단지 직접적 또는 간접적으로 고려할 수 있는지에 따라 정의를 분류한다. 대각선은 '공포로부터 자유'(시작), '궁핍으로부터 자유'(중간), 그리고 '존엄성'(끝) 등과 같은 개념을 논의하는 데 있어서 일반적으로 잘 알려진 용어로 나열되어 있다. 마지막으로 가로축은 행위자들의 문제 정의에 따라 동시에 안보 이슈에 포함될 수도 있고 고려될 수도 있는 각 정의의 폭을 나타낸다. 중앙의 가로지르는 불규칙적인 선은 몇몇의 평가에 따라 인간안보에 대한 정의를 함에 있어서 유용성의 한계를 나타낸다. 그것은 직접적인 위협을 고려하는 상대적으로 좁은 정

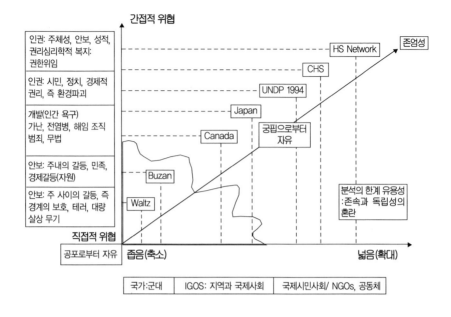

간접적 위협

| 인권: 주체성, 안보, 성적, 권리심리학적 복지: 권한위임 | | | | | HS Network | 존엄성 |

인권: 주체성, 안보, 성적,
권리심리학적 복지:
권한위임

인권: 시민, 정치, 경제적
권리, 즉 환경파괴

개발(인간 욕구)
가난, 전염병, 해임 조직
범죄, 무법

안보: 주내의 갈등, 민족,
경제갈등(자원)

안보: 주 사이의 갈등, 즉
경계의 보호, 테러, 대량
살상 무기

HS Network   존엄성
CHS
UNDP 1994
Japan
궁핍으로부터
자유
Canada
Buzan
Waltz

분석의 한계 유용성
:존속과 독립성의
혼란

직접적 위협

공포로부터 자유   좁음(축소)   넓음(확대)

| 국가:군대 | IGOS: 지역과 국제사회 | 국제시민사회/ NGOs, 공동체 |

[그림 2.4] 직접/간접 위협과 출발점에 기초한 도표

의 개념을 종속변수와 독립변수 간의 차이를 불가능하게 하는 더 넓은 정의와 구분하게 한다.

[그림 2.5]에는 상호관계에서 가장 잘 알려진 인간안보 정의의 여러 가지 중요한 양상을 설명하고 있다. 가운데에서 화살표 방향으로 살펴보면, 좁은 정의는 '공포로부터 자유'에 초점을 맞춘 것으로 더 객관적이고, 폭이 좁고, 안보 중심의 정의에 부합하는 것을 보여주고 있다. 반면에 가장 넓은 부분인 바깥쪽 사각형은 주관적, 개인, 정체성에 초점을 맞춘다. 화살표는 정의의 여러 측면이 누적적임을 보여준다. 그래서 작은 사각형으로부터 더 큰 사각형으로 이동하는 것은 협의의 정의에 포함된 것들이 통합되어 가는 것을 보여준다. 사각형의 테두리 부분은 그 테두리에 영향을 미치는 정의의 구체성에 따라 자유롭게 이동할 수 있다.

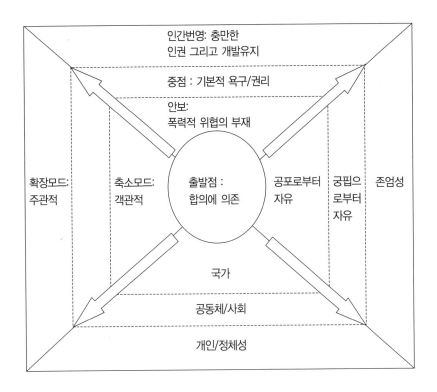

[그림 2.5] 인간안보의 축소/확대 개념화의 주요 요소를 설명하는 도표

성공적인 인간개발과 제휴하여(성장), 인간안보에 대한 필요성은 인간개발의 부재와 실패(경제적 위기, 침체 등)에 의한 위협으로서 [그림 2.6]에 나타나 있다. 인권과 인간안보 두 개념의 관계는 위협을 규정하는 데 사용하는 특별한 개념에 영향을 미치는 가치에 따라 확장되거나 축소될 수 있는 원의 출발점이나 경계로 설명된다. 이것은 역시 어떻게 인간안보의 정의가 좁고 넓은지 보여주는 것으로 잠재 위협 원천의 수에 따라 다양하다. 여기서 인간안보는 개발의 '안보화'와 위협에 대한 보호의 관계로 설명되고 있다. 즉 공평으로서 성장 그리고 안보의 침체 국면에 맞서는 능력이 그것이다.

[그림 2.7]에서 두 개의 큰 원은 인간개발과 인권 각각의 완전한

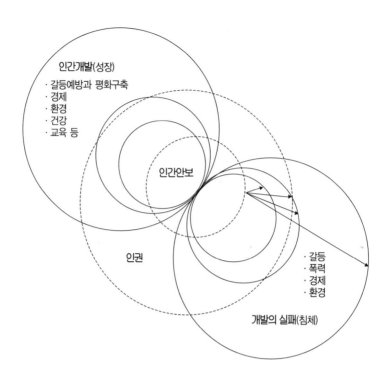

[그림 2.6] 인간개발의 안보화로서 인간안보(성장) 위협과
개발 실패로부터 보호하기 위한 인간안보(침체)

의제를 설명하고 있다. 이들 각각의 원 안에 인간개발과 인권의 특별한 국면은 더 작은 가운데의 원에 의해 확인된다. 원의 크기는 이러한 국면이 개인적 생존과 복지에 대한 위기를 생각할 수 있는 정도를 설명한다. 결과적으로, 이들 구성요소의 부재는 다소간의 위기가 될 수 있는 사실상의 위협과도 같다. 위협으로서 인간안보에 대한 필요에 영향을 미치는 중앙의 사각형은 성공적인 개발 또는 자랄 수 있는 인권의 부재를 말한다. 사각형은 위협의 인식에 따라 확장 또는 축소될 수 있다. 따라서 그 사각형은 위협의 본질에 대한 합의로 인식되는 행동을 위한 임계수준으로 이해될 수 있다. 그것은 이 도형이 본질적으로 그들이 처한 위협의 본질에 따라 다른 것들보다 많은 위협

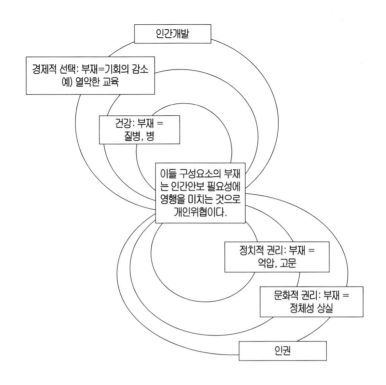

인간개발

경제적 선택: 부재=기회의 감소
예) 열악한 교육

건강: 부재 =
질병, 병

이들 구성요소의 부재
는 인간안보 필요성에
영행을 미치는 것으로
개인위협이다.

정치적 권리: 부재 =
억압, 고문

문화적 권리: 부재 =
정체성 상실

인권

[그림 2.7] 인간안보의 필요성: 불충분한 인간개발과 인권보호

으로 다른 국면들의 순위에 의한 권리의 층위와 개발목표를 의미한
다는 사실을 주목해야 한다.

[그림 2.8]에서 삼각형은 안보의 전통적 해석에 대한 관계로서 인
간안보를 보는 하나의 관점을 나타내고 있다. 삼각형의 정상 부분은
안보의 가장 좁은 개념, 즉 기본적이고 외부에 초점을 둔 직접적 위
협을 말한다. 위에서 첫 번째 점선은 전통적 안보 개념으로부터 인간
안보로의 추이를 나타내고 있다. 아래로 가면서 삼각형은 '공포로부
터 자유'를 강조하는 것으로부터 빈곤과 인간존엄이 포함된 가장 확
장된 개념 쪽으로 더 확장되었다. 공동체와 같이 증가하는 안보 대상
의 범위는 사람에 초점을 맞춘 방향으로 부잔(Buzan)에 의해 정의에

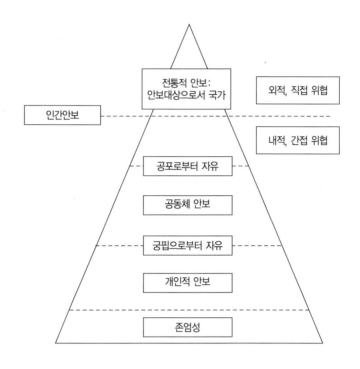

[그림 2.8] 안보 피라미드: 인간안보 그리고 전통적 안보관념

추가되었다. 아래쪽부터 읽어보면, 그림에서 인간안보가 사람에 기초를 두고 있다는 것을 보여주고 다음과 같은 구성요소 위에서 모두를 포함한다. 즉 전통적 안보는 이같이 개인적 안보에 대해 단지 국가의 기본적 수단으로 정당화되고 있다.

[그림 2.9]의 원은 인간안보 구조 아래에서 한편으로는 위협 평가에서 고유의 주관성을 나타내면서도 고려할 수 있는 위협의 광대한 다양성, 그리고 인간안보가 주관적, 객관적 안보 위협의 둘 다를 통합할 수 있는 독창적인 방법을 설명하고 있다. 화살표가 만나는 지점은 위협의 출발점이고 예로서 나타낸 것이다. 이것은 누군가가 어떤 위협에 의해 어떻게 영향을 받는가에 따라 다를 수 있다. 출발점은

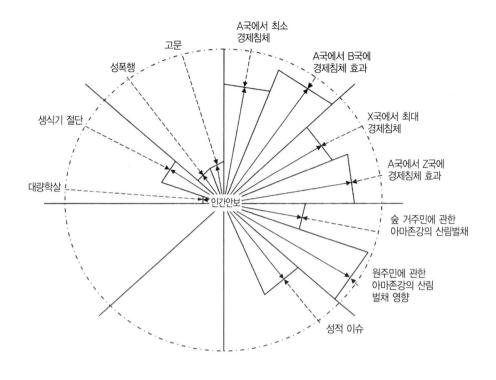

[그림 2.9] 인간안보, 위협 그리고 관계적 출발점

원의 중앙에서 시작되고, 계획적 대량학살의 예에서처럼 출발 단계에
서부터 인간안보는 위협에 봉착하게 된다. 이와 같이, 출발점이 원의
외부로 점차 나아감에 따라 위협이 더욱더 주관적으로 인식된다. 어
떤 주어진 위협에 대한 합의는 그 정도가 얼마나 심각한 것인지의 여
부에 따라 증대될 수도 있다.

비판이 상징하는 것

인간안보를 정의하는 방식이 많아지게 되면, 이론적, 분석적, 정치
적 논쟁에 근거한 비판 또한 늘어나게 될 것이다. 인간안보가 주로

비판받는 것은 인간안보 개념이 모호하다는 점과 인간안보가 이야기 하는 위협의 범위가 너무 넓다는 점이다. 큰 주안점은 첫째로는 개념 자체가 부실하고, 둘째로는 이론으로서의 역할을 하지 못한다는 것이다. 롤랜드 패리스(Roland Paris)는 인간안보에 대해 예를 들기를, 잘하면 '슬로건', 아무리 나빠도 순수한 '열정'에 지나지 않는 것이라 한다. 많은 논평가들이 경제적, 사회적, 정치적, 환경적 안보화, 그리고 인권 문제의 '안보화'를 비판하는데, 그들이 주장하는 것은 안보화라는 용어가 그 의의를 상실할 만큼 너무 확대되었고 모호한 운동에 신뢰를 얻기 위한 속임수에 지나지 않으며, 안보라는 명목 하에 정부 정치 조작의 먹잇감으로 전락하기 쉬운 위험한 형태의 용어라는 것이다. 이 신생 개념에 따르는 비판의 이해를 돕기 위해, 다섯 가지로 그 비판을 분류해 보았다.

1. 개념적 비판에 따르면, 정의(또는 그것의 불충분함) 때문에 인간안보의 발전이 저해된다. 이 반대론은 대개 인간안보의 정의가 너무 광범위하고, 위협에 대응하고 인과관계를 이해하며 행동양식을 설명하기에 너무 모호하다고 본다.

2. 분석적 관점에 따르면, 인간안보 개념은 국제관계의 전통 관습과 현실을 부정한다. 또, 국제안보를 지나치리만큼 단순하게 이해하도록 몰아가 현존하는 학문 분야에 이의를 제기한다.

3. 인간안보의 정치적 의의는 국제사회에서의 바로 그 국가주권 자체뿐 아니라 안보를 제공하는 국가만의 전통적 역할에 도전하는 것이라는 점에서 또한 비판받는다.

4. 이러한 논거를 토대로, 인간안보가 가지는 도덕적 의의에 대해 많은 비판들이 쏟아지게 되었다. 남반구의 국가들은 약소국이 산업화된 국가, 그 중에서도 특히 서부 국가의 사회경제적 가치를 강요당하

게 될 것이라 우려한다. 소위 '북반국'의 비평가들은, 인간안보가 개인적 안보와 전 인류적 안보 관계를 차별화하지 않으면 도덕적 딜레마를 느낀다.

5. 인간안보의 운용에 관심을 가지는 비평가들은 인간안보가 지향하는 것과 실제 정책을 연결시키는 데에는 많은 실행상의 어려움이 존재한다는 것을 지적한다. 이러한 비판가들이 주장에 따르면, 인간안보는 그 복잡성과 주관성이 우선순위의 결정을 어렵게 만들고, 그 성과의 측정이 불명확하며, 위협에 대한 장기적 해결책을 제시하기보다는 단기적으로 대응하는 것에 불과하다.

우리는 제기된 각각의 관점들에 반론이 존재할 수 있으며, 그 반론들은 검토해 볼 가치가 있다는 것을 다음 [참고자료 2.2]에서 살펴볼 것이다. 비판에도 불구하고, 인간안보는 여전히 세계관과 정치적 의제뿐 아니라 법학문적 잠재력, 그리고 학문의 연구방법에 영감을 주는, 유용하고 혁신적인 개념인 듯하다.

[참고자료 2.2] 개념적 비판

개념적 비판

정확성의 결여가 정의를 불가능하게 한다

[비판]
'비안보'라는 용어는 어떤 형태의 위협도 다 포함하기 때문에 그 정의를 내리는 것은 불가능하다.

[반론]

- 인간안보의 정의는 정치적, 경제적, 사회적, 환경적, 문화적 위협 모두를 포용한 것이다. 개념의 폭이 넓기 때문에 복합적인 상황에서도 유용하고, 진보적, 역동적, 발전적 시각에도 적합하다(Grayson; Suhrke).

- 개념 정의의 명확성이 부족하다고 해서 필연적으로 개념의 효용이 떨어지는 것은 아니다. '개발'이라는 개념도 동일한 종류의 비판을 많이 받았지만 (그리고 여전히 받지만) 시간이 흐르면서 구성 부문들이 확립되었고 더 구체적이고 우수한 방법들을 이용해 정책이 수립되었다.

모호한 정의가 표면적인 관계를 가린다

[비판]

정의가 모호하면 독립적 변수와, 의존적 변수를 혼동하는 분석적 실수를 범하기 쉽다(Mack; Paris; Foong Khong; Krause). 인간안보를 지지하는 학자들은 이런 위험한 시도를 통해 사회경제적 문제가 정치에 의한 결과라는 잘못된 인과관계를 증명하려고 한다.

[반론]

- 정의를 내리는 것은 힘의 논리에 따르는 행위이기 때문에, 구조화된 정의가 결여되었다는 것은 인간안보가 편파적 분석으로부터 자유로운, 강력한 개념적 수단이 어느 정도 될 수 있다는 것을 의미한다(Grayson).

- 인간안보 연구의 분석적 자유가 허용된다면 어떤 위협도 의존적

변수로, 또는 독립적 변수로 연구될 수 있다. 왜냐하면 비안보라는 것은 폭력의 원인이 될 수도 있고, 결과가 될 수도 있기 때문이다 (Owens).

인간안보 개념은 위협의 대처방안을 마련하기에 너무 광범위하다

[비판]

인간안보의 개념은 약물남용에서 집단학살까지 모든 위협을 포함하고(Paris), 정책의 우선 처리가 가장 시급하게 요구되는 분야를 판단할 수 없게 만든다(Foong Khong). 인간안보는 분석적 개념이라기보다는 공동의 도덕과 정치적 가치를 표상하는 것일 뿐이다(Mack).

[반론]

- 인간안보의 연구를 통해 깨달은 것은, 위협은 복합적이고 상호 연결되어 있으며, 인간안보를 통해 복지, 존엄 그리고 생존이 과도하게 위협받게 된 시초를 밝혀낼 수 있다는 것이다. 이러한 발단을 밝히는 것이 필요한 이유는 안보를 인식하는 것이 주관적이라는 본질 때문에 인간안보가 상대적인 개념이 될 수 있기 때문이다.

- 인간안보는 '조직 중에 있는 개념' 또는 원칙으로 인식할 수 있다(King and Murray).

개념상의 원대함으로 인해 학문적 효용성이 부족하다

[비판]

인간안보의 개념이 모든 것을 설명할 수 있길 바라지만 결과적으로 현실에서 설명할 수 있는 것은 아무것도 없다(Buzan). 인간안보는 어떤 가정이든 모두 다 옹호하고 동시에 그에 반대되는 가정들까지도 옹호하는 경향이 있어 학문적으로 혼란스럽다(Paris). 200개 국가의 안보를 연구하는 데 이론 수립이 어렵다면, 각기 다른 60억 사람들의 행동양식을 연구하여 알게 되는 것은 무엇이란 말인가(Foong Khong)? 따라서 인간안보는 복잡함을 가중시킬 뿐 해석에 필요한 능력 이상의 것은 없다.

[반론]

냉전체제 후, 인간은 전통적 안보와는 매우 다른 현실적 안보 위협에 직면한다. 인간안보는 위협 간의 상호연관성을 예시하고 다른 유형의 위협, 그와 전통적 안보의 관계를 분류한다. 인간안보 활동의 상당 부분은 불안정한 환경 속에서 개인이 처한 상황에 직접적으로 초점을 맞춘 것이다.

인간안보는 간단명료한 연구의제가 아니다

[비판]

비평가들의 주장에 따르면 인간안보는 학문 분야로서 구체적 연구의제를 세우기에 너무 광범위하다.

[반론]

인간안보는 필수적이라고 할 수 있는 범학문적 연구조사가 수행될 수 있을 만큼만 그 범위가 적당히 확대된 것이다. 위협의 발단, 그리고 그에 따른 전개를 조사하는 것이 최소한 한 가지 적절한 연구목표가 될 수 있다. 위협 간 원인들이 그러하듯이, 측정이라는 것은 또 다른 분야이다. 더불어, 구체적 상황에서 도출되는 사례 연구를 통해 그 사례가 표상하는 바를 확인할 수 있다.

정치과학적 개념에 윤리적 의견이 존재해서는 안 된다

[비판]

인간안보는 중립적이어야 한다. 사회과학 개념이 윤리적 선택의 문제를 제기해서는 안 된다.

[반론]

사회과학은 본질적으로 규범적이다. 사회과학에 있어 윤리는 생소한 것이 아니며 이미 아마르티아 센과 같은 경제학자들이 연구한 바 있다. 군사위협으로부터 국가안보를 지킨다는 전통 개념 자체도 이미 규범적이다.

학문과 영역을 초월하는 것은 실행 불가능하다

[비판]

정해진 연구 분야와 부문으로 나눈 계열에 따라 학계와 정책기구는 전문화된다. 현재 관리조직은 범학문적 접근을 하기에는 노하우가 부족하여, 분야를 초월해 다원적 인간안보의 틀에 맞는 정책을 수립하기에는 어려움이 따른다. 이러한 어려움은 각각 '명령'과 부서별 직무에 의해 지시를 받는 정치적 증여자와 실행조직 사이에 학문적 애매함을 더 깊게 만든다.

냉전이 끝난 후 세계는 예기치 못한 위협을 마주하게 되고, 인간 안보를 보장하기 위해 무엇보다 시급히 범부문적 접근이 필요함을 깨닫는다. '높은 장벽과 위협과 도전(The High Panel and Threats and Challenges)'의 최종 보고서에서는 바로 이 점을 강조하고 기구 간에 일관된 상호연결성이 부족하다고 비판한다. 중요한 것은 한 영역에서만의 개입이 실제로는 어떻게 다른 분야에까지 긍정적, 부정적 외부 영향을 줄 수 있는지, 그리고 더 나은 중재를 위한 방안은 무엇인지에 대해 연구하는 것이다.

학문적 의의

국제관계이론에 맞지 않는 인간안보

[비판]

인간안보는 국제관계의 전통적 관습과 현실을 부정하고 "국제안보를 지나치리만큼 단순하게 이해하도록 몰고 가는" 폐쇄적 패러다임이다(Buzan). 전통적, 국가중심적 안보 개념을 따른다면 오직 국가만이 스스로 국가안보를 제공할 수 있는 것이겠지만, 자유주의적 접근법에 따르면 국가간 협력, 예를 들면 국제기구를 통한 협력도 고려해야 하는 것이다.

[반론]

- 국제체계는 그 체계 내의 가장 약한 것들을 연결한 것에 지나지 않는다. 개인의 안전이 지구안보에 중요하면, 개인안보를 위협하는

것이 바로 국제안보를 위협하는 것이다(Nef). 상호취약성을 가진 북방 국가들은 지구의 치안이 덜 안전한 미개발지역의 사건들로 인해 공격받기 쉽다. 비주류파의 약점을 통해서 상호 의존 체계 전체의 형상을 알 수 있다.

- 국제질서는 국가의 주권과 생존능력뿐 아니라 개인 스스로와 그들이 지각하는 안보에 달렸다(Hampson). 세계화가 진행되면서 각국의 개별적 국가안보는 불가능하게 되었고, 따라서 안보에 대한 전통적 시각 이상의 접근법이 필요하다(Stoett).

- 대개의 현실주의자들은 무력충돌의 90%를 이루는 내전을 고려하지 않는다(Mack).

안보화의 문제점

[비판]

안보화의 수단은 문제 자체보다 우선하며, 문제를 특별조치가 필요한 것으로 만들고 가능한 군사수단을 통해 즉각적으로 해결한다. 결과적으로, '부드러운' 문제는 전통적 안보 문제처럼 긴급하게 처리되지 않는다(Foong Khong). 과도한 안보화는 학문의 분야 간 통일성을 파괴하고 해결책을 강구하는 데 지나치게 복잡함을 더한다(Buzan). 어떤 경우에도, 안보화는 이상화되어서는 안 되는 정치적 행동이다. 안보는 정치의 실패를 가리키는 부정적 결과이며 '비안보화'가 더 바람직하다.

[반론]

- 안보가 군사력에 기반한다는 전통적 관점을 가지고 안보화가 지

나치다고 비판하지만, 안보의 개념은 최후에야 필요한 군사개입보다 넓은 의미를 가지는 것이다.

- 군사력이 복리를 보장하지는 않는다. 위협은 경제적 안보가 이루어질 때 복리, 역량, 그리고 기회가 될 수 있다. 이러한 수단은 결과적으로 안보를 민주화하고 문제를 해결하기 위해 사람들에게 권력을 위양하는 것이다. 현실에서의 인간안보라는 것은 '비안보화되었다고 말하는' 공동 영역에 방치된 문제들을 제기하고 장기적으로 국가의 진정한 비안보화에 그 목적을 둔다.

정치적 의의

국가 역할에의 도전

[비판]

인간안보는 유일한 안보 제공자로서의 국가의 역할에 도전한다. 현재 통치기관은 국민을 계획하고 통제하는 것을 새로운 통치수단으로 이용한다. 안보의 의미가 확장된다면 국제사회가 '책임'이라 정당화하는 통치기구의 권력을 더 증대시키는 결과를 초래할 것이다. 초국가적 차원의 개념임에도 불구하고 인간안보는 여전히 국가중심적이고 국가의 탁월한 역할이 개인안보에 필수조건으로 꼽힌다(Buzan).

[반론]

- 국가는 단순히 '정책의 주체'가 아니다. 국가는 안보를 보장하기보다는, 사실 국민을 위협한다(Mack). 안보를 책임지는 주체의 다양성을 인정하지 않는 것은 '명백한 문제 해결 능력의 결여'를 보여주

는 것이다(Mack).

- 이론적으로 안보는 국제관계를 민주화하는 원동력이다. 공동 안보에 있어 사람들이 이해와 책임의 관계자가 되고 국가는 이러한 권력 위양을 지지한다(Axwarthy, Osler Hampson, Evans). 그러나 비안보의 근본을 이루는 구조적 요인과 권력 분배는 개인의 힘이 미칠 수 있는 영역을 넘어선다.

- 국제적으로 안보화가 자동으로 군국화를 의미하는 것은 아니다(Owen). '중재'는 사법적 기소와 경제제재, 외교적 고립과 같은 압력뿐 아니라 무역 확대와 같은 유인 동기를 포함하는 더 장기적 계약까지 의미한다.

- 안보는 꼭 필요하고, 다양한 주체들의 네트워크를 통해서 진정으로 제공될 수 있는데, 그것은 유엔과 비정부기구, 권력이 위양된 개인들이 '얽히고설킨 연합'을 의미한다(Paris). 국내 정책과 외교정책으로 인간안보를 채택하는 것은 국제무대에서 중간 정도의 힘을 가진 국가들의 참여 증대를 고려하는 것이다(Liotta). 의제에 기반한 실행이 인간안보의 불가피한 결과이지만, 그것이 필연적으로 인간안보의 신용을 떨어뜨리는 이유가 될 수는 없다. 중요한 것은 수단이 아니라 결과이다.

인간안보는 국가주권에 대한 위협이다

[비판]

미개발을 갈등을 일으킬 수 있는 요인으로 보는 관점은 계속되는 강대국의 감독과 계약을 정당화하는 것이고, 이기적 내정간섭을 합법화하기 위해 이용된다. 인간안보의 개념은 군사개입을 정당화하기 위해 이용될 수도 있고 복지국가의 문제를 해결하는 데 군사적 힘을 강요할 수도 있다. 이전에는 주권이 지켜지던 지역에서 인간안보가 내정간섭주의를 위한 새로운 명목이 될 수 있다(Bain).

[반론]

- 주권을 국가가 개인안보를 위해 가져야 할 능력 조건으로 보는 경향이 점점 증가하고 있다.

- 군사개입은 인간안보의 슬로건 아래 많은 중재 방법 중 하나일 뿐이다. 학문의 한 분야로서 인간안보는 위협을 대개 비군사적으로 해결하고자 하고, 전쟁이나 대량학살이 계속되기 전에 긴장과 갈등의 근본 원인을 이론적으로 다루고자 한다. 그 후에야 군사개입이 이루어질 수도 있는 것이다.

- 국제사회는 '보호할 의무'를 생각하지만, 유엔은 악용을 방지하기 위해 예방을 포함한 중재지침을 만들어 왔다. 과거 군사개입의 실패로, 인간안보는 예방적이고 비군사적인 방식으로 강화가 이루어진다. 진정한 인간안보의 의제가 예방에 중점을 둘 때, '보호할 의무'라는 것은 쉽게 강요될 수 없을 것이다. 인간안보 개념은 강대국의 불법 개입에 대한 구제책으로도 볼 수 있고, 서구의 제국주의와 도구화에 대한 예방책으로도 볼 수 있다.

'책임'이라는 명목의 안보화

[비판]

다른 나라의 수난을 자기 나라의 국가안보에도 영향을 주는 것으로 연결시키는 것은 두 국가간 '다리'를 만들기보다 '벽'을 만드는 결과가 될 수 있다(Krause). 비평가들이 염려하는 것은 안보의 정의를 확장하는 것이 국제사회에서 '책임'이라는 명목 하에 사용되는 힘을 더 키우게 되는 것이다.

[반론]
- 인간안보는 다양한 주체들의 행동양식 변화와 '다리'를 만드는 능력에만 단순히 기반을 두는 것이 아니다. '지속 가능한 인간안보'를 위해 필요한 조건은 다분히 많은데, 법적, 정치적 기구를 재편성하는 것과 경제를 재건하는 것, 일반적 사회규범이 있다(Hampson).
- 안보화는 군국화에 목적을 두어서는 안 되며, 최후가 아닌 모든 수준, 다양한 단계에서 약속에 책임을 지는 것을 의미해야 한다.

도덕적 의의

인간안보는 세계의 분할을 촉진한다

[비판]
일반적으로 인간안보는 남북 분할을 강화시킨다. 남반구의 경제적, 사회적 미개발은 북반구의 정치까지 불안정하게 만드는 것이고, 그래서 '보호할 의무'와 제재 조치, 선제 행동의 명목 하에 중재가 필요하다고 한다. 그러나 예를 들어, G77이 주장하는 바에 따르면 인간안보는 본질적으로 북반구의 자기민족중심주의이다. 인간안보는 '서구 국가들이 세계에 그들의 관점을 강요하는 수단'이고 이중 잣대를 적용하기도 하며 또는 인간안보의 개념을 '부국의 응징적 측정 기준'으로서 '위선적'으로 이용한다(Daudelin).

[반론]
- 남반구는 그들 고유의 인간안보 개념을 발전시킬 필요가 있다.
세계의 권력관계는 불균형하고, 비안보의 근본적 원인은 북반구에서
기인할 때도 있다. 북반구로부터의 탄도미사일과 무기 거래는 제재
조치와 불공정한 무역관습과 마찬가지로 남반구에 엄청난 위험이라
는 사실이 증명되어 왔다. 문제는 북반구가 남반구의 열세한 개발
문제를 논하는 동안에 인간안보가 안보관계 강화를 위한 남반구와의
협력을 보장할 다리('위대한 협정')를 제공할 수 있을지의 문제이다.
- 한 지역의 사람들의 인간안보는 다른 사람들의 인간안보와는 관
계가 없다. 유럽의 도시 폭력과 이민자들이 모여 사는 미국의 도시
빈민가의 불확실한 상황은 에티오피아의 식량 부족과 일자리 부족만
큼이나 인간안보의 큰 문제이다. 인간안보는 국가간이 아닌 사람들
간 차이에 관한 것이고, 그러므로 남북에 관한 분할 논의는 억지스
럽고 무관한 것이다.

인간안보는 개인적이면서 전 인류적이다?

[비판]
- 인간안보 개념은 너무 보편적이어서 사람들 사이에 존재하는 차
이점을 구별하기 어렵고, 그 점에서 문화의 다원적 특성을 위배한다.
동시에, 개인안보는 너무 복잡하다. 어떤 척도가 기준이 되든 안보는
하나의 지각이고, 그렇다면 우리는 어떻게 지각된 두려움과 실제 두
려움을 구분해 낼 수 있는가? 안보의 임계수준은 문화와 공간, 시간,
구체적 환경 등 너무나 여러 가지의 복잡한 의미를 가지기 때문에
표준방법을 통해 증명하기가 어렵다.

- 사람이 분석적 검토의 중심에 놓이게 되면서 국제안보의 결정적인 요소가 되었다. 그에 따라서 국제안보가 개인안보에 의존하게 되고 사람들이 도구화된다(Nef). 이 도구화는 다른 국가의 외교정책의 목적으로 사용될 수 있다.

[반론]
- 안보의 요구가 다 다르므로 폭넓은 인간안보의 개념은 이러한 필요들을 판단하는 데 환경적 요인들을 고려한다.
- 훌륭한 국제관습으로 국가주권을 제한하고 세계시민의 권한을 세움으로써 사회를 다스릴 수 있다. 인간안보를 통해 국가가 전쟁을 정치의 존속 방법으로 이용하지 못하도록 금하고, 그럼으로써 '전쟁은 전쟁'이라는 원칙을 강화시키는 규칙을 국민 스스로 제정하는『만민법』(J. Rawls)을 국가가 깨닫도록 할 수 있다.
- 인간안보는 '보편적이고 세계적이며 불가분적이어야 한다.'(Ul Haq) 자유는 인권과 긴밀하게 연결되어 있기 때문에 보장되어야 한다.

실행 상의 비판

복잡성과 주관성 때문에 우선순위의 결정이 어렵다

[비판]
인간안보의 복잡한 특성 때문에 정치인들은 안보적 필요와 그와 경쟁하는 목표들 사이에서 우선순위를 결정하기 어렵다(Paris).

- 인간안보의 이론에 따르면, 모든 위협은 복잡하고 상호 연관되어있으며 상호 의존적인 특징을 가진다. 따라서 안보에 계급을 두는 일은 좋으면 무익하고 나쁘면 위험한 것이다. 왜냐하면 위협은 그 복잡성 때문에 한 단일 '정책입안자'가 아닌 유연한 네트워크 합동 주체들이 계획, 실행하는 통합정책을 통해 제기되어야 하기 때문이다.

- 인간안보적 접근은 유연성이 강점이기 때문에 국민과 지역사회가 필요에 따라 우선 안보 순위를 결정할 수 있다. 정책은 서로 다른 우선 안보 순위와 대응 능력을 가진 주체들이 네트워크적으로 유연하게, 수평적 관계에서 수립하는 것이기 때문에, 협상과 교환의 과정을 거쳐 결정될 수 있으며(Uvin), 각국의 상황에 따라 주체들의 우선순위가 다르다.

측정이 불분명하다

[비판]

주관적 특성을 갖는 인간안보의 개념 때문에 효과적으로 측정하고 분석하는 것이 어렵고, 그래서 현재의 중재 방법은 제한적이다.

[반론]

개인 또는 사회가 인간안보의 중요성을 지각하는 데 국제사회의 양적 평가의 영향이 크므로 그런 양적 수단을 유용하다고 과장해 말한다. 지표의 객관성이라는 것은 그것이 기본적으로 따르는 인간안보의 정의에 따라 다른 것이다(Booysen). '인간안보 심사(Human

Security Audit)' 또는 측정 방법은 항상 상황에 따라 가변적인 것이다(Bajpai, Thakur, Hampson). 개념이 정책으로 수립됨에 따라 더 일반적으로 적용 가능한 지표와 기준들이 나타날 것이다.

단순히 기존의 논쟁점과 평가 도구의 이름만 바꾼 인간안보

[비판]

인간개발 문제를 안보로서 개념화시키는 것은 사람들의 주의를 끌고 국제정치의 계급제도 속에서 지위를 바꾸려는 시도에 불과하다(Foong Khong).

인간안보는 단순히 기존의 오래된 평가 도구의 이름만 바꾼 것이며, 새로운 정치 메커니즘을 제공하지 못한다. 또한, 인간안보는 위협에 단기적 대응만 가능할 뿐 장기적인 해결책을 제공하지 못한다(Foong Khong).

[반론]

1980년대 이래로 빈곤문제 때문에 생겨난 무수한 국내 갈등과 전쟁들을 통해 개발, 빈곤, 전쟁 간의 관련성이 드러났다. 그리고 이러한 관련성에 의해서, 개발과 인권 문제를 안보의 문제로 취급하는 것이 정당화되었다.

인간안보의 목표는 단기적 해결책 제공이 아니라 안보의 초점을 개인 차원으로 돌리는 것이다. 또한 개인과 사회에 초점을 맞추면서 평가와 예방을 위한 새로운 도구를 분명하게 제공한다. 이러한 예방책과 평가 도구를 적용함으로써, 인간안보는 다른 학계의 장기적이고 독단적인 무수한 외적 결과와 교체될 수 있다.

임계수준을 기준으로 한 해결책

인간안보가 이토록 많은 논쟁을 불러일으킨다고 해서 그것을 정의 내리려는 시도를 그만두어야 하는가? 그렇지 않다. 인간안보의 개념 과 정의에 관한 논쟁을 넘어서면 복지, 존엄성, 그리고 생존의 문제 가 용납되지 않는 선 아래에 출발점이 필요하다는 것을 알게 된다. 오웬이 이러한 출발점에 근거하여 개념화한 인간안보는 특히 융통성 을 고려하여 좁은 개념과 넓은 개념을 결부시키려는 목적에서 출발 한다. 오웬의 방식은 공포로부터의 자유라는 좁은 의미의 접근법과 궁핍으로부터의 자유라는 넓은 의미의 접근법, 그리고 개념을 완전히 분산하려는 접근법을 모두 융화시키는 것이었다. 이는 인간안보를 하 나의 출발점으로 소개한다. 그는 "출발점에 근거한 개념화를 통해 위 협은 그 원인보다 중대성의 문제로만 제한되며, 발생 가능한 모든 피 해를 인정한다. 그러나 언제든지 안보 차원에서 우위가 결정된 위협 을 선택적으로 제한할 수도 있다."라고 말했다(Owen, 2004:384).

이러한 접근법은, 인간안보가 모든 종류의 위협을 감싸 안아야 한 다는 입장과 좀 더 좁은 의미로 해석되어야 한다는 입장 간의 균형을 맞추기 위한 시도이다. 후자는 좁은 의미의 정의를 위해서, 국제적 대응이 필요한지 아닌지를 결정하는 기본적 기준이 되는 각 위협의 '중대성'을 가릴 만한 출발점을 만들어야 한다고 주장한다.

그러나 이러한 출발점을 식별하는 일은 결코 간단한 문제가 아니 다. 많은 사람들이 보편적이고 객관적인 최소 기준이 존재 가능하다 는 것을 인식하긴 했지만, 지금까지는 분명치 못했다. 인간개발이 진 행 중에 있었을 때, 이 출발점은 개발의 수준에 작용하는 요소로 발 전되어야 했다. 하지만 안보라는 개념에는 의견이 개입하기 마련이고 결국 주관적인 것이므로, 개발을 평가하는 기준으로 문화적, 상황적 특성까지 고려하는 한 이는 불가능했다. 아마도 최소의 복지와 인간 존엄성에 대한 출발점을 정하는 것보다 정책 입안자들의 경쟁 목표들 간에 우위를 정하는 일에 더 적은 의문이 제기될 것이다. 출발점의 설정은 인간안보를 평가하기 위한 기준의 설정을 의미하기도 하지만, 객관적 요소와 주관적 요소를 구분하기가 어렵다. 어떤 차원에서든 안보는 늘 주관적 의견의 개입에 노출될 것이며, 관용의 출발점은 각기 다른 문화, 시대, 장소에 따라 변화할 것이기 때문이다.

그렇다면 객관성과 주관성의 경계선은 어디쯤이어야 하는가? 답은 국가적, 국제적 정책에 대하여 이러한 출발점이 미치는 영향력에 따라 달라진다. 출발점에 기반한 인간안보 접근법은 국민의 복지와 존엄성에 구체적으로 영향을 미칠 수 있는 정책을 필요로 한다. 그러나 이러한 정책들은 생활비용, 평균수명, 사망률, 임금의 폭 등의 척도를 통해 얼마나 견디기 힘들고 비인간적인지의 여부를 질적 측면에서 평가할 수는 있지만, 같은 방법으로 양적 측면에서는 항상 감시할 수 없다. 그와 동시에, 권력의 행사는 정치적일 수밖에 없는데, 이는 인간안보를 공익으로 제공할 책임이 있는 국내 또는 국제 행위자들에 대한 광범위한 문제들을 강조하기 때문이다. 출발점에 기초한 인간안보는, 물론 일부 위협들은 기존의 기관들에 의해 다루어질 수도 없는 심각한 수준이라는 것을 알고 있지만, 즉각적인 조치가 취해져야 한다고 말한다. 또한, 단기적인 대처든지 장기적인 재발 예방이든지, 모두 필요하다고 말한다.

출발점을 찾는 또 다른 방법은 분산적이거나 또는 공통적인 접근법을 취하는 것이다. 불안정하고 위협을 받는 사회에서는 이러한 위협들을 식별할 필요가 있다. 위협들은 허용 한계치와 그것들의 우위를 정하는 방법에 기초하여 식별되어야 한다. 이러한 위협들은 국가 차원에서 다루어져야 하는데, 만약 국가 그 자체가 위협의 일부분인 경우라면 국제사회의 개입이 요구된다. 이러한 접근법을 따르기 위해서는, 기본적인 최소 욕구 이상의 더 큰 욕구는 지역간에서 해결될 차원을 벗어날 것이며, 사람들의 갈망과 기대에 따라 함께 변화할 것이라는 사실을 잘 인식해야 한다. 넓은 의미의 인간안보를 지지하는 사람들은 모든 위협들이 국제적인 관심을 필요로 하는 것은 아님을 인정해야 안다. 반면, 좁은 의미의 인간안보 지지자들은 신체적 위협은 인간안보의 한 가지 범주에만 속할 뿐이며, 따라서 안보의 개념 전체를 포괄하기엔 부족하다는 사실을 인정해야만 한다. 출발점에 기반한 해결책은 정책 입안자들에게 해결해야 할 과제를 주면서 공통 기반을 찾으려고 노력하고 있다.

결론

인간안보는 지지자와 반대자 간의 끝없는 논쟁을 불러일으키는 것처럼 보인다. 심지어 지지자들 사이에서도 단 하나의 통일된 정의를 두고 최대주의와 최소주의가 의견을 달리하여 논쟁이 벌어진다. 그러나 이러한 논쟁과 의견의 불일치가 개념의 결함 때문에 일어난다고 보아서는 안 된다. 논쟁과 의견 불일치를 통하여 안보 개념은 더욱 발달된 형태로 나아갈 수 있기 때문이다. 따라서 가장 적절한 논쟁은, 인간안보가 얼마나 새로운가의 문제가 아닌, 무엇이 인간안보를 새롭게 만드는가의 문제이다. 이는 실행 가능한 정책의 전망과 관련성을 고려하여 이론과 실용성 모두의 측면에서 생각해 보아야 할 문제이다. 국가보다는 개인을 '안보의 대상'으로 명시함으로써, 인간안보는 조정되지 않는 한 현실주의자들이 개입하고 경쟁해야만 하는 개념으로 떠올랐다.

한 개념으로서, 연구 의제로서, 정책적 도구로서 인간안보가 결국 구체화하는 것이 무엇인지에 대한 물음에 어떠한 것도 직설적인 답이 되지 못한다. 그렇다고 이 문제를 즉시 포기해 버리는 것은 현명하지 못하다. 가장 정교한 개념인 '최종적인' 정의에 도달하지 못하는 것은 일반적이고 당연하다. 연구의 대상은 끊임없이 변화하는 유동적인 환경 속에 있기 때문에, 객관적이고 방법론적인 태도로 일관할 수는 없다. 따라서 인간안보를 정의하는 가장 좋은 방법은 결국 자연과학의 주관성이라는 장애물은 극복할 수 없다는 사실을 인정하는 것이다. 그리고 또한, 인간안보는 정적이고 움직임 없는 접근법이 아니라, 너무나도 유동적인 세상에서 수시로 변하는 상황에 맞추어야 하는 개념이라는 사실도 인정해야 한다.

끊임없는 정의의 논쟁을 뛰어넘어, 인간안보를 둘러싸고 학계와 정치계에서 두 가지의 난점을 밝혀냈다. 그 첫 번째는, 인간안보는 많은 학문 분야의 참여가 필요한 개념으로서 전문가들 간의 대화를 이끈다는 것이다. 이러한 대화를 통해서 개발, 인권, 안보의 독립적으로 발달한 세 연구 분야에서 공통 기반을 찾을 수 있다. 각 분야의 의견은 명백한 난점에 부딪히면서 타협점을 찾는다. 이 난점들은 학문 분야의 구분화, 대학의 엄격한 행정구조, 다수의 '행정명령'이나 정치기관의 장관 직위 등에서부터 파생된 것이다. 이렇게 여러 학문과 여러 부문이 접목된 접근법은 실험 단계에 있었다. 빈곤이나 성과 같은 단적인 문제를 다루는 위원회의 창립을 예로 들 수 있다. 반면, 진정한 난점은 인간안보 분야의 경험의 부족과 방법론적 요령의 부족이다. 둘째, 인간안보에 있어서 중요한 것은 넓은 의미나 좁은 의미의 개념 둘 중 하나를 선택해야 하는 것이 아니다. 대신 학계의 연구자들과 정책 입안자들 사이의 상호보완성이 부족하다는 점이 더욱 문제가 된다. 학문 연구와 정책 사이에 성공적인 결합이 이루어질 수 있을까? 정책 결정은 이론에 우선 근거하여야 하는 것일까, 아니면 먼저

시행해 본 다음 이론에 적용해야 하는 것일까? 단순한 기금의 이용도 또는 혁신적인 개념이 어떠한 실재적인 적용과는 관련 없이 학문적 연구를 촉진할 수 있는가? 인간안보는 규범적 접근과 실증주의적 접근의 중간, 즉 실용주의와 이론주의 사이의 불안정한 위치에 놓여 있다.

'인간안보란 무엇인가?'라는 단 하나의 명백하고 단순한 의문에 답할 때, 가장 큰 문제점은 인간안보의 효용성에 대한 방어 위에 있다. 특히, 최대주의와 최소주의의 입장을 통합할 목적으로 인간개발이나 인권 그리고 그들의 상호관계와 비교할 때 더욱 그렇다. 이러한 문제점들은 인간안보와 인간개발 간의 본질적인 관련성(4장)과 인간안보와 인권 간 관계(5장)를 이용할 때 가장 효과적으로 극복할 수 있다. 왜냐하면 이러한 관련성의 범위 내에서 인간안보에 관한 대부분의 불확실성이 분명해질 수 있고, '인간안보는 기본적으로 무엇인가?'에 대한 답으로 종합적인 정의를 내릴 수 있기 때문이다.

개념? 다시 말해서, 인간안보가 행동의 실행적 기초가 될 수 있는가? 앞으로의 살펴볼 내용에서는 적절한 물음을 던짐으로써 인간안보가 시작되었음을 논하고 이러한 문제들을 제기할 것이다. 이를 통해 분석과 실행 둘 모두의 중심에 개인을 둔다. 인간안보를 통해 개인은 위기를 예견하고 의견 충돌의 원인을 분석하며 책임의 재분배를 수반한 해결책을 제시한다. 이러한 면에서 인간안보는 단순히 분석적 개념이 아니라, 공동의 정치적, 도덕적 가치의 표상이다(Mack, 2002b). 인간안보에 관한 분석이 비안보의 원인을 밝혀내지는 못했을 수도 있지만, 인간안보는 비안보의 원인이 상호 연결되어 있으며, 그것을 인식하는 것이 중요하다는 사실에 주의를 집중시켰다. 분석적 수단으로서 약점이 있든 간에, 인간안보는 인간이 만드는 갈등 또는 자연재해와 같은 '비안보'의 결과를 줄일 뿐 아니라 인간의 복리와 존엄이 하락하는 것을 효과적으로 막을 수 있다. 인간안보는 좁게 정의되지 않고, 충분히 유연하여 세계 비안보의 문제를 제시하는 만큼 그 근원을 심도 있게 이해하면서 발전할 수 있어야 한다.

3장 안보학 패러다임의 대전환이란?

군사적 위협으로부터 국가를 방어하기 위한 국가의 특권을 넘어서 안보학 분야에서 필요에 의해서든 아니든 '안보' 개념을 확장시키기 위한 패러다임의 대전환 논쟁은 널리 확산되고 있다. 세계의 양극 체제 내에서 안보는 반드시 군사적 수단을 통해 직면한 국가의 영토보전에 대한 관심을 의미했다. '현실주의' 체계에서, 국가는 외부의 공격으로부터 시민들을 보호하고 이들로부터 충성을 제공받았다. 개인과 국가의 안보가 일치할 필요는 없다든지, 혹은 국가가 그 시민들에게 위협이 될 수 있다는 가능성은 고려되지 않았다. 전쟁에 대한 국가의 중대한 관심에도 불구하고, 현실주의 이론은 시민 갈등에 대한 관심을 보여주지는 않았다.

오늘날 그런 안보 개념에 대한 접근은 구성주의자들, 비판적 이론가들, 그리고 페미니스트들에 의해 논쟁이 되고 있으며, 이들 모두는 현실주의적 가정으로부터 대안적 체계를 추구하고 사람들의 안보와 국가의 안보를 구분하고 있다. 인간안보에 대한 접근 방식은 안보에 대한 전통적인 지식과 유사하게 재검토되고 있다.

이 장에서는, 인간안보에 대한 접근 방식들이 각 시대마다 논쟁을 불러일으킨 것을 강조하기 전에 전통적인 틀에서 안보학의 발전을 기술할 것이다.

궁극적으로 안보란 무엇이며 그것은 결국 누구의 안보인가?

전통적인 안보학, 특히 북미에서의 안보학은 전쟁 현상 및 군사력의 사용과 관련되어 있었다. 즉 정책에 대한 신중한 행동에 의해 변경될 수 있는 관계성에 중점을 두는 학문과 관련되어 있었다. 하지만 월트는 과학적 이론들과 규범적인 체계들 간의 차이점을 요구했다. 과학적 이론들은 세계가 어떤 방식으로 왜 작용하는지를 설명하고, 규범적인 체계들은 특정한 행위자들이 어떻게 행동해야만 하는지를 표현하고 있다(Walt, 1991). 월트는 신-현실주의를 '과학적'으로 서술했고 다른 이론들은 이상주의적이거나 난해한 것으로 거부했다. 그는 학문과 정책 이슈를 연결시키는 위험성에 주목했으며, 따라서 사상의 통합을 축소시켰다. 하지만 새로운 이론들이 확대되면서 점차적으로 윤리학에 기반을 둔 규범적인 원칙들 쪽으로 의견이 한데 모아졌다. 이런 원칙들 중에서, 궁극적으로 인간안보의 목적은 인도주의적이고, 그 방법론은 실증철학에서부터 서로 다른 학문 분야로부터 데려온 학자들의 사상으로 이동하고 있다는 점에서 인간안보는 과학적 이론이 되는 열망을 가질 수 없다.

그 자체로 구획되어 있고 평화 연구부터 전략학까지 범위에 걸쳐 있는 '안보학' 분야 역시 '안보 난제(security puzzle)'에 있어서 이론 구축과 학문 분야 설립에 대한 일상적인 이해의 부재로 특징지어지고 있다(Haftendorn, 1991). 전략학은 제한된 주제적 접근 방식을 선택해서 핵전략에 대한 특별한 관심과 더불어 안보의 군사적 측면에 집중하고 있다. 이것은 매킨더에 의해 대중화된 지정학이라는 논제를 지리학적인 맥락과 권력의 범위에서 재가공한 것이다(Mackinder, 1904). 매킨더의 접근 방식은 역사에 무관심한 일반화 때문에 비판을 받았고 독일 나치스에 의해 각색되었기 때문에 거부되었다. 하지만 1980년대에 전략학이 유행했을 때 매킨더의 접근 방식이 다시 등장했고 냉전 기간 동안 개념적인 도구로 남아 있었다. 갈등 연구(갈등학)는 탈식민화와 냉전 후에 두드러지게 되었다. 갈등 연구는 내전에 초점을 맞추었고 최근에는 전쟁의 근본 원인들을 이해하고 초기 경보체계, 예방적인 수단과 외교를 발전시키기 위해, 몰락하는 약한 국가들을 집중적으로 연구하고 있었다. 그러는 동안에 평화 연구(평화학)는 유럽의 현장과 대학에서 유행하게 되었고, 그 연구 범위를 '평화,' '안보,' 그리고 '폭력'이라는 개념까지 구축하였다. 갈통과 그의 집단에 의한 영향력 있는 평화 연구는 국제관계학 분야에서 안보의 독점을 대신하였으며, 부정적 평화나 긍정적 평화 그 이상을 보는 개념들을 가져왔다. 이런 기류 안에서, 비판적 이론들에 대한 규범적인 패러다임과 행동주의적 접근 방식처럼 이상주의적이고 자유주의적인 접근 방식들은 전쟁에 대한 대안적 전략을 위한 방법론을 찾아내었다. 볼딩은 '안정된 평화(stable peace)' 상태를 '전쟁의 부재와 동등한 부정적 평화'보다 더 나은 것으로 제안하였다(Boulding, 1991). 볼딩은 진정한 평화와 안보는 구조적인 폭력의 제거나 감소를 전제하고 있다고 주장하였다.

정책 입안자는 이러한 안보의 대안적 통찰력을 국제연맹과 지역연맹의 세계와 조화시켰다. 대량살상무기가 축적되는 상황에서, 억제보다는 재보증(reassurance)이라는 새로운 전략에 대한 분명한 필요성이 존재한다. 핵무기와 무기통제 노력 대신에, 안보전략은 전쟁을 막기 위한 새로운 수단을 추구하였다. 동시에 인권과 인도주의적 간섭은 안보 필요(요구)의 일부로 수용되었다. 1980년대 초 바르(Bahr)는 협력적, 상호의, 호혜적인 안보로도 불리는 '공동안보(Common Security)'라는 용어를 신조어로 만들었고, 이는 군축협정(arms control)을 권고했던 팔메 위원회(Palme Commission)의 1982년 보고서에서 논의되었다. 공동안보는 갈등을 막기 위한 수단으로서 새로운 유형의 안보가 아니라 국가들 사이의 협력을 주장했다. 그 목표는 상호 파괴라는 협박이기보다는 공동생존을 위한 것이었고, 그 협력을 통한 방법이 제안되었다. 그러는 동안 '집단안보(Collective Security)' 전략은 인권의 보호를 통하여 국가간뿐만 아니라 국가 내의 평화를 회복하기 위해 유엔과 유럽안보협력기구(OSCE: Organization for Security and Co-operation in Europe)와 같은 국제적 관련 기관으로 힘의 이동에 집중하였다. 그러므로 인도주의적 간섭은 안보를 장려하기 위한 방식으로 합법화되었다. 이런 관점에서, 새로운 세계질서는 국제정치가 세계적 수준의 국내정치에 의해 대체되는 하나로 보였다. 세 번째 조류인 '포괄적 안보(Comprehensive Security)'라는 용어는 영토보존과 정치적 질서의 위협 이외의 위협을 포함하고 있다. 그리고 포괄적 안보는 비국가 행위자들과 자연재앙에 전념하였다. 1980년대 중반에, 동남아시아의 안보 개념은 이것에 근거를 두고 전개되었으며, 이 개념은 국가와 여당을 정치적 안정, 경제개발, 그리고 사회 조화라는 안보 대상으로 보았다. 외부적 위협에 대해 공통적 인식이 승인되지 않았던 반면, 개인들에 대한 위협들은 국가의 포괄적 안보에 대한 위협으로 간주되었다. 그런 접근법은 주관과 불간섭 정책을 기반으로 하는 지역 내에서 협력을 요구하였다.

이상 세 가지 접근법은 두 가지 방식에 있어 인간안보와 유사하다. 첫째, 이들 접근법들은 군사적 위협을 넘어서 더 큰 위협의 집합체를 조직한다. 둘째, 이것들은 이렇게 확장된 위협을 처리하는 방식으로 다자간 공동 정책의 필요성에 관해서 유사한 관점을 공유하고 있다. 하지만 주된 차이점은 이런 전략들이 국가를 위한 안보(질서와 안정) 필요성에 집중하고 있다는 것이다. 다른 한편으로, 안보는 인간의 필요(욕구)에 집중하고 있으며 정의와 해방을 향하여 조정되어 있다. 그러므로 국가안보는 안보 목표의 한 수단이지 목적이 아니다. [표 3.1]은 이런 전략들 사이의 대략적인 비교를 나타내고 있다.

[표 3.1] 공동안보, 집단안보, 포괄적 안보, 그리고 인간안보 비교하기

	공동안보	집단안보	포괄적 안보	인간안보
가치	모든 국가를 위한 안보	국제기관으로 힘의 이전, 즉 주권의 부분적 양도에 의한 안보	모든 국가와 행위자들을 위한 안보	인간의 필요
누구를 위한 안보인가? 그리고 어떤 위협인가?	협력적인 수단을 통해 갈등을 막는 국가들. 유엔의 역할. 경제적, 사회적, 그리고 정치적 의미를 포함하는 안보. 상호 파괴의 위협보다는 공동생존	국가들 사이뿐만 아니라 국내에서 평화를 회복하는 유엔과 유럽안보협력기구(OSCE)에 의해 보호를 받는 국가들. 인권보호	영토보전과 정치질서에 군사적이기보다 다른 위협들. 비국가 행위자들과 자연재해	단지 국가가 아닌 사람들을 위한 안보. 갈등으로부터가 아닌 구조상의 위협. 개발모델. 경제적이고 정치적 체제와 편견으로부터 위협. 국가로부터의 위협 등
어떤 목적을 지향하는가?	개발과 무장해제	새로운 세계질서, 그 속에서 국제정치는 세계적 규모의 국내정치에 의해 대체된다.	국가와 사람들에 대한 안보	권한위임, 존엄. 그리고 인권, 일방적 핵폐기주의(군축론)는 아님

124

전통적 안보 패러다임들은 개인의 안보불안과 자유의 부족이 어떻게 국가간 갈등의 원인이 되는지를 적절하게 보여주고 있지 못하다는 논의가, 인간안보 접근법이 주장하는 국가보다 개인을 안보의 지시대상으로 만드는 중심에 있다. 첫째, 국가중심의 현실주의 패러다임은 오늘날 가장 널리 행해지고 있는 무장 갈등의 형태인 내전을 설명할 수 없다. 둘째, 안전하게 지켜야 할 실체로서 국가에 권한을 부여하는 것은 국가안보 추구가 흔히 개인안보를 희생시킨다는 사실에 관심을 돌리는 것이다. 셋째, 사람중심의 안보 개념은 세계인권선언(Universal Declaration of Human Rights), 유엔헌장(UN Charter), 그리고 제네바 협약(Geneva Conventions)에 중요한 역사적 기원을 가지고 있다. 홉스와 로크 이래로 안보는 자유주의 담론에 있어 권리로서 인정되고 있다. 18세기 말 미국 독립선언과 프랑스 인권선언은 '안전에 대한 권리'를 지킬 필요성을 재확인해 주었다. 그러므로 안전은 근본적인 권리, 즉 더 정확하게 말하자면 인권의 '0단계(degree 0)'이다. 그리고 이 단계는 세 가지 서로 다른 권리(정치적 권리, 사회·경제적 권리, 다름의 권리)의 발생에 우선한다. 인간안보는 사람들의 다른 권리를 촉진시키는 경향이 있으며 사람들의 안전에 새롭게 집중함으로써 나타난다.

인간안보는 현존하는 안보 패러다임들 속의 빈틈으로부터 발생해서 다차원적인 특징들을 포함하고 있으며, 다른 학문 분야들과 점점 조화되고 있다. 인간안보는 국제적 무정부 상황에서 국가들에게는 군사적 위협을 강조하는 베스트팔렌 안보와는 구별된다. 인간안보는 국가와 군사적 위협에 집중하면서 국가들의 자연스러운 호전성이 국가공동체의 구성을 통해 상호 억제될 수 있다고 생각하는 공동안보(방어적 현실주의)와도 구분된다. 인간안보는 일차적 지시대상으로서 국가에 근거를 두고 있는 국제사회의 실현성에 있어서의 신뢰를 유지하는 자유주의적 안보와 구별된다. 따라서 인간안보는 이런 패러다임들의 노후화로부터 발생하는데, 그 이유는 전통적으로 국가에 근거를 둔 안보체계에 대한 약화되는 관련성, 변화하는 주권 개념, (테러와 같은) 초국가적인 위협, 인권의 극심한 침해 시 간섭하도록 하는 증가하는 도덕적 의무, 그리고 국제적 담론에 있어서 다른 변화들 때문이다. 궁극적으로 인간안보가 모든 안보 관심의 목표, 즉 궁극적 목적이라면, 군사안보처럼 안보의 다른 형태들은 궁극적인 목적이 아니라 인간안보라는 종국적 목표를 달성하기 위한 수단이다. 따라서 국가는 사람들이 차별 없이 국가에 소속되어 있다는 것이 의미하는 인권과 정치적, 사회적, 경제적, 그리고 문화적 권리를 포함해서 모든 권리와 의무를 향유해야만 한다는 것을 책임지는 특권적 위치를 가진다.

안보와 그것이 함축한 의미 넓히고 확대하기

안보위기는 국가의 역할과 본질의 위기와 관련 있다. 세계화되는 자본주의 경제에서 국가들은 내적인 요인들에 의해 더 많은 위협을 받고 있으며, 내적인 제약들이란 사람들이 정체성과 보호를 위해 인종적이거나 종교적인 공동체로 변한다는 것을 의미한다. 게다가 국가들은 흔히 기업, 국제기구, 비정부기구, 그리고 다른 국가들과 권력을 공유해야만 한다. 따라서 안보의 제공자로서 국가의 역할은 증가되었다. 국가의 우선순위가 재배치되었고, 국가의 역할은 사회적 영역에서는 감소되고 안보와 감시 영역에서는 증가했다. 이런 변화된 상황 속에서, 안보 딜레마는 가시화될 필요가 있었다. 안보 딜레마 모델은 국가의 부재를 가정하고 그것의 붕괴에 대한 이유를 설명하는 데 거의 도움이 되지 못한다. 이 모델은 일단 국가가 붕괴되면, 내전의 단계적 확대를 제공하는 요소에 집중하였다. 인간의 안보불안은 상호 연결되어 있으며 인권과 개발은 안보 문제와 연관될 필요가 있다는 관점은 인간안보 개념을 중요한 점으로 부각시켰으며, 국가가 시민들의 존엄성을 안전하게 지킬 책임을 지지 않았던 사례들에서 인간 고통을 감소하는 데 관여했던 행위들과 함께 인간안보 개념을 대중화시켰다. 안보 개념을 확장시킬 논쟁이 발생하는 것은 바로 이런 맥락에서이다.

최근까지 안보학은 좁은 궤적을 가지고 있거나 그 영역을 좀 더 포괄적이 되도록 확대했다. 왈츠의 현실주의 안보학은 좁은 개념의 선두주자이며 안보연구를 전쟁에, 위협을 국가, 군사적 통제, 그리고 국가의 이해관계로 제한했다(Waltz, 1979). 안보불안의 정의를 '실존적 위협(existential threats)'으로 제한한 부잔 등은 분석의 범위를 집단과 시장의 존재에 대한 가능한 비군사적 위협까지 확대하는 것을 인정하고 있다(Buzan et al., 1998). 따라서 과거 20년 동안 안보연구 자체는 확대와 축소에 관한 논쟁에 몰두해 왔다.

안보의 범위를 확장하는 것은 환경 악화, 질병 확산, 인구과잉, 대규모의 난민, 테러, 핵 재앙과 같은 비군사적 안보 위협을 고려하는 데 근거를 두고 있다. 부잔 등은 경제적, 사회적, 그리고 정치적 영역을 포함시킴으로써 안보 개념을 확대하였다(Buzan et al., 1998). 안보 개념을 깊이 있게 하는 것은 국가보다는 개인과 집단의 안보를 고려하고 분석의 단위로서 다른 지시대상들을 검토하고 있다. 예를 들면, 부잔은 국제조직, 국제 하부조직, 구성단위, 구성 하위단위, 그리고 개인을 사용한다. 안보의 범위 확장 담론은 공동안보에 관한 브란트 위원회(Brandt Commission)의 보고서와 더불어 시작되었다(1981). 1990년대에 안보 범위 확장을 지지했던 사람들은 성공했고 안보를 군사적 문제에 제한하기를 원했던 분석가들은 국제관계학의 한 분과로 전략학을 후퇴시켰다. 그 개념은 다양한 세계 위원회들(World Commissions)을 통해 가장 잘 진척되었다. 그 위원회들은 빌리 브란트(Willi Brandt)가 위원장을 맡았던 1980년 국제개발위원회(Commission on International Development, *North-South Report*)와 올라프 팔메(Olaf Palme)가 위원장을 맡았던 군축과 안보 문제 독립위원회(Independent Commission on Disarmament and Security, *Common Security*), 사람들과 지구의 안보에 대한 관심을 가진 1995년 세계통치위원회(Commission on Global Governance, *Our Global Neighbourhood*)이다.

안보 개념 확대에 대한 논리는 국가들에 의해 원인이 되는 안보불안을 설명할 수 없었기 때문이다. 안보에 대한 포괄적 관점을 위해, 내전과 인권침해는 설명되어야만 한다. 더 나아가 안보는 '자유', 생계, 그리고 인간존엄과 같은 가치에 넣을 수 있어야만 한다. 따라서 안보의 확장은 전통적인 패러다임에 대한 비판 때문뿐만 아니라 역사적인 비상사태와 국제관계에 있어서의 변화 때문에 발생한다. 냉전 이후, 국가 내의 새로운 위협, 파산한 국가, 새로운 인본주의적 문제, 그리고 지역갈등을 바라보는 것이 필요하게 되었다. 국가에서부터 개인에게 이르기까지 발생했던 다양한 안보 위협은 두 가지 관점에서 연대(참여)를 요구했다는 것이 인식되었다. 하나의 관점은 위협이 지역적이고 세계적으로 넘쳐흐르는 것을 막는 것이고, 다른 하나의 관점은 인본주의적 관점으로부터 위협을 막는 것이다. 인간안보에 관한 사고의 신중한 전환을 수용했던 것은 이런 토론들로부터였다.

만인을 위한 안보를 촉진하기 위한 공통의 관심사, 즉 안보를 위한 다양한 기관에 대한 책임(책임 관점)과 각각의 정부가 다른 국가들의 비군사적 위협이 아닌 자국 시민들에 대한 비군사적 위협에 관해 걱정해야 한다는 관점(비-간섭주의 관점)에 관해 토론했던 두 집단의

'학자-행동가들(scholar-activists)'이 존재한다. 이 논쟁에 있어서 델로소는 관심의 문제가 되는 것은 폭력일 뿐만 아니라 잠재적으로 크고 파괴적인 규모에서 인간, 물질, 그리고 자연자원에 대한 해로움이라고 주장했다(Del Rosso Jr., 1995). 마이어스(Myers, 1998)와 브라운(Brown, 1989)과 같은 다른 학자들은 환경과 인구학을 책임을 말할 수 있는 진입점(entry point)으로 사용했다. 환경도 세계적인 영향관계를 가지고 있고 환경의 퇴보는 외국 활동가들에 의해 심각하게 개시되지 않았기 때문에 필연적인 진입점이 되었다. 레너(Renner, 1996)는 평화, 환경, 인권, 민주화, 그리고 사회통합과 같은 공통점이 없는 관심에 집중했으며, 환경은 긍정적이고 포괄적이며, 보호하고 회복시키기 때문에 환경이 군사안보보다 우월하다는 논증이 존재했다. 1990년대에 국가중심의 방법론들이 무장 갈등의 형태로 점차 유행하게 되었던 내전을 적절히 설명하지 못했다고 맥(Mack)과 같은 저술가들이 결론을 내렸을 때 접근 방법들 간의 논쟁은 강화되었다.

하지만 사람이 중심이 되는 안보의 중요성은 역사적인 기원을 가지고 있다. 로스차일드가 주목했던 것처럼, 인간안보의 역사적인 선례들은 자유주의의 전개과정에서 개인의 중심성과 연관되어 있다(Rothschild, 1995). '새로운' 개발공동체와 연관되면서 기본적인 요구들이 개인들을 안전하게 만드는 핵심 가치를 포함한다는 가정에 기반을 두고 있는 것에 개인의 자유라는 개념을 추가시켰다. 폭력은 나쁜 결과를 가져올 뿐만 아니라, 구조적 폭력(극단적 차별, 불평등, 가난)은 동시에 더 난무하게 되며, 그로 인해 이 양자는 삶의 질 저하를 초래한다. 삶의 질은 이러한 안보와 개발의 목표이기도 하다. 이러한 주장은 군대로부터 인간개발로 자원을 이동시키는 것으로 요청되고 있다. 하지만 비판과 도전이 만만치 않다. 첫 번째 도전은 구조적 폭력과 같은 그런 거대한 문제들을 포함시키는 데 한계가 무엇인가 하는 질문으로부터 발생했다. 이러한 안보 담론을 확대시키는 데 이어서, 모든 위협이 포함될 수 없다는 것을 이해하는 것이 중요하다. 왜냐하면 그것은 안보와 그 책임을 너무 넓게 해서 의미를 상실하게 하기 때문이다. 더 나아가 국가의 안보와 사람들의 안보 사이에는 균형이 존재해야만 하지만 거래는 없어야 한다.

이 논쟁은 묄러(Møller, 2001)에 의해 체계화되었으며, 묄러는 안보를 확장시키지 않는 것은 그 영역을 과소평가하는 것이라고 주장했다. 하지만 안보가 확장되는 방향과 범위는 정치적 선택과 분석적 편익의 문제이다. 구체적으로 묄러는 깊이 있게 하는 것/넓히는 것의 세 단계를 확인하였다. 국제체제에서 첫 번째 단계는 국가중심적인 이해이며, 그 이해 속에서 그 체제는 무정부적이고 중요 관심사가 힘의 균형이 된다. 적정한 대안이 공동안보와 집단안보 이론 속에 존재한다. 상호의존성이 전쟁에 대한 강력한 억제력으로 작용할 수 있다고 믿어진다. 이런 주장의 한계는 그것이 주권과 영토 불가침성의 가치를 위해 다른 인간의 가치를 희생시킨다는 것, 즉 다른 말로 하자면 국가안보는 인간안보를 희생하는 위치에 놓여 있다는 것이다. 이 단계에서 중심적인 주제는, 국가안보는 정권안보를 의미하며 국제정치는 세계적인 규모에서 국내정치를 의미한다는 것이다. 두 번째 단계는, 사회 안정은 국제정치에서 담론을 시작하는 시기이다. 위협은 (코펜하겐 학파와 부잔에 의해 확인되는) 정체성과 비-전통적 위협을 포함할 정도로 다각화되고 있다. 인간의 집단성은 가능한 안보의 지시대상들로 대체되고 있다. 국제안보는 정체성의 문제를 인정한다. 그러므로 세 번째 단계는 인간안보를 인정하는 단계이다. 이 단계에서, 위협은 국제적 위협들을 포함하는 직접적이거나 구조적인 폭력으로부터 발생하며, 그것 때문에 국가는 다른 집단에 대항해서 한 집단에 의한 인권침해 혹은 폭력을 비난하게 된다. 이런 의미 팽창 속에서, 현실주의자들의 관점들이 전체적으로 무시되거나 허약한 것으로 간주되는 것이 아니라, 그것들이 더 이상 충분하지 않다. 그리고 다른 위협과 다른 행위자들이 고려되어야만 한다.

안보 의미를 확장하는 사람들에 대한 비판가들

따라서 국제관계 분야에서 안보의 의미 확장에 대한 필요성에 대한 일치가 나타났던 반면, 경계선을 어디에 그어야 할지에 관한 일치되지 않는 견해가 남아 있다. 예를 들면, 스미스는 안보 개념의 확대를, 아래쪽으로는 집단과 개인에 대한 국가의 안보, 위쪽으로는 국가로부터 생물권과 세계적으로, 그리고 수평적으로는 군사, 정치, 경제, 사회와 환경적 위협을 포함하는 것으로 묘사했다. 궁극적으로 스미스는 개인, 비정부기구, 언론에 대한 여론과 자연과 시장의 추상적인 힘을 포함하여 안보를 모든 방향에 확산되어 있는 것으로 보았다(Smith, 2002). 광의 혹은 협의의 개념화 속에는 많은 간섭들이 존재했고 많은 사람들은 안보 개념을 확대하는 것에 반대를 해오고 있다. 이런 논쟁을 보면, 켈러(Keller, 1996)는 전통적인 안보 문제와 군사력에 의해 대부분 효과적으로 대응할 수 있는 위협을 제한하기를 원했다. 수르케(Suhrke, 1996)는 이주 노동자들의 안보 문제화(securitization)는 그들에게 희생이나 자산이기보다는 위협이 될 수 있다고 주장했다. 다른 사람들은 그 결과가 활기차게 하는 것 대신 군국화가 될 수 있기 때문에 환경을 '안보 문제화하는 것(securitize)'은 부적절하다고 믿었다. 델 로소(Del Rosso, 1995)는 개념을 넓히는 논쟁을 '신 안보 복음(new gospel of security)'으로 불렀는데, 이것은 공백을 채우려고 노력하였지만 비범하게 널리 인정된 어떤 새로운 패러다임도 받아들여질 수 없었다. 따라서 변화를 추구했던 사람들과 안보 자체의 개념에 있어서 변화에 저항했던 사람들 사이에는 하나의 경계가 존재했다.

변화에 반대하는 주장을 했던 사람들 중 많은 사람들은 근본적인 현실과 국제관계의 본질이 변하지 않았음을 계속 믿고 있다. 전쟁 가능성과 군사적 준비의 필요성은 국제관계를 분명히 밝히는 조건으로 남아 있으며 안보를 확장시키는 것과 관련된 구분은 자연스럽게 국가들이 달려들어 지켜낼 위협들이 어떻게 관찰되는지와 관련된다. 과도한 '안보 문제화'의 위험은 안보라는 이름으로 어떤 것이 강력한 추천 우선순위가 되어 충분한 자금으로 세워진 군사기관들과 관계된다. 부잔과 웨버(Waever)는 안보 분야가 복잡한 '발화 행위(speech act)' 혹은 '언어놀이(language game)'처럼 간주되어야만 한다고 믿었다. 따라서 '안보 문제' 수준에서 너무 많은 논쟁점들을 제기할 위험이 존재하기 때문에 주의가 필요하다. 첫째, 이것은 권력을 잡은 사람들에 의해 남용될 수 있다. 모든 사람이 국가안보라는 '공동의 대의(common cause)'에 충실해야만 하기 때문에, 논쟁점을 안보 문제로 분류하는 것은 그것을 대화나 반대로부터 출입금지시키고 있다. 따라서 어떤 논쟁점들을 '탈-안보 문제화할(desecuritizing)' 필요성이 발생한다. 둘째, 전통적으로 '안보'를 담당하고 있는 기관들은 새로운 논쟁점들을 안보 문제화하여 이익을 얻을 수 있다. 예를 들면, 군대가 국가 재원을 요청하는 것은 정당성을 제공한다. 셋째, 안보 문제는 긴급성이라는 꼬리표를 가지고 있다. 안보 문제는 절대적으로 최우선순위이며 '존재론상의' 중요성의 문제가 된다.

하지만 이런 발화 행위는 그 자체 한계점을 가지며 극복되어야만 한다. 그렇지 않으면, 국가안보는 토론을 제어하기 위해 사용될 수 있다. 이 논쟁은 국가안보와 인간안보에 있어서 도덕성의 문제에 의해 다루어진다. 그 주장은 국가안보는 정당성의 주장에 대해 불충분하게 대응하기 때문에 도덕적으로 객관적일 수 있다는 것이다. 동시에, 인간안보가 자유를 침식한다면 그것도 도덕적으로 객관적일 수 있다. 각자는 독립적으로 정치적 수완을 실행하는 안내자로 충분하지 않으며 사람들은 상황에 의존하면서 고려되어야만 한다. 다른 인간에 대한 우리의 책임이 국가주권(예를 들면, 코소보에서의 인종 청소)보다 더 중요하다. 하지만 간섭은 시도하고 실패할 국가의 권리를 침해할지도 모르기 때문에 간섭이 항상 옳은 것은 아니다. 그리고 시도하고 실패할 국가의 권리는 개발의 유일한 과정이다. 그러면 환경이나 가난과 같은 심각하게 중요한 문제를 어떻게 안보 담론으로 가져올 수 있는가?

안보 이론가들은 만약 인간안보 위협 요소들이 폭력적인 갈등으로 이어지거나, 국가의 보전을 위태롭게 하거나 군사적인 위협이나 사용을 수반하지 않는다면, 이런 위협들은 안보 관심사로 분류되어서는 안 된다고 주장한다. 심지어 이들 이론가들이 시민들의 복지를 최우선순위에 둘지라도, 이것을 완성하는 수단은 강력한 국가의 구성이다. 따라서 안보 분석가들은 군사력을 사용해서 해결할 수 있고 단지 국가권력에 대한 고민을 수반하는 위협 요소들에 대해 가장 편안해한다. 갈등은 이들의 초점의 중심이며 안보연구의 진입점으로 남아있다. 환경문제 역시 국가중심의 초점임을 예시하고 있다. 국가에 있어서 부족한 자원에 대한 경쟁은 항상 관심사가 되었다. 개인들처럼, 국가들은 국가들의 의존성을 알고 있고 약점들을 예방하기 위해 국가의 우선순위를 정한다. 개인적 문제들이 위기에 도달했을 때, 인간안보는 안보 분석가들로부터 주목을 받는다.

배경: 국제관계이론

인간안보가 국제안보 분야에 제안한 변화를 더 잘 이해하기 위해서 인간안보는 현재 연구 분야들과 그 분야들이 어떻게 폭로되고 있는가와 비교되어야만 한다(Reve, 2004b로부터 각색).

'고전적인' 안보 패러다임: 현실주의

안보에 대한 현실주의적 접근 방식은 무정부 상황에서 최대한의 안보를 달성하기 위해 국가와 군사적 수단에 집중하고 있다. 현실주의라는 논쟁이 되지 않은 지배 영역은 국가가 중요한 행위자가 될 때 발생하며 이것은 1648년에 체결된 베스트팔렌 조약까지 거슬러 올라간다. 현실주의는 폭넓은 다양한 학파와 더불어 하나의 넓은 우산이다. 여기서 다양한 학파인 고전적 현실주의, 신-현실주의, 구조-현실주의, 방어적, 협력적, 국가중심의 현실주의, 힘이나 단극 체제의 균형이라는 의미에서 의견은 공통의 명칭으로 모두 함께 분류된다. 그런 다양성이 존재하는 이유는 신진 학자들이 국가관계 분석의 적절한 틀로 고려된 고전적 현실주의 패러다임과 변화하는 세계에서 학자들의 관찰 결과를 화해시키기 위해 시도했기 때문이다. 고전적 현실주의는 다섯 가지 기본 관점으로 요약될 수 있다.

1. 이것은 홉스의 사상과 강하게 관련되어 있다. 홉스의 사상에 의하면, 자연 상태에 처한 사람은 자신들의 안보를 보장할 수 있는 뛰어난 최고의 권력이 없을 경우에는 지속적인 전쟁 상태에 처하게 된다. 홉스는 투키디데스와 후기 마키아벨리의 사상으로부터 이런 주장을 이끌어내고 있는데, 마키아벨리는 '군주'(주권)에게 권력은 도덕성

을 가지고 있지 않으며 국가를 위한 사리 추구가 최고라는 조언을 하였다. 클라우제비츠는 국제적인 군주국가 공동체에 대한 이런 개인적인 조건을 예상했다. 홉스가 말했던 자연 상태가 지금의 국제체계 상태이다.

2. 이런 패러다임에서 국가는 유일한 하나의 합리적인 행위자이고, 이 행위자의 열망은 끊임없이 계속된다. 구체적인 국가의 열망으로는 국가는 항상 최대한의 안보를 선호한다는 예를 들 수 있다. 이런 패러다임은 국가의 권력을 보장하는 물질적 재원에 집중한다. 안보정책은 두 기둥에 기대고 있으며, 외교와 군사적 의미로 묘사된 힘(군사력)이 바로 그것이다. 두 기둥 모두 국제적인 '무정부' 상황에서 국가안보와 국내 '질서'를 목표로 삼고 있다.

3. 무정부란 불확실성이 국제관계를 정의하는 것을 의미한다. 국가는 절대로 다른 국가들의 의도를 확신할 수 없다. 이런 맥락에서 안보는 외부적 위협에 대한 국가의 안보, 즉 군사적 역량을 증대함으로써 달성될 수 있는 것과 동일한 의미이다.

4. 국가는 안보를 보장하기 위해 우선적으로 관심이 있는 강제 원칙으로서 힘을 추구하지 않을 수 없다. 이렇게 하는 것은 결국 안보 딜레마와 경쟁, 긴장, 그리고 전쟁이라는 항구적인 상태를 발생시킨다. 이런 방식의 안보는 제로섬 게임이다. 티크너가 언급한 것처럼, "한 국가가 합법화된 안보를 강화시키는 수단으로 정당화시킨 것을, 다른 국가들은 위협적인 군사력 증강으로 인식할 가능성이 있다." (Tickner, 1995:176)

5. 시스템 전체의 안정은 오로지 시스템의 구조와 국가간의 군사적 역량의 분배로부터 비롯된다. 안정을 보장하는 중요한 요인은 힘의 균형이다. 이것은 선택적 간섭이라는 기재이며, 국가는 교전국 중 약한 국가를 지원해서 현 상태를 유지하고 다른 국가가 헤게모니를 얻

는 것을 막기 위해 갈등에 관여한다.

고전적 현실주의는 그 이론적 근거로 클라우제비츠의 사상뿐만 아니라 토마스 아퀴나스의 '정의 전쟁(just war)'과 마키아벨리의 '필요 전쟁(necessary war)'에 그 기원을 두고 있다. 이들이 고전적 현실주의에 미친 영향은 뿌리가 깊은데, 특히 정치 영역에서 군대의 굴복, 유일한 최강의 국가를 주저함 없이 인정하는 것, 그리고 실제적인 추론에 대한 기본적인 믿음과 관련되어 있다. 국적을 초월하는 학파의 이론가들은 냉전 후의 '포스트-클라우제비츠적' 세계의 존재를 믿고 있다. 이들 이론가들은 다음과 같은 근거에서 현실주의적 분석을 비판하고 있다. 첫째, 그것은 너무 개념적이며 전쟁 개념은 문화적, 역사적 특징들을 무시하고 있다. 전쟁은 더 이상 반드시 클라우제비츠적인 정치학의 연장이 아니다. 둘째, 오늘날 전쟁은 19세기 동안에 그러했던 것처럼 힘의 표현이 아니다. 전쟁은 국제적 영역에 있어서 국가들의 돌출이기보다 주로 국가들의 붕괴인 것이 사실이다. 셋째, 현실주의적 도식에 맞지 않는 새로운 갈등 형태에 의해 전쟁과 평화, 국가와 세계, 군인과 민간인의 경계가 흐려지고 있다. 따라서 클라우제비츠의 패러다임은 새로운 갈등 형태를 다루는 데 있어 거의 적용되지 않는 것처럼 보이거나, 통치 원칙이 인권이나 (형사재판권이나 인도주의적 간섭에 관한) 국제기구에 의해 점점 침해를 당하고 있는 것이 사실이다. 신-현실주의는 시민의 안전을 결코 간과하지 않는 이론이다. 신-현실주의는 시민의 안전을 기정사실로 생각한다. 예를 들어 왈츠는 사상과 이론을 정확하게 구별하고 있다(Waltz, 1990). 신-현실주의의 개념화는 현실주의 학파 내에서 이의가 제기되었고, 비판/급진 이론가와 페미니스트들은 더 일관되게 이의를 제기해 오고 있다. 신-현실주의 개념은 인간안보 옹호 입장을 강조한다. 현실주의의 힘은 국제적으로 무정부 체제에서 유일하게 가능한 행위자로 국가를 안전하게 지킴으로써 새로운 도전에 적응할 수 있었다는 데 있다. 그리고 무정부 체제에서 군사적 수단을 통해 힘은 유지되어야만 한다. 이런 비관주의는 메테르니히(Metternich), 비스마르크(Bismarck), 그리고 키신저(Kissinger)와 같은 최근까지의 현실주의자뿐만 아니라 고전적 이론가들에 의해 뒷받침되고 있다. 그리고 메테르니히, 비스마르크, 키신저는 이것을 전략적 행동으로 사용했고 이들의 이론들은 고전으로 간주된다. 신-현실주의가 합법성을 이끌어내고 있는 것은 바로 이것으로부터이다.

신-현실주의의 구조결정주의

신-현실주의는 합리적 선택에 '과학적' 요소를 추가함으로써 현실주의 관점으로부터 진보를 추구했다. 신-현실주의는 국가, 군사력, 그리고 국제체제의 양극단에 부여한 중요성에 있어서 현실주의와의 연속성을 주장하였다. 하지만 두 이론 사이의 전체적인 연속성 안에는 다른 차이점들이 존재한다.

1. 차이점은 안보 딜레마에 대한 접근법에 있다. 1980년대에 길핀과 왈츠 같은 신-현실주의 이론가들은 국제적인 무정부 체제 내에서 안보 딜레마와 무임승차 현상이 도전을 받을 수 있는지를 궁금해 했다. 이들의 답변은 '아니'라는 것이다. 길핀에게 있어서, 개별 국가들은 권력에 대한 탐색에서 비롯된 경쟁으로부터 체제를 해방시킬 수 없다(Gilpin, 1981). 결과적으로 헤게모니 전쟁은 항상 반복될 것이다. 왈츠에게 있어서도, 어떤 초국가적인 움직임이 헤게모니 권력과 연이은 권력의 재분배 사이의 전쟁을 막을 수 없다. 그는 양극 모델을 가

장 안정적인 것으로 장려했다. 왜냐하면 초강대국 둘은 적의 의도와 관련한 불확실성을 감소시키고, 동맹국이 이탈하는 것을 막고 동맹국에 너무 밀접하게 의존하지 않게 하기에 충분한 물리력을 가지고 있기 때문이다(Waltz, 1979). 신-현실주의 패러다임은 냉전 시기에 아주 적합하다. 왈츠에게 있어, 양극 체제는 상당한 안보 조치를 책임지는 힘의 균형을 만들어내면서, 안보는 핵 억제력과 원자력 균형에 의해 보장되었다.

2. 고전적 현실주의자들처럼, 구조주의자와 신-현실주의자는 국제 체제의 근본적인 특징이 무정부이고 통제력이 부족하다고 믿고 있다. 그러므로 이것은 군사적인 증강이나 동맹을 통한 자립 체제이다. 다른 말로 하면, 사람들은 전쟁에 관심이 없을 수 있지만, 전쟁은 사람들에게 관심을 가지고 있고, 국가로서 사람들은 이에 대비해야만 한다. 위협 역시 내부에서 발생하지만 이런 국가는 힘의 사용보다 독점이 특징이다. 왈츠의 세 번째 개념은 사람이 민주적이든 권위적이든 그것은 중요하지 않다는 것이다. 중요한 것은 국가의 특징이 아니라 전쟁 결과와 전쟁 성향을 결정하는 구조에서의 상대적인 입장이다. 모든 국가들은 전쟁에 나갈 수 있다. 민주주의나 독재나 체제는 중요하지 않으며, 문화와 역사 혹은 개인들은 중요하지 않다. 그리고 국가 간의 경쟁은 영원하며 보편적이다. 이런 상황에서 선제 전쟁이 용인된다. 하지만 안보 딜레마는 전쟁이 지속적 가능성이라는 것이다. 개인들에 대한 관심은 부수적인 손해에 제한되어 있다.

3. 신-현실주의자들은 과학적 갈등 원칙이 역사적 재편과는 독립적임을 알았다고 주장하고 있다. 냉전 후 시기에, 신-현실주의자는 국가를 독점적인 유일한 행위자로 재확인하고 국제기구의 영향력을 부인하는 구조적 결정주의를 다시 공식화하였다. 왜냐하면 그들은 받아들이기 어려운 통치권의 상실을 주장했기 때문이다. 그들에게 있어서,

안보는 오로지 "질서와 국제적 경계 유지, 즉 강대국들이 세계의 경찰로 활동하는 국제적인 위계질서 체제 유지를 통해 달성되는 것"을 의미한다(Tickner, 1995:185). 신-현실주의 학파 역시 경제적 이익을 강조한다. 하지만 그것이 그렇게 우선적이지는 않다. 국가는 최고의 선택을 가지는 분야에서 위협을 하고, 위협에 반응할 때 국가는 비교적 유리한 점에 근거를 두고 수단을 선택한다. 로드가드는 논의의 초점이 보편성에 대한 주장과 더불어 안보 개념에 맞추어진다면 비록 공통분모의 영역 안에서 머물러 있을지라도 논의의 초점은 일관성이 있다고 주장한다(Lodgaard, 2000).

4. 고전적 현실주의에서, 국가의 의식적인 노력 때문에 힘의 균형이 발생한다. 반면 신-현실주의자들에게 있어서 국가의 노력에도 불구하고 그 노력을 넘어서 힘의 균형이 생긴다(Sheehan, 2006:19). 신-현실주의 체제는 부잔과 같은 저술가에 의한 '신 안보 사고(new security thinking)'에 덧붙여 국가의 탁월함을 강조한다. 신-현실주의는 "이것을 역사적이 아닌 아마도 반-역사적인 것으로 만드는" "국제정치의 변하지 않고 구조적으로 결정된 본질과 동일성 효과(sameness effect)에 대한 강조" 때문에 비판을 받아 왔다(Brown et al., 1995: 461). 이것은 평화로운 냉전 종식과 소비에트 연방의 종식을 기대할 수 없었다. 게다가 이것은 대부분의 경우에 있어, 국제관계는 평화로운 반면 전쟁으로 퇴보되는 관계성의 예외적 사례들에 초점을 맞추면서 국제체제라는 개념을 활성화시키고 있다.

부잔은 안보를, 힘의 사용을 처리하는 수단을 정당화시키고 법칙이 무너질 수 있는 상황을 자극하는 명확한 지시대상에 대한 실존적인 위협이라고 정의했다. 그는 냉전시대를 지배했던 안보에 대한 엄중한 속박인 군국주의적 접근은 결국 개념이 저개발로 이어졌다고 주장했다. 그는 정치, 경제, 사회, 그리고 환경 위협을 포함하기 위해 안보 개념을 확대하고 국제체제, 국가, 그리고 개인이라는 세 가지 관점에서 안보를 계속 검토하였다. 하지만 그의 분석 속에는, 반드시 유일하지는 않을지라도, 국가가 안보의 중요한 지시대상으로 남아 있다. 부잔에게 있어서 국가는 개인을 보호하는 유일한 기관이기 때문에 중요하다. 부잔은 안보를 유지하기 위해 국가는 강해야만 한다고 진술하고 있다. 이 때문에 그는 인간의 집단성이라는 운명을 안보의 일차적 목적과 동등하다고 생각하고 있다. 국가는 인간 집단성의 전형으로서 안보와 관련된다. 선택은 두 가지 악, 즉 국가의 위협과 다른 국가들의 위협 중 더 작은 것 사이에 있다. 국가로부터의 위협은 국가가 부재할 때 발생하는 위협보다는 더 작다. 안보를 추구할 때, 국가와 사회는 때로는 조화를 이루고 때로는 반대에 있다. 결론은 생존이다. 부잔에게 있어서 국가의 약한 정도는 사회-정치적 결속과 관련되지만, 강력한 정도는 전통적으로 군대와 관련된다. 국가를 구성하는 일부분이 불안하다면, 국가는 안전하지 않으며, 국가안보는 반드시 개인안보로 이어진다.

현대 현실주의 저술가들은 국가가 반드시 전쟁을 수행해야 한다고 주장하는 신-현실주의적 구조결정주의를 논쟁하고 있다. 월트(Walt)나 탈리아페로와 같은 방어적 현실주의 이론가들은 갈등의 참사에 이의를 제기하면서(Taliaferro, 2000/1), 국가들의 팽창주의 경향이 제지될 수 있고 지속적인 전쟁 상태를 야기하는 안보 딜레마를 감소시키기 위해 국가들이 상호 신뢰를 구축할 수 있다고 믿고 있다. 그들은 한편으로는 원자력과 상호 억제력을 가진 '위협의 균형'을 통해, 다른 한편으로는 연맹 조직을 통해 갈등을 피할 수 있다고 믿고 있다. 또한, 국가-중심이나 신-고전적 현실주의자들은 현실적인 초점을 국가간 행위에서부터 국가 내 결정으로 이동시키고 있다. 그들은 아직도 물리적 조건과 군사력 추구가 안보의 중요한 요소라고 생각한다. 하지만 그들은 여론과 국내적 요인들이 안보정책과 일치된 우선순위에 영향을 준다는 개념을 도입하고 있다. 따라서 그들은 현실적인 안보의 정의 범위를 확대하려고 한다.

그렇게 이론화시키는 데 있어서 문제점은 국가가 자신들의 이익을 가진 사람들로 구성된 정부와 동일시된다는 것이다. 그리고 안보를 제공할 수 없는 다양한 국가의 종류에 문제를 제기하는 것은 필요하다. 게다가 국가의 경계에 도전하는 안보에 대한 새로운 위협은 단지 하나의 국가에 의해서 해결될 수 없다. 균형이 맞지 않는 개발과 전 세계적인 자본주의 경제는 부자들의 안보가 가난한 사람들의 안보를 점점 축소하는 것처럼 보이는 '안보불안'과 부당한 상황의 원인이 되었다. 게다가 강대국은 압박을 억제할 수 있는 반면, 약소국은 그럴 수 없다. 왜냐하면 통합된 경제는 그들에게 유리하지 않기 때문이다. 국가의 역량에 전적으로 집중하는 패러다임은 반드시 필요한 안보의 내적 역학을 설명할 수 없다. 이런 차이에도 불구하고, 신-현실주의는 국제관계 이론에 계속 영향을 주고 있으며, 그 논리는 정부와 국제 정책 입안자들을 계속 설득하고 있다. 신-현실주의는 결국 국제 정책 입안자들로 하여금 권위, 법, 그리고 안보를 확대하고 그에 따라 시민들의 번영과 행복에 필요한 조건을 촉진하는 일차적인 기능보다는 국제적인 힘의 균형에 있어서 그들의 역할에 더 집중하도록 할 것이다.

[인간안보의 차이/반대]

인간안보의 옹호자들은 네 가지 주요 방식에 있어서 신-현실주의를 비판하고 있다. 즉, 준거목표의 문제, 가치, 위협의 인식과 보호 수단에 관한 것이다(Kleschnitzki, 2003 참조).

준거목표 : 모든 인간안보 저작물의 중심적 교의는 국가안보에 과도하게 집중하게 되면 개인들의 행복과 안보가 희생된다는 것이다. 이것은 역사적, 문화적, 경제적 관계, 그리고 국가의 정치적 지향점을 무시하는 전통적인 안보연구에서 간과되고 있다. 신-현실주의자들은 국제체제 안에서 국가는 역사와 상관없이 회원제 조직의 일부이기 때문에 국가들을 균질화하고 있다. 그럼에도 불구하고 신-현실주의는 국내 상황을 간과하고 국가들의 역량에 의해 만들어진 국제체제의 구조에만 집중하는 체제 이론이다.

가치 : 많은 인간안보 저작물에는 주권과 영토보전이 국가중심, 즉 신-현실주의 학설의 가치라는 주장이 들어 있다(Bajpai, 2000의 예 참조). 대신에 이런 가치들은 신-현실주의 혹은 다른 이론을 국가의 이익을 조장하는 수단으로 사용하는 국가의 정책에서 비롯된다. 실제로 신-현실주의는 계획적으로 가치를 개입시키지 않으려고 본질적으로 노력한다. 신-현실주의는 단지 무정부 상태에서 국가 행위에 영향을 주는 권력구조를 인식하는 데 관심이 있다. 이 문제를 더 명확하게 하기 위해서, '주권'과 '영토보전'은 국가의 가치에 있어 '본질적인' 것이 아니다. 신-현실주의자들은 이런 개념의 실체를 인정하지만 인간안보 옹호자들이 '가치'라고 부르는 것이 실제로는 '제도'라고 믿고 있다. 미어샤이머에 따르면, "현실주의자들 역시 국가가 때때로 제도를 통해 운영된다는 것을 인식하고 있다. 하지만 그들은 그런 법칙들이 국제적 힘의 분배에 일차적으로 근거하고 있는 이기심에 대한 국가의 신중한 계획들을 반영한다고 믿고 있다." 그러므로 주권과 영토보전은 공격을 막는 것에 대한 국가들의 상호 이익 때문에 국가들이 서로 지지하는 것에 동의하거나 약속했던 '제도들'이다 (Mearshimer, 1994/5:13). 자유주의 제도주의자들은 현실주의의 기본적인 전제조건들을 수용하지만 국가들이 함께 긴밀히 협력할 수 있

도록 돕기 위해 제도가 '계약 환경(contractual environment)'을 변화시키는 데 유용한 역할을 할 수 있다고 믿고 있다. 제도는 "정보를 제공하고, 거래 비용을 감소시키며, 헌신을 더 믿을 수 있도록 하고, 조정을 위해 중요한 초점을 확립하며, 그리고 일반적으로 상부상조 작용을 손쉽게 한다."(Keohane and Martin, 1995:42) 이런 방식으로 그들은 다른 국가에 의한 기만과 착취의 두려움을 진정시킬 수 있다. 부잔은 안보가 생존이라고 설명했기 때문에 이런 구별을 잘 이해하고 있다. 어떤 논쟁의 세속화는 어떤 것이 지정된 "지시대상에 실존적인 위협을 지니고 있는 것으로 제출되었을" 때이다. 그리고 이것은 국가가 "실존적인 위협을 처리할 특별한 힘을 가정하는 방법을 개방하는 것"이라고 부잔은 말하고 있다(Buzan et al., 1998).

위협 인식 : 인간안보 옹호자들은 부잔의 핵심 내용을 따르면서, 준거목표에 관한 논의를 깊게 하는 것에 덧붙여 위협 인식 역시 확대시켰다. 하지만 개인의 관점을 수용하는 것은 완전히 저항할 수 없다. 즉 잠재적 위협의 범위는 자유, 존엄 혹은 행복에 영향을 줄지도 모른다. 유엔개발계획이 제시한 것처럼, 경제, 식량, 보건, 환경, 개인, 공동체, 그리고 개인들의 정치안보를 위태롭게 하는 위협이 존재할 수 있다. 대조적으로, 신-현실주의자들은 연구를 위협과 힘, 갈등, 그리고 전쟁의 사용에 제한한다. 그러므로 그들은 배경 상황이나 환경 상태가 아닌 다른 요인들 사이의 관계에 집중하고 있다. 네프의 상호 취약성 개념과 유사하게, 이것은 한 국가에서 빈곤이나 저개발은 결국 다른 국가들의 안전을 위협하는 불안한 조건으로 이어질 수 있다는 것을 인식하고 있다(Nef, 1999). 하지만 그런 저개발이 경쟁이나 갈등으로 이어지지 않는다면 이것은 다루어지지 않는다. 이런 제한 사항들은 많은 사람들이 수용하기는 어렵다. 신-현실주의자들은 구조에 관심이 있다고 주장함으로써 자신들의 영역을 방어한다. 배경 상

황은 정책 입안자에게 있어서 중요한 문제의 원인이 되지만, 배경 상황이 폭력 갈등의 의미에서 위협은 아니다. 결국 정책 입안자는 다른 국가들의 행위를 해석하기 위해 신-현실주의로 되돌아올 수 있지만, 신-현실주의는 국내 정책을 정교하게 만들기 위한 가장 현명한 충고를 제공하지는 않을 것이다.

보호 수단 : 인간안보 옹호자들은 자신들의 관심이 '부드러운 힘'(군사력의 강한 힘과 대조되는 것으로), 장기간의 협동(무정부 상태에서 의심하는 관계와 대조해서), 그리고 보호 조치(강제력의 사용과 반대되는 것으로)를 통해 활성화될 수 있다는 생각을 진척시키고 있다(Bajpai, 2000). 그들은 현실주의자들이 군사력에 부여한 가정한 힘을 간접적으로 공격하면서 군사력의 축적이 실제로 시민안보(다른 계획들로부터 가치 있는 재원을 전용함으로써)와 인류안보(치명적인 과학기술의 확산과 융합을 통해)를 감소시킬 수 있다는 걱정을 표현하고 있다.

따라서 인간안보는 물리적인 군사력의 중요성을 넘어서기 위해 개인에게 초점을 맞추고 폭력과 협박 모두를 다시 정의함으로써 현실주의와 신-현실주의로부터의 출발을 제안하고 있다. 결과적으로 단지 국가간의 군사적인 위협, 국제질서의 안정, 그리고 안보 딜레마에 주의를 기울이고 있는 것은 현실주의 패러다임에 대한 급진적인 비난이다.

자유주의자의 요구사항

그로티우스(Grotius), 칸트(Kant) 등에 의해 영향을 받은 계몽주의 시대부터 계승되었던 두 번째 전통적인 접근 방식은 고전적 자유주의였다. 석유파동이라는 양극 체제와 석유파동 이후의 경제적 도전이라는 맥락에서, 자유주의는 국가간의 평화와 협력을 강화시키기 위한 수단으로 제도, 정치관계, 그리고 경제적 상호의존성의 역할을 강조했다. 신-현실주의는 강하게 염세주의적인 반면, 자유주의 이론가들은 국가간의 자연스러운 긴장을 극복할 가능성을 강조하고 있다. 이런 극단적으로 대담한 이론(broad theory)의 근본 원리는 여섯 가지 중요한 핵심으로 요약될 수 있다.

1. 현실주의자들처럼, 자유주의자들은 국제체제가 무정부적이라고 믿는다. 하지만 그들은 조절할 여지가 존재하고 국가들은 힘의 상용이 아닌 다른 수단에 의해 압박될 수 있다고 생각하고 있다.

2. 현실주의자들과 반대되는 것으로, 자유주의자들은 안보는 군사적이고 유형적인 역량뿐만 아니라 제도적, 경제적, 그리고 정치적 요인들을 포함한다고 여기고 있다.

3. 1970년대부터 자유주의자들은 상호의존성과 세계화를 고려해 왔으며 제도적 자유주의로 알려진 급진적으로 새로운 패러다임을 확립해 왔다. 반면에 그들이 국가간의 관계성에 집중하기 전에, 지금 이론가들은 초국가적인 의미에서 생각하고 있다. 안보는 더 이상 제로섬 게임이 아니라 모든 행위자와 모든 요인들이 강력하게 서로 연결된 하나의 네트워크이다. 이런 패러다임은 국가뿐만 아니라 집단, 비정부기구, 국제기구, 그리고 초국가적인 운동을 고려한다.

4. 신-현실주의자들이 갈등의 참사를 믿는 반면, 자유주의자들은 공동 가치의 확립, 규범의 조화, 그리고 네트워크와 다각적인 제도의 신설을 통해 국가들의 자연스러운 공격성을 축소하는 것이 가능하다고 생각한다. 그들은 국제관계에 있어서 공통성과 공유 개념이 힘의 개념보다 더 우월하다고 믿고 있다.

5. 그들은 국가들을 공동의 가치에 종속시키기 위해 국제조직에서

안보의 제도화를 장려하고 있다. 그런 네트워크와 제도를 통해, 갈등 대신 타협과 협상의 문화와 더불어 자유주의와 민주주의는 널리 확산될 것이다. 이런 점은 1795년 칸트가 처음으로 제의했던 '민주주의적 평화(democratic peace)' 이론과 밀접하게 연결되어 있고 최근에는 도일(Doyle)에 의해 장려되었다. 칸트는 민주주의가 다른 형태의 정부보다 덜 호전적이라고 주장했다. 이 이론은 민주주의가 서로 대항해서 싸우지 않는다고 주장한다. 첫째, 민주주의는 긴장을 평화롭게 해결하는 성향을 가지고 있기 때문이며, 둘째, 민주주의에서 시민들은 전쟁을 하는 것에 관한 결정에 영향을 주기 때문이다. 하지만 이 이론은 민주주의와 다른 국가들은 동일하게 전쟁의 경향이 있다고 말한다.

6. 마지막으로, 교역은 국제평화를 달성하는 데 있어 엄청난 중요성을 가지고 있다. 왜냐하면 공통의 이익을 만들기 위해 교역은 이기적인 이익을 공고히 하기 때문이다. 이것은 상화의존, 세계화, 자유무역, 그리고 안보에 있어서 초국가적인 재정 네트워크의 역할을 거듭 주장하고 있다. 국가의 교역 상호의존성이 증가함에 따라 국가들은 자신의 교역을 보호하기 위해 갈등을 피할 수 있을 것이라고 주장한다.

[인간안보 논쟁]

인간안보는 아직도 너무 국가중심의 협소한 시각으로 국제관계를 받아들이는 자유주의적 안보관점을 버리고 있다. 하지만 자유주의적 안보가 군사적 관심과 함께 경제, 정치, 그리고 통상적 측면을 받아들이면서 국제기구, 비정부기구, 시민사회 대표들, 그리고 국가들을 통한 초국가적인 흐름을 고려한다는 점에서 두 패러다임 간에는 공통의 노선이 존재한다. 체제란 다-중심적, 서로 영향을 주는 위협과 행위자, 가능한 안보의 제도화로 간주된다. 자유주의자들은 협력의 유리한 점들을 강조하고 갈등의 참사를 역설한다. 인간안보는 이런 자유주의적 혁신이라는 전통에 서 있다. 그 혁신은 위협을 확대하고 고려된 행위자들의 범주를 확장하는 것이다. 하지만 이것은 커서를 현실주의 국가중심의 속박으로부터 해방된 개인의 인식(지각작용)으로 이동시킴으로써 건전한 새로움에 혁명을 일으키고 있다.

구성주의적 접근법

1990년대에, 한 그룹의 이론가들은 하나의 안보 행위자로 국가에 대한 통상적인 관심으로부터 스스로를 자유롭게 하려고 노력하면서 전통적인 현실주의와 자유주의 이론에 이의를 제기했다. 새로운 접근 방식에서, 개인, 집단, 비정부기구, 그리고 등장하고 있는 초국가적 시민사회 행위자들이 초점의 중심이 되었다. 현실주의와 자유주의는 지나치게 물질적, 객관적으로 합리적 요인들을 강조하고 주관적, 심리적, 그리고 '인간적' 요소들을 고려하지 않는 것 때문에 비판을 받고 있다.

이런 구성주의적 접근법은 다음과 같이 네 가지 요점으로 정의된다.

1. 벤트는 국제체제는 힘의 관계와 지배하려는 욕망을 반영하는 것이 아니라 개념과 관념의 반영이라고 주장함으로써 현실주의자들과 자유주의자들 모두를 반대했다(Wendt, 1987, 1992). 따라서 안보는 그가 단지 '상호주관적(inter-subjective)' 인식이라고 부른 것의 문제이다. 오너프는 역사와 관계없는, 즉 하나의 변수인(mono-variable) 현실주의적 안보관에 이의를 제기하면서, 단 하나의 진리는 존재하지

않는데 그 이유는 진리들이란 정당화되는 논쟁과 관련되어 있기 때문이라고 지적하고 있다(Onuf, 1995).

2. 결과적으로, 무정부와 안보 딜레마는 해체될 수 있다. 국가간에 긴장으로 인한 어떤 불행도 존재하지 않는다. 자유주의적 패러다임은 국가가 정복당할 수 있다고 주장할지라도, 이것은 무정부적 사회구조와 안보 딜레마 때문에 약간의 긴장들이 존재한다고 가정하고 있다. 구성주의자들은 국가간의 긴장은 때때로 변하는 가치, 열망, 그리고 인식으로부터 일어난다고 생각한다. 그런 변화는 현실주의자들이 생각하는 물질적 환경이 아니라 자아와 주관적 개념 작용에서 발생한다.

3. 아들러와 같은 구성주의자들은 안보 딜레마뿐만 아니라 국제체제의 전체 구조가 구성되어 있다고 지적하고 있다: 무정부, 경쟁, 권력추구, 지속적인 긴장은 객관적 실체는 아니다(Adler, 1997). 그것들은 1648년 체결된 베스트팔렌 조약 이래 국가들에 의해 통합된 '상호주관적 구조'이다. 따라서 벤트는 "무정부란 국가들이 그것으로부터 만든 것"이라고 말한다(Wendt, 1992).

4. 마지막으로, 안보의 결정요소들은 물질적인 조건들(현실주의자들에게는 군사적 조건, 그리고 자유주의자들에게는 경제적이고 재정적인 조건)이 아니라 사상과 규범이다. 국가들의 관심은 외부적으로 주어져 있지 않다. 이들의 관심은 지속적으로 발전한다. 그러므로 안보 개념을 바꾸고 변화하는 개념 작용에서 현실주의의 결정론에 도전하는 것이 가능하다. 구성주의자들에게 있어서, 냉전 종식은 핵심이 되는 엘리트 의사 결정자들(예를 들면, 고르바초프)에 의해 외부 환경의 인식력 있는 재조직화에 기인한다.

이런 요점들은 '구성주의'라는 미명하에 아주 다양한 연구를 하는 모든 저술가들이 공유하고 있는 기본적 개념들이다. 카첸스타인 (Katzenstein, 1996)은 안보정책에 관한, 그리고 인식의 구성과 가치에 관한 문화적 정체성의 영향을 연구하면서, 권력과 문화는 구별되는 현상이나 원인으로 구별되어서는 안 된다고 강조하고 있다. 끝으로, 피네모어(Finnemore, 1996)는 규범이 어떻게 사회적으로 '재구성될 수' 있는지와 국제기구들이 어떻게 국가 행위를 고쳐나가는지를 연구하면서 자유주의와 구성주의를 조화시키고 있다. 전통적인 현실주의의 실패에 대한 반응으로, 구성주의 패러다임은 안보 정책을 결정하는 내부적 원인에 의한 요인들에 초점을 맞추고 있다. 이것이 통일성 있는 안보 이론을 제공하지 못하고 항상 일반화될 수 없는 사례 연구를 흔히 해석하고 있을지라도, 행위자들의 행동에 방향을 정하고 전략과 선택을 명령하는 명료한 행위이론을 제안하고 있다.

　[인간안보와의 유사점들]
　개인들과 이들의 상호주관적 인식으로부터 출발하는 안보 통찰력을 수립한 구성주의 이론가들의 저작물에 의해 의심의 여지없이 국가-중심의 접근 방식들로부터의 단절이 가능했다. 이들 저작물들은 문화적 정체성이 갈등에 영향을 주었고(Katzenstein, 1996), 규범은 국제정체에 의해 재구성될 수 있음을 보여주면서(Finnemore, 1996), 인간안보에 의해 더 연구되었던 학문 분야를 개척했다. 따라서 인간안보는 안보불안이라는 근원에 대한 해석을 재구성하려는, 즉 저개발, 빈곤, 그리고 수치를 구조의 상부에 놓기 위한 시도로 이해될 수 있다. 일부 이런 주제들 역시 비판이론과 급진이론에 의해 검토되고 있다. 구성주의적 국제관계 이론이 유일하게 통합된 운동은 아니지만, 이 이론의 중요성은 행위, 관심, 그리고 관계성이 사회적으로 구성되어 있고 변할 수 있다는 가정 속에 놓여 있다. 이것은 인간안보에 대한 유용한 가치가 있다. 왜냐하면 이것은 국가라기보다 행위자들을 끌어들임으로써 국제관계를 확장하기 때문이다. 구성주의는 위협이 불가피하지는 않지만 구성되며 변하거나 완화될 수 있다는 가정처럼 사실주의가 보지 못하는 현상을 설명하고 있다. 따라서 이것은 이론을 세우거나 비판하는 데 사용되어 왔다. 하지만 인간안보는 구성주의적 접근법보다 더 광범위하다. 왜냐하면 문화와 인식은 인간안보가 고려해야 할 다양한 측면 중 일부분이기 때문이다.

대안이론

비판이론

프랑크푸르트학파와 좌파 학자 그람시(Gramsci)의 철학적 토대에 의해 영감을 받은 비판이론은 현실주의적인 안보와 구조 패러다임에 대한 대안을 제공하려고 노력하고 있다. 비판이론은 강력한 몇몇 사람을 지원하고 그 현상 유지를 강화하는 세계에서 사회적 변화를 의미한다. 비판이론가들은 현실주의 안보 체제가 국제적 수준에 있어서 강대국과, 국내적 수준에 있어서 엘리트들에 의해 운영된 현존하는 체제를 유지하고 있다고 주장한다(Harshe, 2005). 그들은 국가안보에 대한 현실주의적인 몰입 때문에 개인, 집단, 그리고 공동체의 안보불안이 간과되고 있다고 주장한다. 비판이론의 기본적인 요점이 조지에 의해 다음과 같이 요약되었다(George, 1993): 비판이론은 지배이론과 힘의 실행에 있어서 그것의 영향 사이의 관계를 조사한다. 비판이론은 부, 지식, 그리고 현실 인식 사이의 관계성을 검토한다. 비판이론은 과거의 의미에서 현재를 바라본다. 하지만 현재는 지속적인 역사적 과정의 결과물이다. 더 나아가 비판이론은 현존하는 체제에 도전을 하고 제도와 권력구조에 있어서 근본적인 변화를 지지한다.

급진이론

비판이론가들과 유사하게 급진이론가들은 좌파 입장에서 현실주의적 인식론에 이의를 제기한다. 이들의 강점은 현실주의자들에 대한 비판과 세계체제에 대한 집중에 있다. 그들은 국제관계의 목적이 국가들 사이의 관계를 연구하는 것이라는 현실주의적인 전제에 반대한다. 왜냐하면 국가들은 궁극적으로 주권에 기초한 정치적이고 군사적인 힘을 유지하기 때문이다(Teschke, 2003:300). 이런 정의는 신중하게 제한적이다. 왜냐하면 이 정의는 다른 행위자, 공동체, 그리고 체제를 배제하고 국제체제와 국가를 불변의 존재로 소개하기 때문이다. 실제로, 대안이론들이 존재하고 국제법은 변할 수 있다. 프라이스베르크는 현실주의가 흔히 극단적 불평등과 불의에 근거한 권력관계라는 정교한 연결망을 포함하고 있음을 제시하고 있다(Preiswerk, 1981: 8).

바나익은 "기본적인 전제를 통해 정치적 현실주의는 국가 내와 초국가적인 행위자들, 행위 절차와 국가 사이의 행위와 사건들 사이의 관계성을 이론화시킬 수 없다."고 주장한다(Vanaik, 2005:411). 그러므로 현실주의는 '안정에 집착해 있고' 이것을 처리하는 방식이다. 국가권력/이익의 근원을 다루는 것이 필연적으로 미숙하지만 불확실한 것은 아니다. 왜냐하면 질서는 '힘의 균형'을 통해 국제체제 내에서 정립되기 때문이다. 그래서 대단한 행위자들이 거의 없으면 힘의 균형은 더 제어하기 쉽다. 반면에 국제체제의 본질, 즉 자본주의 혹은 자본과 그와 연루된 것들의 세계적인 확대는 무시되고 있다(Teschke, 2003:2장). 급진주의자들은 현실주의자들이 힘을 영토의 크기, 인구, 가치 있는 천연자원, 정치적 단결, 국가적 사기, 경제력과 생산성, 그리고 무엇보다도 군사력의 총합으로 간주하고 있다고 주장한다. 국가권력(공권력)의 핵심적인 목적은 국가안보의 증대이다. 국가안보는 국가 자신의 필요에 의해서가 아니라 다른 국가들의 안보 의도나 안보 인식에 의해 조정된다. 이것이 군비확대 경쟁(arms race)의 원인이 되는 것이다. 급진적인 저술가들은 제국주의 정책에 초점을 맞추고 세계화를 부정적 현상으로 간주하고 있다. 하지만 인간안보는 급진적 접근 방식이라는 사람중심의 전제를 수용한다. 인간안보는 국제관계의 지배적인 요인으로 제국주의에 대한 비판을 전개하기보다는 개발에 초점을 맞추고 있다. 더 나아가 급진이론은 분석의 기본단위로 개인보다는 계급을 사용한다.

안보에 대한 포스트모더니스트들의 견해

포스트모더니스트들은 현대의 극적인 변화들 속에서 자신들의 세계관 속에서 생각한다. 그래서 국제관계 역시 새로운 구조에 대한 이해에 근거해야만 한다. 많은 포스트모더니스트들 중 가장 영향력 있는 사람은 리오타르(Lyotard), 푸코(Foucault), 그리고 데리다(Derrida)이며, 이들은 근대성을 거부하고 특권적인 윤리적 억측에 근거를 두고 있다고 생각하는 규범적인 입장들을 수용하지 않는다(Sheehan, 2006:135). 이들은 단순한 진리, 이데올로기, 혹은 텍스트는 존재하지 않는다는 근거 위에 메타 서술과 지식의 거대 이론에 반대하는 주장을 한다. 마찬가지로 모든 관심이 극에 달한 유일한 권위나 가치체계는 존재할 수 없다. 포스트모더니스트들에게 있어서 안보는 근대 서구의 지력과 사리 추구의 특징인 단선적인 서술의 일부분이다. 냉전은 서구 자본주의적 가치의 승리이다. 근대성은 전쟁과 전쟁의 잔인

성과 관계되어 있고 이것을 거부한 사람들은 발전의 장애물로 간주되고 있다고 포스트모더니스트들은 주장한다.

포스트모더니스트들은 본질적으로 안보의 일차적인 지시대상으로서 국가를 제거하려고 노력하고 비국가적 행위자들의 상호의존성과 초-국가화를 강조한다. 이것은 부스의 저서에 반영되고 있으며(Booth, 1995, 1998), 다른 사람들의 저서에도 반영되어 있는데, 이들 모두는 안보 개념을 넓히고 이를 수평적이고 수직적으로 확대시켜서 결국 국가안보보다 인간안보를 더 중요한 것으로 만들고 있는 다른 사람들의 저서에도 반영되어 있다. 국가들은 안보불안의 일차적 원인이 되기 때문에 효과적이지도 유능하지도 못하다. 포스트모던 접근 방식은 국가의 통치권은 명백하고 국가들은 자신의 전통적인 임무를 점점 더 작게 수행하고 있음을 증명하고 있다고 주장한다. 세계적인 요인들이 정부의 결정사항을 침해하고 국외나 국내 정책을 통제하는 정부의 역량을 훼손시키고 있다. 카림은 국가 통치권이 끝나지 않았을지라도 그 통치권은 심각하게 도전을 받고 있다고 주장했다(Carim, 1995). 분석의 단위로서 근대국가에 대한 논리적 대안은 문화적 다양성 요구에 부응하기 위해 국가로부터 지방 혹은 지역 공동체로 권력을 분산하는 것이다. 포스트모더니즘의 강점은 현실주의자와 신-현실주의자의 일반론에 대해 도전하는 것에 있다. 하지만 문제점은 똑같이 심각한데, 그 이유는 포스트모더니즘은 대안을 제공하는 것의 가치를 인정하지 않기 때문이다. 그것은 지역통합이 인간안보의 공통적인 일부 문제점들을 다룰 수 있을지라도 지역통합에 반대한다. 게다가 강력한 비국가적 행위자들의 존재가 국가의 종말을 의미하는 것은 아니다. 현상의 상호연관성을 보여주고 더 넓은 이론을 구축하는 인간안보 접근법들은 구성주의 접근법과 모순된다.

안보의 발생에 있어서 페미니스트의 기여

자유주의, 급진적, 사회주의, 그리고 본질주의(essentialist) 등의 범위에 걸쳐서 많은 페미니스트 이론이 존재한다. 하지만 그들 모두 여성의 평등을 찬성하고 가부장제를 모든 다른 제도에 스며들어 있는 사회제도의 지배적인 부분으로 간주한다. 전통적인 현실주의적 접근법에 대한 이들의 비판은 교체되는 안보 패러다임에 기여를 해왔다. 페미니스트들은 중심적이고 중요한 행위자가 권력의 상징인 '지배자 남성'이거나 '남성 영웅 전사'인 현실주의자의 국가주의에 이의를 제기하고 있다. 이들은 현실주의자들이 남성의 권력과 자격에 유리한 세계의 남성우월주의(masculinist) 인식을 확인시켜 주기 때문에 비난한다. 이런 제도에서 '지배자 남성'은 폭력을 정당화시키기 위해 이성적인 선택을 할 수 있는 반면, 여성들은 직접적인 신체 폭력을 통해, 혹은 간접적으로 역할 차이점을 정당화시키는 개념 작용과 이데올로기를 통해 배제되고 통제를 받고 있다. 이런 점에서 국가는 국내 폭력에 불간섭하는 법과 정책을 통해 공범인 셈이다. 여성과 모든 소수민족을 배제하는 것이 유사한 방식으로 인간안보 체계에 의해 도전을 받고 있다. 페미니스트들은 현실주의자와 신-현실주의자가 무정부 상태를 강조하는 것이 되풀이되는 가부장제 경향에 대한 여성들의 인식을 막고 상황의 상호연관성을 부인하는 속임수이며 모든 복잡함 속에서 현실을 생생하게 노출시키는 것을 막는다고 믿고 있다(Sylvester, 1994:140). 인간안보는 가부장제의 존재를 부정하는 것이 아니라, 여성이라기보다 모든 개인에게 기본적인 인권을 제공하는 것이다. 티크너와 같은 페미니스트들은 국가안보는 거의 독점적으로 남성의 영역이 되었다고 믿고 있다(Tickner, 1992). 페미니스트들은 이미 주어진 '국가 이익'의 옹호자로서 군대에 대한 관점에 이의를 제기하였다. 국가의 안보는 필연적으로 그 구성원들, 특별히 우선순위 이외의 사람들과 경계인들에게 안전을 제공한다. 전략은 협상이라는 비군사적인 방법들을 포함해야만 한다. 페미니스트 지정학(geopolitics)은 하나의 대안적 지정학 이론이 아니라 페미니스트 정치학과 더불어 세계적인 문제점들에 대한 하나의 접근 방식이다.

대안이론에 대한 인간안보 접근

급진주의자들과 비판이론가들, 페미니스트들, 그리고 인간안보 접근법들 사이에는 몇 가지 공통점들이 존재한다. 세 가지 모든 영역에 있어서, 우선 개인이 안보의 제일 중요한 준거목표이다. 둘째, 그들은 접근법에 있어서 총체적이고 포괄적이다. 이들 모두 국제관계의 상호 연관성에 중점을 두고 있으며 국내적이고 국제적인 사건과 정책의 제도적 연관성을 관찰하고 있다. 이들 모두 내적인 것과 외적인 것을 연결시키고 상호간에 지속적인 영향력을 결부시킨다. 셋째, 모두는 사회적이고 경제적인 정의에 대한 책임에 근거를 두고 있으며, 사회적이고 경제적인 권리의 부재를 위협으로 보지 않는다. 이들 모두는 이론적 선결 조건을 권리이론, 인권, 개발, 그리고 공평의 조합에 근거를 두고 있다. 게다가 페미니스트들은 모든 제도들을 발생시키고 가부장적인 이론과 관습에 문제를 제기함으로써 그 이상 나아가고 있다. 페미니스트의 권력 개념은 특별히 '타인 우위의 권력(power over the other)'이라기보다 타인과 '관계하는 권력(power to engage with)'이다. 급진이론가들은 사람들을 위한 권력을 원하는 반면, 인간안보는 모두를 위한 권한위임과 주변인들과 상처받기 쉬운 사람들을 위한 보호를 주장한다.

급진이론가들은 사회변화를 옹호하고, 국가의 현재 상태에 문제를 제기하며 반대 헤게모니를 위한 전략을 세운다. 그들은 반대 패권을 잡은 힘의 연대인 국제주의를 옹호한다. 페미니스트들은 여성운동 동맹과 다른 배제된 세력들을 찾는다. 그들은 군사화에 반대하며 그것을 남성다움의 특징이라고 간주한다. 하지만 페미니스트들은 인간안보 개념이 반드시 발생될 필요가 있다고 믿고 있다(Chenoy, 2005). 왜냐하면 '민중의 안보(people's security)'와 같은 급진적 체제 내에서조차 특권과 특별한 역할을 맡는 것은 남성들이고 여성의 필요성은 남성적 의제들에 의해 접수되기 때문이다.

비판이론가들은 취약한 개인들과 집단들을 일차적인 지시대상으로 한다는 점에서 인간안보 접근법에 더 근접한다. 하지만 그들은 주로 지배적인 안보와 개발 절차를 바꾸는 것이 목적인 반대 패권을 잡은 세력들에게 집중을 하기 때문에 인간안보 접근과는 다르다. 인간안보는 점차적으로 안보 개념을 확장시키고 인간존엄과 인권에 근거를 두어야 하는 것의 임계수준을 향상시킴으로써 국가와 개인이 안보를 생각하는 방식을 바꾸려고 노력한다. 급진이론과 페미니즘 이론이 갖는 문제점은, 이 이론들은 전통적인 국제관계에 유용한 비판들로 남아 있고 새로운 행위자들과 쟁점들을 포함시키는 문호를 개방하고 있는 것에 반해, 현실주의 이론에 완벽한 대안을 제시할 수 없다는 점이다. 이들 이론은 국제관계 패러다임을 확대시키기 위해 필요 시 결국 여론에 부합된다.

비교되는 패러다임

요약하면, 현실주의자들에게 있어 중요한 어휘는 '국가', '주권', '권력', '국익', '국가안보', 그리고 '자립'이다. 현실주의자들의 패러다임은 인간이 생득적으로 악하다는 가정, 즉 국가 수준에서 변형되는 가정이며 힘을 의지하는 것은 권력을 증대시키고 생존을 보장하는 자연스러운 방법이라는 가정에 근거를 두고 있다. 자유주의자들은 다-중심적 체제 안에서 국제기구들과 비국가적 행위자들에 의해 조장되는 규범, 제도, 그리고 도덕적 쟁점들을 강조한다. 이들은 무정부적인 상황이 자유민주주의의 팽창, 자유무역의 성장, 그리고 초국가적 제도의 연합이라는 네트워크에 의해 완화될 수 있다고 믿고 있다. 마지막으로 구성주의는 국가적 이해관계가 국제적 무정부 상태의 영향이라기보다 정체성과 국제규범에서 비롯된다고 주장하고 있다.

하지만 이론에서 실제로 관심이 이동되는 것, 즉 평화유지 작용의 증대되는 역할과 중요성, 시민사회 연관성, 민주적 가치의 확산, 인권 고려사항, 매스컴의 역할, 부드러운 힘, 국가 권위의 소멸 등이 관찰된다면, 관련된 행위자들의 안보 행동을 설명할 수 있는 패러다임은 존재하지 않게 된다. 오히려 각각의 패러다임은 잠재적으로 말할 가치가 있는 것을 가지고 있으며, 안보를 재고할 필요성에 관해서 말하자면 아마 분기점에 도달했다. 일반적으로 실제 안보는 안보 개념을 개인, 즉 개인의 생명과 존엄에 대한 사회적, 경제적, 그리고 환경적 위협에까지 확장시키는 중요한 패러다임으로 전개되는 것처럼 보인다.

이 장 끝의 두 표는 인간안보 변수를 배경으로 다양한 국제관계 이론들에 대한 완벽한 비교를 제고하고 있다. [표 3.2]는 네 가지 안보 문제에 있어서 잠재적인 차이점들을 검토하고 있는 반면, [표 3.3]은 변수들에 대한 좀 더 광범위한 비교를 제공하고 있다.

결론

국제관계에 있어서 인간안보와 다른 패러다임들 사이의 논쟁은 종결된 것이 아니다. 현실주의자들, 신-현실주의자들, 그리고 자유주의자들에 의해 표현된 지배적인 전통이론은 비판이론가, 급진이론가, 그리고 페미니스트 이론가들에 의해 체계적으로 도전을 받고 있지만, 강력한 국가, 야심 있는 지역적 패권, 그리고 국가 구조 안에서 자신들의 권력을 유지하는 데 관심 있는 기득권 지배층들에 대한 사용가치 때문에 계속해서 그 근거를 유지하고 있다. 인간안보 옹호자들은 점진주의 접근법의 가치를 발견하고, 중도 노선을 채택하면서 공중도덕의 힘을 사용하고 국제적 담론 속에서 윤리학을 상기시키는 접근법을 제안하고 있다. 국가의 주권과 영토 불가침을 위해 희생된 인간의 가치들은 인간안보에 있어서 중심이 되었다. 자유주의 이론에 있어서 중요하지만 국가권력의 희생자가 되었던 개인의 가치는 중요한 지시대상이 되었다. 이것은 전통적 이론들과 이론의 방법론으로부터의 변화이다. 인간안보는 오랜 역사를 가지고 있으며 여러 학문 분야들을 통해 많은 사상과 이론으로부터 그것의 강점을 도출하고 있다. 인간안보는 이런 다양성을 유지하고 증진시킴으로써 하나의 개념으로 발전할 수 있다.

[표 3.2] 안보 모델에 있어서 차이점

	인간안보	현실주의-신현실주의	자유주의	페미니즘/비판이론/구성주의
준거목표: 누구/무엇을 위한 안보인가?	사람들, 공동체, 그리고 국가	국가와 국가체제	국가, 자유주의 적 가치, 국가와 자유주의적 가치. 국제기구, 국가	여성, 시민사회 행동가, 그리고 배제된 사람들
가치: 어떤 가치의 안보인가?	인권, 인간개발, 존엄. 개인의 안보와 보호. 내적/개인적 안보 감각. 공포와 궁핍, 그리고 존엄으로 부터의 자유. 선택할 자유	주권 권력 영토보전 시장 민주주의	민주적 제도: 인권, 시장. 협력, 제도. 평화, 안보, 민 주주의	여성, 시민사회 단체, 페미니스 트적 가치 포함. 정체성, 배경(상 황). 시스템/가치 비판
위협인식: 무엇으로 부터 안보인가?	가난, 환경적 붕 괴, 국가와 비국가 행위자들에 의한 권리침해. 자연 재앙, 인간이 만든 폭력, 경제적 하락	다른 국가들과 비국가 행위자 들. 국가통합에 대한 위협들	반자유주의적 가치와 국가와 비국가적 행위 자들과 위협. 불량/실패한 국가	남성성과 군사 주의. 내부적/외부적 (환경)
보호 수단: 어떤 수단에 의한 안보인가?	인권, 인간개발 보장하기. 국가와 비국가 행위자들과의 약속: 제재 등. 개발 권한위임 지방소유 외교/군사 인권 개인들의 권한위임 국가의 보호	권력, 군사력, 외교와 억제 력, 연맹, 집단 안보	권력 협상과 군 사력. 외교, 다국간 상 호 자유무역주 의(다국간 공동 정책). 국제 경제 제도	다국간 상호 자 유무역주의(다 국간 공동 정 책), 협상과 모 든 수준에서 이 해당사자로서 여성, 공동체와 집단을 포함

[표 3.3] 안보 변수 분석하기

질문/초점	인간안보	현실주의 접근법	자유주의 접근법
국제체제의 상태는?	불공평, 불의, 가난, 건강과 환경적 위험, 인권과 정의 부정으로부터의 불안	무정부, 경쟁, 그리고 자립 체제. 힘의 균형	무정부, 경쟁, 하지만 다국간 상호 자유무역주의를 통한 조정의 여지
안보의 중심적인 지시대상들은?	개인과 공동체	국가와 국가가 표방하는 국익	구가와 국제단체, 비정부기구, 초국가적 집단뿐만 아니라 시민 단체
안보 결정 요소들은?	경제, 보건, 그리고 식량 안보. 환경, 개인, 공동체 그리고 정치 안보	국가와 국가안보 그리고 군사안보	국가와 시장안보, 그리고 제도에 대한 안보
국가의 목적/ 이해관계는?	시민들에게 권한을 위임하고 그들을 보호하는 것	안정과 최대 권력을 보장하는 것. 물질적 조건에 의해 결정되는 국가들의 이해관계	군사적, 경제적, 그리고 정치적 상호 의존에 이르는 것. 국가들의 이해관계는 가치와 제도에 근거를 두고 있다.
어떤 수단을 통한 안보인가?	예방, 보호, 인간안보 조항, 사람들의 권한위임	국가의 보호, 제로섬 게임	협력. 제도화와 상호 의존성
안보에 있어서 행위자들의 역할은?	사람들과 시민사회는 권한을 위임받고 인간안보에 대해 책임을 질 수 있어야만 한다.	국가의 장, 군사 지휘관과 선택된 전문가들이 국가안보를 감독한다.	신뢰를 구축하기 위해 민주적 과정으로부터 나와서 민주적 과정을 사용하는 행위자들
권력의 개념과 역할은?	집단원칙으로서 권력과 사람들의 권력	국가는 합법적인 힘과 군사력에 근거를 둔 궁극적인 권력을 가진다. 국가간에는 힘의 균형이 존재한다.	가치와 이상에 근거한 권력 분담하기

질문/초점	구성주의 접근법	페미니즘 접근법
국제체제의 상태는?	해체될 수 있는 '상호 주관주의적' 구조로서 무정부. 국제체제는 자치단체의 상호작용에 근거를 두고 있음.	남성성의 배제에 근거한 여성중심 체제
안보의 중심적인 지시대상들은?	개인, 집단, 비정부기구, 시민단체	여성과 여권주의적 가치
안보 결정 요소들은?	문화적 정체성, 개념과 규범의 안보	여성과 모든 하위 계층의 안보와 권한위임
국가의 목적/ 이해관계는?	주민의 열망과 인식을 변화시키는 것. 정체성과 문화에 의해 결정되는 국가들의 이해관계	국가를 사랑하는 정의에 근거를 둔 평화와 성 형평성 만들기. 가부장적 엘리트주의적 국가 이해관계를 대체하기 위해 시민사회를 대표하는 여권주의적 이해관계
어떤 수단을 통한 안보인가?	평화로운 규범과 인식, 국제조직을 통해 재구성된 안보	성 권리, 공평, 그리고 권한위임을 통한 안보
안보에 있어서 행위자들의 역할은?	신뢰의 바탕 위에 일하는 다수의 행위자들	동등한 시민들과 행위자들로 권한을 위임받은 여성들
권력의 개념과 역할은?	권력은 '상호주관적' 인식에 근거를 둔다.	권력은 여성화되고 협상될 필요가 있다.

4장 인간안보와 인간개발

그림자인가 임계수준인가?

개발공동체 중, 1994년 유엔개발계획의 「인간개발보고서」에서 인간안보를 인간개발 논쟁에 대한 부록으로서 처음 고찰했던 사람은 파키스탄의 전직 경제부 장관이자 「인간개발보고서」의 창시자인 마흐밥 울 하크(Mahbub Ul Haq)였다. 이 개념은 냉전 후 평화 배당금 (peace dividend)에 대한 기회라는 맥락에서 '안보 분야에 있어 인간개발의 자연스러운 확장'으로 소개되었다. 하지만 그 이후로도 인간개발에 대한 이런 개념적인 중복은 혼란을 계속 야기하였다. 이 장은 인간개발 개념의 변화과정, 인간안보와 인간개발의 구분, 그리고 전체적인 분석 분야에 있어 부가가치를 추적하면서 이들의 상호 연결점과 두 개념 사이의 조화를 위한 영역을 고려하고 있다. 인간안보는 궁극적으로 인간개발에 필적하는 영역인가, 혹은 인간개발의 출발점을 결정하는 하나의 방식인가? 제기될 수 있는 첫 번째 질문은 왜 인간개발 의제를 인간안보까지 확장할 필요성이 존재했는가 하는 것이다. 이것은 단순히 개발 관심사를 안보 용어로 바꾸어 표현하려는 의도였는가? 그렇지 않으며 1990년대 초에 고안되었던 인간개발이라는 패러다임의 결점들을 감추기 위한 기회였는가?

패러다임의 문제

앞 장에서 비전통적인 위협들을 포함하기 위해 수평적으로 '안보'
의 범위를 확장시키고, 국가를 넘어서 개인에게 초점을 둔 지시대상
들을 포함하기 위해서 안보의 범위를 수직적으로 깊게 할 필요성에
대해서 곰곰이 생각해 보았다. 그 결과 개발 사고방식을 안보학으로
밀어 넣는 것과 그 반대의 경우에 대한 근거를 제시했다. 인간안보는
인간개발 담론에 의해 소홀하게 여겨진 개발에 대한 '위협 요소들'을
설명할 필요성을 제기하고 있다. 현재 세 가지 설득력 있고 실제적인
고려사항에 근거한 개발 사고방식에 있어서 인간안보 개념의 등장에
대한 이유들은 다음과 같다.

첫째, 개발은 개인의 삶과 행복(복지)을 보호하는 데 충분하지 않
다. 개발이익은 갈등과 전쟁(사회적, 신체적, 물질적 파괴를 통해), 자
연재해들(2004년 남아시아 지역에서 발생한 쓰나미와 같은 재해), 그
리고 갑작스러운 경기침체, 즉 아마르티아 센의 용어를 빌리자면 '갑
작스러운 궁핍'(이 용어는 인간개발을 통해서만 언급될 수는 없다)에
의해 그 근본을 침해당할 수 있다. 심지어 한 사회가 성장(개발), 즉
인간개발 과정에서 사람들과 관련된 방식으로 공평한 성장을 눈앞에
서 보고 있을 때조차도, 갑작스러운 경기침체로 인해 개발이익의 효
과가 없어질 수 있다. 예를 들면, 인간개발에 있어 상당한 성과물들
(기대수명과 성인 문맹 퇴치율의 증가, 건강관리와 영양공급에 대한
접근의 증가 등)이 존재하는 아시아 지역에서 발생한 1997-1999년
위기는 결국 정부의 사회분야 계획에 있어서 심각한 예산 감축으로
이어졌고, 그 결과 가난한 사람들의 필요를 충족시키지 못하고 그들

의 빈곤으로 이어졌다. 결과적으로 한계점을 넘어 움직였던 인구집단들 사이에 가난이 다시 찾아오면서, 가난은 처음으로 일부 집단에게도 영향을 주었다. 자산적인 의미에서와 건강, 교육 등에 대한 기회, 양쪽 분야에 있어 사람들은 더 가난해지게 되었다. 인간개발은 갑작스러운 위기에 의해 이루어진 해로움을 완화시키기에 충분하지 않았다.

그런 극단적인 상황은 발전을 유지하는 것이 어렵다는 것뿐만 아니라 기록적인 발전도 심각하게 침해될 수 있다는 것을 보여주고 있다. 아시아 지역의 위기는 경제위기 동안 사회보장체제(즉 사회안전망)가 위기를 당한 사람들의 필요를 충족시키기에는 적절하지 못했음을 증명해 주었다. 예를 들어, 태국, 인도네시아, 그리고 한국에서 발생한 위기가 보여주었던 것처럼, 정부는 해고를 적절히 처리할 제도적인 능력을 가지고 실업과 실업의 결과로부터 사람들, 즉 국영기업에서 감원된 노동자들 혹은 귀국하는 해외 계약 노동자들의 갑작스러운 유입에 대해 이들을 보호할 공식적인 메커니즘을 찾아낼 필요가 있다. 이것은 정책상의 조직적인 방해물(예를 들면, 성장에 필요한 적정 규모의 거시경제 운영, 인간개발을 위한 적절한 분배)을 확인하는 것뿐만 아니라 위기상황을 대응하는 데 있어서 보호 조치와 더불어 위험 요소 확인과 예방, 적절한 대응 등을 포함한다.

둘째, 전통적인 개발은 장기적이고 단기적인 기간 양쪽 모두에 있어 인간안보의 근간을 침해할 수 있다. 이런 논쟁 속에서, 개발 자체는 인간안보의 존재이유의 근원을 간직하고 있다. 인간안보가 막으려고 하는 위험은 개발과정의 약함을 증명한다. 개발은 정의하자면 과도기적이다. 그러므로 개발은 안보불안과 불안을 야기한다. 개발도상국에서 경험했던 전반적인 성장은 극빈 집단들을 위한 삶을 향상시킬 수 없을 뿐만 아니라, 성장으로 인해 이들 집단을 위한 장기적인 기회들이 손상될 수 있다. 전통적인 개발 모델은 개인의 소비주의와 산업화에 근거를 두고 있는 서구 모델을 선호하는 '따라잡으려는 (catchup)' 과정이라는 결점을 가지 있었다. 그리고 이 소비주의와 산업화는 국가를 발전시키는 데 있어서 생활방식을 위태롭게 할 수도 있다. 그 모델들이 실패한 정책과 만연한 비판에 대응하면서 재조정되어 왔을지라도, 개발 전략의 많은 부산물들로는 아직도 환경 손상, 여성의 권한 박탈, 그리고 부자와 빈자 간의 증가되는 불평등이 있으며 대다수의 사람들은 몇 가지 이익을 위해 고통을 당하고 있다. 브레턴우즈 기구(Bretton Woods Institutions)에 의해 널리 퍼진 전통적인 개발 모델은 영향력 있는 일부를 부유하게 하는 반면 대다수의 사람들을 빈곤하게 하고 권한을 박탈함으로써 인간안보를 손상시켜 오고 있다. 국가의 역할은 경제성장을 장려하고 개인의 창의력을 자유롭게 하는 것으로 축소되는 반면, 역할 능력은 대부분의 개발도상국 사회에서 많은 인구집단에 영향을 주는 관련된 주변화를 보상하도록 축소되고 있다.

위험과 안보불안이 개발과정에서 사회변화의 일부분인 것처럼, 인간안보를 증대하는 정치체계로의 과도기 역시 불확실과 증가된 취약점이라는 특징을 드러내지 않을 수 없다. 센의 말에 의하면, "성장에 있어 취약점에 대한 단순한 인식 때문에 안보를 개발의 중심적인 부분으로 보는 것이 절대 필수적인 것이 된"(Sen, 1999:28) 과도기 국가들의 경험이 증명하는 것처럼, 심지어 민주적인 변화와 가속화된 개발이 인간안보를 침해할 수 있다. 개인들은 사회적인 처리를 형성할 수 있는 정도까지 개발이 제공하는 선택사항을 최대한 이용할 수 있다. 구소련과 동유럽의 많은 과도기 국가들에 있어서, 정권 변화는 민주적인 참여를 위한 새로운 방법을 개시했던 반면, 많은 사람들은 경제에서 발생했던 동반된 경비 절감 때문에 참여할 수 없었고 그들의 생계수단 비용도 지불할 수 없었다. 하지만 위험 요소들은 단지 단기적인 것이 아니다. 전통적인 개발 역시 의존적인 관계인 마주보는 공여자(donors)를 설정하고, 지방의 능력을 손상하고, 9장에서 논의할 것처럼 조건들이라는 압박 아래 사회적이고 인간적인 소비에 있어서 거래를 강요함으로써 인간안보를 침해하고 있다.

셋째, 변화하는 세계질서와 새로운 위협 요소들은 결국 개발과 안보 의무를 합체하도록 이끌었다. 네프가 논의하고 있는 것처럼, 대부분 가상적 발판이 되는 토대 개발연구와 국제관계, 그리고 안보연구는 냉전의 결과 그 관련성을 상실해 버렸다(Nef, 1999). 1945년과 1989년 사이에, 개발과 안보는 개념적으로도 그리고 실제로도 구분되었다. 남-북(North-South) 논쟁이 '개발' 문제였던 반면, 국가안보는 동-서(East-West) 논쟁 내에서 틀이 구성되었다. 1989년 이후 안보의 초점이 내부적 원동력, 내전, 인종경쟁, 천연자원 등으로 이동되면서, 안보와 개발은 함께 이기거나 질 가능성이 있는 제로섬(zero sum) 관점이 아니라 부정 채점표(negative score card) 관점에서 바라볼 필요가 있다. 한편으로, 주류가 되는 전통적인 모델들은 퇴보가 전통사회 유산의 결과, 즉 서구 모델에 근거한 근대화에 의해서 압도되고 있는 것으로 보았다. 다른 한편으로, 종속이론(dependency theory)에 따르면 퇴보는 남반구에 대한 서구 지배의 부정적인 결과였다. 양쪽 모델 모두 개발을 유일한 방향이자 돌이킬 수 없는 역사적 연속체로 보았다. 예를 들면, 개발된 지역들은 안전한 반면, '안보불안'은 다른 세계로부터 유래한다고 보았다. 통제할 수 없는 이주난민, 보건위생 관련 유행병, 전 세계적 범죄 망, 환경이 초래한 재앙 등과 같이 국경을 초월한 위험의 도래와 함께 겉으로 보기에 안전한 선진국 사회들은 국제관계이론과 개발이론이 인식하지 못했던 방식으로 세계의 덜 안전하고 저개발인 지역에서 발생한 사건들에 대해 점점 더 취약해졌다. 1990년대 이후의 변화들은 복잡한 상호의존성을 더 잘 설명하기 위해 안보와 개발을 넘어서 상호 학문 분야에 걸친 접근 방식을 필요로 하는 포괄적이고 역학적인 개념화를 통해 점차 이해될 필요가 있었다.

네프는 남-북 개발과 동-서 안보 패러다임을 상호취약점이라는 개념에 근거를 둔 핵심-주변(core-periphery) 모델을 가지고 다시 개념화할 것을 제안했다. 세계체제에 대한 그의 개념은 전 세계적인 생산, 분배와 권력의 지배적이고 통합적인 유형의 종류를 더 잘 표현했다. 네프가 이것을 설명했던 것처럼, 현 체제에서의 관계는 지역적으로 정의된 중심과 주변 사이의 관계(국가, 지역 혹은 정착지)가 아니라 구체적인 사회적 행위자들(집단, 계급, 그리고 개인들) 사이의 관계이다. 그 모델은 개발된 중심 지역들과 저개발 반-주변 지역과 주변 지역들 사이의 불공평하고 비대칭적인 교환에 의존을 하고 있다. 그리고 반-주변 지역과 주변 지역들 속에서 체계적이고 하위-체계적인 (sub-systemic) 개발과 저개발은 결정론적이지는 않지만 기능적이고 역사적으로 서로 관련이 있다.

'핵심' 지역은 엘리트적인 사회-경제적 집단, 즉 초국가적으로 통합된 집단과 지역의 엘리트와 비-엘리트적인 사회 주변 지역으로 고도로 발달된 지리학적인 지역의 '중심'을 구성하고 있다. 권력은 타인들 속에서 고분고분한 행위를 유발시키기 위한 행위자 혹은 행위자 집단의 능력이 되었다. 이런 모델 내에서, 서구의 핵심 지역은 지배적인 무역 상대들의 상호 의존적이고 계층별로 분리된 블록을 구성하고 있다. 반면에 다른 두 세계는 국가 발전 과정에서 점점 '불안한' 개발과 과도기적인 국가들, 즉 새롭게 산업화하는 하나의 이질적인 집단으로 붕괴한다.

이런 이유들이 주어지면, '안전한' 개발이익에 대한 새로운 접근 방식과 정책을 위한 필요성이 존재한다. 하지만 먼저 인간개발은 무엇이며, 인간개발은 어떻게 발전했는가?

인간개발에 대한 개발 사고의 전개

인간개발은 바로 이전 수십 년간 이론적이고 실제적인 필요에 반응하면서 전개되었다. 따라서 제2차 세계대전 이전의 진보는 아직도 경제성장이 트리클다운(trickle-down) 이론의 효과로 간주되었다. 1930년대 대공황과 탈식민화는 경제성장에 대한 개발 접근 방식의 명료함으로 이어지는 추진(배출) 요인들(push factors)이었다. 진보는 생산된 상품의 종류에 의해 정의된 경제성장의 모델과 관련되었다. 그리고 많은 사람들과 이들 사회계층은 개발의 노력으로부터 이익을 얻었다. 개발도상에 있는 세계를 통해서, 식민지적 유산은 결국 낮은 수입, 낮은 저축과 투자, 형편없는 보건, 낮은 교육, 그리고 제조업이 거의 없고 전적으로 의존하는 1차 생산으로 이어졌다. 산업화와 투자 메커니즘뿐만 아니라 경제조치를 통해 가난한 국가에서의 상황을 향상시키기 위한 구체적인 계획을 가진, 개발경제학으로 알려진 경제사상 학파가 1950년대와 1960년대에 나타났다(Sen, 1988:10-24). 1950년대와 1960년대의 개발경제학은 경제적 번영을 달성하기 위해 전통적으로 월트 휘트먼 로스토(Walt Whitman Rostow)의 경제발전 5단계 이론과 연관되어 있었다. 이것은 순수한 경제 지향적인 성장 이익만을 고려한 모델이다. 그리고 이 모델이 대부분 강조한 것은 국민총생산(GNP), 투자, 저축과 산업생산과 같은 기초적인 경제지표의 수준을 향상시키는 것이었다([표 4.1]을 참조하라).

[표 4.1] 로스토의 경제발전 5단계

전통사회 ⇨	과도사회 ⇨	도약 ⇨	성숙에 대한 추진력 ⇨	대량소비
낮은 생산 농업경제. 일시적 혁신. 낮은 수직적 사회이동을 가진 계급사회	새로운 윤리성: 위험 무릅쓰기, 모험적인 투자. 교육에 대한 더 큰 강조. 더 넓은 범위의(내적, 외적) 무역	전통사회의 잔존물 극복. 높은 투자, 저축 그리고 이익. 혁신. 더 높은 생산과 산업화	지속적이고 유동적인 발전. 안정된 투자. 계속적인 산업화의 물결	지속적인 소비재로 생산의 이동. 서비스 산업의 발달. 사회복지와 안전을 위한 증가된 재원

하지만 경제성장을 통한 발전에 있어 이런 쉬운 비결의 매력에도 불구하고, 예상된 결과들은 결실을 거두지 못했다. 지속적인 발전보다 산업화와 투자에 대한 강조는 흔히 '흰 코끼리(white elephant)', 즉 풍경의 한가운데서 놓쳐버린 거대한 최신 첨단기술 공장 설비들이 산재된 국가에 지나지 않게 되었다. 그리고 이런 공장 설비들은 어떤 형태의 발전에 대한 방아쇠 효과가 있지 못했다. '성장 중심 이론(growth only theory)' 역시 '종속이론'의 비판을 받았는데, 종속이론은 경제성장이 흔히 분배 문제를 소홀하게 여기기 때문에 인간 삶의 조건의 향상과 반드시 같은 의미가 아님을 강조하였다. 그리고 이런 분배 문제는 실업, 불완전 고용과 빈곤의 악순환으로 이어졌다. 인간적 특징이 간과되었을 뿐만 아니라 제1세계와 제3세계 국가들 간의 무역조건도 악화되었고, 더 나아가 무역조건은 외부 종속을 더 촉진시켰다.

개발에 있어서 중심적이 지표들이 전통적인 경제 접근 방식에서 국민총생산, 취업률 혹은 경제성장의 재분배 속성으로 이동하면서 1970년대에 성장 중심 의제는 도전을 경험했다. 1970년대 역시 인간중심적인 관심사항에 대한 움직임에 있어 '기본적 필수품(basic needs)'이라는 접근 방식이었다. 그리고 가난한 사람들을 위해 살아가는 검소한 특징을 요구하는 기본적인 상품과 서비스의 범위에 집중되었다. 이런 접근 방식과 개발에 대한 정의는 세계은행과 국제노동기구 내에서 가이(Ghai), 스트리턴(Streeten), 스튜어트(Stewart)와 같은 학자들에 의해서 고안되기는 했지만, 개발도상국과 가난한 사람들을 위한 훌륭한 결심이 무엇이지를 결정하는 선진국들의 제도와 더불어 이런 방식의 온정적 간섭주의 때문에 비판을 받았다. 아마르티아 센 역시 이것의 물질주의적인 환원주의, 공리주의, 그리고 상품 물신주의(Sen, 1988)를 비난했다. 동시에 사회적 차별 확대, 제3세계 여성에 대한 연구와 성장하는 여성운동으로부터의 압력이 결국 여성을 '여성개발(Women in Development)'로 알려진 개발 모델로 '통합하려고' 노력한 새로운 모델로 이어졌다(Momsen, 1991:3; Newland, 1991:123). 그 접근 방식은 궁극적으로 여성을 위한 유일한 한계 수익점 이익과 일부 국가에서의 구체적인 계급과 인종 사이에서 선별적인 향상으로 이어졌다. 따라서 그 접근 방식은 사회적이고 경제적인 결과에 영향을 주었던 성 관계(gender relations) 분석을 포함하기 위해 개정되었고 '성 개발(Gender in Development)' 접근 방식으로 알려지게 되었다.

1979년 미연방준비은행에서 연화 달러(soft dollar)에서 경화 달러(hard dollar)로 정책 변경을 한 후 대부분 제3세계 국가들은 부채 위기에 의해 압박을 받으면서 1980년대는 개발이론에게 있어서 가혹한 10년이었다. 사실상 마이너스 이자율로 계속되는 선진국과 개발도상국 오일달러 차관 체계가 갑작스러운 이자율 상승으로 역전되었다. 그리고 이것은 주요 제3세계 국가들에게 있어서 유지할 수 없는 빚 되갚기를 의미했다. 결국 이들 국가들은 종종 채무불이행 상태가 되었다. 그런 위기에 대한 해답은 국제통화기금(IMF)에 의해 운영되는 구조조정 프로그램(Structural Adjustment Program)이었다. 국제통화기금의 규범은 흔히 시장의 역할을 증가시키고 정부의 역할을 축소하고, 전부는 아닐지라도, 많은 사회 지출을 삭감하면서 수출지향적인 정책을 선택하는 것으로 요약될 수 있었다. 이런 협력은 이들 국가들이 정상적으로 빚을 갚는 위치로 돌아가기에는 (거의) 절대 확실한 것이었지만, 사람들 특히 여성들에게는 대단한 피해(heavy toll)를 의미했다(Mitter, 1986). 국가의 역할과 크기를 줄일 것을 요구하고 시장의 역할을 증대시켰던 구조조정과 안정화 프로그램들은 증가된 불평등과 가난으로 이어졌고, 성장 중심 접근 방식들과 인간개발의 필요성 사이의 간격을 노출시키면서, 결국 유니세프(UNICEF)는 1987년 '인간의 얼굴을 지닌 조정(adjustment with a human face)'을 위한 호소를 시작하였다(Cornia et al., 1987).

따라서 1990년대 개발에 대한 인간중심의 접근 방식은 과거의 실패한 노력들에 대한 자연스러운 진전, 즉 철학자(아마르티아 센)와 전문직 사업자(마흐밥 울 하크) 사이의 결혼이었다. 이것은 경제성장이 저절로 사람들의 복지에 조금씩 유익을 주지 않으며 기본적으로 필요한 것과 같은 다른 접근 방식들은 결정 권한을 수익자들에게 넘기지 않는다고 주장함으로써 이전의 개발이론들과 별개의 것이 되었다.

매년 보고서 발행을 통해 그 접근 방식을 정책 궤도에 올려놓은 것으로 신뢰를 받고 있는 마흐밥 울 하크는 간단한 혁명적인 진술로 개발 목표를 요약하였다. "명백한 것을 본다는 것은 가장 어렵다. 왜냐하면 한 국가의 진정한 부는 그 국가의 사람들이기 때문이다." 이러한 맥락에서 센은 이 학문을 국가적 고려의 학문에서 자유를 위한 연구로 변형시킴으로써 경제학에 윤리학을 끌어들였다.

따라서 그 개념은 사람들을 중심 단계로 돌려놓은 것을 옹호했고, 사람을 개발의 목적과 수단으로서 강조하는 '매개 측면'뿐만 아니라 정책목표로 공정함을 강조하는 명백한 개발목표로써 인간의 삶을 향상시키는 '평가적 측면(evaluative aspect)'을 포함하였다(Fukuda-Parr and Shiva Kumar, 2005 참조). 그의 저서 『자유 개념의 개발(Development as Freedom)』(1999)에서, 센은 개인의 자유를 사회적 책임으로 확장했는데, 사회적 책임은 개인의 권리에 기초를 두고 사람들의 역량과 삶의 질을 향상시킨다. 자유는 개발의 일차적인 목적일 뿐만 아니라 개발을 가져오는 구성 성분이 되는 수단이다. 개인의 역량과 작용에 관한 센의 글은 새로운 패러다임에 대한 강력한 개념적 근거를 제공하였다. 개발의 목적은 사람들이 될 수 있거나 할 수 있는 범위의 모든 것을 확장하는 것, 즉 다른 말로 바꾸자면, 건강해지고, 영양이 잘 보충되고, 공동체 생활에 참여할 정도로 식견이 있는 등과 같은 작용을 하는 자유와 역량을 확장하는 것으로 알려졌다.

따라서 '인간개발'은 개인들이 주체와 객체로서 근본적인 역할들을 어떻게 하는지 강조하기 위해 개발이 수행되는 방식뿐만 아니라 개발의 목적을 다시 생각하게 되었다. 그러므로 인간개발은 주류가 되는 개발 사고방식과는 다른 윤리적, 이론적, 그리고 방법론적인 단절을 취하였다(Gómez Buendía, 2002). 윤리적 측면에서, 인간개발은 사람들의 행복을 궁극적인 목적으로 설정했고 개발은 자본을 증가시키기 위한 것이 아니라 사람들의 선택요소들을 촉진시키기 위한 것, 즉 사람들에게 자유를 주기 위한 것이라고 주장하였다. 이론적 측면에서, 인간개발은 개발이 왜 실패했는지 혹은 개발이 왜 어떤 수준에 있는지와 관련된 다양한 질문을 제기했다. 방법론적인 측면에서, 인간개발은 변화의 작인으로서 사람들의 역할을 조사함으로써 개발을 '할' 새로운 방식을 제기했다. 이것은 기본적인 필요 복지 모델뿐만 아니라 주류가 되는 경제성장 모델들과의 단절이었다.

그러므로 인간개발은 인간이 필요한 것의 다양성을 강조함으로써 단순한 경제발전에 대한 대안으로서 시작되었다. 인간개발은 경제성장이 독점적으로 단지 하나의 선택(즉 수입)의 확대에 집중하고 있다고 주장했다. 반면에 전체적인 개발 접근 방식은 사람들이 가치를 부여하는 다른 선택사항들을 포함해야만 한다. 다른 선택사항은 지식에 대한 더 많은 접근, 더 좋은 영양과 건강 서비스, 더 안전한 생계, 범죄와 신체적 폭력으로부터 안전, 만족할 만한 여가시간, 정치적이고 문화적인 자유, 공동체 활동에 대한 참여의식, 그리고 궁극적으로 자존감과 존엄을 포함하고 있다. 그러므로 경제성장은 단지 인간의 복지를 향상시키는 수단일 뿐이지 그 자체가 목적은 아니다. 경제성장과 향상된 행복 사이의 뜻하지 않은 관련성은 자동적으로 주어지는 것이 아니라, 공공정책을 통해 의식적으로 만들어져야만 한다. 따라서 자유로서 개발은 단지 사람들의 물질적 필요로 바꾸는 것이 아니라 존엄과 참여를 포함시키기 위해 필요에 대해서 자세히 설명하는 것이었다. 자유로서 개발은 기본적인 물질적 필요(음식, 주거, 교육, 건강관리)와 인간의 존엄성(개인적 자율성, 참여 등)을 달성하는 것 양쪽 모두를 의미했다.

인간안보의 개념적 차이와 추가된 가치

인간안보는 구체적으로 인간개발 담론에 무엇을 추가하는가? 인간안보의 가장 긴급한 변수 중 우선순위일 뿐만 아니라 인간개발의 지속성에 대한 보증인으로서 인간안보 개념은 1994년 마흐밥 울 하크에 의해 매년 발간되는 유엔개발계획의 「인간개발보고서」에서 소개되었다. 그는 인간안보가 갈등이 있을 동안의 안전뿐만 아니라 언어진 개발을 지속하고 안전하게 보호하는 것이라고 주장했다. 가스퍼는 인간안보라는 말이 '안보'라는 새로운 꼬리표 아래 기본적인 요구 개념을 되살린다고 주장한다(Gasper, 2005b). 만약 인간개발이 행복에 관한 것이라면, 인간안보는 개발이익의 안전에 집중한다. 이렇게 고양된 인간안보 개념은 인간개발 논쟁 내에서 많은 새로운 요소들을 가지고 온다.

첫째, 개발을 통해 일부 사람들의 집단을 특별히 급격한 침체에 취약하도록 한다면, 인간안보는 가장 취약한 사람들에게 있어 최악의 해로움에서 보호하기 위한 체계이다. 센이 주장하고 있는 것처럼, "인간개발은 '공평한 성장'인 반면, 인간안보는 '안전한 침체'이다. 위기가 타격할 때, 서로 다른 집단들은 아주 일탈된 곤경을 가질 수 있다. 성장할 때 우리는 함께 연합하게 되지만, 경기가 하락할 때 우리는 나누어서 하락하게 된다."(Sen, 1999:28) 인간개발은 일차적으로 세계의 가난한 사람들의 조건을 향상시키는 데 중점을 두고 있다. 하지만 아시아 경제위기에 의해 눈에 띄게 드러난 것처럼, 상황이 악화될 때 행동 전략에 이르지 못하게 된다. 푸쿠다-파는 인간개발이 절대적인 빈곤의 수준에 집중하고 있는 반면 인간안보는 상태가 더 나쁜 사람들에게 있어 갑작스러운 변화의 위협을 강조한다고 진술함으로써 이런 다양한 관점을 강조하고 있다(Pukuda-Parr, 2003:8). 인간의 안보불안은 직접적으로 누가 안보에 대한 권리를 누리고, 누가 향유하지 못하는지를 결정하는 현존하는 권력구조에서 기인한다(Thomas, 2000). 일부 사람들은 생존하고 일부 사람들은 죽어 삶이 산산이 부서져버렸다. 충격과 안보불안 때문에 가난한 사람들은 더 가난하게 되고 빈곤과 상처받기 쉬움은 더 깊이 스며들면서, 다른 집단들의 권리에 의존하고 있다. 약간의 안보불안도 가난한 사람들을 완전히 쓸어버릴 수 있다. 인간개발이 공평과 분배적 정의에 관한 것이라면, 인간안보는 갑작스러운 빈곤에 대응하기 위해 사회안전망의 존재를 확실하게 보장하고자 한다.

둘째, 인간개발이 사람들과 이들이 가치를 부여하는 삶을 사는 선택을 확대하는 것이라면, 인간안보는 극심한 가난, 환경오염, 건강이 약한 상태, 문맹 등과 같이 생존, 일상생활의 지속과 인간의 존엄을 위협하는 상황을 인식하는 것이다. 그러므로 인간안보는 인간개발이 지탱할 수 있고 지속할 수 있도록 하는 보증일 뿐만 아니라 인간개발의 선결조건이 된다. 가스퍼는, 인간안보는 상품의 수준이나 경향과는 반대되는 것으로 인간개발 체계 내에서 제공된 상품의 '안정'과 관계가 있는 부가물이라고 특별히 언급하고 있다(Gasper, 2005b). 유엔개발개획의 1994년 「인간개발보고서」가 주장했던 것처럼, 인간개발이 사람들의 선택범위를 확대시키는 절차인 반면, 인간안보는 사람들이 오늘 가지고 있는 기회들이 내일 상실되지 않음을 상대적으로 확신하면서 이 기회들을 안전하고 자유롭게 행사하는 것을 의미한다.

셋째, 인간개발이 사람들의 존재 목표나 주요한 목적을 표현하는 반면, 인간안보는 그 목표를 달성하는 데 필수적인 상황(조건)을 강조한다. 예를 들면, 인간안보위원회는 인간안보 활동이 때때로 너무 짧은 시평(time horizon)을 가지면서 장기간의 인간개발과 제도적 개발뿐만 아니라 긴급 구호사업과 평화유지를 포함할 수 있다고 제안했다(CHS, 2003). 인간안보는 유일하지는 않지만 기품 있는 존재를 위한 하나의 변수로서 개발을 포함하고 있다. 인간안보는 인간개발이 가져온 진보의 보증으로서 작용을 한다. 앨카이어에 따르면, "인간안보의 목표는 장기적으로 인간의 자기실현과 일치되는 방식으로 아슬아슬하게 퍼져 있는 위협으로부터 모든 인간의 삶의 필수적인 핵심을 보호하는 것이다."(Alkire, 2002:2.1) 그녀의 접근 방법은 신중하게 방어적이다. 즉 "일시적이거나 반응에 민감하지 않고 제도화되어 있는 보호를 제공하는 것"이다(Ibid.:2.2).

넷째, 가스퍼가 주장하는 것처럼, 인간안보는 기본적인 최저치를 위해 필요하고 행복과 안전 양쪽을 모두 향상시킬 수 있는 상품에 정책을 집중함으로써 인간개발의 우선순위 매기기에 도움이 된다(Gasper, 2005b). 몇 가지 종류의 인간안보 불안을 축소시키는 것은 행복이나 안보 혹은 양쪽 모두를 향상시킬 수 있다. 만약 인간개발이 완성되어야 할 역량들 중 가장 오래된 목록이라면, 인간안보는 더 긴급한 역량, 즉 생존, 생계와 존엄과 관련된 역량들로 우선순위가 매겨지고 있다.

다섯째, 역량 접근법(capability approach)에 있어서 가능성에 '대한 자유'(하고 싶은 것을 하고, 되고 싶은 것이 될 자유)와는 대조적으로, 인간안보는 가스퍼가 주장하는 것처럼 "단지 가능성 있는 부재가 아니라 분명히 부재하는 것에 대한 관심으로부터의 자유"에 전념하고 있다. 울 하크가 1994년「인간개발보고서」에서 애석하게 여긴 것처럼, "인간안보는 무기에 대한 관심이 아니다. 인간안보는 인간의 존엄에 대한 관심이다. 마지막 분석에서 그것은 죽지 않았던 아이, 전염되지 않았던 병, 폭발하지 않았던 인종적 긴장, 침묵하지 않았던 반체제 인사, 꺾이지 않았던 인간정신이다."(UNDP, 1994:22)

여섯째, 인간개발과 인간안보는 양쪽 모두 인간중심적이다. 하지만 인간개발이 좀 더 집합적이고 다수를 위해 개인을 희생시키기 위해 잠재적 정당성을 유지하는 반면, 인간안보는 더 개인적이고 상황적인 개념이다. 그러므로 인간안보는 좀 더 분해적(해체적)이다. 왜냐하면 인간안보는 개인들이 표현하는 안보불안감과 더 많이 관련되어 있고, 더 많이 개별화되어 있으며 모든 개인들을 위한 보장을 확립하려고 노력하기 때문이다.

[표 4.2] 인간개발과 인간안보 비교 및 대조

	인간개발	인간안보
최초의 정의	인간개발은 사람들의 선택사항을 확장하는 데 목적을 둔다. 아마르티아 센은 '선택'의 개념과 '자유'의 개념을 동일시한다. 따라서 사람들의 자유를 확대하는 것은 개발의 목적이자 수단이다. 마흐밥 울 하크는 인간개발은 "경제적, 사회적, 문화적 혹은 정치적 모든 인간의 선택사항의 확장을 강조한다."고 한다(Ul Haq, 1995).	인간안보는 사람들이 인간개발을 통해 제공된 선택에 영향을 주는 데 목적이 있다. 그리고 인간안보는 이런 선택이 안전하고 자유롭게 이루어지도록 허용한다. 또한 인간안보는 오늘날 개발을 통해 초래되는 기회가 내일 사라지지 않을 것이라는 점을 보증한다(UNDP, 2004).
가치	복지	안보, 안정, 그러한 복지의 지속
일반적인 목표들	기회를 확장시키는 것(공정한 성장/확대)을 통해서 사람들, 즉 사람들이 가치를 부여하는 삶을 살기 위해 선택사항을 확장하는 것에 관한 것	예방에 대한 강조: 가난과 가능성 있는 갈등을 피하고 재앙을 준비하는 대처 기제를 넘어서 발생하는 수단. 안보 약화는 사회적 최소치, 안전망, 등을 요구한다. 지속성에 대한 확신: 위험을 대비한 보증, 하나의 범위에서 발생한 이익이 갑자기 빼앗기지 않을 확률
지향점	앞으로 나아가고, 진보적이며 집합적이다. "함께 발전한다."	개인적 차원에서 누가 남겨져 있는지를 조사하기: (공정한 성장이 궁지에 몰린 사람들에게 보호를 제공하지 않을지라도) 흩어지면 죽는다.
범위	넓고 다방면에 걸쳐 있음	긴급한 문제로 안보와 예방 지향적일 수 있으나 가능성 있는 안보불안의 근본 원인(빈공, 불평등 등) 역시 처리한다. 경기 후퇴, 갈등, 비상사태와 사회의 더 어두운 사건들을 확인하고 준비한다.

	인간개발	인간안보
타임 스캔	장기적	위험을 취급하는 단기간의 조치를 겸비한다. 하지 장기적 예방 노력 역시 아울러 가지고 있다. 예를 들면, 갈등 동안에 폭력의 새로운 순환주기를 막기 위해 긴급 구호 작업과 평화유지부터 더 장기적인 인간개발과 제도적 개발의 범위에 걸쳐 있다.
사람들의 역할 관점	사람들은 수단과 목적 양쪽 모두로 간주된다. 사람들의 참여와 권한위임이 특징이다.	사람들의 권한위임에 추가하여 사람들의 보호 강조하기
사회의 관점	집합적임: 모든 사회를 위한 개발	더 넓은 단위가 차별을 할 수 있기 때문에(가사에 종사하는 여성들의 예), 개인들을 더 많이 강조하기
측정	인간개발지표들은 수입, 교육과 건강관리 지표들에 기초한 사회에서 이룩한 인간개발 수준을 양적으로 측정한다.	아직 만들어진 인간안보 지표가 존재하지 않을지라도, 인간안보는 거의 수용된 주관적 만족감, 즉 '안전하다'는 감정이기 때문에, 인간안보 수준을 가장 잘 결정할 수 있는 지표들은 질적인 것이다.
정책 목표	인간의 삶을 구속하고 제한하며 번영하는 것을 막는 다양한 방해요소들 제거하기	보호되는 것을 안전하게 지키고, (인간이 만들고 자연적인 것을 포함하는) 갈등과 위기를 일으킬 수 있는 악순환적인 침체를 막기 위해 필요한 행동
정책 목적	네 가지 정책 목적 규정하기: 권한위임, 지속성, 형평성과 생산성	인간의 '생존'과 '일상생활'의 진흥 주장하기. 결과적으로 손해, 모욕과 경멸로 이어질 수 있는 무례함 피하기(Sen, 2002)
정책 예시	모든 이에게 건강(Health for All) 장려하기	갑자기 성장하는 유행병(HIV/AIDS, 말라리아 등) 예방하고 대응하기

공통점 :
인간안보와 인간개발은 모두 인간중심적이며, 인간의 삶, 생명, 교육, 참여와 우려하는 바를 공감하고 있다. 이 둘은 모두 사람들이 향유할 수 있는 기본적인 자유이다. 인간안보와 인간개발은 윤리학을 대학의 학문 분야와 정책 선택에 처음으로 도입시키는 것에 근거를 두고 있다.

[표 4.2]는 두 개념의 차이점에 관한 저자들의 편집물이며, 이 표는 인간안보위원회의 「인간안보 근황(*Human Security Now*)」 보고서에서 다른 저자들 중 센의 글을 사용하고 있다.

인간개발과 인간안보 논쟁

3장에서 논의된 안보학 분야에서 협의 및 광의의 논쟁과 유사하게, 두 가지 논쟁이 인간개발 분야에도 펼쳐져 있다. 첫째 논쟁 역시 협의 및 광의의 영역에 집중하고 있는데, 즉 인간안보는 인간개발보다 더 넓은 범위인가, 아니면 그 반대인가? 두 번째 논쟁은 첫째 논쟁의 결과, 즉 우리가 '닭이 먼저냐 달걀이 먼저냐 하는 딜레마'라고 부르는 것과 관련되어 있다. 인간안보는 인간개발의 필수조건인가, 아니면 그 반대인가?

논쟁 1 : 협소한/광범위한 개념 논쟁

[인간개발보다 더 광범위한 개념으로서의 인간안보 사례]
이와 같은 관점을 지지하는 자들은 인간안보의 견지를 '궁핍으로부터의 자유'와 '품위 있는 삶'뿐만 아니라 '공포로부터의 자유' 역시 포함시키기 위해 인간개발 논쟁을 확장시킬 기회로 간주한다. 개발공동체가 갈등 상황에서 개발이라는 특수성을 고려하는 데 점점 관심을 가지는 반면, 인간안보의 접근법은 본래부터 (더 넓은 의미에서) 갈등을 개념적인 해석의 핵심으로 수용하는 경향이 있다. 개발과 안보라는 교차 지점에 그것의 위치가 주어져 있기 때문에, 그것은 개발 노력과 프로그램의 갈등 분석뿐만 아니라 갈등 상황과 우선순위의 개발 분석 양쪽 모두를 허용할 수 있다. 인간안보는 저개발이 위험할

수 있고 갈등하기 쉬울 수 있으며, 비록 경제가 갈등에 관해서 아주 잘 노력할지라도 그런 갈등은 전체적이고 장기간의 개발을 위해 반드시 위험하다는 비판적 인식을 전제하고 있다. 여기서 제공되는 부가가치 역시 인간안보가 내세우는 쟁점이 서로 맞물리는 것과 관련이 있다. 경제학과 개발은 평화와 전쟁 맥락과 분리될 수 없고, 경제학 그리고 전쟁과 폭력의 개발적인 결과에 대한 정밀한 조사 없이 갈등을 관리하는 것은 이루어질 수 없다.

하지만 갈등으로부터의 위험을 포함하는 것 말고도, 인간안보는 인간의 개별적이고 집단적인 취약점 단계에 대한 자기인식으로 묘사될 수 있기 때문에 인간개발보다 더 광범위한 것으로 간주될 수 있다. 그리고 인간안보는 성취된 인간개발 단계들 중 하나의 기능이다. 특별히 우리가 복잡한 척도를 통해 그것을 측정할 수 있는 합리적인 방식을 발견한다면, 인간안보는 인간개발의 주관적이고 분석적인 지표가 될 수도 있다. 그 지표는 매일의 생활에, 가정에서, 직장에서, 그리고 주위의 환경에서 삶의 질과 관용을 요구한다. 하지만 그것은 품위 있게 돈을 버는 충분한 수입을 요구한다. 이것은 문제가 있는 그 사회에 독특한 존재의 역사적이고 문화적인 조건을 의미한다. 이런 의미에서 인간안보는 사회적 배제와 빈곤, 공정함과 포괄적인 경제적 개발, 그리고 무엇보다도 사회적 조직의 질을 취급한다. 사회적 조직의 질의 구체적인 예는 사람들 사이의 관계성과 연대 관계이다. 이런 관점에서, 인간안보 접근법 내의 지표들의 합은 인간개발의 지표들보다 더 넓다. 이런 의미에서 인간안보 상태는 삶의 질이라는 하나 혹은 몇 가지 영역에서 사회적 침체나 불안이라는 주관적 감정을 반영한다. 그리고 이런 감정은 다른 사람들이나 사회에 대한 태도에 영향을 준다. 이런 의미에서 인간안보는 어떤 사회에서 인간개발 상태의 주관적 반영으로 정의될 수 있으며, 동시에 인간안보는 인간개발의 구성을 위한 '원료(raw material)'이다.

[인간개발보다 더 협소한 개념으로 인간안보 사례]

다른 한편으로, 인간안보는 더 집중을 받을 수 있고, 중심이 되고, 구체적인 상황에만 국한되어 나타날 수 있다. 그리고 인간안보는 인간개발보다 더 협소한 개념이 될 수 있다. 이것은 인간개발이 논쟁을 벌이기를 원하는 전체적인 쟁점 목록 중에서 가장 중요하고 우선순위가 되어야만 하는 쟁점의 핵심 범위임에 동의하고 있다. 지속적인 인간안보 불안이라는 역경은 성장 과정이 뒤에 남겨둔 사람들에게 더 많다. 반면 인간개발은 집합적인 측정이며 어떤 집단에 있어서 모든 사람에 대해 동일한 수준이 되기를 기대하지는 않는다. 인간안보는 사회나 집단보다는 개인에게 초점을 맞추고 있다. 이것은 집단 사이의 억압과 소수집단 내의 소수집단의 주변화를 인정하고 있다. 인간안보는 '공평한 성장' 방정식으로부터 남겨진 사람들을 보호하면서, 최소한 이론상으로 전통적인 개발과 인간개발 양쪽 다 무심코 저지른 불공평을 교정하려고 노력한다. 이런 의미에서, 인간안보는 개개인의 상황에 대해 조정되어 있는 것처럼 더 한정된 것처럼 보인다. 반면 인간개발은 더 집합적이 되는 경향이 있다. 개발 사고는 여전히 전체적인 행복 개념을 신뢰하면서 흔히 집단, 공동체 등에 초점이 맞추어져 있다. 반면 인간안보는 완전히 분해되어 있고, 개인이 느낀 안보불안에 맞물려 있다.

게다가 지각작용의 관점에서 보면 인간안보는 더 의미가 협소한 것처럼 보일 수 있다. 왜냐하면 인간안보는 개별적인 경험에 많이 의존하기 때문에, 안보에 대한 개인들의 이해와 호감은 개인들의 직접적인 주위 환경에 의존한다. 거의 모든 사람들이 아플 때까지 건강 체계에 대해 한 번도 생각하지 않는 것과 유사하게, 안보는 사람이 위협을 느낄 때만 쟁점이 되었다. 사람들이 걱정하는 것은 음식이 식탁 위에 있는지 혹은 없는지, 사람들의 직업이 안전한지, 기본적인 의료와 교육에 대한 아이들의 접근이 편리한지, 사람들이 인종, 성, 사회적 지위 혹은 사회/경제/공동체 집단의 회원이거나 참여하는지, 그리고 가정과 공동체의 안전 때문에 사람들이 차별대우를 받는지를 포함한다. 이런 것들이 개인들이 즉시 필요한 것들이다. 인간개발은 그런 필요를 준비하기 위해 정책 입안자들이 생각할 필요가 있는 더 많은 상황을 허용한다. 인간안보는 인간개발 없이 존재할 수 있는 반면, 인간개발은 인간안보 없이 존재할 수 없다.

조작적인 관점으로부터, 정책 명령으로서 인간안보는 가장 임박한 위험들에 대한 중심을 허용하고 있다. 이런 의미에서, 인간안보는 인간개발에 있어 필요하지만 아마도 충분조건은 아니다. 개발 작인들에 대해, 이런 연결고리는 작인들이 자신들의 사고와 프로그램을 구분하는 것을 피할 필요가 있거나 즉각적인 안보 쟁점들과 장기간의 발전 쟁점을 분리할 필요가 있다는 것을 의미한다. 인간안보 관점에서부터, 도로를 건설하거나 다른 투자를 만드는 노력은 공동체 안에서 법과 질서를 회복하기 위한 지렛대의 힘으로 사용될 수 있다. 운영적인 면에서 인간안보 접근법으로 인해 개발 전문가들은 안보와 개발과 관련된 개인적이고 공동체적인 쟁점에 더 잘 집중할 수 있다. 어떤 면에서 인간안보는 가정과 사람들의 즉각적인 관심에 더 가까우며, 인간개발은 이런 관심의 더 넓은 사회적 체계일 수 있다.

[판단]

인간안보가 인간개발보다 더 넓거나 좁은 개념인지를 확정하는 것은 결국 타당성이 거의 없을지 모른다. 인간안보는 부족, 두려움과 존엄을 포함하는 넓은 관점을 가지고 있다. 하지만 인간안보는 이 세 가지 가장 중요한 의제에 있는 요소들에 정확한 초점을 가지고 있으며, 따라서 영향을 주는 주제나 영역의 목록을 좁힐 수 있다. 넓거나 좁은 개념에 관한 논쟁 대신에, 인간개발에 대한 인간안보 접근법의 부가되는 가치를 검토하는 것이 선호될 수도 있다. 그리고 이렇게 부가된 가치는 궁극적으로 우선순위 매기기의 문제가 된다. 마흐밥 울-하크가 확장된 인간개발 패러다임을 제안하려고 노력하고 있었을 때, 그는 인간개발 접근법에 더 직접적인 정책 관련성을 허용하는 '우선순위 구역(priority zone)'이 필요하다고 보았다. 인간안보에 추가되는 분명한 가치는 더 훌륭한 우선순위 설정을 위한 도구로서 이것을 활용하는 것이다. 결국 인간안보는 안보에 관한 것인 반면, 인간개발은 전체적으로 안보불안에 의해 위태롭게 된 복지에 관한 것이다. 그러므로 인간개발 관점이 인간개발과 행복을 가로막는 안보 침체가 무엇인지 확인하도록 인간안보는 도움을 줄 수 있다. 간단히 말하면, 인간개발은 성장하고 있는 개발이 장기적이고 낙관적인 신념으로 조정된다면, 인간안보는 '안보에 있어서 침체(downturns in security)'를 생각나게 한다. 궁극적으로 추가되는 가치는 어떤 진전도 당연한 것으로 받아들여지지 않으며 위험과 협박은 전체적인 인간개발/인간안보 사고로 더 잘 통합된다는 것이다.

그러므로 원래 1994년 유엔개발계획 보고서에서 인간안보가 '인간개발 확장(an extension of human development)'과 동일시된다면, 이런 주장은 두 가지 방식으로 진행될 수 있다. 인간안보는 인간개발의 확장인 것처럼 인간개발은 인간안보의 상호 보완적 관점이다. 인간안보는 전체적으로 개념적 야심(개발의 결과를 방어하는)이라는 의미에서 좀 더 협소하고 방어적인 개념이며, 포함된 맥락과 고려된 쟁점(갈등, 공포로부터의 자유, 존엄)이라는 의미에서는 더 넓은 개념이다. 하지만 인간안보 개념이 협소해지면 결국 인간개발이 우선순위로 선택해야만 하는 중대한 역량을 확인하는 데 있어서 실용적으로 더 효과적이 된다(Shusterman, 2005).

논쟁 2 : 닭이 먼저냐 달걀이 먼저냐 하는 논쟁

두 번째 논쟁은 인간안보가 인간개발의 전제조건인지, 아니면 그 반대인지를 질문하는 것이다. 우리가 닭이 먼저냐 달걀이 먼저냐 하는 논쟁으로 부르는 이 논쟁은 두 가지 서로 다른 담론으로 구체화된다. 하나의 담론은 공포로부터의 자유에 집중하려고 노력하는 전통적인 '안보 우선 혹은 개발' 논쟁이다. 다른 하나는 인간개발 가치에 비해 인간안보의 가치에 집중하려고 노력하는 더 미묘한 차이를 가진 논쟁이다.

물론 첫 번째 하위 논쟁은 단순히 어느 것이 먼저 오는가, 즉 개발인가 안보인가를 묻는 질문이기 때문에 분석하기는 더 쉽다. 개발 집단들 사이에서, 안보가 개발의 필수조건이 아니라면 근본적으로 공동조건이며 안보 분야에서 갈등 조정과 정상적인 지배가 개발을 달성하는 데 중요하다는 인식이 증가하고 있다. 이런 연관성은 사회-경제적 개발에 대한 이해가 집단 안보불안을 형성하기 위해 점차적으로 추가되고 가난한 사람들과 사회에서 주변화된 사람들이 직면한 무시당하고 있는 일상의 안보불안에 집중한다는 맥락에서 나타난다. 안보불안과 불평등은 갈등으로 이어질 수 있기 때문에 점점 위험한 것으로 보이며, 가난은 개발을 하는 데 있어서 나쁜 것으로 보인다. 안보를 달성하기 위한 수단은 인간개발 업무로 통합시키는 반면, 인간안보의 틀은 안보 관계와 지역에서의 개발은 다르다고 주장한다.

[표 4.3] 인간개발 체제에 부가되는 인간안보의 가치 요약

	인간개발	인간안보
개념적 목표	사람들의 선택하기 넓히기	이런 선택하기를 가능하게 하기
	더 범위가 넓은	더 범위가 좁은
	부가되는 가치 : 인간안보는 인간개발에 의해 이루어진 발전을 위한 '보증으로'써 작용한다. 사람들의 선택을 넓히는 것은 '앞으로 전진 하는 것'으로 말할 수 있다. 반면에 여기서 인간안보의 관심은 '방어적'이다. 어떤 단계도 후퇴하지 않는 다는 것을 확신한다.	
전후 관계와 쟁점의 범위	궁핍으로부터의 자유	궁핍으로부터의 자유, 공포로부터의 자유, 존엄하게 살 권리
	더 범위가 좁은	더 범위가 넓은
	부가되는 가치 : 인간안보는 궁핍, 공포, 존엄한 삶이라는 세 가지 의제에서 쟁점들의 상호관련성을 강조한다. 게다가 개발영역에 있어서 갈등 분석을 제기할 때, 공포로부터의 자유라는 기준은 개발/안보 노력이 더 훌륭한 개념화를 허용한다.	
정책과 조작적 규범	모든 역량들 향상시키기	중요한 역량들 방어하기
	더 범위가 넓은	더 범위가 좁은
	부가되는 가치 : 인간의 삶 중에서 '지극히 중요한 핵심'을 확인할 때, 인간안보는 노력의 우선순위 매기기와 달라붙을 논쟁들에 있어 부족한 것을 인간개발 패러다임에 추가한다.	

[인간안보의 필수조건으로 인간개발 사례]

인간개발은 몇 가지 이유에서 인간안보에 반드시 필요한 전제조건이라고 주장될 수 있다. 이론적인 측면에서, 인간안보는 '침체'에 집착하고 있기 때문에 인간안보는 논리적으로 개발의 양이 발생할 침체에 대비해서 달성되어야만 함을 의미하고 있다. 게다가 약화된 국가제도들과 경제위기와 결부된 허약하고 낮은 개발 수준은 자연스럽게 인간안보를 성장시키게 된다. 예를 들면, 최근 심각한 경제와 개발 침체에 직면한 라틴아메리카 국가들은 치솟는 범죄율에 대한 증인이며, 개발 침체 때문에 전반적인 인간안보에 있어서 하락을 의미한다. 개발이 감소하면 실제로 과도기 국가들이 보여주었던 것처럼 사회적 압박을 야기한다. 예를 들면, 몰도바(Moldova)에서 1998년 경제위기가 최고 정점에 달했을 때, 몰도바 국가안전보장회의는 성장, 경제, 그리고 개발과 관련된 쟁점들을 논의하였다. 왜냐하면 경기침체의 결과 '개인의 안보불안과 사회적 긴장이 증가했기' 때문이다 (UNDP, 1999c:10).

전체적으로 인간안보보다 인간개발을 우선하는 논거는 안보불안의 근원이 개발의 부족에 기인한다고 간단히 진술되고 있다. 실제로 경제적 개발 특히 인간개발에 있어서 발전(공평한 성장)은 갈등 상황의 위험을 축소시키고 탐욕 때문에 전쟁을 하는 유혹을 감소시킨다. 주민들에게 권한이 부여되고 자신의 개인개발과 인간개발에 대한 기회를 가지고 있을 때, 더 이상 탐욕이나 경제모델에 관해 전쟁을 할 이유가 없다. 이것은 특별히 국가들 안에서도 적용되고, 갈등이 대부분 국가 내에 있고 더 이상 맞서 싸우는 국가들 사이에서 일어나지 않는 시기에 관련이 있다. 그러므로 센은 빈곤이 갈등의 개연성에 강력하게 영향을 준다고 강조하면서 인간개발을 인간안보에 우선하여 위치한다고 보고 있다. 센이 주장하는 것처럼, 빈곤하다고 반드시 반란으

186

로 바로 이어지는 것은 아닐지라도, 빈곤은 집단 기억력에 강력한 영향을 일으키고 미래 사건들의 전개에 영향을 줄 수 있다. 가난은 확실히 테러와 인종전쟁을 수행하기 위한 병력을 모집하기 위한 충분한 근거가 된다. 만약 테러가 이러한 좌시할 수 없는 불의와 싸울 통로로 인식되기만 한다면, 가난이라는 좌시할 수 없는 불의는 결국 사람들이 투쟁할 수단으로 테러를 더 잘 인정하도록 한다. 전체적인 빈곤은 결국 세계에 대한 협력적이고 평화로운 가치와 접근 방식으로부터의 도덕적 소외로 이어질 수 있다.

따라서 인간개발 혹은 인간개발의 결핍이 전쟁이나 증가하는 사회불안, 긴장과 스트레스를 통해서 공개되어 있든 그렇지 않든 간에, 인간개발 혹은 이에 대한 결핍은 어떤 수준의 인간안보, 발전에 있어서 침체, 그리고 거의 조직적으로 갈등을 유발하는 극단적인 빈곤을 정당하다고 인정하는 데 있어서는 결정적이다.

인간개발에 있어서 향상은 인간안보에 있어서 향상의 기회를 증가시킬 것이다. 반면 인간개발에 있어서 실패는 인간안보에 있어 실패 위험을 증가시킬 것이다. 역시 실제적인 관점에서, 인간안보에 대한 타협을 배제하고 최대한을 요구하는 정의 중 대부분의 특징은 이미 존재하는 개발의 수준이 없다면 단순히 전달될 수 없다. 실제 예를 들면, 침체를 완화시킬 '사회안전망'을 위해 인간안보의 범위 내에서 그 필요성을 강조하는 정의는 그러한 제도들을 세우는 것이 이미 비교적 중요한 수준의 개발을 필요로 하고 그런 사회적 안보와 경제안보 계획에 자금을 조달하기 위해 국가의 안정을 필요로 한다는 것을 인정해야만 한다. 그러므로 개발 분야에서 유일하게 발전이 이루어진다면 인간안보를 통해 어떤 단계도 후퇴하지 않고 누구도 뒤에 처지지 않는다고 확신할 역량을 일으킬 수 있을 것이다.

[인간개발의 필수조건으로 인간안보 사례]

하지만 다른 한편으로, 인간개발의 필수조건으로 인간안보를 제시하는 동일한 사례도 가능하다. 인간안보는 일반적인 발전의 전반적인 목표를 넘어서 극단적인 상황과 긴급 상황에 부딪치면서 이를 취급한다. 인간안보는 우선순위와 이들을 어떻게 직면할 것인가에 관한 것이다. 우선순위로는 갈등, 자연재앙, 경제불황, 전국적 유행병의 발생 등이 있다. 어떤 의미에서, 인간개발에 관해 말하기 전에, 최소한도로 인간생존이 보장되어 있다는 확인이 있어야만 한다. 인간안보가 개발의 구성요소라는 개념 하에서, 안보는 의존변수이고 개발은 독립변수이다. 하지만 만약 안보를 개발에 반드시 필요한 조건이라고 주장한다면, 이것은 개발이 안보불안이라는 조건에서 발생할 수 없다는 것을 암시하고 있다.

그러므로 안보는 완전히 개발의 구성요소는 아니다. 안보는 개발 환경이라는 것이 더 적절한 말이다. 안보 조건은 간접적인 방식으로 개발이 발생할 것인지 혹은 멈출 것인지를 결정한다. 하지만 안보는 개발이 어떻게 발생하는지를 결정하지는 않는다. 인간안보위원회의 보고서 역시 안보불안을 공평하지 않은 개발보다 다양하고 더 심각한 논쟁으로 묘사하고 있다. 인간안보에 대한 협박은 부유하거나 가난한 국가들처럼 일정 단계의 사회적 개발에서 등장할 수 있다. 예를 들면, 소수 인종 집단들은 이전의 유고슬라비아라는 선진국에서 살고 있음에도 불구하고 안전을 느끼지 못하고 있다. 이런 사례가 나타내고 있는 것처럼, 소수의 권리는 사회적 단결을 위한 개발만큼이나 중요하다. 모든 공동체 속에 권리와 가치와 정의감이 부족한 약화된 제도를 가진 국가에서, 인간안보에 대한 주민의 위협은 당연히 증가하며 이런 안보불안은 역사적인 억압의 기억들을 상기시킬 수 있고, 결국 '타자'를 적으로 해석하게 된다. 위협은 특정 개인들이나 집단들 혹은 정당으로부터 뿐만 아니라 국가 그 자체로부터 발생할 수 있다. 동시에 인간개발 축소는 사회적 압박의 원인이 될 수 있다. 예를 들면, 많은 과도기 국가에서 경제사회 지표들의 극적이고 심각한 악화는 사회적 압박의 징후를 야기했다. 그리고 이런 악화는 인간의 잠재력에 영향을 주었는데 사회적 불평등을 증가시켰다. 이들 사례처럼 개발은 인간안보가 없다면 유지될 수 없다. 최소한의 인간안보 조건들이 충족되지 않는 사회에서, 인간개발을 성취하고 유지하기는 어렵다. 인간안보는 개발과정 그리고 개발정책과 조력의 성공을 위해 본질적인 기여를 한다. 행복과 안전과 안보에 모두 영향을 주는 많은 유형의 안보불안이 존재한다. 안보불안을 감소시킴으로써, 인간안보와 인간개발 양쪽 모두의 질은 영향을 받을 수 있다. 인간안보가 얼마나 중요하고 이것이 어떻게 인간개발의 필수조건이 되는지를 상상하는 하나의 예는 공동체 안에 학교를 짓는 교육 프로그램을 시작하는 것이다. 이전에는 아이들이 두려움 없이 안전하게 학교에 갈 수 있고 공동체가 교육체계 안에서 평화로운 가치를 증진시키기 위해 충분히 만족하고 있다는 것을 확신하지 못했다. 어린이가 안전하게 걸어서 학교에 갈 수 없다면, 학교가 있을 이유가 없다. 인간안보를 인간개발의 선험적 필요성으로 상정하는 주장은 인간개발이 지속 가능하지도 않고 너무 쉽게 위험에 빠지게 된다는 임계수준의 개념을 말한다.

이런 입장을 요약하여 말하자면, 인간안보가 없다면 개발을 위한 능력이 없거나 거의 존재할 수 없고 개발의 현존 수준을 계속할 수 있을지(sustainability)에 대한 위험이 존재한다. 인간안보를 보장하지 않는다면 인간개발은 실현될 수 없다. 인간안보의 부재는 인간개발을 이행할 능력에 의문을 제기한다. 왜냐하면 전쟁, 빈곤, 형사범죄, 성범죄, 정치적 억압, 자유로운 표현의 부재와 두려움이나 만성적인 위협이 존재하는 상황에서 사람들이 선택하기를 확대하거나 실현화하는 것은 실제로 불가능하기 때문이다. 공포와 궁핍으로부터의 자유가 획득되지 않는다면, 이런 자유는 건전한 인간개발에 장애가 된다. 인간개발이 선택하는 것에 관한 것이라면, 인간안보는 이런 선택을 가능하게 만드는 것에 관한 것이다. 인간안보가 인간개발의 필수조건이 되는 또 다른 설명의 층은 직접적으로 다음과 같은 선택의 개념과 관련되어 있다: 선택은 인간의 안보불안 환경에서 보장될 수 없을 뿐만 아니라, 실제로 전체적인 상황에 의해 선택하는 것은 방해를 받거나 왜곡된다. 그뿐 아니라 사람들의 안보인식은 그들의 낙관주의와 비관주의에 영향을 주고 선택과 행동 방식에도 영향을 미치며, 궁극적으로 그들의 삶에도 강한 영향을 준다. 그러므로 인구통계학적 행위로부터 정치적, 경제적, 그리고 문화적 삶에 참여하기까지 모든 것이 고려되고 있다. 지속적인 두려움으로부터 고통을 받는 사람들은 장기간의 발전을 심사숙고하지 않는다.

[두 관점 조화시키기: 공통의 근원, 공통 상황]

인간안보와 인간개발을 대비시키기보다 이들을 서로가 교차하는 것으로 생각하는 것이 훨씬 더 낫다. 그러므로 세력범위(그림자) 접근법 대신 임계수준 접근법(threshold approach)이 논쟁의 전반적인 매개변수에 더 적합하다. 인간개발과 인간안보는 구별될 수 없을 정도로 연결되어 있어서 둘 중 하나가 발전하면 다른 하나가 발전할 선택 기회를 높이게 된다. 반면 둘 중 하나가 실패하면 다른 하나가 실패할 위험도 증가된다. 인간안보는 개발과 인간개발 양쪽 모두를 위해 반드시 필요한 하나의 조건이다. 인간안보 위기라는 어떤 임계수준을 넘어서, 개발은 붕괴될 수 있다. 다른 한편으로 개발은 인간안보를 위해 단지 충분조건이다. 심하게 악화된 인간안보 조건에서, 인간개발 조건 역시 퇴보하고 그 반대의 경우도 동일하다. 그러므로 인간안보는 안보 조건 중 하나의 근접한 임계수준에 의해 정의되는 하나의 조건이다. 이런 임계수준 조건들 외에는 인간의 생명과 생존에 대한 높은 안보불안과 증가된 위협이 존재한다. 인간안보가 가장 큰 관련성을 요구하는 것이 바로 이 때문이다. 인간개발은 지표에 의해 측정할 수 있는 인간 조건 중 하나의 변화도(기울기)이다. 개발에 의해 발생한 조건들은 인간안보 향상에 도움이 된다. 이들 조건들은 실제직으로 무너지기 쉬운 안보 상황에 긍정적으로 기여할 수 있다. 증가된 인간안보로부터 다시 개발에 대한 긍정적인 강화가 존재한다.

부족한 개발과 널리 퍼진 안보불안은 수평적 불평등, 즉 계층, 인종, 직업, 출신지역 혹은 종교와 같은 특징에 의해 정의되는 동일한 집단들 사이에 경제적, 문화적, 그리고 정치적 재원의 불평등한 분배에 공통된 뿌리를 가지고 있다. 인간안보는 필요하지만 인간의 자아실현을 위해 충분하지 않으며 참여, 자유, 제도적 적합성과 다양성을 지지함으로써 지속적인 인간개발과 일치해야만 한다. 인권이 인간안보와 인간개발 사이의 교량으로 간주될 수 있다. 인간개발이나 인간안보 모두 인권이 일상적으로 침해받는 곳에서는 발생할 수 없다. 하지만 동시에 개발이 수평적인 평등을 보장할 수 없으며, 수평적인 평등이 없다면 잠재적인 갈등이 남아 있는 것처럼 안보불안도 그렇다.

그러므로 인간안보와 인간개발을 개념화시키기 위한 가장 적절한 방식은 이들을 공동의 조건성(co-conditionalities)으로 생각하는 것이기 때문에 논쟁은 무의미한 것처럼 보인다. 인간개발과 인간안보는 둘 다 인간의 자유와 관계되어 있으며 동일한 근원(수평적인 불평등, 인간의 안보불안)을 언급하려고 한다. 「인간안보 근황」 보고서는 이것을 "동일한 목적, 서로 다른 영역(same goals, different scopes)"이라고 표현하고 있다(CHS, 2003). 따라서 인간개발과 인간안보는 함께 진행하는 병렬적인 두 가지 과정으로 나타난다. 하나의 발전은 다른 하나가 발전할 가능성을 높이고, 하나의 실패는 다른 하나가 실패할 가능성을 높이는 것이다. 그러므로 인간안보와 인간개발은 전체적으로 상호 유익을 주는 교차-기여(cross-contributions)와 같은 종류의 개념이다. 협의의 인간안보 개념은 개발의 필수조건이다. 따라서 개발의 처음 추진력은 인간안보에 대한 관심을 확대시키는 데 도움이 되는 반면, 인간안보 역시 노력의 우선순위를 정하는 하나의 방법이다. 이런 것이 진정한 개발 사고에 있어서 부족한 것이다.

임계수준에 근거한 분석의 추가된 가치

궁극적으로 닭이 먼저냐 달걀이 먼저냐 하는 논쟁의 양측 입장 모두 동시에 진실일 수 있기 때문에, 이 논쟁 역시 무익한 문제일 수 있다(Shusterman, 2005). 예를 들면, 스튜어트는 안보와 개발을 비교해서 정의하는 데 어려움을 인정하고 있다(Stewart, 2004). 왜냐하면 인간개발이나 부족한 개발은 인간안보 불안을 발생케 할 수 있는 반면 인간안보와 안보의 부족은 높은 개발비용을 가진다는 의미에서 안보는 실제로 '개발의 내재적인 특징'으로서 나타나기 때문이다. 필수조건이라는 관점에서 생각하는 대신, 스튜어트는 인간안보와 인간개발을 동일한 점증적 과정에 속하는 안보-개발-안보 연계체(security-development-security nexus)를 언급하고 있다(Stewart, 2004). 실제로 "사회발전(인간개발)은 감소된 안보불안을 필요로 한다. … 그리고 더 포괄적이고 평등주의적인 개발은 더 위대한 안보로 이어질 가능성이 있다."(Stewart, 2004:24) 인간안보와 인간개발 간의 이런 쟁점의 통합은 정확하게 양쪽 개념이 서로 경쟁하는 것이 아니라 상호 강화시켜 주는 것으로 생각되어야 하는 이유이다. 하지만 라틴아메리카의 침체에 따른 안보(security cum stagnation)나 아시아 국가들의 비-포괄적(non-inclusive) 안보불안 성장의 많은 사례들이 존재하는 것처럼, 하나가 다른 것과 항상 같이하지 않는다는 맥락에서 스튜어트의 견해에 주목하는 것이 중요하다. 따라서 잘 움직여지기 위해, 안보-개발-안보 연계체는 특별히 잘 개조되고 미세한 조정을 요구하는 선순환으로 구상될 수 있다.

연계체라는 개념은 인간안보와 인간개발 지지자들 간에 잘못된 반감을 연결해서 반대보다는 상호연계성을 보여주려는 첫 시도를 상징한다. 예를 들면, 오웬은 안보 위협과 인간안보의 정의를 임계수준에 근거해서 주장했다(Owen, 2004:381-385). 인간안보가 무엇인지를 전후 관계상 정의하기 위해 임계수준을 사용하는 '혼성 정의(hybrid definition)'를 오웬이 주장한 것은 인간안보와 인간개발이 어떻게 서로 관련되어 있는지를 정의하기 위해 활용되는 것이며, 통합적인 묘사를 할 수 있다.

[그림 4.1]은 인간안보와 인간개발에 관한 전체적인 반응에 대한 개념적인 재현이다. 첫째, 인간개발은 성장하는 사회발전 경향과 같은 의미라고 생각한다. 둘째, 우리는 인간안보가 정적인 임계수준이라고 생각한다. 따라서 전체적인 설명은 [그림 4.1]에 제시되어 있다. 이 그래프는 양쪽 개념을 통합과 이들 개념이 독립적으로 어떻게 분리되거나 사고되는지를 제시하면서, 닭이 먼저냐 달걀이 먼저냐 하는 논쟁보다 통합적 접근 방식의 유효성을 증명하고 있다. 그럼에도 불구하고, 이런 주장은 인간안보가 인간개발에 있어서 하나의 필수조건이라는 견해를 옹호하는 사람들에게는 편향된 것처럼 보인다. 하지만 이런 해석은 정확하지 않다.

실제로 [그림 4.1]은 특정한 인간안보 임계수준 아래에 개발은 존재할 수 없다는 것을 강조하지만, 탈-발전(de-development)은 인간안보에 대한 그 영향에 있어서 동일하게 불리할 수 있다([그림 4.2]를 참조하라).

[그림 4.2]는 보편적인 이론적 관점에서 개발과 안보의 상호관련성을 제시하고 있다. 그리고 이 상호관련성은 쉽게 상황 설명이 되고 예가 될 수 있다. 따라서 [그림 4.2]는 개발 경향의 역전, 개발 침체 혹은 심지어 일반적인 탈-발전을 제공하는 포괄적 '위기(crisis)'를 확인해 준다. 그러므로 이 위기는 임계수준 아래의 인간안보 수준을 위험에 빠뜨리는 상반되는 역할을 일으킨다. 그런 위기의 많은 예들이 존재하는데, 경제적 위기를 넘어 식량안보 불안까지 확대되었던 1997년과 그 이후 아시아 국가들이 경험했던 전체적인 경제침체, 혹은 유사한 경제위기로 인해 사회적 불안과 범죄 증가로까지 확대된 라틴 아메리카의 변화들이 그 예들이다.

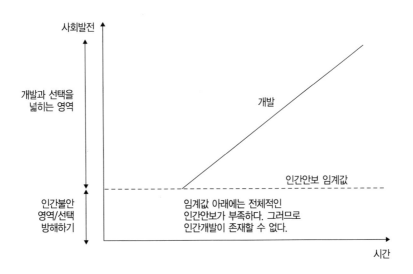

[그림 4.1] 발전으로서 인간개발, 정적인 출발점으로서 인간안보

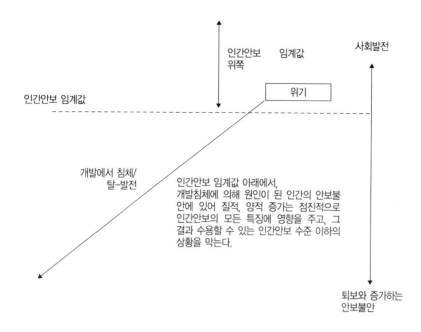

[그림 4.2] 인간안보 출발점 그리고 위기: 개발에 있어서의 침체

　'포괄적 위기(generic crisis)'는 개발 영역 외부에서부터 발생하고
인간개발에 영향을 주는, 번갈아 인간안보에 영향을 주는 인간안보
위기가 될 수 있다. 그리고 포괄적 위기는 여기서 양쪽 개념을 서로
연결시키는 연계체의 현실을 상기시키고 있다. 실제로 심사숙고된 위
기는 똑같이 무장 갈등이 돌발될 수 있고, 이런 갈등은 동시에 개발
비용과 안보비용을 가지게 된다. 스튜어트는 자격기준 붕괴로 인해
갈등이 어떻게 인간의 행복에 충격을 주는지를 강조하기 위해 아마
르티아 센의 '자격기준(entitlements)' 개념을 사용하고 있다. 자격기
준 붕괴는 사회적 비용감소를 통해 '공적 자격기준(public entitle-
ments)'뿐만 아니라 (악순환 인플레이션, 예산부족, 그리고 결과적으
로 실제 임금 하락을 통해) '시장 자격기준(market entitlements)' 붕

괴의 원인이 될 수 있다. 스튜어트의 저작을 통해 추정해 본다면, 일정한 중복([그림 4.3])과 더불어 안보-개발-안보 연계체와 함께 개발-안보-개발 연계체 역시 존재한다.

이런 개념적 통합은 심지어 더 확대될 수 있다. 인간개발을 동적인 변수로 인간안보를 정적인 변수로 가정하는 대신, 양쪽 모두 서로 강화시키는 역학(dynamics)으로 간주될 수 있다. 실제로 인간안보와 개발에서 닭이 먼저냐 달걀이 먼저냐 하는 문제는 정확하게 두 개념 모두 동적이고 정적이지 않다는 개념에서 시작된다. 이들 두 개념은 서로를 보강하고 그 관련성은 두 가지 방법이라기보다 세 가지 방법이다. 그러므로 이런 의미에서 인간안보는 단지 임계수준으로 간주되어서는 안 되고, 인간개발이라는 다양한 수준에 대응하면서 움직이는 임계수준으로 학설이 세워져야만 한다. 공포로부터의 자유에 본질적으로 근거를 두고 있는 좁은 개념의 인간안보 임계수준은 실제로 인간개발이 의미하는 발전의 추진력을 유발시키기 위해 반드시 필요한 하나의 필수조건이다. 하지만 일단 이것이 움직이고 있다면, 인간개발은 인간안보 임계수준을 궁핍으로부터의 자유와 품위 있게 살 자유를 포함하는 수준까지 향상시키기 위해 요구될 수 있는 하나의 자극을 의미한다.

[그림 4.3]에 포함된 개념을 더 확대하고 개발하기 위해서 우리는 이전 내용을 정리하면서 '좁은 개념의' 인간안보, 즉 두려움과 직접적 신체 폭력의 결과로부터의 자유가 무장 갈등, 사나운 범죄, 혹은 대규모 사회불안과 소요가 될 수 있을지라도 이것은 인간개발에 도움이 된다고 이해했다. 그리고 인간개발은 흔들리고 인간안보 불안의 토대 위에서 지속적인 사회발전 경향을 확립할 수는 없다. 첫 번째 임계수준과 관련되는 한, 인간안보는 이것의 좁은 개념을 따라 이해되고 인간안보를 인간개발에 있어 하나의 필수조건으로 두는 것이다.

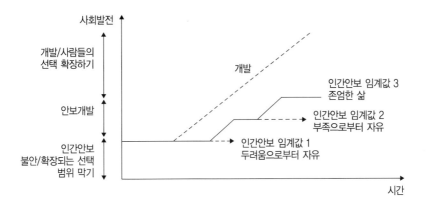

[그림 4.3] 상호 보완적 인간안보와 인간개발의 역학관계

'궁핍으로부터의 자유'인 두 번째 임계수준은 인간안보와 개발이 중복되는 첨점(cusp)에 존재하며, 거기에서 부족으로부터 자유를 보증하는 것은 인간개발에 있어 필수조건이며 다른 것들은 인간개발의 잠재적인 부산물이 된다. 실제로 막연히 이야기된 기아 혹은 식수에 대한 접근 부족과 같이 널리 퍼져 있는 위협으로부터의 자유는 인간개발을 위한 인간안보 필수조건들에 속한다. 이런 목적들을 달성한다는 것은 사람들이 생존 모델로부터 더 훌륭한 가능성과 개발적인 자기권한 부여(self-empowerment)로 전환할 수 있음을 의미한다. 다른 한편으로, 인간안보 의제의 필수적인 한 부분인 사회 안전망 설치는 인간개발이 이룩한 발전의 부산물로 나타난다. 세금 수입이 사회 안전 수준, 즉 인간안보의 임계수준을 한 단계 높은 수준까지 끌어올리는 데 도움이 되는 발전의 추진력을 주장할 충분한 재원을 생산하는 것은 경제발전을 통해서이다. 그리고 세금 수입은 생명과 생존뿐만 아니라 사람들의 복지에 대한 위협을 흡수한다.

인간개발과 인간안보 사이의 관계를 분명하게 나타내는 또 다른 방법은 [그림 4.4]와 같이 시각화할 수 있다. [그림 4.4]는 인간안보가 위기에 대응하면서 인간개발을 지원하는 방식으로 발전하는 것을 보여주고 있다. 위기가 발생한 후, 미래의 위기가 발생하는 것을 막고 위기의 효과를 제한해서 회복에 속도를 내도록 돕기 위해 인간안보를 위한 제도가 개발된다. 게다가 다음 위기가 발생할 때, 인간안보를 제공하는 대리인들은 위기로부터 학습을 하고 그 제도들은 미래의 위기상황에 최고로 대응하기 위해 강화된다. 이런 현상은 인간안보가 위기의 가능성이 멀어지고 위기의 효과들이 나타날지라도 무시할 수 있는 정도까지 인간개발을 지원하는 지점에 도달할 때까지 지속된다. 또한 이것은 완충장치로 작용하고 회복의 속도를 내는 데 도움이 되는 인간안보의 존재가 없어도 위기가 가지는 효과를 보여주고 있다.

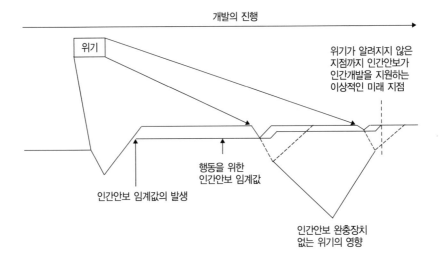

[그림 4.4] 위기에 대한 반응으로서 인간안보

결론: 인간안보 정책에 대한 임계수준 접근

정책-방향으로서, 인간안보 수준과 인간개발 경향을 서로 연결시켜 주는 움직이는 임계수준과 통합적 접근법의 개념은 위기상황에 대한 전체적인 접근 방법과 노력의 우선순위를 매기는 데 유용할 수 있다. 구체적인 의미에서, 인간안보/인간개발의 움직이는 임계수준들은 공포와 궁핍으로부터의 자유와 존엄하게 살 자유의 수준과 관련된 혼합적이고 발전적인 지표들을 통해 파악될 수 있다([표 4.4]).

그러므로 정책-방향으로, 인간안보와 인간개발에 공동으로 작용한다는 것은 근접한 곳에 있는 상황을 평가하고, 어떤 임계수준들을 지지할 필요가 있는지를 확인하고, 그에 알맞게 행동하면서 개발이나

[표 4.4] 단계적인 인간안보 지표에 대한 임계수준 접근

임계수준 1 ⇨ 긴박한 두려움	임계수준 2-A ⇨ 긴급한 부족	임계수준 2-B ⇨ 확장된 부족	임계수준 4 존엄
폭력에 직면하기	큰 어려움에 직면하기	선택과 존엄 확립하기	안전한 환경에서 살기
폭력에 의한 사망률	접근 문제와 분배적 정의: 물, 식량 안보	교육률	부패 수준과 좋은 정부 지표들
유아 사망률	영양수준: 칼로리/1일	사회 안전망	법규의 본질과 사법적 안전
치환된 인구 통계학	보건 통계학	실업률	환경문제
성폭행/성별화된 폭력 수준	비판적 접근과 보건 문제: 물, 급속하게 전염되는 유행병	수입 분배, 인플레이션, 구매력 한계	평등 수준, 만족감, 전반적인 복지, 행복

안보 목표에 우선순위를 부여하는 것을 의미한다. 갈등과 광범위한 두려움의 상황 속에서, 인간안보는 인간개발 관심보다 우선해야만 한다. 왜냐하면 일차적인 논쟁점이 주민들의 단기적인 생존을 보장하는 것이기 때문이다. 엄청난 개발비용이 든 갈등으로부터 회복되었을 때, 생존은 쟁점으로 남아 있다. 그리고 갈등 역학으로 다시 돌아간다는 것은 절대적으로 피할 수 없는 것이다. 그러므로 한 번 더, 인간 개발이 '갈등-개발' 사고에 종사할 동안 인간개발은 인간안보 사고 체계까지 손을 뻗어야만 한다.

인간안보는 안보, 개발, 그리고 권리를 포함하면서 공포와 궁핍으로부터의 자유, 그리고 존엄한 삶에 대한 자유를 반영하는 세 가지 측면의 의제라고들 한다. 정책 목표에 있어서, 이들 의제들은 '보호하고 회복하고', '예방하고 향상시키고', 그리고 '사고방식과 관점들을 변화시킬' 강력한 원칙으로 해설될 수 있다. 긴박하거나 위기상황, 즉 공포로부터의 자유라는 임계수준 아래의 결과물을 수반했던 관련된 갈등이나 자연재앙 상황에서, 인간안보는 주민들을 보호하는 데 집중하게 되고 이전 수준의 안보를 회복하는 데 목적을 두게 된다. 그러므로 인간안보는 반응이 빠르며, 이전 개발 사고방식에 있어서 인본주의적이고 지원 이해관계에 의해 좌우된다. 왜냐하면 일단 극적인 상황에서 가장 중요한 것은 사람들의 선택사항을 확대시키기 위해 권한을 위임하는 것보다는 생존하는 것이기 때문이다. 인간안보 의제의 두 번째 단계는 이번만은 인간개발이 추진력이 되고 인간안보가 그 자극을 따르면서 침체를 예방하고 상황을 전체적으로 향상시키는 것이다. 상황과 환경의 향상은 필연적으로 개발의 목적이 된다. 하지만 인간안보를 수행된 노력에 대한 초점에 적용시키는 것은 개발이 분배적 정의, 포괄적인 성장, 전체 사회 결속을 촉진하고 이전 상태의 갈등으로 돌아가는 것의 예방을 동반한다는 것을 보증한다. 이런 맥락에서 갈등 후 개발을 위한 회복 전략들(예를 들어 자연재앙에 의해 탈구되었던 경제조직들을 고찰하는 것)로부터의 사례들이 도출될 수 있다. 그리고 평화가 미리 주도권을 잡고 있을지라도 전략의 왜곡은 결국 폭력으로 이어질 수 있다. 여기서 인간안보는 정확하게 인간개발의 확장일 수 있고 반응적인 입장에서 방어적이고 예방적인 입장으로 이동하게 된다. 또한 인간안보는 정말로 일정한 개발을 통해 이룩되는 사회발전들을 보장하는 안전망이 된다. 조작적으로 이것은 갈등-회복 상황에서 평화 교육, 소액금융 계획 설립 등을 통한 권한위임으로 해석될 수 있다.

그러므로 대체적으로 이런 패러다임의 구분은 인간개발 수준이 특별하거나 확인할 수 있는 안보에 있어서의 침체 결과가 아니라 개발 유일 사고 결점의 결과로서 수용할 수 있는 임계수준 이하인 상황을 확인하는 데 연동되어 있다. 공동체와 국가 수준(법규를 유지하고 국가 수준의 안전망을 이행하는 것)에서뿐만 아니라 개인적 차원에서 역량 재건과 권한위임을 포함하여 노력들은 엄격한 보호와 회복보다 더 광범위하다. 마지막으로 증진시키기 위한 그런 노력들 역시 인간안보를 보호하고 회복시키는 것과 관련된 이전의 노력들을 토대로 하고 추구할 수 있다. 그리고 그런 노력들은 예를 들면 화해 노력에 집중하고 있으며 인간안보를 향상시키는 것이 인간안보 약화를 예방하는 데 도움이 될 수 있었다. 인간안보를 위한 마지막 강령이 세계적 수준에서 변화시키는 사고방식과 관점들 주변에 구축되어 있다. 왜냐하면 인간안보의 많은 정의들은 전체 체계 내에서 만들어진 구조적 폭력 형태들을 확인하고 있기 때문이며, 따라서 그것은 최고 수준에서 처리될 필요가 있다. 예를 들면, 세계인구의 넓은 부분에 영향을 주는 전염병에 대한 약을 제공하는 것에 대한 영향 때문에 인간안보위원회는 지적 재산권 정책을 개정하라는 필요성을 요청했다. 따라서 현재 수준에서 인간안보는, 구체적인 분야의 임무 혹은 위기상황이 없을지라도, 인간안보 개발을 위해 세계적으로 우호적인 환경을 만드는 쪽으로 방향이 맞추어져 있다(Shusterman, 2005).

5장 존엄성 담론

인간안보와 인권

앞 장에서 밝혀진 것처럼, 안보 담론에 수반되는 부가적 가치인 인간안보를 통해 누구의 안보를 위한 것이고 무엇으로부터 나오는 안보인가와 같은 새로운 유형의 문제들이 제기된다. 인간개발 담론에서 인간안보는 개발이익을 보장하기 위해 최소한의 임계수준이 필요한 이유에 대해 해명해 준다. 이 장에서의 논의는, 인권 개념과 관련지어 그 패러다임이 의무를 수반한 권리(right-cum-obligation)로 어떻게 진전될 수 있는가와 인권 개념(human rights framework)이 인간안보의 윤리적, 정치적 중요성을 어떻게 형식화하는가에 관한 담론에 관련된다. 인권은 그것이 지니는 도덕적 당위성과 규범적 속성 때문에 인간안보가 언급하게 될 위협과 관계자, 그리고 의무를 더 명확히 규정하는 방식이 될지도 모른다.

인권과 인간안보의 영역은 광범위하게 중첩되며 상호 보완적이고 서로에게 불가결한 관계이다. 유엔 인권전문가인 버트런드 람차란(Bertrand Ramcharan)은 인간안보에 대해 다음과 같이 언급하고 있다. 즉 "안보란 안전한 것, 보호되는 것이다. 안보는 어떤 위험이 없는 안전한 상태나 느낌이다. 국제 인권 규준이 인간안보의 의미를 규정하는 것을 정중히 제의한다."(Ramcharan, 2002:9) 그가 보기에 인간안보의 본질은 인권과 기본적인 자유를 존중하는 것이며, 나아가 인권 옹호가 개인적, 국가적, 국제적 안보에 도달하는 첩경이다. 인간안보의 본질은, 그것이 시민을 위한 것이든 혹은 비시민을 위한 것이든, 이주민을 위한 것이든 혹은 난민(難民)을 위한 것이든, 소수민족을 위한 것이든 혹은 원주민을 위한 것이든, 국제공동체에 의해 다듬어지고 명확히 표현된 권리와 기본적인 자유를 존중하는 것이다(Ramcharan, 2002:5). 햄슨에게 인권(법규와 관련된)은 인간안보의 세 범주의 한 요소일 뿐이다. 인권과 법규는 개인들에게는 생활, 자유 그리고 행복 추구의 기본권을 가지게 하며 국제공동체에게는 이 권리들을 보호하고 장려할 의무를 가진다는 자유주의의 기본적인 전제이다(Hampson et al., 2002:5). 인간안보의 이러한 정의에 따르면 "기본적인 인권을 인정하지 않는 것이 인간 불안전(human insecurity)의 주요인"이 된다(Ibid.:18). 사이덴스티커(Seidensticker)와 오버라이트너(Oberleitner)에게 있어서 인권과 인간안보는 상호 보완적이다. 이를테면 인간안보는 국제법의 관심을 인간중심으로 환기시킬 수 있다.

　인간안보와 인권의 개념 간의 공통부분은 무엇이고, 그 둘은 어떻게 서로를 보완하는가? 우리는 인간안보와 인권의 공통점과 차이점을 비교하기에 앞서 인권 논의의 조건에 관한 개략적인 소개로 이 장을 시작한다. 그 다음에 우리는 그 두 개념이 서로를 어떻게 보완하는가를 먼저 개념적으로 정립하고, 그 다음에 조작적으로 탐구한다. 우리는, 인권과 마찬가지로 인간안보를 문화상대주의 논쟁에 휘말리게 한 담론과 비판에서 보편성이라는 껄끄러운 문제에 대한 검토로 결론을 맺는다.

인권 담론의 조건

인권은, 그것의 존립 근거가 인간의 본성, 이성, 신성(神性)으로부터 부여받은 정신, 자연법 등으로부터 도출되든, 혹은 '인간화(humanization)'의 실천으로 달마이르가 언급한 것, 즉 정의감과 공정성의 꾸준한 함양으로부터 도출되든 간에, 그리고 역사적으로 정황상 우연에 기인하든 혹은 의도적으로 고안되거나 조작되었든 간에 인간 각자의 존엄성에 근거하는 기본권이다(Dallmayr, 2002). 인권은 처음에는 세계인권선언(UDHR: Universal Declaration of Human Rights)이 1948년에 설립되었을 때 제2차 세계대전 중에 자행된 광범위한 인권 폐해에 대한 반향으로 세계 정치에서 공식적으로 등장하게 된다. 이후 국제조약 법전들에는 인권이 망라되었으며, 그 조약들 중에는 시민적·정치적 권리에 관한 국제규약(ICCPR: International Covenant on Civil and Political Rights, 1966)과 경제적·사회적·문화적 권리에 관한 국제규약(ICESCR: International Covenant on Economic, Social and Cultural Rights, 1966) 등이 있다. 이 선언들은 포괄적으로 여러 유형의 권리들을 내포하였다. 첫째는 개인의 권리인데, 여기에는 생명권, 법 앞에서 인정받을 수 있는 권리, 잔혹하거나 비열한 형태의 형벌로부터의 보호, 그리고 인종적, 민족적, 성적 혹은 종교적 차별로부터의 보호 등이 포함된다. 둘째는 기본권 침해에 대한 법적 구제책, 공정하고 공평한 재판을 포함해서 합당한 소송권, 전횡적인 체포, 구금, 추방으로부터의 보호 등의 법적 권리이다. 셋째는 사상의 자유, 양심의 자유, 종교의 자유와 같은 시민적 자유이다. 넷째는 식량, 기본적 건강과 복지의 최저 기준과 같은 생존권이다. 다섯째는 일, 휴식, 여가, 사회적 안전과 같은 경제권이다. 끝으로 선거권과 피선거권 등의 정치적 권리이다.

냉전 초기에는 시민적, 정치적 권리와 경제적, 사회적, 문화적 권리의 조화에 관한 합의 간에 거리가 있었다. 1993년이 되어서야 세계인권위원회가 비엔나 선언 및 행동계획을 선포하면서 시민적, 정치적 권리와 경제적, 사회적 권리를 동등한 반열에 두려고 시도하였다. 그리고 인권은 특권이 주어진 한 사람이 다른 사람 위에 군림하지 않고 3대의 모든 권리를 아우르는 포괄적 의미로 받아들여지지 않으면 안 된다. 보편적, 경제적, 사회적, 문화적 권리 등의 인권이 주요 인권 문제여야만 하는 까닭이다.

인권은 그것이 지니는 도덕성과 가치에 따라 설득력을 얻게 된다. 경제성장과 갈등 완화에 유용한 요건과는 관계없이 빈곤 구제를 위한 도덕적 논란이 있다. 예를 들면 빈곤 구제의 사회적, 개인적 책임에 대한 포기의 주장은 서구 국가들이 대체로 빈곤 구제에 기여해 왔다는 사실에 근거를 두고 있다. 국가가 책임져야 한다는 것만은 아니며, 그렇다고 모든 사람이나 동일한 사회체제에 사는 이 사람과 관계되는 사람만이 책임져야 한다는 것도 아니다(Pogge, 2002:66). 그는 단지 인간이 다른 이들에게 해악을 가하지 말아야 할 것을 요구하는 인권에 관한 자유주의적 관념으로부터, 전반적으로 부정적인 의무를 강조함으로써 시민적, 정치적 권리와 사회적, 경제적, 문화적 권리 간의 간격을 메우는 제도적 협약으로 진전한다.

주체적인 인간들(human agents)은 공동으로 일해서 보답하지 않으면 생활필수품 획득이 불안하도록 누군가의 자유를 제한하는 피할 수도 있는 강압적인 체제의 유지에 그 체제의 희생자를 보호하거나 그 체제의 개정을 위해 힘씀으로써 협조하지 않을 수 있다(Pogge, 2002:69).

인권에 대한 이러한 관념은 어떤 재화와 권리에 대해 다가갈 수 있는 방법이 보장될 것을 요구한다. 그런 까닭에 빈곤 구제와 인권에 관한 포기의 주장에 힘입어 선진국들은 비시민권자(non-citizen)들이 안정되게 권리를 이용하도록 보장하게 되었다. 이러한 책임의 분산으로 인간안보 문제는 더 실행하기 편리해진다. 사실상 인간안보는 개인이 안보의 대상이자 그가 속한 사회를 책임지는 핵심적인 참여자일 때 실제로 인간중심으로 된다.

인권은 또한 인권침해에 반대되는 직무 이행 혹은 불이행을 요구한다. 어떤 위협에 대한 사람들의 안보가 인권과 위협 간에 충돌이 일어나는 특정 임계수준 아래로 떨어지지 않는다면 생존권이 그들에게 실현되는 곳에서 인권은 부정적인 측면으로부터 긍정적인 측면으로 바뀐다(Pogge, 2002:47-48). 여기에서 어떤 권리의 본질뿐만 아니라 그 권리에 확실히 다가갈 수 있는 조치를 향유하는 것이 강조되는데, 이는 인간안보의 정의(definition)에서만큼 이러한 인권에 관한 개념화에 절대 필요하다. 이와 같은 인권에 대한 이해는 그 개념의 막연함을 설명하고 인권이 존엄성을 지니는 권리로 판단할 수 있게 함으로써 인권에 대한 비판적 입장에 대응할 수 있게 해준다.

공통점과 상이점

우리가 검토한 것처럼 인권과 인간안보 간에는 부인할 수 없는 연관성이 있다. 그 두 개념이 어떻게 조작적으로 연결되는지를 토론하기에 앞서 여기에서 이러한 유사성들은 우선 이론적, 개념적 관점으로 검토된다.

첫째로, 인권과 인간안보 모두의 주요 특징은 그것들이 국가보다는 사람에 중심을 두며 양쪽 다 인간복지의 보장을 목적으로 한다는 것이다(Oberleitner, 2002). 인간안보와 인권 양자의 인간중심적 접근은 개인으로 국한되는 것이 아니라 공동체를 동등하게 아우른다. 제2차 세계대전 후의 인권협약은 명백히 개인을 국제법의 주체로 인정하는 최초의 문서였다. 이제는 이 협약이 인간안보 논의에 상당한 의미를 함축하게 되는데, 그 협약들의 법인격(legal personality)을 통하여 개인은 더욱 강력한 지위를 제공받는다.

둘째로, 두 개념은 제한적인 특징들을 공유한다. 인권과 인간안보 양쪽의 개념을 구성하는 요소들은 상호 의존적이고 상호관련성을 갖는다고 한다. 무엇보다도 인권과 인간안보는 (유엔개발계획의 1994년 보고서와 국제인권협약에서 제공된 바와 같이) 어떤 전체론적 방식으로 그들의 문제에 접근하여 안보와 권리의 상호의존성을 촉진한다. 그래서 관계자들은 상호 의존적으로 움직이고 문제는 분리하여 다루어지는 더 전통적인 '부분기반 접근 방식(sector-based approach)'을 포기한다. 마찬가지로 위협은 서로 연결되며 안보는 분리되지 않는다. 두 개념은 선순환을 강화해 준다. 이를테면 한 권리가 또 하나의 권리를 증진시키는 것 등을 일컫는다. (예를 들면 가정의 경제적 안보가 교육을 받지 않는다면 노동에 종사해 올 수밖에 없던 아이들로 하여금 이젠 능력을 지닐 수 있도록 이끌어주는 교육을 받을 수 있게 해준다.) 또한 인간안보는 악순환을 고조시키기도 한다. 즉 어떤 유형의 안보 손실이 다른 유형의 안보를 위험에 빠뜨릴 수 있다.

셋째로 두 개념 모두 자유에 중심을 두고 존엄성을 추구한다. 센은 생존의 필수 핵심은 사람들이 향유하는 일련의 기본적인 권리와 자유라고 주장한다(Sen, 2000a). 인권과 안보 모두 존엄성 추구를 필요로 한다. 인권은 인간존엄성의 침해에 대응하며 발전했다. 인간안보는 인권에 대한 위협과 권리를 억압하려는 국가안보의 관행에서 출현하여 존엄성 추구로 확장되었다. 인권은 인간존엄성에 위협을 가하는 현대국가와 시장의 출현에 상응하여 발전했다. 이러한 의미에서 인권과 인간안보 모두 인간존엄성이 추구되는 가운데 수호되며 도덕성에 근거하게 된다.

넷째로 두 개념은 그 구성요소들의 보편성과 불가분성에 대해 강조한다. 특정한 권리와 안보 요소들은 보편적으로 제한이 없다. 불가분성과 상호의존성을 갖는 인권 언어, 즉 권리, 방법과 목표 등은 서로 보강하고 있다. 정책에서 기원한 인간안보는 인권을 촉진시킬 것이며, 인권의 침해는 인간안보를 손상시킬 것이다. 인권의 내구력은 그것들이 지니는 도덕성과 윤리적 태도와 가치에 달려 있다. 인간안보는 위협과 의무를 규정함으로써 어떤 특정한 상황에서 위태로운 권리를 인식하게 해주고 인간의 삶 속에서 안보 가치의 기술적(記述的)인 특징을 제공해 준다. 인권은 상호 관계있는 도덕적 의무들을 구성하며 나아가 책임을 결정하는 데 효과적이다.

가장 중요한 것은 인권과 인간안보의 내용이 약간은 다르게 표현될지는 몰라도 부인할 수 없을 정도로 유사하다는 점이다. '공포로부터의 자유'와 1세대 인권 및 시민적, 정치적 권리 사이에는 깊은 상호연관성이 있다. 2세대 인권은 '궁핍으로부터의 자유'로 구체화되는데, 이 자유는 이전의 사회주의 국가가 지지했고 오늘날 대중운동과 관련되는 사회적, 경제적 권리를 의미한다. 3세대 권리 ― 문화적, 집단적 요구 ― 는 성장과 건강 그리고 환경의 권리에 해당되며 존엄한 생활에 관한 것이다. [표 5.1]은 1994년 「인간개발보고서」의 다양한 요소들을 인권의 개념 안에서 그에 해당되는 요소들을 지닌 인간안보의 정의에 맞춰서 설명하고 있다. 이 인권의 요소는 3대 주요 국제 인권협약(UDHR, ICCPR, ICESCR)에서 구체화된 것으로, 인권의 내용이 인간안보의 내용과 어느 정도 겹쳐지는지를 보여주고 있다.

인간안보는 위협을 강조함으로써 대부분의 중요한 인권 개념을 그 자신의 개념으로 대체하였다. 그렇지만 그 주요 관심사는 동일한 권

[표 5.1] 인권협약에 포함된 인간안보 요소

1994년 「인간개발보고서」에 의한 인간안보 요소	인권	국제인권협약의 조항과 권리
경제안보 = 보장된 기본 소득. 위협: 비고용, 임시직 불안정 고용, 자영업 저소득과 불안정 소득 빈곤으로의 이행	사회적, 경제적 권리	세계인권선언 17조(재산권), 22조(사회보장권), 23조(노동권), 24조(여가권), 25조(사회봉사권), 26조(교육권) 경제적·사회적·문화적 권리에 관한 규약 6조(노동권), 7조(정당한 노동 조건), 8조(노조 결성 및 파업권), 9조(사회보장권), 10조(가족 보호), 13조-14조(교육권)
식량안보 = 물질적, 경제적 기초식량 증대. 위협: 빈약한 분배와 구매력 결핍	식량권	세계인권선언 25조(식량·주택·의복 및 의료의 권리) 경제적·사회적·문화적 권리에 관한 규약 11조(적절한 표준 생활권-식량권)
보건안보 위협: 영양실조와 불결한 환경에서 기인한 전염병 빈자, 여성, 어린이에게 많은 위협	보건권	세계인권선언 25조(식량·주택·의복 및 의료의 권리) 경제적·사회적·문화적 권리에 관한 규약 12조(최고 기준의 보건권)
환경안보 = 보건물리적 환경. 위협: 생태계의 악화, 즉 물(수량고갈), 토지(염화), 대기(오염), 자연재앙과 경고체계 결핍	환경 정화권	경제적·사회적·문화적 권리에 관한 규약 12조(최고 기준의 보건권)
개인안보 = 물리적 폭력으로부터의 안전. 위협: 국가(고문), 타국(전쟁), 집단(종족 갈등), 개인 혹은 폭력단(범죄), 여	공민권	세계인권선언 3조(생존권), 4조(노예소유 금지), 5조(고문 금지), 6조(법인격권), 7조(법 앞의 평등), 9조(자의적 체포의 금지), 11조(적법성과 무죄 추정의 원칙), 12조(사생활 보호),

성과 어린이에 대한 위협, 산업현장 사고와 교통사고, 여성과 어린이가 특히 취약		13조(거주 이전의 자유), 14조(박해로부터의 망명권), 18조(사상·양심 및 종교의 자유), 19조(의견의 자유), 20조(결사의 자유) 시민적·정치적 권리에 관한 규약 2조(동등한 법적 보호), 6조(생존권), 7조(고문 금지), 8조(노예 소유 금지), 9조(자유와 안전의 권리), 10조(죄수 처우), 11조(채무에 의한 구금 금지), 13조(농 르풀르망 원칙[강제송환 금지원칙]), 15조(적법성 원칙), 16조(법인격), 17조(사생활 보호), 18조(사상·양심 및 종교의 자유), 19조(의견주장의 권리), 20조(전쟁과 인종차별 선전의 금지), 21조(집회의 권리), 22조(결사의 자유), 23조(가족의 보호), 24조(어린이 보호), 26조(차별대우 금지)
공동체안보 = 집단 구성원의 안전. 위협: 집단에 의한(압제적 관행), 집단 간의(종족 분규), 지배집단에 의한(예를 들면 토착민의 취약성)	문화권	세계인권선언 1조(남녀간의 평등), 2조(차별처우의 금지), 7조(법 앞의 평등과 차별의 금지), 16조(혼인평등권), 27조(문화생활 참여권) 시민적·정치적 권리에 관한 규약 2조(차별대우 금지), 3조(남녀간의 평등) 경제적·사회적·문화적 권리에 관한 규약 3조(남녀간의 평등), 15조(문화생활 참여권)
정치안보 = 기본 인권을 존중하는 사회에서의 생활. 위협: 인권침해, 예를 들면 국가 탄압 등	정치적 권리 + 민주주의	세계인권선언 21조(정치적 참여의 권리) 시민적·정치적 권리에 관한 규약 1조(자기결정권), 25조(정치적 참여) 경제적·사회적·문화적 권리에 관한 규약 1조(자기결정권)

리에 있다. 그러므로 현존하는 인권의 표준 개념과 특히 대다수 세계 국가들이 비준해 온 인권협약들은 인간안보의 개념을 조작하는 데 매우 유용할 것으로 보인다.

우리는 인권의 개념이 3장과 4장에서 연구된 개념들로부터 인간안보에 가장 밀접하다는 것을 주장할 수 있지만 그럼에도 불구하고 몇 가지의 중요한 차이점들이 있다. 인권은 주요 법적 기준과 국제적 관례에 의해 성립되는데, 그 기준이나 관례들은 인간안보 때문에 존재하지 않는다. 인권은 또한 백여 년 이상의 경험적 가치를 지니는 반면에 인간안보는 10년 전에 국제무대에서 첫 선을 보인 이래로 그 형성기에 있다. 그 두 개념은 대립하는 담론이 아니며 인간안보는 반드시 인권을 보호하는 것에 관한 것도 아니다. 인간안보는 이 권리에 대한 위협의 잠재적인 출처와 그 권리를 지원하도록 하는 법령과 정부제도를 이해하고자 한다. 국가들은 주권의 비호 하에 국제적 조사에서 보호되고 그런 까닭에 왕왕 인권침해를 무마하기도 했다. 인간안보는 국민과 국가 모두의 보호에 대한 책임을 주장함에 반하여 인권은 타인에 대한 의무를 부과한다. 인권은 분석 수단이 아니며, 인간안보가 비록 그 분석적 결함으로 인해 비판받아 왔을지라도 인권을 지지하는 것은 설득력을 갖는다.

인간안보는 상이한 위협과 약점들 간의 상호 연결 및 인과 고리의 분석을 위한 틀을 제공해 준다. 인간안보가 인권에 앞서거나 인권이 미치지 않는 영역을 탐구하는 것은 주목할 만하다. 위협을 평가하는 언어를 사용하여 인간안보는 인권이 결여될 때와 노예해방 정도의 인권에도 못 미쳐서 야기되는 불안정에 더욱 관심을 기울인다.

인간안보는 인권침해가 가능하지만 불가피하지는 않은 곳, 이를테면 갈등 상황, 자연재해, 공동체 간의 긴장 등이 있는 곳에서 위협에 맞서 즉각적인 반응을 수반한다. 위기의 예방/완화라는 인간안보의 진언(mantra)은 인권으로 덮어지지 않는 조치, 예를 들면 사회적 안전망, 조치에 대처하는 공동체 등을 의미한다. 인권은 (이론과 실제에서) 공적 권위, 즉 국가(부정적인 자유에 관한 벌린의 개념에서 설명되는 것처럼[Berlin, 1969])로부터의 보호에 초점을 맞추는 경향이 있다. 인간안보는 일련의 함축적 의미를 지닌 하나의 더욱 폭넓은 개념으로 공사 구분을 초월하는데, 이는 국가와 비국가 관계자들이 국제적 인도주의자와 인권 법령에 의해 충분히 속박되지 않는 곳에서 연이은 위협을 판단하기 위해서이다. 인간안보는 또한 이러한 위협에 반격하는 새로운 기회를 판단하는데, 말하자면 인간안보의 제공에서 비국가 관계자의 역할에 주목한다. 인권이 합법적이고 개방적으로 해석되는 반면에 인간안보는 의미가 있는 비합법적인 면을 지닌다. 그것은 개인의 일상생활과 공동체에 초점을 맞춘다. 이러한 비합법적이고 상황적인 특성이 인권의 확장에 기여하고 인권침해의 예방을 위한 토대도 마련해 준다. 인간안보의 패러다임은 권리에 최대로 공헌할 수 있는 환경을 창출하고 권리의 구현에 있어서 공인되지 않는 국가 결정권은 축소시킨다. 사이덴스티커가 주장하듯이 인권은 안보의 구실로 무시되거나 침해될 수 없다(Seidensticker, 2002). 국가안보의 패러다임을 해체하게 되면 그러한 침해에 노출된다.

두 개념의 상호 보완 방식: 부가가치

인권의 포괄적인 특성을 고려해 볼 때 도대체 우리는 왜 인간안보를 요구하는가? 두 개념이 어떻게 서로를 보강하고 강화할 수 있을까?

개념적 상보성

한편으로는 인권이 인간안보에 건전한 개념적, 표준적 토대를 제공해 주고 인간안보를 좀 더 실제적으로 작동할 수 있게 해줌에 따라 인간안보의 개념에 더욱 풍부한 의미를 부여한다. 사이덴스티커가 강조한 것처럼 "인간안보의 관심사를 인권이라는 말로 얽어매어 두는 것은 양자 모두를 보완할 수 있다."(Seidensticker, 2002)

권리가 있다면 의무가 따라야만 하고, 의무가 있다면 책임이 따라야만 한다. 이러한 인권을 실현하기 위한 도덕적, 필연적 의무는 인간안보에 적용될 수 있다. 무엇보다도 인간안보가 위협 모드를 생각하여 인권이라는 말을 전용(轉用)해 왔지만 인권의 상관되는 의무 요소를 충분히 받아들이지는 않았다. 각각의 권리와 뒤엉켜 결부되어 있는 의무에 대해 이처럼 인권을 중요시함으로써 인간안보는 유용하게 되고 더 실제적이고 활동적이게 된다(Seidensticker, 2002). 인권은 의무와 책임의 언어를 동원하여 인간안보의 수행을 촉진시킨다. 인간안보의 개념이 등장한 지 겨우 10년에 불과하고 제도화된 것도 일천한 것을 고려한다면, 유엔의 구성 국가들로부터 다수의 협약들이 승인되어 온 매우 안정적인 인권이 인간안보에 유익할 수 있다. 인간안보는 관계자(실제적으로 국가)가 그들의 책임을 이행하도록 강요하는 인권의 합법적 제도, 협정, 규약을 끌어들일 수 있다.

다른 한편으로는 인간안보는 인권에 유용하다. 유엔헌장 내용 중에 국가주권의 원칙(제1조)과 인권보호(제1조 3항) 사이에는 갈등이 존재한다. 인권을 침해하는 국가는 주권과 영토보존 그리고 방임의 원칙에 호소하여 스스로를 보호한다. 그런 까닭에 국민보호에 관심을 집중함으로써 인간안보는 인권 원칙에 맞게 정치적 균형점을 재조정할 수 있고, 유엔헌장의 갈등하는 두 원칙을 조화롭게 할 수 있는 잠재력을 지니게 되며, 국제법과 유엔 의결에 영향을 준다(Oberleitner, 2002).

더구나 인간안보는 전체론적 개념으로 인권 간의 갈등을 해결하는 것뿐만 아니라 상이한 세대의 인권 간의 상충되는 부분을 극복하게 해준다(Oberleitner, 2002). 인간안보의 패러다임은 경제적, 사회적, 문화적 권리의 공평함과 정당성을 설명해 주며, 국가의 의무와 책임을 주장하여 이 권리들을 지켜준다. 이 패러다임 안에서 그 다음에 시민적, 정치적 권리와 사회적, 문화적 권리의 정황 사이에서 균형이 회복되고 집중된다. 예를 들어 어떤 국가들은 정상적인 선거를 거친 민주주의 체제이긴 하지만 국민의 존엄성을 거부하는 극심한 빈곤은 무시한다. 인간안보는 그러한 거부 요소들에 집중적으로 관심을 두고 그 요소들이 내포하고 있는 것에 대해 논의한다. 경제적, 사회적 권리와 인권 간의 균형이 맞추어져 왔고 자유민주주의 제도들이 정치적 권리를 앙양시켜 왔지만 시장경제가 경제적 권리를 보장하지 못하는 까닭에 경제적 권리는 소홀하게 다루어졌다고들 한다. 인간안보는 '공포로부터의 자유'에 필요한 권리로 '궁핍으로부터의 자유'가 제시하는 경제적 안전망들 간의 조화를 모색한다. 경제적, 사회적 권리가 인권과 조화를 이루는 것은 권리 본위의 정치체제이다. 인간안보는 차이점들을 균형으로 인정함으로써 조화를 이루게 한다. 즉 한 권리에 대한 침해가 다른 권리의 남용이나 거부로 이어지며, 불안정은 그 권리들의 상호의존성으로 인식되어야만 한다.

인간안보는 반드시 국가주권에 대한 도전은 아니지만 국민을 보호하는 것을 국가의 책임으로 재정립한다. 인간안보는 국제적 법질서로 안전보장을 제공하는 데 있어서 비국가 단체(non-state actors)의 역할을 알려주며, 권리의 구현을 위해 부당하고 과도한 국가 재량을 축소시킨다(Seidensticker, 2002). 인간안보가 다른 관계자들을 강조하고 안보의 전통적인 관념에서 이탈되었기 때문에 국가에 중심을 둔 인권은 하나의 개념적 틀로서 국가 책임을 이끌어내게 된다. 국가적 책임은 인권의 고유한 장점이며, 인간의 요구조건들— 자유, 복지, 안전— 이 실제로 구현되는 것을 보장하기 위하여 책임 있는 행위자의 존재를 확실하게 함으로써 인간안보에 관한 관념에 신뢰를 줄 수 있다. 국가는 경제적, 사회적, 문화적 권리를 주입하는 속도에 매우 커다란 유연성을 갖는다. 이 권리들은 때로는 의무와 책임에 의하여 '점진적으로 구현'된다. 인간안보는 그러한 점진적인 구현이 열어놓은 출구를 제거함으로써 이 권리들이 이행되는 데 있어서 국가 재량을 축소시킬 수 있다.

운영상의 시사점

인권과 인간안보의 연계는 그 개념들 자체로 일련의 관련성을 갖는다. 안보, 인권 그리고 개발을 인간안보 단일 개념으로 해석함으로써 각각의 분리된 각 주제들의 목표에 좀 더 효과적으로 도달된다. 게다가 인간안보의 도덕 논쟁은 상호 관련된 인권의 실현에 기여한다. 안보, 개발 그리고 권리 — 공민권과 정치적, 경제적, 사회적, 문화적 권리 — 는 동반하여 추구되어야 한다.

[국가 행위의 한계]

존엄성과 관련된 권리는 한계를 지니고 있어서 합의가 부족하지만, 국민과 국가에 의해 보호될 필요가 있다. 글렌던(Glendon, 2000)과 도넬리(Donnelly, 2002)와 같은 저술가들은 이러한 가설이 세계인권선언으로 뒷받침되고 있다고 믿는다. 그래서 나아가 존엄성에 근거한 자유를 강조하는 인권의 현대적 개념은 책임과 연대의 개념으로 연결된다. 세계인권선언 제1조는 "모든 인간은 존엄과 권리 면에서 자유롭고 평등하게 태어났다. 그들은 이성과 양심을 부여받아서 형제애의 정신으로 다른 사람을 위해서 행동해야 한다."고 명시하고 있다(Glendon, 2000:153-154). 도넬리는 더욱이 인권이 인간존엄성에 위협을 가해 온 시장과 현대국가, 이 양자의 출현에 대응하여 발달했다는 점을 분명히 한다(Donnelly, 2002:64). 특히 현대화된 시장경제는 전통적인 공동체의 사회적 기반을 붕괴시켰고, 새롭게 이어지는 인간존엄성에 대한 위협 때문에 개인으로 하여금 인권을 생각하게 만들었다. 마찬가지로 현대국가는 혁신적인 제도로 권력을 부여받아 사람들의 권리를 침해하고, 새로이 점증하는 험악한 방식으로 급속히 늘어나는 다수 국민의 존엄성을 위협한다(Ibid.:64).

인권이 인간존엄성에 대한 위협에서 출현된 것처럼 인간안보는 인권에 대한 새로운 위협(약탈자와 유약한 국가와 같은) 때문에 나타난다. 인간안보는 국가안보의 확장으로서 인간안보의 개념에 대한 대안을 제시하는 인간존엄성 추구의 연장으로 이해될 수 있다. 인권을 다루는 접근 방법은 법적으로 그리고 도덕적으로 권리의 구현에 집중함에 반하여 인간안보에는 정치적, 경제적 권리를 행사하는 데 있어서 외부 위협의 가능성이 부가적인 동인(動因)이 되는 제3차원이 포함된다.

인도와 남아프리카에서 국가사법권의 고무적인 선례가 되는 사건들이 발생했다. 2001년 4월 인도 대법원에서는 '시민자유를 위한 국민동맹'(국내 비정부기구)이 한 탄원서를 제출하였다. 그것은 당국에서 국민의 대량 영양실조에 책임질 것을 요구하는 것이었다. 2003년 7월 잠정적인 명령을 통해 대법원은 국민이 스스로 생계를 유지할 수 없는 곳에서 정부는 그들을 위해 식량을 공급할 의무가 있다고 판결하였다. 능동적이고 독립적인 사법부를 보유한 다른 국가들은 그러한 모범이 될 사법적 실천주의를 따라갈 수 있다. 그러나 인권 장려가 충족되지는 않는다. 국가이익을 위한 국가 개입의 오용은, 국제법을 통한 박애주의적인 간섭과는 반대되는데, 가장 극단적인 경우에 권리가 침해될 때 권리를 보호할 수 있는 방법인 인간안보적 접근법으로 검증된다. 인권이 앞의 두 개념과 분리될 수 있을까? 박애주의적 노력과 개발은 점차 인권에 의해 좌우된다. 인간안보는 인권을 강화하고 그래서 그것이 주장하는 바를 굳건하게 한다. 인간안보 관념 하에 국가적 관심사는 군사적인 것으로부터 그 국민들의 권한 부여로 바뀌게 된다.

국가는 인권을 보호하는 데에 일정한 역할을 하게 되고 3대 국제협약은 이 관계에 중점적으로 관심을 가진다. 유엔헌장(1945)은 인권이 국제평화와 안보에 필수적이라는 관념에 관한 국가적 인식의 토대를 마련하였다. 세계인권선언(1948)은 "한 개인의 생존과 자유 그리고 보호"를 개인안보의 이상으로 삼았다. 1975년의 헬싱키 협정에서는 인권이 국제안보의 핵심 요소로 재확인되었으며, 인권 존중이 더 이상 국가가 관할권을 가진 문제가 아님이 천명되었다. 인간안보로 국경을 뛰어넘는 책임 기제들이 나타날 수 있다.

시민적, 정치적 권리는 국가에 의해 제한되는데, 특히 국가가 국가안보를 우선으로 고려할 때 그러하다. 국가적 이유 때문에, 그리고 특히 긴급 상황 중에 인권의 실천은 그것이 국가이익을 위협에 빠뜨린다는 이유로 억제될 수 있다는 주장이 있다. 인권 옹호자들은 이에 응답하여 국가가 어떤 권리를 억누르는 기회를 정당화하기 위하여 긴급 상황을 이용한다고 주장한다.

인권법에 따르면 시민적·정치적 권리에 관한 국제규약(ICCPR)의 조항과 관계없는 국가일지라도 그들이 "공적인 비상시에도 훼손이 허용되지 않는" 제4조의 구속력 하에 있지 않는 한 그 협약의 꽤 많은 조항을 훼손했을 수도 있다. ICCPR에 따르면 불안정한 상황에서 합법적으로 억제될 수 있는 권리 목록 중에는 자기결정권, 사법적 구제책, 평화적 집회, 이동의 자유, 그리고 전쟁 선전에 관한 금지 등이 있다. 훼손될 수 있는 혹은 긴급조치에 의해 억제될 수 있는 어떤 권리의 존재는 전통적으로 국가가 요구하는 국가안보적 관심사가 국민이 향유하는 권리를 제한할 수 있음을 의미해 왔다.

인간안보는 안보의 개념을 국가로부터 개인과 집단으로 전환시킴으로써 인권 모델을 정립한다. 그렇게 함으로써 국가안보를 근거로하는 국가의 (시민적 혹은 경제적) 권리침해가 국익을 위해 필요하다는 통속적인 합리화 논리에 맞서게 된다. 국가가 이견(異見)에 대한 억제를 정당화하고 비상시의 비밀감시와 독단적인 구금, 그리고 고문을 이용할 때, 인간안보는 안보 문제에 관한 국민들의 다양성을 설명하고 국민의 안보를 국가안보와 대비함으로써 국가안보의 고려 대상에 관해 이의를 제기하는 주장을 하게 된다. 마찬가지로 방위비가 국가안보를 구실로 국가가 지출하는 사회적 영역의 비용을 초과할 때, 인간안보는 국민의 안보에 초점을 두어 우선순위의 왜곡된 특징을 알려준다. 국가가 그들의 국민을 통치하고 안전을 보장하는 책임을 지고 있다는 관념은 로크가 제기했던 고전적인 정치이론의 일부이다. 푸코는 18세기 이후부터 안보가 점차 현대 정부의 합리적 통치 행위의 지배적인 요소가 되었다고 기술한 바 있다(Gordon, 1991). 의무와 책임은 인권 개념이 안보 영역에 더해진 것이다.

국가 개입에 대한 동기와 의무를 암시할 수 있는 「보호 책임」 보고서에 관한 관념은 — 그것이 예방 차원의 개발원조이든 국내 갈등이나 비상시의 국가 유린으로부터의 구제이든 — 권리의 보편성에서 유래하고 있다(Lucarelli, 2003). 국가의 책임은 인권의 고유한 강점이며 실로 인간이 요구하는 권리들 — 자유, 복지, 안전 — 의 실현을 보장하는 관계 당국의 존재를 확실히 함으로써 인간안보의 관념에 신뢰를 준다. 책임이 없다면 인간안보는 실제로 새로운 패러다임이라기보다는 차라리 또 하나의 이상향일 것이다. 인권 분야에서 국제적 수준의 가장 큰 도전은 그에 대한 책임 체제가 국가의 자국민 보호에 근거한다는 것이다. 인간안보는 국경을 뛰어넘는 책임 메커니즘이 나타나게 한다. 인간안보는 인권침해의 구실로 악용되는 통치권 보호수단을 약화시킴에도 불구하고 국가 책임의 문제를 국내적 문제로 국한한다. 그래서 인권은 국가 책임의 개념을 제공한 반면에 인간안보는 인권침해자들 때문에 법의 국가적 영향력을 제한하는 국내적 메커니즘을 창출함으로써 이 개념의 취약점을 중점적으로 다루려 한다. 인간안보는 권리를 장려하는 이유와 방법을 변경하는 잠재력을 지닌다. 이는 더 난해한 선택, 즉 푸코가 "국민이 우유 혹은 레몬을 말하는 것과 똑같이 우리는 법과 질서를 말해야만 한다."고 말했을 때 그가 적절히 묘사했던 권리와 안보 간의 있음직한 부조화에 개방적이어야 한다(Foucault in Faubion, 2000). 인권과 민주화를 통해 인간안보는 국가중심적 접근의 대안으로 승인받는 데 탄력을 받게 된다. 개념이 명확한 인권은 인간안보 정책에 필수적이다. 인간안보는 인권이 활성화되는 데 필요한 국가 책임의 개념을 제공한다.

국가와 시민사회가 어떻게 조직되고 핵심 가치와 과정들이 어떻게 재정립되어 강화되어야만 국제인도주의법이 보호되고 확산되는 것을 보장하는가는 이론적으로 개척되지 않은 인권의 한 분야였다. 이 공백은 대부분 인간안보와 특히 그것의 친국민적이고 인류평등주의적인 설명에 의해 충족되어 왔다. 인간안보에 의한 해결책은 국민의 존엄성을 지키기 위하여 권리와 개발 그리고 안보의 상호의존성에 초점을 맞추어서 인권을 일상 속에서 실천하게 해준다. 인권의 특성들이 보편적으로 동의되는 것은 아니지만 인권을 개념화하는 데에는 세 가지의 일반 원칙들이 유용하다. 첫째는 인권의 상호의존성이고 둘째는 개인에 대한 국가의 책임 및 의무와 사회의 책임이다. 그리고 셋째는 권리의 이행에 초점이 맞추어져야지 권리의 침해에 맞추어져서는 안 된다. 국가는 빈곤 구제를 위한 사회적, 개인적 책임을 포함하는 인권에 관한 법과 법적 제도 그리고 문화를 보장함으로써 인권에 대한 책임과 의무를 다하게 된다. 다양한 메커니즘이 떠올려질 수 있다. 예컨대 불공정을 감소할 수 있는 법적, 정치적 체제를 창출하는 것이다. 그러나 이것이 본질적으로 충분하지는 않다. 그래서 인간안보라는 과제를 좀 더 실행이 가능하도록 하기 위하여 책임이라고 하는 비용이 필요하다. 인간안보의 목적은 갈등을 예방하고 불안전의 근원을 중점적으로 다루며 인권에 바탕을 둔 세계적인 정치문화를 확립하는 것이다. 국가는 통치의 담당자이며, 인간안보는 인권이라는 렌즈를 통해 통치가 보장되도록 국가의 인간화를 강조한다.

그러나 인간안보의 개념을 어떤 권리로 고찰하면서 혹자는 현존하는 법적 체제의 한계를 인정해 왔다. 오버라이트너는 인간안보가 비국가 행위자와 비국가 위협을 포함하기 때문에 기본권보다는 폭넓은 개념이라고 추단한다(Oberleitner, 2002). 람차란도 역시 비록 인간안보를 우선 하나의 권리로 규정했지만 "통치에 있어서의 인권 전략"(Ramcharan, 2002)을 요구하는데, 즉 그 전략이란 통치의 목적이 인권의 증진이라는 것을 승인하는 것이다. 그는 두 패러다임을 평화유지와 화해 작전과 갈등 예방, 그리고 인간화 노력에서처럼 구체적인 행위들에 통합할 것을 제안한다. 그러나 그의 권고를 보면 그의 관점은 불법적 해결책을 생각하는 대신에 유엔의 전문적 위원회의 인권 침해 관련 보고서와 같은 현존하는 절차를 강화하는 데 초점이 맞추어져 있다.

[메커니즘의 강화]

인권 범죄는 법적 제재, 국제사법재판부, 법정 등에 의해 처벌받는다. 인권의 강화는 집행 당국과 개인 간의 수직적 관계에 달려 있다. 인간안보는 개인들과 그들의 책임 간의 수평적 관계를 강조한다. 그러므로 인간안보의 이행은 강요와 제재를 넘어 개인과 공동체에 권한을 부여하는 관념을 강화한다. 국제안보에서 인권에 대한 존중은 국제적 평화와 안보와 관련된다. 햄슨은 인간안보에 대한 주요 위협은 기본 인권을 부정하는 데에 있다고 주장하였으며, 국가자결권, 법규의 부재, 개발 권리가 이에 포함된다고 하였다(Hampson et al., 2002:18). 인권, 법규는 개인들이 삶과 자유 그리고 행복 추구의 기본 권리를 갖고 국제공동체가 이러한 권리들을 보호하고 증진할 의무를 지닌다는 기본적인 자유주의적 가정이다. 그러나 군사적 개입으로 강행하는 그러한 방법은 권리 자체를 적법하지 못하게 만들 정도로 논쟁과 논란에 휘말린다.

이 권리를 강화하는 전략으로 유엔 안전보장이사회의 제재 부과와 국제공동체의 압력 등이 포함되는 감시 메커니즘을 따르는 수단들이 발전되어 왔다. 제재 규약으로 인해 권리와 협약들을 침해하는 국가 및 산업체는 외국 물품, 서비스, 시장, 그리고 자본의 접근이 막힌다. 예를 들면 스미스(Smith)의 집권기간(1966-1979) 일방적인 독립선언 이후 짐바브웨(로디지아)에 대한 제재 규약, 인종차별정책을 쓰던 남아프리카공화국에 대한 제재 규약, 사담 후세인이 쿠웨이트를 침략했을 때 이라크에 대한 제재 규약, 그리고 케드라스(Cedras) 장군이 아르티스티드(Artistide) 정부를 전복했을 때 아이티에 대한 제재 조치들을 말한다.

유엔 인권위원회와 국제사면위원회와 같은 국제기구들의 인권침해 근접 감시는 정부들이 인권침해를 멈추고 전환하도록 압력을 가하여 부정적인 압력과 나쁜 평판의 확산을 피하도록 한다. 이 부정적인 압력과 나쁜 평판이란 인권이라는 언어로 수치스러움을 의미한다. 그럼에도 불구하고 새 회원의 선출은 국제사법재판소와 위원회가 법적 규준을 반포하고 민주주의적 실천을 위한 개혁조치들을 제안하는 또 하나의 방법이다. 유럽재판소와 유럽인권조약이 그 예이다. 법적 보호를 재해석하여 인간안보는 인권 강화의 좀 더 수용할 만한 조치들을 위한 방법들을 발전시킨다.

인권운동이 직면하는 주요 문제는 개인적 희생자, 인권침해자, 그리고 치유책의 일체화를 요구하는 실행의 문제이다. 이것은 정치적 의지, 역량의 부족 때문이든, 사법문화 때문이든, 많은 국가에서 자리 잡지 못한 독립적인 사법기구들을 필요로 한다(Burke, 2005). 국제법에 의해 구성된 실행 메커니즘은 더 잘사는 서구 국가형에 맞추어진다. 나아가 국제인권법에 의해 선택된 이행 방법은 모든 국가에서 동시에 쉽게 바꾸어놓을 수 없는 특정 정치적, 경제적 모델에 근거하고 있다. 체제적 저항 외에도 해당 국민들이 복잡한 절차적 규칙을 이해하지 못할 수도 있다는 위험성이 있다. 이러한 문제에 대한 해결책으로 안-나임은 이행의 더 폭넓은 전략의 일부로서 "법적 보호의 재개념화"를 제안한다(An-Na'im, 2001:95). 그렇게 함으로써 인간안보의 개념은 정부와 정책 입안자 그리고 인권의 세계적 보호자에게 긍정적인 영향을 주어 인권에 기여할 수 있다.

인권에 대한 국제적 기구들의 비준이 국가들의 재량권에 맡겨졌기 때문에 강행은 어렵다. 예를 들어 미국은 '아동의 권리에 관한 협약'과 대인지뢰를 금하는 '오타와 협정' 그리고 '국제형사재판소'에 가입하지 않았다. 이러한 책임들을 국제법으로 국가에 부과할 수 있는 방법은 없다. 심지어 비준 후에도 그러한 조약의 효과적인 실행은 정치적 의지와 국가의 사법체제에 달려 있다. 어떤 규정들은 그들에게 적용시키지 말아야 한다는 요구 역시도 국가에서는 용인된다. 이러한 체제 때문에 국가는 국가 존립을 위협하는 이례적인 공공의 위험과 같은 그런 것에 주요 인권협약들의 어떤 조항을 미적용하는 것이 허용된다(시민적·정치적 권리에 관한 국제규약 제4조, 유럽인권조약 제15조, 미주인권협약 제27조를 보라).

인권이라는 개념은 경제적, 사회적, 문화적 권리침해에 대해 효과적인 대책을 제공하지 않는다. 국가주권에 대한 존중이 잘못을 범한 국가에 대한 경제적, 사회적 책임 부과에 장애가 된다. 일부 국가들이 국민들에게 사회적, 경제적 보장을 해주는 사회정책을 펴고는 있지만, 이러한 권리를 보장해 주는 국제위원회는 존재하지 않는다. 현재의 인권 개념이 지니는 또 하나의 문제점은 권리침해에 대한 편협한 정의이다. 많은 책임이 국가에만 적용되어 비국가 행위자를 배제한다. 다국적 기업의 힘을 생각해 본다면 이것을 간과했다는 것은 심각한 문제이다. 예를 들면 쉘(Shell) 석유회사가 나이지리아의 오고닐랜드에서 심각한 환경오염으로 피소되었을 때, 그 회사는 책임을 회피하며 "급속한 인구증가, 과도한 농장 운영, 삼림 파괴와 산업화"를 비난했다(Maier, 2000:95). 그러나 국제법이 점차 이러한 비국가 위협을 인지하게 되는데, 이를테면 유엔 안전보장이사회 결의안 1373조(2001. 9. 28)에 따르면 국가는 테러리스트 행위를 조장하는 기업체의 재산을 동결하지 않으면 안 된다.

최근 인권은 정치적으로 교묘히 조작되어 간섭받아 왔으며 일부 국가들은 그들의 주권이 위협받을 수 있음을 감지하는 것이 분명하지만 그러한 사실이 인권 그 자체가 거부되어야만 하는 것을 의미하지는 않는다. 울 하크는 인권의 침해를 서구의 간섭에 대한 합리화의 문제로 다루었다(Ul Haq, 1998). 그는 급작스럽게 발생하는 세계적 위기에서 지도력을 제공하도록 유엔 안전보장이사회와 견줄 수 있는 인간안보이사회(HSC: Human Security Council)의 창립을 제안했다. 그는 훨씬 소극적인 간섭주의적 자세가 군인보다는 차라리 개발 노동자들을 잠재적 갈등지역으로 보내게 될 것이고 인간안보이사회 내에서 개발도상국의 의사를 보호한다고 주장하였다.

인권과 인간안보에서의 '가치' 논쟁

위에서 언급한 유사성은 별개의 문제로 하고 인권과 인간안보는 모두 보편적 특성으로 설명되고 이 근거 위에 비판받는다. 그래서 보편성과 문화의 문제는 이 논제에서 본질적인 주제이다(Castillo et al., 2005). 인권은 그것의 전체론적 관점으로 문화적 상대주의를 극복하게 해준다. 이렇게 하여 인권의 주요 도전 중의 하나, 즉 실제로 보편적이지 않은 비난이 인간안보와의 결합을 통해 극복될지도 모른다. 특히 아시아 국가들은 전통적으로 인권의 보편성을 무시해 왔지만 경제적 발전에 대한 지대한 관심 때문에 폭넓은 개념의 담론을 인간안보로 점차 용인하고 있는데, 인간안보와의 고유한 연결 고리 때문에 인권이라는 주제에 더 개방적일지도 모른다. 그 결과로서 그 국가들은 전통적으로 서구 국가에서는 무시되어 왔던 인권의 경제적, 사회적 부문을 강화하는 데 그런 식으로 기여하게 될지 모른다.

보편주의란 어떤 대상이 차별 없이 모두에게 적용되는 것을 의미한다. 인간안보에 관해서 울 하크는 "인간안보는 보편적이고 세계적이며 불가분적인 것으로 간주될 것"이라고 주장했다(Ul Haq, 1998). 1994년의 「인간개발보고서」는 인간안보를 "하나의 보편적인 관심사이다. 부국이든 빈국이든 모든 곳에서 사람들에게 관련된다. 실업, 마약, 범죄, 오염 그리고 인권침해와 같이 모든 사람들에게 자주 일어나는 위협들이 많다."고 선언하였다(UNDP, 1994). 동시에 「인간개발보고서」는 그들이 느끼는 강도가 일부 국가와 다른 국가들이 차이가 날지 모르지만 인간안보에 대한 모든 이러한 위협들이 실제로 존재하고 현재 진행 중이라는 것을 인정한다. 무엇보다도 인간안보위원회 (CHS)의 보고서 「인간안보 근황」은 사람들이 필수적인 것으로 생각하는 것이 "개인과 사회 전반에 걸쳐 변화한다."는 것을 인정하였다. 그럼에도 불구하고 두 보고서 모두 인간안보가 보편적으로 적용될 필요성을 강조하였다.

비록 인권의 보편성이 매우 논란의 여지가 많은 주제이긴 하지만 그 옹호자들은 그 논란을 인권의 기본적인 특성 가운데 하나라고 주장한다. 이는 국제인권법에서 또한 확인되는데, 이를테면 1948년의 세계인권선언과 1993년 비엔나의 세계인권위원회가 그것이다. 세계인권선언의 전문에는 그 선언이 모든 사람들과 국가들을 위해 이루어지는 업적에 대한 공통되는 기준으로 명시되어 있다. 예를 들면 선언문 제1조는 "모든 인간은 존엄성과 권리에 있어서 자유롭고 평등한 존재로 태어났다."는 것을 선언하고 있다.

위에서 언급한 보편적인 선언들에도 불구하고 이 주제에 관한 아주 예리하게 정제된 비판들이 존재해 왔다. 이를테면 달마이르는 예컨대 재산권이 아주 당연하게 보편적 요구가 될지 모르지만, 이는 재산의 중요성과 그것의 행사에 대한 정당성이라는 아직 다루어지지 않은 과제를 남긴다는 견해를 피력하였다(Dallmayr, 2002). 과연 특정 권리가 얼마나 현실적이고 적용 가능하며 유연하고 광범위한가? 그것이 다른 권리들과 어떻게 결합될까? 유사한 과제는 인간안보를 적용시킨다. 궁핍으로부터의 자유를 위해 어떤 한계가 존재할 수 있으며, 예컨대 그리고 그 한계가 실제로 어떻게 반영될 수 있을까?

좀 더 중요하게 다루어지긴 하지만 사회적, 역사적, 문화적 맥락에서 권리의 분리 가능성을 문제시하는 상대주의자들은 특히 대다수의 인권 지지자들이 서구의 시민들과 밀사(密使)들이라는 점에서 보편주의의 선언을 반대해 왔다. 달마이르는 메시지의 속성과 메신저의 역할 간의 구분에 대하여 언급한다(Dallmayr, 2002). 단연코 메신저의 기원은 그것의 제안된 혹은 의도된 효과나 결과와 어떤 관계가 있을 수 있다. 유사한 비판들이 인간안보에 대해 전개되어 왔는데, 일부 사람들에게 인간안보는 서방이 지배할 뿐 아니라 특히 간섭을 통해 개발도상국의 이익을 침해하기 위해 간단히 조작된다고도 인식되어 왔다. 소위 서구적 보편성에 대한 가장 뛰어난 비판가들은 '아시아적 가치'와 '이슬람적 가치'로 알려진 것들에 대한 지지자들이다. 이것은 실제로 비록 인간안보에 관한 한 그에 대한 불일치가 동-서만큼이나 서-서와 동-동에 많을지라도 그러하다(Acharya, 2001). 그럼에도 불구하고 문화적 문제의 중요성 때문에 문화적 비판은 비판 그 자체를 인권과 인간안보라는 두 개념의 가장 지배적인 요소의 하나로 강요해 왔다.

결국 인권과 인간안보에 겨누어진 어떤 비판은 특정한 문화, 즉 아시아적 가치에 대한 옹호자들에게서 나온다. 비록 그 비판이 그 자체로 문화적 상대주의에 근거하는 것은 아니지만 비판 글들이 특정한 문화에서 나오고 그래서 인간안보와 인권에 대한 그 문화의 해석에 근거한다는 바로 그 사실에 의해 그 비판은 보편주의에 대한 도전이 된다(Castillo et al. 2005). 아시아적 가치의 옹호자들은 인간안보와 인권 두 개념 모두에서 그와 관련된 비판의 목록을 수집해 왔다. 이는 인간안보가 아시아에서 입안되는 국가정책이나 지역정책에 거의 영향을 미치지 않는 이유를 말해 주는 것일 수도 있다. 인간안보가 비록 지역 담론으로 점차 비중이 커지게 되었을지라도 말이다(Evans, 2003).

논쟁은 동아시아에서 시작되었다. 동아시아는 아시아적 문화 가치가 아시아로서는 독특하면서도 상대적인 것으로 이해되고 서구적 가치와 동일시되는 인권 개념과는 구별되는 것으로 파악되는 지역이다. 개인과 권한 부여에 초점을 맞춘 서구와는 달리 아시아적 가치는 사회적 조화, 개인의 이익에 대한 공동선의 우위, 관습의 보존, 연장자와 권위에 대한 존중, 그리고 통치권에 대한 절대 존중과 같은 목적들을 포함한다. 아차리아는 동양의 인간안보를 서양의 인간안보와 구분하려고 시도하였다(Acharya, 2001). 동아시아 국가들은 인간안보에 관해 미심쩍어 하고 있는데, 그것은 인간안보에 대해 서구 사회가 그들의 가치와 정치제도를 비서구 사회에 심어놓으려는 것으로 이해하기 때문이다. 인권이 간섭에 이용되어 국가주권을 위협할 수도 있다는 두려움 또한 있는데, 이는 이 국가들에게는 매우 중요한 문제이다.

일부 아시아 지도자들은 인간안보가 새로운 것이 아니라 포괄적 안보나 협력 안보와 같은 것이라고 주장하고 있다. 그러나 아차리아는 인간안보가 울 하크와 센 같은 학자들의 공로로 아시아적인 전통을 지닌다고 강조한다. 달마이르는 아시아적 가치에 관한 논쟁을 통해 권리가 문맥으로나 판단된다고 지적하고 있지만 이것이 권리가 지니는 보편성을 희석시키지는 않는다고 말한다(Dallmayr, 2002).

일부 동아시아 지도자들은 아시아적 가치가 자유로운 언론과 같은 서구적인 개인주의적 원리로 인하여 훼손되었다고 주장하였다. 그러나 로버트슨은 이 국가들의 국민들은 평소 모든 사람에게, 모든 장소에서 실제로 통용하는 소위 서구적 가치인 권리를 오히려 좋아하는 것으로 밝혀졌다고 지적한다(Robertson, 2002). 동아시아 국가 지도자들이 내부 저항을 억제하고 그 정권들의 인권침해를 비호하기 위해 서구적인 권리의 개념을 비판하는 것이 대중운동을 통해서 드러나고 있다. 그러나 이 단체들은 서구 국가들도 똑같이 비판하는데, 그 국가들이 사회적, 경제적 권리를 보장해 주는 것이 아니고 개발도상국의 종속적인 기업으로 다국적 기업과 다른 행위자들이 권리를 침해하게 놔두기 때문이다(Burke, 2005). 아시아는 복잡 다양한 철학적 토대를 가지고 있다. 예컨대 힌두교의 가치는 의지하는 어떤 것과 그에 경합하는 다른 것이라는 복수의 가치를 추구하는 경향을 띤다. 유교와 이슬람의 가치는 이 가치들 안에서 차이가 있다. 게다가 일부 아시아 국가에서 채택된 세속적 가치는 권리에 대한 보편적인 이해를 주도해 왔다. 이들의 사회에서 인권 옹호자들과 다른 진보적인 운동들이 이 권리에 대한 분명한 목소리를 낸다. 이를테면 인도의 달리트(Dalit) 권리 운동이 그것이다.

많은 아시아 사회는 민주주의와 연방주의 같은 서구적 관념을 그들의 정치체제에 적응시켜 왔으며, 그래서 인권의 적응이 가능하다. 무엇보다도 역사와 교류 문화의 발달이 사상과 제도를 형성해 왔다. 따라서 어떤 아이디어가 지닌 장점에 관해 조사하기보다 '서구'라서 거부하는 것은 온당치 못하다. 아시아인들은 인간안보 논쟁에 기여해 왔으나 그것을 전유하지는 못했다. 인권과 인간안보의 결속은 예컨대 인권의 보편성이 그릇되었다는 비판을 완화시켜 준다. 아시아 국가들은 인간안보가 경제적, 사회적 안보에 초점을 두고 있고 개발과 연결된다는 점에서 인권에 대한 담론보다는 인간안보를 수용하려는 데 더 적극적인 것으로 보인다(특히 1997년의 후기 아시아 재정위기).

결론

인간안보에서 인권에 대한 핵심내용은 액스워시와 같은 저술가들이 강조해 왔다.

인간안보는 본질적으로 개인의 안전이 국제사회에서 우선적인 관심의 중심에 있고 국제적 행위의 동력인 세계사회를 건설하려는 노력이다. 그 세계사회는 국제적인 인권 표준과 법규가 발전하여 개인을 보호하는 하나의 일관된 망으로 짜인 사회이며, 이러한 표준들을 어긴 자들에게 완전히 책임을 지울 수 있고, 우리의 세계적이고 지역적인, 그리고 이 둘 모두를 아우르는 양면적인 — 현재와 미래의 — 제도들이 이 표준들을 고양하고 강화하도록 성립되고 갖추어지는 사회를 말한다 (Axworthy, 1999b).

인권의 실제적인 시험은 그 이행과 책임 메커니즘에 있다. 현행 인권 모델은 국가에 의한 침해에 근거한다. 경제적 권리의 경우 한정된 경제적 자원을 가진 어떤 국가기구가 그러한 긍정적인 권리의 '진보적 실현'을 실제로 위반할 수 있다고들 한다. 예를 들면 경제적·사회적·문화적 권리에 관한 국제규약 제2조는 한 국가가 실제로 그 국가의 의무를 이행해야만 하는 것에 관해 강조함에 있어서 무기력하다. 국가는 점차 경제적 권리의 완전한 실현에 도달하는 것을 바라고 그가 가진 최대한의 가용한 자원으로 조처를 취해야만 한다. 초기 소비에트 모델처럼 국가가 더욱 강력해져서 권리를 부여하기보다는 억제하게 된다는 것은 경제적 권리의 보증인으로서의 국가에 대한 다른 논거이다. 이러한 맥락에서 인간안보는 국가가 자유시장 모델 옹호자들보다 공평함을 책임지고 박탈된 자들에게 존엄한 삶이 주어지도록 그 박탈의 원인을 수습할 것을 강조한다.

인권과 인간안보의 관계는 인간안보가 국민으로 하여금 '권리에 근거한' 접근으로 해결을 모색하도록 해주면서 인권이 인간안보를 주도하기 때문에 공생관계이다. '무엇 위에 있는 권력'이라기보다 '무엇을 위한 권리'의 호소이고, 그것이 궁극의 목적이다. 그러한 까닭에 상호 보완하는 이 영역들 간에는 밀접하게 중복되는 부분이 있다. 그래서 인간안보에 대한 내부 논의는 단지 성장의 지침이나 권리침해가 아니라 권한을 부여해 주기 위함이요, 인류평등주의의 발달이며, 사회체제를 해방하기 위한 것이다. 이는 인권과 인간안보가 그들의 개념에서 구상된 대로 작동한다면 그 두 개념은 상호 보강해 줄 뿐만 아니라 서로에게 필요하다는 것을 더욱 명쾌하게 보여준다.

제 2 부

시사점

제작된 모든 총, 진수된 모든 군함, 발사된 모든 로켓은 궁극적으로 배고프고 굶주린 사람들, 춥고 헐벗은 사람들로부터 도둑질한 것이라고 보면 된다.

아이젠하워

6장 저개발과 갈등

악순환의 고리인가?

폭력의 뿌리는 노동 없는 부(富)이며, 양심 없는 쾌락, 인격 없는 지식, 도덕성 없는 상술, 인간애(人間愛) 없는 과학, 희생 없는 숭배, 원칙 없는 정치이다.

간디

이 장에서는 인간의 개발과 안보 간의 원동력에 관한 개념적 논의를 확대하여 인간안보의 중요한 기본 분야의 하나인 갈등 상황과 관련된 문제들에 관한 논의가 이어진다. 그러므로 이 장은 인간안보가 모든 분야에서 야기하는 주요 상호연계성을 밝히려고 한다. 즉 저개발은 위험해서 갈등이 발생하기 쉽다고 보며 갈등을 피하기 위한 개발의 필요성을 안보 문제화하려는 것이다.

탈냉전기는 개발 중재 효과에 영향을 주는 요인들뿐만 아니라 개발이 영향을 미치는 환경들을 상당히 바꿔 온 변화하는 갈등의 본질로 특징지어진다. 갈등이 더 이상 국가간에 현저하게 발생하는 문제라고 볼 수는 없지만 국가 내부에는 존재한다. 세계의 최빈국 20여 개 국가 가운데 15개 국가는 과거 20여 년 동안 대부분의 갈등을 겪어 왔으며, 새천년개발목표(MDG: Millennium Development Goods)와 가장 거리가 먼 34개 국가 중 22개 국가가 갈등을 최근까지 혹은 현재까지도 겪고 있다. 갈등과 인간안보의 관계는 이중적으로 겹쳐진다. 첫째로 갈등은 저개발과 불만에 의해 유발되는 반면에, 일단 분열이 우연히 발생하게 되면 확실히 인간안보를 악화시킨다. 갈등은 인간의 존엄성을 앗아가면서 사람들을 비인간화하고, 고통을 가중시켜서 새로운 유형의 불안을 초래하는데, 이 불안은 갈등이 끝난 후에도 지속되는 경우가 간혹 있다. 그러므로 인간안보의 증진은 갈등 후 복구 과정의 우선 관심사들 중에서 고려되어야만 한다. 갈등 이후 회복 단계들은 특히 그 단계들이 폭력의 재발 주기에 취약하기 때문에 변화를 촉진하고 분열을 치유하고, 불평등을 제거하며, 근본적으로 권력의 사회적, 정치적, 경제적 기초를 재조형하는 기회이다. 갈등의 분석과 예방 그리고 회복의 이해는 원조 개발 관계자들이 계획의 기획과 이행 그리고 평가를 위해 갈등에 민감한 전략들을 염출해 내는 데에 절대적으로 필요하다.

개발 관계자는 한때 인도주의자와 외교 관계자 그리고 군사적 관계자가 경멸했던 상황, 즉 갈등과 탈갈등 상황에 머무른 채 점점 더 관여하게 된다. 지속적인 관여는, 어느 한 국가의 안전과 실업자와 빈곤층뿐만 아니라 질병, 마약, 무기, 환경재앙, 그리고 여권 없이 국경을 넘나드는 위험 요인들을 수용하게 되는 세계와 지역 국가들 모두에 대한 '위협'으로 저개발을 규정하는 1990년대 개념상의 전환에서 비롯된다. 그러한 까닭에 개발은 점차 갈등 예방 문제와 관련된다. 이러한 개념적 전환으로 (OECD/DAC, 세계은행, UNDP와 같은) 개발 관련 당국들은 수적으로 증가하기에 이르러 갈등 상황에서 가변적인 원조와 개발에 적합한 운영 수단들을 통합하게 된다.

이 장에서 우리는 먼저 안보와 개발 담론들을 통합에 이르게 해온 개념적 전환을 살펴본다. 다음에는 전쟁의 원인을 설명하는 다양한 모델들이 검토되는데, 그 모델들은 갈등을 경제적 기회 탓으로 돌리는 것에서부터 사회적, 정치적 불만을 요인으로 고려하는 것에서 유래한다. 인간안보의 관점에서 이들을 평가한 후에 우리는 국제조직이 갈등 상황에서 어떻게 일하는지에 관한 운영 양상을 살피게 된다. 끝으로 인간안보적 접근이 갈등을 이해하고 측정하고 다루는 데 바람직한 이유라고 할 수 있는 어떤 장점들에 관해 결론 내리기에 앞서 인간안보적 접근을 활용하여 평화구축의 과제들을 검토한다.

불안정과 저개발: 위험한 연계

전쟁과 저개발의 인과 고리는 아직까지 충분히 탐구되지 않고 있지만 전쟁으로 야기되는 경제적, 사회적, 정치적, 환경적 비용이 개발 과정을 더디게 하거나 멈추게 하거나 심지어 후퇴시킬 수 있다는 증거는 확고하다. 분명히 개발 과정이 더디거나 초기 단계인 빈국들에게는 실로 들어맞는 말이다. 무엇보다도 빈국들은 대체로 부국들보다도 내부 갈등에 더 고통을 겪는 경향이 있다. 빈곤과 갈등 간의 잠재적 인과관계에 관한 일치된 견해나 빈국들이 전쟁에 시달릴 가능성이 더 높다는 사실이 이러한 증거로 나타난다(Rodier, 2004). 사회 주변부에서의 갈등은 개발 침체의 결과이자 개발 침체로 귀착된다. 갈등이 반개발 과정으로 비춰졌지만 이번에는 저개발 역시 위험하다. 저개발은 국내적 갈등으로 이어질 가능성이 있을 뿐만 아니라 실업자와 빈곤층의 이주, 에이즈와 사스와 같은 질병, 마약거래와 범죄 등과 같은 새로운 위협이 더 풍요한 사회로의 '수출'로 이어지기 때문이다. 저개발이 잠재적으로 위험하게 비춰진다면 개발은 갈등 예방에 관여해야만 한다. 개발을 하나의 안보전략으로 재개념화하는 발상은 이러한 견해에서 나왔다.

개발에 대한 재정의는 또한 자유주의적 평화 모델에 따라서 변화하는 세계적 기준이나 패러다임에 부합한다. 소련의 종말, 그리고 이와 더불어 냉전의 종식이 신자유주의적 경제 모델에 대응하던 대안들의 종언을 인정했다. 자유주의 승리는 고립된 국가정책의 생산이 상식적인 견해와 경험으로 연결된 세계적 관계자들과 국가 엘리트들이 조작한 네트워크화된 해결책으로 전환되었음을 의미하였다. 전쟁은 개발을 후퇴시키는 현상이었던 반면에 평화는 국가간의 강화된 상호의존성과 경제적 연결고리를 증진하여 얻어질 수 있었다. 따라서 냉전의 종식으로 개발을 신자유주의 기준에 근거한 전체 사회의 사회적 변화로 재개념화하는 최선의 기회가 제공되었다. 사회는 과거의 관행이 반복되지 않는다는 것이 보장되도록 변화되어야만 했고, 그리고 사고방식은 모든 일상에 영향을 미치는 체제의 개방을 기꺼이 받아들이도록 달라졌다.

자유주의적 평화 모델은, 개발과 안보의 융합이라는 맥락 안에서 나타났는데, 자유주의적 경제기구의 책임과 개방사회의 민주적 실천을 평화 강화 수단으로 주장하기에 이르렀다. 국제조직들 간의 합의는, 그들이 1990년대의 유엔이나 국제금융기구(IFI: International Financial Institution)들일지라도, 정치경제 체제의 동시 개방과 더불어 증대되는 경제적 상호 의존과 국제평화를 촉진하는 하나의 재정적 수단으로서의 공통적인 민주정체 간의 상호작용이라는 칸트 철학적 요청에 근거하였다. 1990년대 중반까지 빈곤과 싸우고 개발을 독려하며 그런 까닭에 평화와 안정을 추구하는(민주주의 국가들이 서로 싸우지 않을 것임을 고려한다면) 정부의 최선의 형태로서 민주주의는 자동적으로 유엔 체제의 기준이 되었다. 저개발 국가가 위험에 빠져 있다면 요구되는 개발의 유형은 자유주의 모델에 토대를 두는 것이었다. 말하자면 그것은 변화시키는 개발인데, 자유주의적 시장의 자기관리로 인식되며, 사회적 절차를 변화시키는 것이다. 격렬한 갈등의 근원을 중점적으로 다루고 평화를 향한 지역적, 국가적 역량을 지원함으로써 개발은 격렬한 갈등을 완화시킬 수 있다.

자유주의적 기준에 입각한 개발과 안보의 융합에 관한 합의는 얼마간의 실천적인 시사점을 지니고 있다. 위험하고 불안정한 것으로서의 저개발에 대한 관념은 계속된 감시와 충돌에 대한 정당성까지도 제공하였다. 결과적으로 인도주의적 관심사는 점차 국제적 개입에 대한 도덕적 정당성을 제공하곤 했다. 무력 충돌은 갈등 기간(갈등 전, 갈등 중, 갈등 후) 전반에 걸쳐 지속되었다. 안보 목적을 통해 원조 조건이 성립될 수 있었으며, 개발은 점차 국가안보 전략의 일부가 되었다. 평화의 중재자들은 지속적으로 평화를 유지할 수 있는 개발의 필요성을 이해하였다. 개발 수행자들은 격화되는 갈등 중에 그들이 중재하는 것이 위험한 것임을 인식하였다. 인도주의적인 관계 당국들은 장기간의 중재의 필요성을 인정하였다. 경제학자들은 탈갈등 재건 개념에 대하여 정치경제적 접근을 포함하려고 시도하였다. 탈갈등 상황들은 변화를 촉진하고 권력의 사회적, 정치적, 경제적 기초를 근본적으로 다시 개조하고, 소외된 자를 끌어안아 분열을 치유하고 불평등을 제거할 기회로 비추어졌다. 이러한 교감은 또한 개발을 재해석하여 구제-개발-재건 간의 연속을 갈등 예방으로 의미하게 되었으며, 그래서 개발은 평화구축과 동의어가 되었을 것이다.

갈등과 개발의 관계가 점차 분명해지면서 안보의 관념을 세계적인 개발 과제 안에서 통합하려는 시도들이 있었다. 1948년 유엔헌장은 전쟁, 개발과 인권을 명백하게 연계시켰다. 1960년대 세계인권선언은 '개인의 안보'와 '사회안보'를 포함하였다. 1970년대 유엔 식량농업 기구는 '식량안보'라는 개념을 만들어내면서 나아가 개발과 안보의 개념을 병합하였다. 1980년대 브란트위원회(Brandt Commission)는 세계의 불안정을 세계적 불평등 및 저개발과 분명히 연결시킨 바 있다. 1980년대 후반 환경은 개발 노력에 집중되었다. '지속적인 개발' 창출 과정에서 갈등은 지속 가능성의 하나의 핵심 요소였다. 이러한 점진적 변화로 갈등과 안보가 개발 노력에서 어떻게 점차 하나의 중요한 요소들이 되어 왔는지가 밝혀졌다. 이는 '인간안보'의 개념이 출현했던 1994년의 「인간개발보고서」로 집약되었다.

전쟁에 대한 그러한 해석은 개발을 지향하는 원조 공여국들의 책임에 직접적으로 관련된다. 개발과 안보 담론을 통합함으로써 정세 분석가들은 점차 경제적, 사회적 요소들을 그들이 생각하는 갈등 모델 중에서 폭력의 근본 원인으로 파악하기에 이르렀다.

원인 이해를 위한 접근법: 탐욕과 불만

개발의 안보화와 안보의 인도주의화는 갈등의 가능성 때문에 일어나는 저개발의 충격뿐만 아니라 개발로 일어나는 갈등의 충격에 대한 새로운 조망을 의미하였다. 소통의 오해와 실패, 그리고 뿌리 깊은 인종적, 종교적, 문화적 긴장과 적대감 등을 포함해서 내란의 원인들을 설명하는 많은 이유들이 제시되어 왔다. 그러나 아주 최근까지 갈등의 정치적 경제학은 갈등의 경제적 비용 이상 학문이나 정책의 범주에서 자주 연구된 분야는 아니었다. 이러한 빈틈을 극복하려는 시도가 몇몇 연구에서 독립적인 전문 연구자들에 의해 진행되어 왔는데, 후에 특히 개발을 원조하는 데 종사하는 기관들인 국제적 기구들에 대한 연결고리를 명료하게 하였다. 내란의 근원적 원인들에 관한 다양한 경향의 분석들 중에서 전쟁에서의 경제적 기회에 관심을 모은 탐욕론과 더 주관적인 집단 인식인 불만론에 관한 논의가 있어 왔다. 이러한 새로운 경향들은 갈등에 기여했다고 여겨지는 정치적 요인들에 관한 더 전통적인 분석들과는 다르게 사회적, 경제적 과정에 초점을 맞추었다.

탐욕 모델

　무장 세력의 경제적 요구를 이해하려고 했던 세계은행과 국제평화학회(International Peace Academy)에 따르면, 폭력(그리고 좀 더 엄밀히 말해 내란에서의 갈등)은 흔히 집단들이 약탈품을 갈취하는 기회로 비춰진다(Collier and Hoeffler, 1998; Collier et al., 2003; Collier in Berdal and Malone, 2000). 그 연구 결과들은 많은 냉전 후 내란이 단순히 정치적 의도를 꾀했던 것이 아니라 차라리 강한 경제적 동기와 문제로 일어났다고 결론지었다. 탐욕은 권력과 자원을 쟁취할 기회로 여겨졌다. 전통적인 현실주의 이론들을 통해서 전쟁을 다른 수단에 의한 정치의 연속으로 간주하는 대신에 탐욕론자들은 갈등이 다른 수단에 의한 경제의 연속으로 비춰질 수 있다는 결론을 내렸다. 전쟁은 축재(蓄財) 방식으로서의 사업과 폭력의 도구로 한층 더 잘 이해되었던 것이다(Collier in Berdal and Malone, 2000). 게다가 세계은행의 한 연구 결과에 따르면 세 가지의 핵심 경제요소들은 한 나라가 내란에 쉽게 휩쓸리게 한다는 것이다. 폴 콜리어(Paul Collier)가 세계은행에서 발표한 1965년부터 현재까지의 대규모 내란의 원인들을 조사한 경험적, 계량경제학적 연구에서는, 전제조건이 같을 경우 갈등의 가장 좋은 예측 요인은 낮은 평균 수입, 교육 기회가 불충분한 청년 수, 낮은 성장률, 그리고 원유, 재목, 다이아몬드 같은 원자재(약탈할 만한 자원들일 수 있는) 등의 높은 수출 의존도 등으로 추정되었다. 앞의 두 요인은 정부에 이반된 젊은이들 사이에서 잠재적인 반군(反軍) 신병들의 공급원을 배태시키고 있는 반면에, 세 번째 요인은 재정 갈등의 잠재적인 원천의 하나였다. 세계은행의 연구에서 눈에 띄는 갈등의 또 하나의 중요한 결정 요인은 '갈등의 올가미'인데, 이 갈등의 올가미란 과거의 갈등으로 인해 경제가 약화되어서 반복 경향이 있는 잔혹 행위라는 유산으로 남겨진 것이다.

콜리어는, 전쟁이 일어나기 쉬운 국가들에게서 공통되는 요인이 그 국가들의 빈곤이라는 경험적인 증거에 근거해서 불평등과 정치적 억압 그리고 종교적 분열이 폭동과 갈등의 심화를 예견하는 데 실제로 중요하지 않다는 것을 입증했다. 이 모델의 설명에 따르면 전쟁은 권력 장악이 아니라 갈등이라는 악행을 통해 재정적으로 이득을 취하는 데 관심을 갖는 자들에 의해 일어나며, 내전은 반군 집단들이 풍부한 재정 자원 동원이 가능한 대규모 조직을 건설할 수 있을 때나 일어난다고 한다(Collier, 2001:151). 반란은 여전히 저항이라는 말로 그 행위를 정당화하고 계속 병력의 모집을 위한 이유로 그것을 활용한다. 하지만 사실상 반군 지도부가 언급하는 그 지역 주민의 억압, 불공정한 대우, 희생의 강요는 사람들로 하여금 그들이 부당한 처사의 희생자라고 인식시킴으로써 비탄이 각인된 원인이 된다(Collier, 2001:155). 데이비드 킨(David Keen)은 전쟁이 개발 과정의 파괴로 비춰질 것이 아니라 차라리 평화 시에 범죄로 처벌될 만한 행위들에 적법성을 부여하는 것과 같은 이점이 있는 대체 방식으로 비춰져야 한다고 주장하였다(Keen, 1997). 탐욕 모델을 옹호하여 킨은 약탈, 무역 통제, 무기매매를 통한 이득, 강요된 노동의 이용(미얀마, 수단에서처럼), 지역의 인구감소와 전승자(戰勝者) 지역으로의 이전, 그리고 인도주의적 원조의 선택적 활용의 예를 인용하며 그의 이론을 뒷받침하였다.

콜리어의 경우 정부가 전쟁을 통제하기 힘들게 만드는 분산된 인구와 험준한 지형과 같은 지리학적 요인들이 전쟁에 기여하는 부차적인 요인에 포함된다. 그러한 지역은 정부로 하여금 집단 이주(diasporas)라는 생활방식과 그들의 집단 기원에 대한 낭만적인 집착 때문에 반군의 자금을 조달함에 있어서 그들의 역할은 물론 어떤 전쟁의 역사를 가진 지역에서의 전쟁 반복의 위험과 전쟁을 통제하는 것이 힘들게 하여 불만을 다독이게 할지 모른다(Collier, 2001:151). 콜리어는 또한 그 나라를 지배하기에 충분한 대규모 집단이 존재하지 않는다면 불평등을 적게 느낄 수 있고 반란 세력을 조직하는 것이 더 어렵게 되기 때문에 인종적, 종교적 다양성이 전쟁의 위험을 방지할 수 있다고 믿는다. 탐욕 반영 이론의 주장에 따르면 정부는 국제 공동체의 원조로 반란 세력들이 조직되는 것을 더 어렵게 함으로써 주요 위험 요소들을 감소시킬 수 있었다. 이 방법들은 다음을 포함한다. (a) 효과적인 기본 공공 부문의 편의를 제공하는 데 세입을 활용하여 반란 세력들이 인기가 없도록 만드는데, 이는 반란 세력들의 경제적 부(富)에 대한 약속들에 대해 사람들이 현혹되지 않게 하는 것이다. (b) 반란 세력의 재정적 생활력을 검토해서 반란 집단들이 일용품들을 더 판매하기 어렵게 하는 것이다. 예컨대 세계적인 협조로 앙골라와 시에라리온의 게릴라들이 요구할 수 있는 무기 구매용 다이아몬드(conflict diamond)들의 가격을 깎아내림으로써 그리고 무기 구매용 보석들을 평판이 좋은 보석상에서 추방되도록 하는 검증된 과정을 통해서 무기 구매용 다이아몬드의 거래가 억제되어 왔다. 다른 방법들로는 이들 사회에 대한 다양성을 촉구하고 국제적 원조를 목표로 하며, 낮은 수입을 증가시키고 경제적 쇠락을 전환하기 위하여 정부가 경제성장을 보장하고 국민들의 생활수준을 개선할 수 있는 방법을 채택함으로써 자연자원 수출의 의존에 대처하는 것이 포함된다. 구조적으로 소수의 권리를 확립하고 집단의 권리만이 아니라 개인의 권리도 입법화함으로써 인종적 지배를 예방하는 조치들 역시 취해질 수 있다. 좋은 통치, 인권존중과 민주주의는 집단들의 평화적 공존을 보장하는 데 필수불가결한 것으로 파악된다. 이러한 조치는 또한 안보 세력의 무기가 반란 세력들에게 넘어가는 것을 막는 군비 통제정책을 배척하였다. 교육의 평균 기간이 갈등의 위험을 약 20% 까지 줄이고, 연간 성장률의 5% 증가마다 역시 갈등의 위험을 약 20%까지 감소시키는 것으로 추산되었다(Collier, 2000: 97).

콜리어는 탈갈등 회복 단계 중에 정치적 충돌의 일반화와 항구적 인 '불만의 고취'를 경계하였다. 이를 위하여 그는 정책 입안자들이 반란 조직의 해산과 전통적인 정당으로 그 조직을 편입시킴으로써 군사적 선택을 제거하는 것을 주장하였다. 이때 공여국들은 평화협정 의 상징으로 제한적인 원조를 제공해도 좋다. 그러나 그러한 조정안 도 약탈이 충분히 수지에 맞는다면 소용없게 된다. 다른 방법들로는 반군 전투원들에게 합법적인 일자리를 제공함으로써 무장을 포기하 는 유인책을 제시하는 무장해제, 해산, 재통합(DDR: disarmament, demobilization, reintegration)이 포함될 수 있다. 그는 주요 목적이 재산의 재분배라기보다는 인식의 변화라는 적어도 최소한의 불만을 처리함으로써 정치적 경쟁 자체의 해결을 주장하였다. 국제공동체는 군대 주둔과 보호 언약을 통해 소수세력을 보호해 줄 수도 있을 것이 다.

세계은행의 분석 일부는 어떤 소수세력이 전시경제(war economy) 를 통해 갈등으로부터 얻은 재정적 이득으로 풍족한 생활을 하게 되 어 갈등을 지속하는 데 기여할 수 있다고 공언한 콜리어의 저작에 근 거를 두고 있다(Collier et al., 2003:4). 세계은행에 따르면 갈등의 영 향 하에 있는 국가에게 안정화와 경제회복의 전망은 대체로 무장해 제, 해산, 재통합 계획의 성공에 의존하며, 특히 더 후기 국면의 교전 했던 자들을 재통합하는 것은 하나의 생산적이고 평화적인 생활로 이끄는 것이다. 그 연구 결과를 활용할 수 있게 하기 위하여 세계은 행은 점차 제도적, 인적 능력 구축과 특히 안보 인원을 위한 봉급 지 불에 초기 원조를 사용하는 것에 전념하게 되었다. 다른 정책 구상으로는 지역적으로 합의된 군사지출 감축, 자원 의존 국가들에게 가격 충격(price shock)을 흡수하는 정책, 자연자원으로부터 나오는 이익의 할당에 대해 불만의 소지를 감소하는 자연자원 세입의 정부 활용에 대한 투명한 공개와 조사 등이 포함되어 왔다.

그러나 험프리스와 같은 학자들은 경제적 불평등과 갈등 간의 상관관계를 보여주는 증거를 찾아내지 못했으며, 나아가 구조적인 조정 계획이 갈등의 증가에 이르렀다는 것을 암시하는 증거는 없다고 주장하였다(Humphreys, 2003). 그럼에도 불구하고 험프리스는 동시에 문화적으로 형성된 집단간의 구조적인 불평등으로 규정된 수평적 불평등이 갈등 상황의 모습이며, 구조적 조정과 함께 세계은행은 역시 교육, 긍정적인 행위, 정치제도의 창출 등을 옹호해야 한다는 것에 동의하였다. 대부분의 다른 연구들은 빈곤이 본질적으로 불평등과 폭력적인 갈등의 심각한 구조적 원인이라는 콜리어와 호플러(Hoefler)의 가정에 동의하였다(Saether, 2001). 일부 전문가들은 민주주의를 내부적 평화의 선결조건으로 보고 재건과 예방에 있어서 국가의 절대적 역할을 인정하였다.

탐욕 모델의 결함

하지만 탐욕 모델은 민족성이 어떻게 그리고 어떤 역사적인 국면에서 침략적 국민성으로 전화(轉化)되었는지에 대한 물음에는 해답을 주지 않는다. 민족주의 의식이 어떻게 조직화되고 발휘되는가? 인종적 민족주의 운동이 언제 군사화하게 되는가? 이 모든 변화는 주관적인 과정과 문화에 대한 분석, 그리고 이들 지역의 변화에 연계되며, 그것들 중 어느 것도 순전히 궁핍이나 탐욕의 경제적 데이터로부터 연역되지는 않는다. 이러한 종류의 분석은 민족성, 성(性), 정치적 경제, 혹은 군사화된 의식의 본성에 관해 언급하지 않는다. 그것은 갈등의 역사와 착취, 식민정책, 그리고 심지어 권리까지도 그럴듯하게 해석하곤 하였다. 그런 식으로 계량경제학을 통하여 불만과 탐욕의 동기와 같은 감정들을 면밀히 측정하는 것은 어렵다(Mack, 2002a: 296).

갈등에 대한 탐욕론적 분석은 억압과 권리침해에 반발하여 일어난 사람들의 실제 불만에 기인한 운동과 투쟁을 논리적으로 간과하는 경향이 있다. 이 운동과 투쟁은 도덕적으로 정당화될 수 있는데, 이를테면 동티모르 독립을 위한 투쟁, 네팔에서의 친민주주의 갈등, 혹은 팔레스타인 자치구를 위한 운동 등이 그것이다. 법으로 금지되거나 과격한 요소들이 그러한 운동에 가미되기는 하지만, 반드시 그들의 목표나 이상 그리고 목적들이 왜곡되지는 않는다. 탐욕 반영 모델에서 그러한 운동은 '범죄적 정책'을 감행하는 어떤 불미스러운 조직과 똑같이 치부되며, 처음에 그러한 운동이 촉발된 깊은 구조적 원인들을 검토하지 않고 그 운동을 억압하는 무력의 사용이 합법화된다.

무력 갈등의 본질은, 그 갈등이 주관적인 동인(動因)과 객관적인 동인이 일치한다는 것이다. 예를 들면 파키스탄의 이방인(Mohajir) 갈등이 시민권을 얻기 위한 투쟁일 때 그것을 '탐욕'이라는 틀 안에 밀어 넣을 수 있을까? 탐욕 모델이 스리랑카 갈등에서 타밀 족에게 소수 의식을 각인시키는 싱할라 족 민족주의에 대한 회상(回想)을 어떻게 설명할 수 있을까(Coomaraswamy, 1986)? 이것이 탐욕과 조직화된 범죄로 폄하될 수 있을까? 인도의 북동부 지역에서 많은 민족적 반대 운동들이 기득권을 조장하여 갈등 경제가 탄생됨에 따라 변절된 반정부 운동으로 되었지만, 그 운동들은 자치권을 얻기 위한 운동으로 시작했다. 모든 무장 반란과 전쟁 그리고 다른 형태의 저항을 하나로 뭉뚱그려서 콜리어는 국가가 약탈적이었을지라도 극단적인 반대보다는 현상 유지가 우세하다고 주장하였다. 그는 반란에 어떠한 적법성도 없다고 생각하고 전쟁의 수단들(자금이 공급되는 반란의 필요성), 반란의 본질과 목적(변화/권리 등을 추구하는 것), 반란의 동인(탐욕)의 의미를 '조직화된 범죄'로 축소하였다. 적법성(legality)과 정당성(legitimacy)을 혼동함으로써 콜리어의 모델은 국가가 갈등에서 어떤 책임이 있을지라도 국가에 대한 무제한적인 지지에 이르게 할 수 있었다. 예컨대 르완다에서 프랑스는 민족적 혐오와 폭력이 국가 자체가 행사하는 하나의 도구였던 시기에도 끝까지 하비아리마나(Habyarimana) 정권을 지지하였다.

탐욕 논리에서 도출된 모델은 흥미롭게도 전적으로 '지역에 한정되는' 탐욕에 초점을 맞추다 보니 그 결과로 많은 갈등 지역에서 자원 문제에 관한 어떤 이해관계를 갖는 그러한 갈등에서의 초국적 관계자들의 탐욕을 고려하지 않았다. 실례로 많은 다국적 기업들이 자연자원에 관심을 갖고 그래서 갈등의 투자자가 되었다는 것은 누차 연구되어 왔다. 더욱이 그 모델은 모든 갈등에서 일정한 역할을 담당하는 국제적인 지하경제의 역할을 간과하였다. 노드스톰은 전 세계 경제의 놀라울 정도의 양이 지하경제를 통해 유통된다고 주장하였다. 앙골라에서 90%, 케냐와 이탈리아 그리고 페루에서 50%, 러시아에서 40%와 미국 경제에서의 10-30%가 초국가적 거래로 편입되었다(Nordstorm, 2004:11). 그녀는 전쟁에 필수적이고 아주 뜻밖에도 개발의 과정에 중심적인 것은 '지하' 망으로 불리는 것, 바로 이러한 초국가적 거래 체제임을 확실한 어조로 지적하고 있다(Ibid.).

탐욕 모델의 위험은 시장 조건을 개선하거나 혹은 갈등의 근원을 다루지 않고 어떤 집단들에게 원조해 주는 것에 제한을 두는 협소한 방식의 갈등 해결을 제시하는 데 있다. 그러한 최소한의 조정으로는 갈등의 새로운 소용돌이를 막을 수 없다. 이 협소한 접근 방식으로 정의(正義)가 더 큰 역할을 하는 불만 모델이 나타나게 되었다. 그러므로 전쟁과 저개발 간의 단선적인 인과성은 없지만, 그것들의 연계성이 인간안보적 접근에 의해 더 역동적으로 고려되어야만 하는 것은 분명하므로 수평적 불평등의 가능성 있는 공통된 근원을 수용한다.

정의의 문제: 불만 접근법

갈등의 이유들에 대한 더욱 전통적인 인식에 근거한 불만 모델은 스튜어트와 옥스퍼드 대학의 연구원들에 의해 회생되었는데, 그들은 갈등의 원인들로 불평등, 유약한 법령, 빈곤과 사회적 공공 부문의 부족과 같은 국가와 시민 간의 사회적 계약의 실패에 관심을 집중하였다. 그들은 전쟁이 본질적으로 집단 행위이긴 하지만 개인적 동기가 갈등을 연장할 수 있다는 점에 주목하였다. 전쟁과 저개발의 경제적, 사회적 원인들에 관한 연구에서 그들은 종교, 계급, 민족, 당파와 지역적 이익, 그리고 각자에게 차별대우 받는 정치적, 경제적 자원을 둘러싼 집단의 형성을 범주화하였다. 사회경제적 기회, 부(富)와 권력 분배의 차별대우로 나타난 집단들 간의 수평적 불평등은 그들이 자신들의 존재감을 역사적으로나 감정적으로 부여받은 상황의 불평등과 연관지을 때 개발이익 분배에 대한 '불공정'의 감정으로 이어질 수 있다(Stewart, 2000). 권력의 불평등과 불균형은 경제적 불평등으로부터 성(性), 인종, 종교, 민족성 등에 이르기까지 단기간의 불만뿐만 아니라 장기간의 불만 원인들을 포함할 수 있다. 그것은 이 불평등의 단순한 존재가 아니라 '불공정'에 대한 집단적인 정서로, 적의(敵意)를 품어 왔던 다른 집단들 중에서 공유하는 권력과 개발이익의 왜곡된 분배에서 유래된다. 정치구조가 불평등을 처리하고 특정 집단들의 지배를 억제하는 데 실패하면 갈등을 촉발시키는 불만족이 이어지게 된다.

스튜어트 등은 시장에 의해 공급되거나 시장 생산물에서 획득된 재화와 용역에 대한 법적 권리인, 아마르티아 센과 마사 누스바움 (Martha Nussbaum)의 수혜권에 대한 개념을 적용하여, 갈등 기간 동안의 사적, 공적 경제의 붕괴가 수혜권의 쇠락을 야기하는데, 이는 갈등 속에서 기득권과 희생들을 창출해 내는 비공식 네트워크의 역작용이라는 것을 밝혔다(Stewart and Fitzgerald, 2000). 그들은 권리를 거래의 권리, 직접적 권리(같은 가족이 공유하는 주거지에서 생산되고 소비되는 재화와 용역), 공적 권리, 시민적 권리, 초법적 권리 등의 다섯 가지의 기본 유형으로 분류하였다. 전쟁은 필수 물자들의 분배가 중단됨에 따라 사회경제적으로 소외된 집단들이 심각하게 영향을 받고, 경제 행위의 변화로 점차 경제적으로 취약한 상태에 놓이게 되어 심각한 거시경제 문제(GDP, 국내 저축, 투자 혹은 정부지출 등의 하락)가 잇따르는 상태가 수반된다.

스튜어트의 주장에 따르면 정치 지도자들은 집단 정체성 개념과 집단의 응집 및 동원을 권력과 자원을 차지하기 위한 그들의 경쟁에서 강력한 기제로 활용한다. 그 아이디어를 더욱 확장시켜 스튜어트와 피츠제럴드는 "전쟁을 치르는 동안 더 큰 비중을 차지하는 인적 비용이 전사상(戰死傷)으로부터 직접적으로 발생되는 것이 아니라 갈등으로 초래된 경제와 사회의 궤도 이탈로 유발된 생계 위협에서 '간접적으로' 기인된다."고 강조하였다. 그들은 간혹 물리적 폭력이 아니라 식량과 의료시설의 부족 탓에 발생하는 민간인의 죽음이 군사적 손실을 능가한다고 주장하였다. 그들은 '인도주의적 원조'와 '개발 협력'에서처럼 직접적인 인적 비용과 장기간의 개발비용을 분리하는 것에 대해 경고하였다. 악화된 식량 및 교육과 같은 인적 비용은 또한 개발에 악영향을 주고 산업기반의 붕괴나 수출의 퇴조 역시 직접적으로 인간에게 고통을 유발한다. 빈곤 구제와 지속적인 개발 도중 일어나는 갈등의 부정적인 영향을 고려한다면 갈등 예방은 효과적인 장기 개발 노력의 중심이 되어야 한다. 오스트비는 콜리어와 다른 연구자들이 연구했던 것처럼 민족 집단 간의 불평등이 흔히 갈등으로 치닫는 반면에 수직적 불평등이 무력 갈등을 유발하는 것이 아니라고 제시했다(Ostby, 2003:8). 그는 갈등을 유발하는 것은 더 많은 민족적 차이와 동원을 요구하며, 그 실제 이유는 구조적인 상대적 박탈감에 있다고 주장하였다.

불만 이론은 비록 권리침해, 민감한 공동체 간의 내부 문제를 다루는 데 있어서 국가들의 편향되고 판에 박힌 본성과 같은 문제들에 대해 적절하게 지적하지는 않지만 공동체들의 열망을 고려하고 있다는 점에서 설득력이 있다. 스튜어트와 다른 연구자들은 내전이 집단 갈등들로 조직화된다는 점에서 특정한 개인보다는 집단 수준의 갈등에 초점을 맞추었다. 불만 모델은 갈등이 정상적인 경제적 성장의 붕괴라는 브레턴우즈 기구(Bretton Woods Institution)의 입장에 이의를 제기한다. 그래서 이 모델은 갈등을 고찰하도록 성장 자체의 유형을 재조사하는 인간안보적 연구가 갈등을 예방하는 더 전체론적이고 효과적인 방식임을 지적하였다.

수평적 불평등은 갈등을 야기하기에는 충분치 않지만 정치지도자들이 활용할지도 모를 정치적 동원을 위한 집단 정체성을 구축하는 토대를 제공한다. 집단 동원의 복잡한 메커니즘을 고려한다면 수평적 불평등 모델은 갈등으로 가는 어떤 직접적인 작용 원인은 아니다. 그러나 그것은 절대적 빈곤, 과거 역사, 그리고 지역적, 국제적 배경 등을 포함하는 다른 변수들과 함께 인간안보 모델이 갈등을 조사하고 예방하는 데 사용해야만 하는 많은 투입요소 중의 하나이어야만 한다는 것이다. 이러한 맥락에서 그러한 시각을 견지하여 전쟁과 갈등을 관찰해 온 일부 다른 모델들을 검토하는 것은 유용할 것이다.

관점의 변화: 다른 갈등 모델

저개발이 폭력적인 갈등을 직접적으로 유발할 수 있다는 것은 아니지만, 유약하고 비효과적인 정치제도뿐만 아니라 빈약한 사회적, 경제적, 환경적 조건이 확실히 비폭력적 방식으로 사회적 긴장을 관리하는 사회적 역량을 떨어뜨린다. 궁극적으로 악화된 사회적 긴장과 갈등의 인과관계는 수평적, 수직적 불평등, 표현의 부족, 사회적 주변화, 정치적 배제와 인권침해 전력(前歷)에 놓여 있다고 할 수도 있다

갈등 예방의 자유 평화적 접근법

1990년대 중반까지 민주주의는 빈곤에 맞서고 개발을 독려하며 그리하여 평화와 안정을 도모하는 최선의 정부 형태로 비춰지게 되었다. 도일과 같은 자유주의 이론가들은 신자유주의 양식에 기초한 민주주의 체제와 자유시장 경제체제의 사회들은 서로 충돌하지 않는다고 믿었다. 무역으로부터의 상호 이익과 공공 여론의 힘이 전쟁을 피하게끔 하였다(Doyle, 1983). 이 모델은 서구가 민주주의적 제도와 자유주의적 경제 수단의 출현에 기인하여 장기간 지속적인 평화를 경험했다는 믿음에 근거한다. 그 이론은 민주적이지 않은 개발도상국은 위험하고, 요구되는 개발 유형은 신자유주의 모델에 근거하고 있다고 가정한다. 여기에서 신자유주의 모델은 자유시장의 자기관리로 인식되는데, 그것은 사회적 과정을 변환시키고 폭력적 갈등에 대항하여 영향을 미치게 될 것이다. 민주국가들은 국민들에게 더 책임 있고

협상과 민주적 변화를 통하여 갈등을 해결하게 해주는 제도를 시행하고 있다. 예컨대 2005년 맥의 「인간안보보고서(*Human Security Report*)」는 자유주의적 평화에 관한 논의를 이용하여 민주국가들이 극적으로 증가한 결과[1946년의 20개국에서 2005년의 88개국] 무력 갈등이 1992년 50회에서 2003년의 29회까지 극적으로 감소해 왔다는 것을 보여주고 있다(Mack, 2005). 그럼에도 불구하고 그 보고서는 공평하게 추진되는 개발, 소수 권리의 보호, 권한 부여, 그리고 갈등을 이해하고 해소하는 인간안보적 접근이 갈등을 가장 잘 해결할 것으로 생각되는 투입 요소들임을 인정한다.

현대의 갈등이 무엇보다도 국가 안에서 존재하고 그래서 국내적으로 영향을 미치는 까닭에 자유주의적 평화이론은 내전에 관해서만 초점을 맞춘다. 그러한 모델은 어떤 예들을 인용하기 위해 북아일랜드의 이탈 운동이나 에스파냐의 카탈루냐 독립 운동을 제시할 수 없다. 민주주의가 서로 싸우지 않는다는 관념은 유엔 체제 안에서 그 자체만으로 하나의 규범이 되었다. 비록 이것이 역사적으로 옹호될 수 없고 민주주의 국가들이 다른 국가들과 선수(先手)를 치는 전쟁들을 수행해 왔을지라도 말이다. 파키스탄이 민주적으로 나와즈 샤리프(Nawaz Sharif) 정부를 선출했을 때에 인도와 파키스탄의 카르길(Kargil) 갈등은 그러한 전쟁이 일어나는 것을 다시 보여주었다. 자유주의적 평화 논의는 현재와 과거의 갈등에 휩싸였던 대부분의 국가들이 더러 세계은행과 국제통화기금이 제시한 정책들을 따른다는 사실을 무시하였다. 9장에서 논의할 것처럼 단지 자유주의적 정치제도 설립 승인이 필연적으로 평화주의적 모델을 보장하지는 않는다. 그뿐 아니라 정의의 원칙들을 보장하도록 하는 공정한 경제정책과 시장의 국가 통제는 지속적인 평화를 보장하는 데 필요하다.

기타 갈등 분석 모델

종속이론가들은 제3세계의 갈등이 식민주의 역사와 연결되어 있으며, 불공평하고 착취적인 국제무역 체제에 뿌리를 둔 세계적 불평등과 사회구조의 불균형, 그리고 세계체제의 불평등과 연결되어 있다고 주장해 왔다. 그들은 무역에 관해 공평하고 더 나은 조건을 촉진시키는 모델의 근거가 되는 1970년대의 대체 국가를 옹호한다. 급진적인 비평가들은 금융자본과 새로운 형태의 제국주의 존재에 대한 주장을 갈등의 원인 중의 하나로 계속 이용했는데, 이를테면 미국의 이라크에서의 간섭과 중동정책에 근거한 국가이익이 그것이다. 탐욕 이론처럼 또다시 이 모델도 그것의 경제 중심의 논리로 과잉 결정될 수 있다.

다른 이론가들은 새로운 세계질서의 경제, 신자유주의적 국제화와 그것의 효과가 새로운 갈등을 배출해 내고 기존의 갈등은 악화시켜 왔다고 주장한다. 국제화 정책의 결과로 나타난 불평등의 상승은 테러리즘, 물이나 환경 관련 갈등으로 현실화되는 새로운 위협과 갈등으로 귀착하고 있는 중이다. 2005년 「인간안보보고서」는 국내 갈등이 점차 감소하는 반면에 안보체계의 독점화는 광범위하게 증가해 왔다는 것을 밝히고 있다. 아시아 국가에서 시민에 대한 군대의 비율은 높아져 왔다. 이는 군사화가 계속되며, 민주정부만으로는 평화에 충분한 유인책이 되지 못한다는 것을 가리킨다. 칼도와 다른 이론가들이 밝힌 바에 따르면 민족적, 국가적 수준의 폭력의 여파는, 1980년대 이래 보스니아, 르완다, 소말리아와 같은 1990년대의 전쟁과 소련의 몰락 및 그 몰락으로 발생한 러시아와 신생국들의 잇따른 경제적 붕괴 속에서 권위주의와 정권 교체의 토대를 제공해 왔다(Kaldor and Vashee, 1997). 치명적인 갈등 예방에 관한 카네기위원회의 최종

보고서는 "놀랄 만한 인구증가를 통한 세계의 급속한 밀착, 기술적 진보와 경제적 독립이 쉽사리 이용 가능한 치명적 무기의 공급과 쉽게 전이되는 집단 증오의 전염과 폭력에의 자극과 결합"되어 새로운 형태의 갈등의 증식기(增殖器)로 작용한다고 기술하고 있다(Carnegie Commission, 1997). 대부분의 이러한 갈등 모델은 탐욕과 불만을 둘러싸고 양극화하며, 경제적 원인에 초점을 맞추어 정치경제적 접근방법을 이용한다.

접근법의 종합

무장 갈등의 원인에 대한 대부분의 학문적 접근은 대략 탐욕 대 불만이라는 이분법적 접근으로 양극화되어 그 원인을 '약탈을 추구'하는 반란 세력들과 '정의를 추구'하는 반란 세력들로 보는 관점이 대등하게 제기되고 있으며, 나아가 내란의 경제적 동인의 중요성 대 사회정치적 동인의 중요성이라는 관점으로 정립된다. 그러나 이러한 이분법이 실제 극도로 복잡한 상호작용 체계가 무엇인가에 대해 제약하고 있다는 분석이 분명히 인식되고 있다. 경제적 요인들이 갈등의 변화 패턴에 관계된다는 것에는 전반적으로 동의하는 반면에 그 요인들이 다른 정치적, 사회문화적 요인들에 관련된다는 것에는 일치한 바 없다. 그러므로 두 연구방법이 어떤 타당성을 지녔으므로 필요한 것은 그 두 연구방법의 종합이다. 예를 들면 센은 어떤 상관관계를 인지하고 있지만 폭력적이고 끊임없는 갈등과 심각한 경제적 불평등 및 빈곤과의 인과관계를 간과하고 있다(Sen, 2001). 그는 '과도한 경제적 논리로의 단순화', 즉 사회적, 정치적 투쟁이 은닉된 경제적 논거로 해명되는 것을 경고하였다. 그래도 그는 갈등과 빈곤을 일으키는 조건들이 동시에 존재한다는 것은 시인하였다. 차별과 불평등 그리고 정치적 불만족이 갈등을 촉발시킬 수 있고, 빈곤이 병력을 징모할 수 있는 비옥한 토양이 될 수 있다. 또한 빈곤은 폭력에 대한 묵인을 늘어나게 할 수도 있다. 그러나 인과관계는 그 경향성이 불분명하며 전쟁과 폭력에서부터 기근과 결핍에 이르기까지 다양하게 전개될 수 있다. 센에게 있어서는 빈곤 감소가 어떤 유일한 갈등 해결의 수단이 될 수 없다. 전쟁을 피하고 궁핍을 극복하는 것은 별개의 목적이지만 상호 수단이 될 수는 있다. 센의 주장에 따르면 궁극적으로 저개발에 이르는 동일한 요인과 조건들은 갈등 전 상황 그 안에서 존재한다. 동시에 1997년 동아시아에서처럼 재정위기나 한 국가의 붕괴 등에서 초래된 것과 같은 급작스러운 개발 감퇴는 사람들의 일상생활과 존엄성(생존까지는 아니더라도)에 갈등과 똑같은 충격을 가져올 수 있다. 저개발이 직접적으로 폭력적인 갈등을 유발하지는 않는 반면에 유약하고 비효율적인 정치제도뿐만 아니라 열악한 사회적, 경제적, 환경적 조건들은 비폭력적인 방식으로 사회적 긴장을 관리하는 능력을 약화시킨다. 결과적으로 연구와 정책 제안들은 내란의 원인, 특성, 변화 패턴에 대한 이해를 향상해서 갈등 예방과 해결의 더 효과적인 정책에 근접하도록 탐욕과 불만 양자의 상호작용에 초점을 맞출 필요가 있다.

갈등의 시사점과 비용

이 모든 갈등으로 가장 많이 죽거나 다치거나 불구가 된 사람들은 민간인들이다. 갈등으로 엄청나게 많은 사람들이 나라에서 추방되고 대부분 여자들인 수많은 피난민들이 발생된다. 대부분의 갈등에 신음하는 국가들의 성개발지수(GDI: Gender Development Index)는 세계에서 최저 수준을 차지한다. 여성의 사회 복귀를 위한 정책은 한결같이 남자를 위한 정책보다 적었다. 많은 경우 보상 정책이 늘어난 가족들에게 빼앗겨 왔다. 여성들에 대한 성폭행과 성적 학대가 흔히 공동체 내부 갈등에서 하나의 수단으로 자주 이용되어 왔다. 갈등으로 어린이들은 고아가 되고 학교에 가지 못하게 된다. 십자포화에 갇힌 어린이들은 살해되고 추방되며 상처를 받게 된다. 그 아이들은 후에 어린 병사로 무장된다. 대부분의 갈등 지역에서 테러리스트들의 군사시설 지지기반의 파괴를 목표로 하는 반폭동 방책들은 가정과 직장 그리고 일반인들의 영역들을 파괴하거나 그것들을 적의 영역으로 간주한다.

경제적, 정치적, 환경적 비용

큰 범위에서 전쟁은 생산과 무역, 정부세입, 지출과 인플레이션에 직접적인 충격을 주고 외환 부족에 간접적인 충격을 준다. 거대한 자원이 무기와 군대에 투입된다. 예를 들면 이란-이라크 전쟁, 걸프 전쟁과 레바논 및 예멘 내전에서 비롯된 아랍 국가들의 재정적 손실은 9천 40조 원으로 평가된다. 1990년대 말 경제학자들은 인도의 핵무기 생산 비용이 향후 10년 동안 매년 적어도 3억 루피가 될 것으로 평가했는데, 이는 연간 국내총생산(GDP)의 0.5%에 해당되는 액수이다. 같은 비용으로 아직까지도 30% 이상이 교육의 혜택을 받지 못하는 인도의 모든 어린이에게 초등학교 교육 혜택을 제공할 수 있다. 남아시아 전체에서 거의 모든 국가들이 다양한 무장투쟁에 직면함에 따라 군사적 지출이 증가해 왔다. 그러나 남아시아는 여전히 빈곤선(poverty line) 이하가 6억 8천만 명이나 되는 가장 많은 수의 빈곤층을 안고 사는 지역이다.

전쟁은 수혜권의 저하, 가족 구성의 변화, 해직, 여성에게 가중되는 고통, 사망률의 상승을 가져온다. 대규모의 개발비용에는 새로운 투자의 감소, 자연 토지의 훼손, 인적 자원과 사회적, 조직적 자본의 감소 등이 포함된다. 갈등은 고급 인적 자원의 고갈 및 집단 이주와 균등하지 못한 개발로 이어진다. 잇따른 전쟁이 관련되는 공동체에게 전방위적인 위협에 놓이게 하는 동안 공동체와 마을 간의 유대는 와해되어 긴장과 정신적 외상(外傷)이 따른다. 사회적 연대, 관용, 공존의 분열과 가족과 소공동체의 붕괴, 그리고 사회적 가치와 정상적인 생활의 와해는 가장 많이 전쟁에서 겪어야 하는 결과로 짧은 시간에 완화될 수 없다. 모든 갈등에는 환경파괴, 벌목과 밀렵, 지뢰, 무절제한 낭비가 따른다. 갈등의 정치적 비용 또한 비싼 대가를 치르게 되어 정치제도의 몰락, 관행화된 불안정, 영토 주권과 시민사회의 분열 등이 나타난다.

따라서 분명히 인간안보는 이러한 모든 갈등의 저변에 있다. 가지각색의 원인이 혼합된 저개발, 즉 불평등과 사회적, 문화적, 경제적 권리의 거부, 개인과 공동체를 위한 정치권력과 대표에 대한 거부는, 그것들이 여전히 개발되지 않는다면, 호전성(好戰性)으로 변화하게 하는 분노와 열망으로 이어진다. 개발만으로 갈등을 완화시킬 수 있다는 주장은 효력이 없다. 저수준의 인간개발 통치체제 안에서 지속되고 있기는 하지만 어떤 형태의 민주주의적 영역과 권력 공유의 역량을 지닌 많은 국가들은 협의를 통해 그런대로 갈등을 처리해 나간다.

전쟁과 갈등이 다른 원인이 있을 수도 있는 대중 폭동의 유일한 이유는 아니다. 다른 유형의 폭력에 관한 조사는 사회의 많은 숨겨진 폭력에 대한 문제점을 제기하는 필수요소가 되었다. 인간안보가 전쟁과 위기에만 국한되지 않은 인간 고통의 전반적인 결과를 찾는 까닭에 인간안보 개념에 그러한 조사는 필요하다.

인류사회의 은밀한 폭력과 공공연한 폭력

개인의 안보와 사회적 평화의 관념은 인간개발과 인간안보 패러다임에 의해 그 범위가 확장되어서 갈등으로 발생한 폭력뿐만 아니라 개발로 발생한 구조적이고 개인적이며 사사로운 폭력을 포함하게 되었다. 데스 가스퍼(Des Gasper) 같은 인간안보 패러다임의 학문적 지지자들은 물리적 폭력의 규모와 약자, 특히 여성들에게 있는 불안이 간과됨을 주장한다(Gasper, 2005a:115). 많은 국가들이 증대된 구조적 폭력과 실제적 불안으로 이끌어 온 성장 모델을 채택해 왔다는 증거들이 밝혀졌다. 간혹 경제적, 사회적 변화가 폭력의 원인임이 인정될지라도 이는 그 문제를 소홀히 다루게 하는 단기간의 과정으로 간주된다. 개발은 진보와 동의어로 인식되는 반면에 많은 형태의 폭력을 양산한다. 가스퍼는 개발과 인간안보 이론가들의 환기를 요하는 많은 유형의 폭력을 열거한다. 이러한 폭력에는 노동자에 대한 폭력, 여성에 대한 폭력, 어린이에 대한 폭력, 토착민에 대한 폭력, 타 문명과 인종이나 종족 집단에 대한 폭력, 그 자신에 대한 폭력이 포함된다. 이는 인간 본성이 개발 방식들을 토대로 하는 폭력 현실을 어떻게 조정하는가와, 이것이 후일의 역사 무대에서 공동체 내의 갈등으로 어떻게 이어질 수 있는가에 관한 상황을 파악하게 해준다.

폭력과 무력 갈등의 상황으로 이어지는 개발 모델에 대한 많은 사례가 있다. 요즘 인도의 15개 주는 궁핍해진 농민들로부터 지지를 받는 격렬한 모택동주의 운동이 한창이다. 인도의 소위 '극좌경화된 지역'이 인도 삼림의 약 19%에 걸쳐 있는 7천여 부락의 부족 지대 (tribal belt) 안에 퍼져 있다. 사유화 정책의 채택이 자연자원의 채굴이나 벌채를 증가시킨 데다가 불평등을 가중시켜 왔다는 것은 널리 알려져 있다. 삼림법의 변경이 숲을 파괴해 왔고 착취적인 청부업자의 등장이 부족 공동체를 궁핍하게 만들었다. 인도의 좌익분자들은 국민들을 환경과 식량안보 문제로 동원해 왔고, 이 공동체들에 의해 비호와 지지를 받아 왔다. 실제로 인도의 좌익분자들은 이전의 정책 입안 공직자들이 '통치 공백'이라 부른 것을 채워왔다. 네팔의 내란 은 반역적인 모택동주의자들의 유사 노선에 근거하고 있는데, 이 모 택동주의자들은 농민과 빈자들을 동원해 왔다.

다른 사례들은 1990년대 유고슬라비아와 르완다의 갈등에서 찾을 수 있는데, 이 두 국가들은 정치적 전환기와 다른 사회적 긴장의 시 대에 채무를 연장하게 되는 상황에 직면했다. 피터 우빈(Peter Uvin) 이 르완다의 경우 다음과 같이 설명하고 있다.

> [만약] 우리가 구조적 폭력을 극단적인 불평등, 사회적 배척, 그리고 인간존엄성에 대한 굴욕과 강압의 조합으로 구성된 것으로 규정한다면 … 긍정적인 거시경제 지표에도 불구하고 르완다는 수십 년 동안 매우 심각해진 고강도의 구조적 폭력으로 특징지어져 왔다(Uvin, 1999a).

이러한 사례들은 기본적인 경제적, 사회적 권리와 기초 인간 필수 품의 기준이 갈등과 폭력을 증가하지 않게 하는 개발 문제의 필수적 인 부분이 되도록 제도화되어야 한다는 것을 보여주고 있다. 인간안 보의 갈등에 관한 통찰은 역사를 통해 보았듯이 개발 형태로 유발된 폭력을 포함해서 구조적 원인에 기인한 폭력을 계산에 넣어서 그러 한 폭력이 배제되는 개발 모델이 채택되도록 해야만 한다.

운용상의 도전: 갈등 상황에서의 개발 '행위'

혹자는 빈곤 완화와 개발이 끊임없는 갈등 상황에서는 정착할 수 없으며, 빈곤 감소와 지속적인 개발에 대한 갈등의 부정적인 영향을 고려한다면 갈등 해소는 효과적인 장기 개발 노력의 중심이 되어야 한다고 주장한다. 또 다른 이들은 빈곤의 감소와 꾸준한 개발이 내란의 발발을 피할 수 있는 유일한 방법이라고 주장한다. 이 두 가지의 접근 방식은 전혀 다른 본질적인 가정과 전제와 함께 시작해서 그것을 적용하고 있다. 한편 개발 본위의 접근 방식은 국민들의 보호와 권한 부여를 보장함에 있어서 국가의 적극적인 참여에 의존한다는 것이다. 이 접근 방식은 국가의 존재를 전제하고 브레턴우즈 기구의 강령, 좀 더 엄밀히 말해 세계은행의 강령에 의존하므로 '민주적인 정부'의 옹호자들을 포함한다. 그러나 세계은행은 그것이 요구하는 평등과 성장 사이에서 요구하는 균형과 인간안보보다는 재정적 원조를 받는 국가 안에서의 정부와 시장 그리고 시민사회 간의 관계에 더 관심을 가질지 모른다. 요컨대 좋은 정부에 대한 관심 이면의 철학은 국가중심이지만 인간중심은 아니다. 한편 갈등 본위의 접근 방식은 공공연히 깊숙이 관여한다. 이 방식은 갈등 예방과 군사적 중재 혹은 평화유지를 다루고 국가의 비존재나 기본 기능 수행에 있어서의 그 무력함을 가정한다.

안보의 현대적 연구는 무력 갈등의 체제적, 구조적, 제도적, 조작적 원인들을 계산에 넣어야 할 필요가 있다. 체제적 원인들은 세계적, 지역적 불평등과 세계화의 부정적 영향들, 무기거래, 조직화된 국제 범죄를 포함한다. 구조적 요인들은 권리의 부정, 개발의 결핍, 국가 불균형, 유약하고 쇠퇴하거나 약탈적인 국가, 불안정, 억압, 그리고 자기결정에 대한 열망을 포함한다. 기형적인 제도는 위기에 직면하여 체제 붕괴가 촉발되는 계기가 될지도 모른다. 그래서 조작적 단계는 자원 결핍, 억압에 대한 역사적 기억, 독립 지위국을 향한 열망, 권력과 자원 쟁탈, 소화기(小火器), 인구이동, 토지 재분배, 공중보건의 비상사태, 급격하고 심각한 통화 팽창 등과 같은 갈등 촉발의 계기들을 포함하여 다룰 필요가 있다. 이는 전쟁의 신화(神話)에 걸맞지 않는 전쟁의 진실 때문이 아니라 노드스톰이 지적했듯이 전쟁의 진실을 지우는 데 있어서 소모가 많기 때문이다(Nordstrom, 2004:32). 이러한 진실에 대한 폭로는 갈등 상황에 있는 희생자와 사람들을 위해서 뿐만 아니라 또한 인간안보적 접근을 위해서도 중요하다.

갈등을 바라보는 시각의 제도화

세계은행과 영국 국제개발청(DFID: Department for International Development)과 같은 개발 관계자들은 개발, 무역, 투자 및 외교 정책과 같은 모든 정책의 무대에서 갈등 예방을 위한 안전장치의 구체화에 대한 중요성을 점차적으로 인식해 왔다. 갈등 예방 렌즈가 없는 개발 중재는 갈등의 힘을 무심코 악화시키거나 강화할지도 모른다. 이를테면 그것은 자원 경쟁을 증가시킬 수도 있고, 기존 체제에 도전하는 새로운 제도를 끌어들일 수도 있으며, 지배구조를 고착화시킬 수도 있다. 모든 정책을 '갈등 렌즈'를 통해서 음미하게 되면 평화를 위한 국내적, 국제적 역량에 의미 있는 지원이 가능하게 되고 개발원조의 효과가 증대될 수 있다. 갈등 렌즈는 한창 위기 중일 때의 전형적인 특징인 단기간에 대규모로 외부에서 추진하는 인도주의와 군사 개입을 더 일반 대중적이고 장기간에 걸쳐 국내적으로 추구되는 개발 중재로 전환하기 위해 중요하다. 주요 3대 개발 관계자, 즉 경제협력개발기구의 개발원조위원회, 유엔개발계획, 세계은행은 모두 그들의 사업의 폭을 넓혀 1990년대 후반 이후부터 갈등 렌즈를 포함시켜 왔다.

경제협력개발기구/개발원조위원회 지침: 개발과 갈등 예방의 통합

개발원조위원회(DAC: Development Assistance Committee)는 경제협력개발기구(OECD)의 개발 협력에 관한 자문 협의회로 1948년 마셜 플랜의 수용자에 의해 설립되었으며, 선진국의 주요 조직으로 강화되었다. 경제협력개발기구/개발원조위원회 국가들은 개발원조에 매년 6백억 달러를 제공한다.

개발원조위원회는, 무역 자유화와 자본의 자유로운 유통이라는 기본적인 자유주의적 교훈에 가깝게 조직되었는데, 점차 갈등에 우선적인 관심을 보여 왔다. 1997년 개발원조위원회는 갈등과 평화 그리고 개발 협력에 관해 처음 제시한 지침을 창안해 내서 21세기의 시작을 열었다. 2001년 발간된 한 연구 발간물에는 집단 갈등 또한 근본적으로 집단과 개인에 대한 국가의 폭력으로 파악되었다. 그 발간물은 다루기 힘든 동반관계에 관한 지식과 권고 과정에 따라 유럽공동체, 개발원조위원회, 유엔, 그리고 세계은행 주도로 '취약한' 국가에 관해 집중 조명하고 있다. 그 방침은 기부 공동체로 하여금 내부 정황에 맞추고, 반응에서 예방으로 조치를 강구하며, 국가 건설에 중점을 두고, 정치-안보-개발의 연계를 인식하며, 신속히 행동하면서 성공의 기회가 주어질 만큼 오랫동안 충분히 지속적인 관심을 갖도록 권장하고 있다.

9·11 테러 이후 군사비 증가를 고려해서 경제협력개발기구/개발원조위원회는 갈등 예방과 평화 건설에 관련된 비용에 대한 지침들을 분명히 하려고 하였다. 군사원조에 관한 국제 표준 정책이 없기 때문에 '방위외교' 혹은 '군사원조'는 개발원조위원회에서 '기타 공공지출(OOF)'의 부문에 포함된다. 군사장비의 조달이나 공급 혹은 병력의 징집과 훈련을 위한 원조는, 비군사 문제에서일지라도 그리고

비상 시기일지라도 공적개발원조(ODA)로 보고될 수 없다. 인도주의적 원조 임무를 수행하는 병력에 대한 부가 비용만이 공적개발원조에 포함된다. 그러나 2004년 발간된 경제협력개발기구/개발원조위원회의 논평은 군사원조 비용(남부의 평화유지라고 불리는)을 공적개발원조 예산에 편입시키려는 압력에 따른 것이다. 경제협력개발기구/개발원조위원회 자문회의는 공적개발원조로 구성될 수 있는 여섯 항목에 대한 기술적 협력과 민간 지원에 관해 합의하기에 이르렀다. 그 여섯 항목은, 첫째, 개선된 민간 감독을 통한 안보 비용의 관리와 안보 비용의 예산 입안, 관리, 책임과 회계감사에 대한 민주주의적 통제, 둘째, 안보체계에서의 시민사회 역할의 증진, 셋째, 어린이 징병을 막는 입법화 지지, 넷째, 민주주의적 정부와 문민 통제를 개선하기 위한 안보체계 개혁, 다섯째, 평화구축, 갈등 방지 그리고 갈등 해소를 위한 시민 행동, 마지막으로, 소규모 무장 세력과 경무기의 확산을 통제하고 예방하며 감축하는 것 등이다. 개발원조위원회 자문회의는, 인권과 같은 비군사 문제로 군대를 양성하는 것과 평화유지 활동의 적용 범위를 확대하는 것은 공적개발원조 예산 사용에 적합하지 않은 것으로 결정하였다. 비교적 온당한 비용으로 공감하는 여섯 항목과는 다르게 이 항목들은 많은 금액이 요구되고, 대부분 방위 예산에 관련되어, 공적개발원조로 보고될 수 없었다.

세계은행: 초기 경보 수단과 탈갈등 개발

경제협력개발기구/개발원조위원회는 갈등 예방에 초점이 맞추어진 반면에 세계은행은 탈갈등 개발과 관련되는 정책들을 제도화해 왔다. 1980년 이래로 세계은행이 갈등이 끝난 국가에게 해준 대부액은 800% 이상 증가한 62억 달러에 이른다. 1997년 세계은행은 아홉 가지 사례를 분석 검토한 새로운 정책 성명서를 채택했다. 그 사례는, 첫째, 이 분야에서의 세계은행의 강점 혹은 상대적 이점, 둘째, 다른 국제조직 및 비정부기구와 세계은행과의 제휴, 셋째, 재건 전략과 빈곤 평가에서의 세계은행의 역할, 넷째, 경제 및 정부 기구 재건에서의 세계은행의 역할, 다섯째, 자원과 과정 관리, 여섯째, 감시와 평가 경험을 분석하였다(Kreimer et al., 1998). 이 연구는 더 나은 개선을 위해 5개 영역의 중점 사항을 밝혔는데, 그 중점 사항이란 세계은행 정책의 명료화, 은행 역할의 규정, 세계은행의 상대적 이점과 성과의 강화, 어떤 상식적인 문제 고려와 적절한 제도적인 협의 도달 등이다. 이 연구 이후 세계은행은 '탈갈등 재건에서 세계은행의 개입을 위한 하나의 틀'을 확인하였다. 탈갈등 상황에서 후보 운영 정책들을 개선하기 위하여 세계은행은 탈갈등 부서를 창설했는데, 그 부서는 정책 개발과 전국적인 학습, 그리고 전문 지식 개발의 중심 부서로 운용되며, 부대 해산과 이전의 전투원들의 재통합, 분산된 인구의 재통합, 지뢰 제거에 관한 계획을 발전시킨다.

한편 세계은행은 「갈등의 굴레 단절: 내전과 개발 정책(*Breaking the Conflict Trap: Civil War and Development*)」이라는 한 보고서에서 발표한 전쟁의 경제적 원인에 관한 연구를 통해 위험에 빠진 국가에 대한 사전적인 평가를 위한 도구로 갈등의 분석틀(CAF: conflict analysis framework)을 개발하였다. CAF는 한 국가에서 악화되고 있는 환경을 파악하기 위하여 초기 경고 지표로서 아홉 가지 지표를 사용하였다. 정치적 지표와 군국화(높은 방위비, 대규모 군대, 무장능력 등)와 같은 전통적인 갈등의 원인들 외에도 CAF는 탐욕과 불만에 관한 최근의 논쟁에 실제 진행 중인 지역갈등은 물론, 사회적 문제, 경제적 지표, 역사를 포함하도록 유도하였다.

유엔개발계획: 시행 중인 갈등 통합

유엔개발계획에 있어서 안보와 개발의 병합은 위기에 처해 있는 국가에 대한 개발 중재(development interventions)의 기본 원칙에 주목함을 의미하였다. 이러한 생각이 갈등 예방에서의 유엔개발계획 및 그 기구의 135개국 지부 협의회의 역할과 2000년대 초 갈등 예방과 회복을 위한 사무국의 창설을 재검토하는 과정에 이르게 했다. 사무국은 여타 계획 중에서도 재난 후 회복, 위험 감소, 지뢰 제거, 평화구축, 과도적(過渡的) 정의 구현, 그리고 안보 분야 개혁과 같은 새로운 영역에서 유엔개발계획의 업무를 주도하였다. 그 결과 유엔개발계획은 국가 수준의 원조를 위한 평가 도구들과 과테말라, 네팔, 나이지리아, 기니비사우와 타지키스탄에서 착수된 갈등 평가로 수립된 '갈등 관련 개발 분석(CDA)', 그리고 평화구축에 있어서 갈등 연구의 역할에 관한 일련의 분석 도구들을 개발하였다. 일부 국가에서 유엔개발계획은 전반적인 경제적, 사회적, 정치적, 종교적, 인종적 환경을 감시하는 일련의 상호 연관된 지표들에 근거한 초기 경고 보고서를 정기적으로 발행하였다. 불가리아의 정보는 매달 여론조사, 정부 기관의 자료, 언론의 정보에 근거한 것이었다.

유엔개발계획은 또한 갈등 위험 지역에서 그 기구의 일련의 활동 기본 원칙을 개발하여 갈등 전과 갈등 중, 그리고 갈등 후의 모든 단계로 개발 계획을 확장하였다. 그 기구는 위기의 어떤 단계에서든, 노출된 갈등 전이나 도중 혹은 이후든, 생계 부양을 위한 일은 구명 노력만큼 강력하게 추구되어야만 하고, 어떤 위기 전반에 걸쳐 복구와 재건을 위한 기회는 긴급 구조와 함께 병행되어야 한다고 경고하였다. 또한 그 기구는 재난 관리 및 완화에 대한 문화와 갈등 근원의 분석에 애쓰지 않았다.

조정이라는 껄끄러운 문제와 관련하여 유엔개발계획은 현지 대리
기구를 통해서 세계은행과 함께 탈갈등의 상황에서 들이닥치게 된
늘어나는 다수의 관계자들과 협력을 모색하였다.

평화구축을 위한 인간안보의 도전

위협의 상호취약성과 상호의존성의 실재를 인정하여 국제공동체는
점차 인도주의 위기, 테러리즘, 조직화된 범죄 교류(인원, 무기, 마
약), 불법 이주, 빈곤 증가, 전염병 확산과 종종 쇠락하거나 붕괴된
국가에서 기인하는 국제공동체와 전 세계 인류의 안보에 대한 다른
위협들의 위험을 적극 처리하게 된다. 부유한 공여국들은 점차 새천
년개발목표 제8조에 명시된 그들의 책임을 인식하고 경제위기, 인도
주의적 재앙, 전염병 확산과 인권침해로부터 인류를 보호하기 위해
국가들의 책임을 다하게 한다. 이러한 노력들은 전반적으로 '평화구
축' 노력의 산하에서 수행되고 있는 중이다.

평화구축은 폭력적인 갈등이 완화되거나 중지된 후에 일어나는 장
기간의 과정과 관련 있다. 이는 복합 개념으로 폭력의 재확대 방지,
갈등 감소, 정의의 촉구와 경제 회복 지원을 목적으로 하는 다양한
전후(戰後) 처리를 망라한다. 그것은 몇 가지의 요소를 포괄하는 다
중적이며 다면적인 개념인데, 그 요소란 외부(영토)와 내부(인간), 기
관 형성(institution-building)과 선정(good governance), 법규를 강화
하는 것, 그리고 지속적인 경제개발을 말한다.

1992년 전 유엔 사무총장 부트로스 갈리는 '평화를 위한 제안(An
Agenda for Peace)'에서 그 밖의 유엔의 역할과 전략들 중에서 탈갈
등 평화구축을 예방, 평화중재, 평화유지와 같은 것으로 규정하였다.
그 문서에서는 평화구축이 평화 과정의 한 단계로 제시되었는데, 평

화구축은 평화중재와 평화유지 후에 일어나서 역량 증대, 화해 그리고 사회변화에 집중하게 된다. 평화구축과 더 전통적인 전략인 평화중재 및 평화유지는 미묘한 차이가 있다.

평화중재는 갈등 중에 있는 파벌들 간의 폭력에 종지부를 찍고 그들을 대화로 유도하여, 궁극에는 평화협정에 이르게 하는 외교적 노력이다. 평화유지는 일종의 대외적 관여인데, 보통 반드시는 아니지만 군사적 관여로, 싸우고 있는 파벌들을 분리하고 그들을 격리시킴으로써 폭력으로부터 평화로의 전환을 돕는 것이다. 평화유지 활동은 안보를 제공할 뿐만 아니라 다른 비군사적 사업을 촉진시킨다. 누구든지 탈갈등 평화구축이 직접적인 재건 요구뿐만 아니라 부대 해산과 재통합 계획을 수반하므로, 그것을 평화유지와 연결시킬 수 있다. 즉각적인 생필품 충족과 위기관리는 의심의 여지없이 중요하다. 그러나 평화중재와 평화유지 과정이 평화 전이의 중요한 부분인 반면에 그들은 장기간의 생필품의 충족과 항구적인 평화를 건설하는 데에는 충분하지 않다. 장기간의 평화구축 기술은 폭력을 야기하는 잠재하고 있는 본질적 문제를 중점적으로 다루도록 도안되어 있다. 다양한 전환의 기술들은 파벌들이 대결과 폭력으로부터 분리되어 정치적, 경제적 참여, 평화적 관계와 사회적 조화로 향하는 것을 목표로 삼고 있다. 여러 관계자들에 의한 초기와 장기간의 교전에 대해서 새로운 중재 방식은 예방, 평화중재, 평화유지와 평화구축 간의 벽이 허물어지는 것을 보여주었다. 실제로 그것들은 반드시 선형적 순서로 수행되는 것이라기보다는 갈등 예방과 유사한 평화구축과 함께 순환적 순서로 수행된다.

국제공동체는 장기간의 안정화와 평화구축 전략이라는 맥락에서 가까운 장래의 당면 위기와 탈위기 대응 기획에 갈수록 더 효과적으로 대처하려고 한다. 다양한 도전 과제들이 특히 탈갈등 단계에서 곧

드러난다. 발칸, 동티모르, 아프가니스탄, 시에라리온, 모잠비크, 이라크 탈갈등 상황과 같은 경우는 각각 다른 수단을 필요로 한다. 그러나 각각의 경우는, 성공적이든 그렇지 않든, 국제공동체로 하여금 전체적인 조건은 물론 경우에 따라서는 그 도전 과제들이 다루어지는 방식에서 개선될 어떤 필요성에 대해 더 나은 판단을 하도록 해주었다. 위협과 관계자들의 복합성으로 말미암아 국가적, 국제적 조직은 안정화와 평화구축으로 가는 더 통일성 있는 정책과 통합된 접근을 발전시켜 왔다. 평화구축(인도주의적 원조, 군사원조, 경제재건, 통치 조력, 안정화 시민사회 지원 등)에 대한 통합된 접근의 필요성을 인정하여, 탈갈등 상황에 활동 중인 몇몇 공여국들은 잠재적으로 중재가 필요한 상황에서 조정된 중재와 상설 회담의 준비를 위한 발판으로 초장관급 조직 기구들을 창설해 왔다. 유엔, 유럽연합, 세계은행, 북대서양조약기구(NATO)를 위시한 국제기구들은 국제공동체를 대신하여 불안정에 다가가기 시작하였다. 이 기구들은 평화의 건설과 유지, 안보와 개발 그리고 안정화의 증진, 특정 지역에서의 도전 위협에 대한 맞대응을 목적으로 한다. 이러한 노력들은 군사력만으로는 장기간의 안보에 도달할 수 없다는 인식에서 비롯된다. 그래서 미국과 영국, 캐나다는 초장관급, 초당국적인 다양한 외교적 기구들을 창설하는 길을 선도하여 민간과 군사 분야의 정책, 기획과 활동을 통합시킴으로써 당면한 탈갈등 안정화를 처리하는 능력을 향상하였다. 이러한 기구들의 창설로 정부는 탈갈등 회복을 위한 기여가 확실히 더 계획적이고 빠르며 훨씬 유연해지도록 모색한다.

그러나 문제는 '우리가 통합된 방법을 적용하는 데 있어서 그것들의 성공을 어떻게 평가하는가?'이다. 첫째, 서로 다른 관계자들은 평화구축 임무를 수행하기 위한 각각의 다른 방법이 있다는 것이다. 평화구축은 다양한 관계자들에 의해 다양한 형태로 인식된다. 유엔은 평화구축을 전쟁에서 평화로의 전환기에 있는 국가와 지역을 지원하는 노력으로 규정한다. 다른 관계자들은 그 용어를 한 사회의 물리적, 정치적, 경제적, 사회적 기반을 재건하는 장기간의 과정으로 설명하는 데 사용한다. 영국의 갈등후재건기구(PCRU: Post Conflict Reconstruction Unit)와 같은 관계자는 갈등 후 즉각적인 회복과 안정화를 포괄하는 용어로 사용한다. 안정화는 불안정한 상황에 대한 직접적인 대처로부터 장기간의 개발에 이르기까지 효율적인 전환에 이르는 과정을 일컫는다. 이러한 임무의 구상과 수행을 위한 여러 가지 모델들은 자원, 수용력, 인원, 전략지정학적 이익의 차이에 근거할 뿐만 아니라 원칙들에 있어서의 차이, 이를테면 국가주권의 최소한의 간섭(ASEAN의 길), 비군사적 힘의 활용(유럽을 위한 EU 정책), 군사력의 사용(아메리칸 독트린), 사업의 구상과 수행에 사회학자와 인류학자의 활용(북유럽국가), 갈등 예방과 개발 중재의 연계(영국식 접근) 등에 근거한다. 그러한 까닭에 그 차이는 기술적일 수도 있을 뿐만 아니라 탈갈등 상황에 가장 필요로 하는 것에 관한 근본적인 가정에 근거한 것일 수도 있는데, 그 가정이란 그 상황에 대한 기껏해야 정치적, 개념적인 이해와 구상이다. 그러므로 인간안보 개념에 의해 파악된 첫 번째 문제는 전문적인 세부사항들(수용력, 위임, 합법성, 자원, 인원, 활동무대) 혹은 문화적 기준과 가정(역사적 경험, 내부 동력, 이익 등에 근거한)에 근거한 중재 양상에 있어서 어느 정도 차이가 있느냐이다.

둘째, 많은 평화구축 사업은 분야(군사, 경제, 정책, 먼저 해야 하는 것과 서로를 강화하는 것을 배열하는 것)와 시기 포착(단기간 안정화, 중기간 혹은 장기간 안정화를 목표로 하는) 간의 조정 협조와 일관성이 부족하다. 이전에는 탈갈등 활동 지대에서 군대가 안정화에 개입하고, 인도주의적 지원자들이 갈등 후 즉각적으로 구호품을 공급하면서 장기간의 전략을 위해 개발 관계자들에게 길을 열어놓았으며, 그리고 외교 공동체가 갈등의 정치적 해결에 힘을 쏟았다면, 모든 이러한 관계자들이 같은 지대에서 같은 시기에 활동하고 있는 것은 점점 더 분명해지고 간혹 그들의 일이 시작되고 끝날 때의 범위를 구분하게 된다. 아프가니스탄의 지방재건팀(PRT)에 의해 알려졌듯이 인도주의적 원조를 이행하고 지역 산업기반을 재건하는 데 있어서 군대가 개입하자 군대는 부각되며 다른 관계자의 개발 위임 기구가 되었다. 국제금융기구(IFI)와 같은 경제 관계자들은 갈등이 계속되고 있는 동안에도 빈번히 재건과 국가 재건에 관여한다. 불안정한 국가에서 빈약한 경제적, 정치적 모델과 원조의 졸렬한 분배는 애초에 갈등이 일어난 바로 그 이유를 악화시킬 수 있다. 지역민과 함께 일하는 아래로부터의 전략은 국가를 약화시킬 수 있다. 즉 그것은 국가의 정치적 구조화와 세분화를 합법화하는 데 필요한 것으로 보인다. 이러한 모든 다영역적 도전들로 인하여 경제적, 정치적, 군사적, 민간적 차원의 노력 간의 더 나은 조정이 요구된다. 국가 건설이 안정화 문제와 멀어질 수 없다는 것 또한 분명해지고 있다.

셋째, 무엇이 적절하고 만족스러운 중재가 되느냐에 관해서, 중재를 기꺼이 수용하거나 수용하지 않으려는 사람들의 인식과 외부 협조자들의 인식 간의 커다란 격차 역시 장기간의 조정 실패를 불러일으킬 수 있다. 이 인식상의 간극은 지역민이 외부 참가자들과 갖게 될 수도 있는 양측 모두의 의도, 양식, 관리, 이익과 비전의 차이에 바탕을 두고 있다. 예를 들면 아프가니스탄에서 유엔 아프간지원사무소(UNAMA)의 급선무는 모든 수준에서 아프간 기관들을 강화하고 아프간 행정부의 역량을 구축하는 것을 포함하며, 양질의 통치기구와 법과 질서 그리고 안보의 개발을 포함한다. 또한 가족에게 수입을 제공하는 일자리 창출을 위한 고용과 현금의 증가에 역점을 두었다. 그러나 중재가 필요한 이유, 그것의 방식, 지도력, 순서 등에 따르는 문제들에 관해서는 공여자와 수용자, 중재자와 지역민 간의 커다란 차이가 존재한다.

인간안보적 접근은 국제공동체의 평화구축 노력의 성공을 평가하는 새로운 방법들을 찾는 데에 유용할 수 있다. 우리는 노력의 통합을 어떻게 평가하는가? 성공은 중재 관계자, 즉 전반적인 거시적 조정의 관점에서 검증되어야 되는가, 그렇지 않으면 지역민들의 관점에서 검증되어야 하는가? 능률적이고 효과적이며 만족스러운 방식(이를테면 그 나라의 지역 전략, 지도력, 소유권, 신뢰성, 정치경제 등)으로 평화구축 과정을 구상하기 위한 성공의 선행조건은 무엇이어야 하는가? 인간안보가 지역민의 입장에서 고려된다면 진보와 성공을 측정하는 결정적인 평가도구일 수 있을까? 외부 관계자들이 안보를 위한 지역적 요구 사항을 가지고 기초적이고 중요한 필수품들을 어떻게 판단할 수 있을까?

궁극적으로 탈갈등 상황에서 인간안보 완수는 통합된 해결을 필요로 하는데, 여기서 통합된 해결이란 중재자가 분배의 영향을 강조함으로써, 그리고 각 분야 협력 구조를 원인과 결과를 이해하는 데 활용함으로써 그들의 잠재적인 예기치 못한 결과들을 억제하게 해준다. 그 구조는, 한편으로는 평가에 대한 지식에 기여하도록, 그리고 다른 한편으로는 갈등이 다시 재발하지 않고 최대 수준의 만족과 일치 그리고 효과에 이를 수 있는 방식으로 성공적이고 지속적인 평화구축 과정을 구상하는 법에 대한 제안들을 도출하도록, 중재자(외부 관계자)의 관점과 지역민(내부 관계자)의 관점 모두로부터 나온 평화구축의 경험들을 검토하는 데에 활용될 수 있다.

결론

인간안보적 접근은 갈등의 사회경제적, 정치적, 문화적 원인에 대한 이해 강조로 기회(탐욕)라는 객관적인 현실과 동기(불만)라는 주관적인 인식 양자를 분석하고자 한다. 이 불평등이 어떻게 해서 군사화된 민족주의로 변모되었는가와 같은 중요한 주제들은 탐욕과 불만 이론에서 고려된 적이 없다. 스리랑카에서 타밀족은 싱할리족 민족주의자에게는 외부인으로 비춰졌다. 인도의 우익 세력은 무슬림이 파키스탄에 충성하는 외부 세력이라고 선전한다. 인도네시아 민족폭동 당시 중국인들은 외부인이자 민족문화에 대한 이방인으로 간주되었다. 현재 미해결된 무장 갈등에 대한 한 분석은, 갈등이 개발 유형의 상호작용, 권리의 부정, 배척 그리고 상승하는 열망이 혼합된 인간적인 불안정으로부터 발생해서 궁극적으로 갈등에 이르는 불평등을 악화시키고 만다는 것을 밝히고 있다. 인간안보적 접근은 이러한 상관성을 규명한다.

갈등 관련 자료는 적어도 한 해에 1천 명이 살해되었다면 그 사실에 의해서만 판단되는 것으로 간주한다. 이는 종파적 갈등과 같은 장기간의 갈등을 제외한 다수의 소규모 갈등은 반영하지 않았다는 것을 의미한다. 더욱이 국가에 의한 인권침해나 억압은 그 자료에 포함되지 않는다. 인간안보적 접근은 그러한 갈등에 주목하여 갈등의 의미를 확장시켜서 무력 갈등에만 국한하지 않고 나아가 다른 구조적인 폭력까지 갈등의 의미에 포함한다. 갈등 관련 자료는 또한 갈등 지역의 세계경제에의 통합으로 촉발된 사회경제적 낙후 상태를 완전히 드러내지 않는다. 대부분의 갈등 지역에서 무수한 달러가 제공되는 개발 지원은 그 갈등에서 그들 자신이 파벌 세력이어서 지급 자금이 편파적인 국가들에게 주어져 왔다. 그래서 대신할 다른 투명한 방법에 의한 개발 지원이 고려되어야만 하고, 원조 공여국과 수용국은 책임을 더욱 통감해야만 한다.

갈등에 대한 인간안보적 접근은 사회적인 폭력에 이르게 하는 것과 그 희생자가 누구인지를 이해하여 갈등을 조망하는 인간 감각적 렌즈를 갖는다. 갈등에 대한 성의 문제는 중대하게 인식되어야 하는데, 많은 갈등 연구(페미니스트가 한 것이 아니라면)는 갈등이 여성과 사회적 약자들에 관해 갖는 특별한 의미를 강조하지 않는다. 인간안보적 접근은, 갈등을 일으키는 위협의 상호관련성을 고려하여 전쟁이 만들어내는 신화로부터 벗어나서, 세계경제가 그 국가나 지역에 영향을 주는 특정한 방식과 지역갈등 간의 깊은 연결고리를 찾아낼 것이다. 무기 거래와 갈등 자금 조달자, 그리고 구조적 원인들은 그러한 분석 안에 포함될 것이다. 갈등에 관한 인간안보 모델은, 선취하려는 갈등과 평화유지 그리고 재건, 보통 배척받는 빈자(貧者), 여성, 그리고 소외계층을 포함하여 지역민들을 동반자로 참여시키려는 모든 것에 관한 방법을 알려줄 수 있으므로 중요하다. 인간안보적 접근은 재정적 수입을 조사하여 취약한 집단에 대한 사회적 비용뿐만 아니라, 단순한 성장 중심이라기보다 인간 본위의 개발을 보장한다. 불평등과 빈곤이 갈등으로 치닫는 입구라는 것이 입증되어 온 까닭에 개발의 형태는 자원의 공정한 분배와 평등을 뒷받침해야만 한다. 지역, 계급 그리고 민족 집단 간의, 그리고 그들 내부에서, 성별화되고 평등한 개발을 강조하는 지속적인 인간개발 전략은 정치적, 사회적, 경제적 기구가 그러한 목표를 향해 일하는 전면적인 인간안보의 환경 안에서 가능하다.

7장 국가와 그 국내적 책임

 국가적 혹은 국제적 안보로부터 인간안보로의 패러다임 변화는 국내적 수준에서 관계자들과 기구들에게 훨씬 영향을 미치게 된다. 냉전 종식 이후 전통적인 안보 이론에 대해 불완전하다는 인식과 세계화 과정의 가속화는 안보가 국가의 관심사일 뿐만 아니라 개인과 사회의 관심사라는 생각으로 이어졌다. 그럼에도 불구하고 인간안보 개념에서도 국가는 "불리한 조건에서의 국민의 회복력"(CHS, 2003:10)을 발전시키도록 자국민의 보호를 위해 "중요한 조달자"(CHS, 2003: 2)로서의 그 역할이 강조되었다. 국가는, 이때 막스 베버의 용어로, 정해진 영역 내에서 물리적 힘의 합법적 행사의 독점권을 성공적으로 주장하는 인간 공동체로 이해되는데, 국가적, 국제적 수준에서 궁극의 조직 기구이며, 인간안보 개념에서도 여전히 지배적인 안보 대상이다. 그것은 여전히 전통적인 홉스주의적 사회계약으로 그 국민에게 전통적인 안전보장을 제공하는 최고의 합법적인 행위자이다. 실제로 국제적 수준에서 국가는 변함없이 최고의 합법적 행위자이며, 단지 국가만이 유엔에 승인되기 때문이라면, 공동의 평화와 안보의 전반적인 관리자이다. 더욱이 민주주의 국가는 여전히 국제적 무대에서 기본적인 행위자이며, 비정부기구나 다른 단체들, 시민사회의 상이한 대표자들과는 다르기 때문에, 일정한 영역에서 다수의 사람들을 대표하고, 이는, 다수가 소수에 대한 살육자가 아니라면, 그리고 국내 기관들이 합당하게 기능한다면, 최고의 적법성을 제공한다. 역설적으로 그러한 높아진 기대는, 가속화되고 있는 세계화 과정으로 인해 국가가 보호하고 제공하는 역량이 감소되거나 적어도 재정립되는 것으로 보이는 시기에 나온다.

국내적 수준에서, 자신의 인간안보가 위기에 처한 사람에 대한 국가의 책임은 무엇인가? 인간안보의 개념은 어떻게 이러한 책임들의 특성을 확대하거나 변화시키는가? 국가안보는 궁극적으로 어떻게 인간안보를 보완하는가?

이 장은 인간안보 개념으로 조망된 강하고 약한 국가들의 본성을 논하기 전에 우선 국가의 책임에 대해 설명한다. 그 다음에 어떤 유형의 정책과 기구가 국가로 하여금 자국민을 부양하고 보호하며 권한을 부여하게 해주는지에 관한 일반적인 관념 틀이 제시된다. 비록 미래의 연구가, 역할과 책임 이행에 있어서 국가를 지원하거나 방해할 수 있는 방식으로 존재하는 비국가 행위자에게 중점을 둔 연구로 확장되는 것이 매우 절실하지만, 이 분석의 초점은 국가에 국한시킨다.

국가와 그 인간안보에 대한 책임

인간안보의 관념은 국가안보의 관념을 대체하는 것이 아니라 결국에는 보완해 준다. 주권과 개입에 관한 국제위원회(ICISS)는 2001년 발행한 보고서 「보호 책임」에서 이 주제를 강하게 어필하고 있다.

"위원회가 믿건대 보호의 책임은 제일 먼저 국민이 직접 영향을 받는 그 국가에 속한다."(ICISS, 2001:para 2.30) 코헤인과 나이의 견해를 인용한다면, "질서는 규칙을 요구하고, 규칙은 권위를 요구하며, 권위는 국민을 대신하여 국가에 의해 행사된다."(Keohane and Nye, 1998) 그래서 인간안보에 초점을 맞추는 것은 국가 역할의 한계를 의미하는 것이라기보다 국가의 역할과 책임을 강화하는 것이다.

인간안보와 관련하여 그리고 국민과 관련하여 국가의 역할은 지대하다. 인간안보는 민족국가의 지역적 안정과 영토적 안보라는 관점으로 안보를 보는 것에 대해 거부하려고 한다. 국가안보의 보증인은 더 이상 군사력이 아니라 유리한 사회적, 정치적, 경제적 조건들, 인간개발의 촉진, 인권과 총괄적인 정책들이다. 이러한 인간안보 목적들이 작동하기 위해 국가라는 제도는 계속 중요하다. 국가의 부재나 그 저급한 효율성은 오히려 인간안보에 유해할 수 있다. 다른 한편으로 국가는 인간안보의 충분조건이 아니며, 심지어 실패했거나 유약한 국가들의 경우에서처럼 국가는 장애물이 될 수도 있다.

탄 시 상(Tan See Sang)은 인간안보 담론이 부분적으로 처음에 그 딜레마를 만들어낸 바로 그 기구(즉 국가) ― 혹은 그 존재에 대해 만연해 있는 헌신 ― 에의 의지로 복잡한 인간 딜레마를 해결하려는 것에 대해 비판하였다(Tan See Sang, 2001:4). 따라서 줄곧 안보 과정에 대한 국가의 구심성과 안보 달성에 있어서 국가이익 우위에 근거하는 접근법은 미심쩍어 보일지도 모른다. 그러나 인간안보 옹호자들은 국가가 비정부적이고 민간적인 사회조직(Van Rooy, 2000)의 기여에 더 큰 편의를 제공해 줄 것을 요구하지만, 그럼에도 불구하고 인간의 불안정에 관한 도전들은 국가에 우선적으로 관련된다(Wesley, 1999:28). 국가는 역량, 의지, 지식의 결합 그리고 유엔과 같은 국제적 공론의 장에서의 용인성 때문에 인간안보를 수호하는 데에 가장 적합하다. 그러므로 인간안보는 국가안보 담론을 대체하기보다 변화시키며, 국가안보의 대안은 아니다. 그것은 정책 방침 안에서 인간안보 개념을 채택하는 국가 책략의 변화를 주장하여 불평등을 상쇄하고 국민이 '공포로부터 자유', '빈곤으로부터 자유', 그리고 인간존엄성과 권리를 보장받을 수 있는 사회안전망을 제공한다.

시장이 사람들에게 평등한 기회를 보장할 수 없는 곳에 개입함으로써 국가는 경제적 안정을 확보하고 필수적인 사회 공공 봉사를 보장하는 쪽으로 사람들의 선(善)을 위해 시장의 힘을 변화시킬 역량을 지닌다. 비국가 행위자가 국가 기능의 일부를 떠맡을 수 있지만 그들이 그 우선적인 책임에 있어서 국가를 대체할 수는 없다.

책임의 정의

국가의 당국자들은 가난을 구제하고 갈등의 공포, 인권의 침해, 전쟁범죄, 고문, 집단학살, 강탈, 테러 등을 완화하며, 개발 과정을 개시하고 지속하는 데 도움이 될 수 있는 사회적, 경제적 정책들에 대한 작위적이거나 부작위적인 그들의 활동에 책임을 다하고, 그들의 행위에 해명해야 한다. 국가는 자유주의적이고 다원주의적인 사회를 위한 합법적 구조를 제공하는 데에 중요한 역할을 한다. '공포로부터 자유'라는 시각에서 국가는 분명히 어떠한 외부의 무장 공격에 대해 그 국민들을 수호하고, 폭력과 범죄와 싸우고 법과 질서를 보장함으로써 그 국민들의 치안과 물질적 복지를 담보한다. '빈곤으로부터 자유'라는 개념으로 국가는, 일부 국가에서 복합적인 재분배 체제로 복지국가 모델로 제도화된 기본적인 사회정의를 보장한다. 나아가 국가는 노동과 환경 표준이 유지되도록 보장함으로써 모든 인간에게 적용될 복지 기준을 정립한다. '존엄성'의 관점으로부터 국가는 반드시 법이

제정되고 준수되며, 개인과 공동체의 인권이 보장되게 해야 한다.

가장 기본적인 책임은 전통적인 안보를 제공하는 것이며, 부연하면 위협들을 예방하고 그 위협들로부터 국민을 보호하는 것이다. 그러한 까닭에 국가는 안보 영역에서 그들의 의무를 철회해서도 안 되고 철회할 수도 없다. 정치적 안보는 국가적 관점과 국제적 관점 모두에서 국가 권위의 적법성을 포함한다. 개인의 안보 문제에 대한 홉스 식의 해결은 국민을 보호할 주권국가의 건설이었다. 그에게 안보는 국가와 같고 불안정은 국가의 부재와 같다. 그러므로 국가는 최고의 중요성을 지닌 안보 처리 방식이다(Jackson, 2000:186).

부차적인 책임은 '부양하는' 것인데, 공정한 방식으로 사회적 봉사를 이행함에 있어서 뿐만 아니라 인간의 기본 권리와 자유를 지탱함에 있어서 각인되어야 할 관념이다. 국민을 부양하는 국가는 역사적으로 1960년대와 1970년대의 복지국가 모델에서 시도되었지만, 1980년대 도입된 자유주의적 모델로 폐지되기 시작했다. 예컨대 인도는 복지국가 모델을 산업기반의 발달과 80%가 빈곤선 아래에 놓인 자국민에게 동등한 분배를 확보하기 위하여 폭넓은 공공 부문에 채택했다. 이 전략은 중산층의 성장에 기여했고 민주주의를 지속시켰다.

다음은 '권한 부여'에 대한 책임이다. 국력은 자신들의 이익을 위해 행위하는 '국민'의 능력을 향상시킴으로써 국민과 그들의 요구에 부응하려는 국가의 책임에 달려 있다(CHS, 2003). 국민은 안보의 수동적인 수용자이거나 심지어 그것의 결여에 의한 단지 희생자일 뿐만 아니라 불안정이라는 난관에 대한 해결책을 인지하고 풀어나가는 데에 직접적으로 기여할 수 있는 능동적인 행위자이다. 공공선(公共善)으로서의 인간안보는 국가에 의해 주어진 책임과 의식적인 자발성을 함의하지만 국민에 의한 참여에 부합하는 의무도 있는데, 이 의무는 요청되고 맡겨진 능력이다. 권력의 위치에 있는 사람들이 수용자(국민과 공동체들)의 입장에 있는 사람들에 대해 보호하고 부양하며 권한을 부여하는 책임을 지닌다면, 이러한 책임은 임무를 맡고 참여하고 요구하는 것이 수반된다. 국민이 그들의 이익을 위해 행위하는 능력을 지원해 주는 것은 그들이 사회적 처리 방식들을 면밀히 검토하고 집단적인 행동을 취할 수 있도록 교육과 정보를 제공하는 것을 의미한다. 그것은 반대파를 인정하고 현지 지도력을 격려하며 공개 토론을 장려하도록 공공 영역을 구축하는 것을 의미한다. 이러한 책임은 언론과 정보의 자유, 양심과 신앙의 자유, 조직 활동의 자유와 더불어 민주주의적 선거와 포용 정책이 함께하는 협력적이며 더 넓은 환경에서 번영한다. 사회 집단은 국민들에게 발언권을 줄 수 있고 국가는 그들에게 반응할 필요가 있다. 그러나 국가가 유약하다면 어떤 사회 집단이 그 국가를 가로챌 수 있고 그들의 목적을 위해 국가를 이용하려 한다거나 그 국가의 통치 역량을 훼손하려 할 수 있다.

책임의 부차적 문제

인간안보 지향의 국가 책임에 관한 논의로 나오는 부차적인 문제는 국가에 대해 재개되는 두 가지 문제이다. 하나는 '주권'에 대한 관념의 변화이고, 다른 하나는 국가 형성의 '적법성'에 관한 문제이다.

주권 변화 : 주권이 일단 폭력의 행사와 외부 위협으로부터의 영토 수호에 대해 독점권을 의미했다면, 그것은 이제 책임의 수준을 수호와 권한 부여로 여과해야만 한다. 「보호 책임」보고서가 확고히 주장했던 것처럼, "주권국가는 피할 수 있는 외상(外傷)이나 재난으로부터 그 국민들을 수호할 책임이 있다." 국가는 그 국가주권의 이중적인 본성을 인정해야만 한다. 그것은 자율적인 행위자로 그것의 영역 내에서 최고의 권위를 발휘한다. 동시에 그 국가의 국민의 보호와 복

지에 책임을 진다. 그러나 인간안보에 대한 편협한 시각을 가진 비평가에게 그 개념을 개방하더라도 주권의 본성과 책임은 기껏 유약한 국가들의 국내 문제에 대해 많은 간섭이 있었던 것을 목격해 온 국제 무대를 고려한다면 위선적이다. 제2차 세계대전이 끝난 이래로 주권의 침해는 단지 가장 노골적인 경우만 언급해도 정치 집단과 도당들에게 가장 단순한 재정적 지원에서부터 군사원조, 무기의 직접 공급, 정치 지도자의 암살, 군사 쿠데타 조직과 정부 전복의 협력과 지원, 영토 통합에 의한 직접적인 침략(예를 들면 아프가니스탄에서의 (소련에 의한) 직접적인 군사 간섭, (미국에 의한) 파나마, (이스라엘에 의한) 레바논 그리고 (미국과 영국에 의한) 이라크 등)에 이르기까지 이어진다. 역설적으로 주권 침해는 엄밀히 말해 냉전 종식과 세계화 과정의 가속화로 나타난 전통적인 민족국가 관념의 위기의 시기에 존재하는데, 이 시기 주권은 외부 침략자들에 대해서 뿐만 아니라 국내적 요구에 대한 책임으로 변화되어 왔다.

적법성 : 관계자와 기관은 그들 역시 국민들에게 해명해야만 하는 것처럼 국민들에게 책임을 다해야 한다. 따라서 국민들에 대한 국가의 반응으로 국가는 그 의의와 도덕적 적법성을 찾을 수 있다. 어떤 관계자나 기관들이 존재하는 국가적 존재이유(raison d'être)는 애초에 이러한 기구들과 관계자들을 있게 한, 국민들의 복지에 대한 그들의 기여도에 있다. 부잔은 모든 국가는 "자국민 각자의 생존권 위에서 그들의 생존권을 요구할 수 있다."고 주장한다(Buzan, 2000). 그들의 존재이유는 그들이 내세우는 국가 이익의 수호에 뿌리를 둔다. 그럼에도 불구하고 '국가적'이라는 말은 '도덕적'이라는 말로 해석된다(Campbell and Shapiro, 1999:7). 그것은 상상에만 존재하는 '국가적'으로 국가의 도덕적 정당성의 근거로 다루어지는 경향이 있다. 이를테면 학자들은 정부가 그들의 시민 집단들에 대해 행하는 '구조적

인 폭력'에 대해 설득력 있는 논리로 강조해 왔다(Alagappa, 1998: 30-31). 국가이익은 인간안보라는 더 높은 선과 완전히 양립하도록 철저한 재정의가 필요하다.

국가 형성은 국민들이 그들의 자유와 권리의 일부를 자발적으로 국가로 위임하는 것에 동의함을 가정한다. 그러나 인간안보적 견지 안에서 국가 형성은 본질적으로 목적이 아니다. 통치제도는 말할 것 도 없고 사법제도가 단독으로 그것들의 목적을 위해 일하는 것은 아 니다. 국민은 이러한 사회구조와 사회적 관계를 가질 필요가 있다. 그들은 이러한 제도의 취지에 동의하고 참여와 지원을 통해 그것들 을 생명과 의의로 채워줄 필요가 있다. 국가는 국민의 역량을 북돋을 수 있고 '외적' 위협으로부터 보호와 재분배의 '내적' 갈등의 중재에 힘을 쏟을 수 있다. 국가는 국민에게 발언권을 줄 수 있다. 국력은 국 민과 그들의 요구에 대한 국가의 반응으로 형성될 필요가 있다. 이론 적으로 말하면 국민은 국가에 의해 제공된 안보를 통해 권한을 부여 받을 뿐 아니라 국내적 수준의 그들의 일상생활에서는 인간안보에 기여하는 국가에 의해 권한을 부여받는다. 예를 들면 과도기 혹은 탈 위기 국가에 있어서 평화와 국가 형성은 궁극의 수익자여만 하는 자 국민들의 몫이 되어야만 된다. 국가가 외국 자금에 심하게 예속적이 게 되면, 그들의 유권자들에게 대립되는 만큼 외부 행위자들의 요구 에 의무를 지게 됨에 따라 국가의 적법성은 위험에 빠진다.

국가의 유형

어떤 유형의 국가가 이러한 책임을 유지할 수 있을까? 그들의 책 임에도 불구하고 국가는 항상 그들의 인간안보 의무를 잘 이행하지 는 않는다. 국가가 국민에게 사회 안전망을 제공하지 않은 채 시장을 개방할 수도 있고, 혹은 권위주의적 국가가 인권을 억압하고 공포 정권을 수립할 수도 있다. 이러한 경우에 국가는 인간안보의 수호자가 되는 대신에 국민의 안보를 위협하는 근원지로 둔갑한다. 국가는 또한 제도적 역량과 재원의 결핍이나 질서의 붕괴, 혹은 심지어 소말리아의 사례에서 관찰될 수 있는 것과 같은 지속적인 갈등으로 인하여 인간안보를 제공할 수 없을지도 모른다. 그러므로 국가는 인간안보 제공의 관점에서는 애매모호한 행위자로 비춰진다. 인간안보의 최선의 보증인인 국가는 또한 최악의 침해자로 선정될 가능성도 있다. 다음 절에서 우리는 인간안보의 관점에 따라 국가의 상이한 유형들을 규명하고 국가가 그들의 책임을 이행하면서 직면하는 도전들을 평가한다.

'강한' 국가

햄슨에 따르면 '강국'이란 궁핍으로부터 자유, 공포로부터 자유를 제공하고 인권 학대에 반대해 개인 존재로서의 인간의 존엄성을 보호함으로써 자국민들에게 인간안보를 보장해 주는 능력을 지닌 국가이다(Hampson et al., 2002:16-18). 강한 국가는 실제로 다른 행위자들(국제조직, 비정부기구, 사설 기업 등)이 거의 가질 수 없는 국민의 역량과 의지 그리고 지식의 결속이 가능하기 때문에 인간안보를 지키는 데 가장 능통해야만 한다. 그래서 더할 나위 없는 '인간적 견지에서 안전한 국가'란 제대로 기능하는 정부와 사회적, 정치적, 경제적, 입법적 제도가 수립되고, 확고하고 집중적인 개발 어젠다를 가진 완전히 자주적인 민주주의 체제일 것이다. 소렌슨의 말을 빌리자면 '발전적인 국가'의 역할은 세 가지 요소에 의존한다. 첫째, 국가 자치권, 둘째, 개발에 우선순위를 둔 엘리트에 의해 통제되는 국가 관료,

셋째, 개발 도전 과제들에 상응하는 타당한 정책을 공식화하는 능력으로서의 치국책이 그것이다(Sörensen, 2000). 국가는 또한 자연재앙들의 해악을 경감시키는 재난 관리 전략을 발전시키고 이행할 수 있어야 한다.

그러나 '강국'의 개념은 많은 문제를 내포한다. 첫째로 그러한 유형의 강한 국가에 전부 세 가지 차원의 인간안보, 즉 공포로부터 자유, 빈곤으로부터 자유, 그리고 전 국민에 대해 동등한 인간존엄과 복지가 확실히 보장되는가? 부유한 '강국'에서조차도 이주자나 실업자와 같은 많은 집단의 사람들이 사회의 주변에 머물고 있다. 이를테면 미국은 높은 1인당 소득에도 불구하고 사회적으로 매우 심한 불평등이 존재한다. 두 번째 문제는 규범적인 본성이다. 우리는 공산주의 사회가 인민 생활의 모든 분야에 관여하고 '일할 권리'를 보장하지만 참여할 권리를 보장하지는 않는데도 그 사회에 대하여 인간안보를 보장해 주는 완벽한 모델이라고 말할 수 있는가? 보호와 권한 부여와의 균형은 분명히 공산주의 정권 하에서 도달하지 못한다. 세 번째 문제는 우리가 역사를 통해, 나치 독일의 예처럼, 강국으로서의 모든 특징을 갖추었지만 국민 혹은 그 일부에게 학정을 행했던 몇몇 사례를 보아 왔다는 것이다. 네 번째, 강국이라 하더라도 다국적 기업들과 그들의 정책, 혹은 자원, 영향력, 방송망에 의하여 국가보다 강할 수도 있는 비국가 행위자들에 대해 통제력을 행사할 수 없다. 다섯 번째, 한 국가는 자국 책임이라는 입장에서 강력해지기 위해 국가의 모든 자원을 집중할 수 있지만, 외부 침략 세력으로부터 그 자신을 보호해 줄 비용과 능력을 감퇴시킬 것으로 보이는 거래를 해야만 할 수도 있다. 강국일지라도 전 세계적이고 지역적인 경제나 정치적 위기에서 그들 자신을 보호할 수 없을 수 있다. 끝으로 강국은 국민을 부속물화시킬지도 모르며 장기적으로는 그들에게서 스스로를 돌볼 장기적인 능력을 잃게 할 수도 있다. 그것은 장기적으로 존속될 수 없다는 기대를 부상시킬 수 있다.

진정한 민주주의에서 국가 이익은 국방의 증진과 정부와 국가의 경제개발, 그리고 사회적 분배를 통해 거주민과 개인 그리고 집단의 이익과 복지를 반영한다. 하지만 그 대신에 국가 이익은 간혹 집권자의 이익에 휘말리게 되어 정권과 이데올로기를 존속시키려는 경향이 있다. 예컨대 많은 동아시아 국가에서 경제개발 모델이 성장 우선 후 분배를 지향하였다. 그럼에도 불구하고 그 모델은 상류 집단이 결국 재원의 수익자가 됨에 따라 부유층을 만들어낸 노동자들에게 그 이익이 유입되는 데는 실패하였다. 그러한 강국에서 국민이 겪는 고통은, 공정한 정책을 실행하는 데 있어서 정부의 무력함, 의지박약, 비효율성 혹은 부패에 의해 촉발되거나 악화되었다. 국가가 아무리 강할지라도 그러한 정부는 이번에는 인구과잉과 경제적 불균형, 기근, 그리고 환경재앙에 대처하는 데 실패한다.

인간안보의 약소국

따라서 강국이 인간안보에 바람직한 국가일지라도 그것은 여전히 이상에 머물지 모른다. 한편으로는 약소국가 혹은 국제관계에서 비교적 최근에 연구된 현상인 준국가(quasi-states)가 있다(Jackson, 1990). 잭슨은 이 용어를 식민지 이력이 있고 공식적인 사법 자주권(즉, 헌법적 독립)이 실제적인 측면에서 국가라기에는 부족한 특징이 있는 국가들에게 적용하였다(Jackson cited in Söresnson, 2000:2). 이러한 국가들은 주로 그들이 존재하도록 승인받았기 때문에 존재할 뿐이다. 그들의 문제는 내부적인 취약성에 있고 외부 적대 세력에게 위협받는 것은 아니다(Stohl, 2000:6). 스톨은 한 국가가 그 국민에 걸맞은 주권적 책임을 이행하는 데는 무력할 때라도 그 국가가 한 개인의 권리를 짓밟거나 그들을 살육하는 데에는 종종 유능하다고 첨언한다 (Stohl, 2000:5). 최악의 약소국은 국민을 위해 쓸 수 있는 기본적인 기능을 보장할 수는 없지만 그 여력과 산업기반을 자국민을 위협하는 데 활용하는 국가이다.

　그러나 의도적인 결함과 비의도적인 결함이라는 두 가지 유형의 결함을 구분하는 것은 중요하다. 부양하거나 보호할 능력은 갖추고 있지만 이러한 책임을 방치하는 '소극적(unwilling)'인 국가들이 첫 번째 범주 안에 있다. 국가가 인간안보를 수호할 의지를 가지고 있지 않다면, 사회계약은 실패할 수 있다. 맥의 연구에 따르면 "이론적으로 국가는 국민을 보호할 책임이 있으나, 실제로는 폭력적으로 국민들을 억압한다. 최근 백 년 동안에 훨씬 많은 사람들이 외국군에게 피살당하기보다 자신들의 정부의 손에 피살당해 왔다."는 것이다 (Mack, 2004). 국가에 의한 억압은 다양한 모습으로 불안의 주요 근원지가 되어 왔다. 소극적인 국가는 국민들이 보안대와 국가와 경찰을 두려워하는 국가이며 부패가 만연하고 부(富)가 의도적으로 분배되지 않는 국가이고, 독재정권이 그 자신의 존속에 더 열을 올리는 국가이다.

　'무력한 국가'라는 두 번째 범주에는 전쟁과 같은 인위적인 정치적 책략이나 세계화에 의해서 무력하게 되어 온 국가들 혹은 끊임없는 자연재난의 위험에 노출된 국가들이 포함된다. 인간안보의 개념에서 약한 국가란 법을 이행하거나 강행할 수 없고, 개발정책을 수립해서 실행할 수 없으며, 보유한 기관들이 비효율적이고, 세금을 거두지 못해서 국민들에게 가장 기본적인 공공 부문의 봉사나 공공 생활에 참여하는 수단들을 제공할 수 없는 국가이다. 약한 국가는 사회 통제의 기본 기능을 행사할 수 없어서 국민들을 보호하고 돌볼 의무를 다하지 못하는 국가이다. 약화된 국가는 역량과 자원의 결핍으로 특징지어진다. 불가피하게 그러한 국가는 구제와 보호에 대한 무기력자(nonperformer)이기 때문에 정부와 국민 간의 신뢰를 침식한다. 그러한 국가는 필요한 기능을 수행하지 못함으로써 무정부상태와 권력 남용의 길로 열려 있고, 국민들을 새로운 유형의 위험과 불안정에 노출한 채 방치해 놓는다. 계속해서 국가는 준군사 집단의 창궐에 고초를 겪고 심각한 수준의 범죄와 부패가 나타난다.

이러한 기능을 발휘하지 못하는 많은 국가들을 특징짓는 것은 역사적으로 '분할 통치' 정책이라는 식민지화와 신민화(臣民化)의 경험이다. 식민 정부는 종종 지역의 인구학적인 측면을 무시한 채 순전히 유럽 국가들 간의 협상을 통해 국경을 설정하였다. 예를 들면 19세기 말의 사이크스피코 협정과 베를린 회의를 통해 유럽 열강들은 자기들끼리 의도적으로 중동과 아프리카를 각각 분할하였다. 식민 국가들은 그들의 식민 지배자들에게 의존하지 않으면 안 되었다고 해도 좋을 정도로 해당 지역의 경제는 왜곡되었다. 제국주의 세력에게 식민지는 남쪽에서 부(富)와 자원을 착취해서 유럽의 생산물을 수출하기 위해 존재한다(Fanon, 1963:152). 이러한 식민 국가들이 독립하게 되었을 때, 그들 중 많은 국가에 황폐화된 경제와 비정상적인 국경선, 그리고 민족적 반감이 함께 남겨졌다. 독립 후 국가들은, "주권의 필수적 요소가 … 유지되도록, 공공 부문을 관리하고 제공하는 데 필요한 자원을 추출하기 위해 충성을 불러일으키는 역량(통치권)"이 부족하였다(Holsti, 1996:82). 그처럼 그 국가들은 흔히 역도(逆徒)들이나 지역 군벌들로부터 국민을 보호하거나, 혹은 사회복지, 고용, 그리고 사회적 산업기반과 같은 공공 부문 서비스를 제공하기 위한 필요한 역량을 보전하는 데 무기력하였다.

약소한 국가들은 그들의 허약성이 심하게 지나쳐 이웃 국가들을

286

위협한다는 점에서 고전적인 안보 딜레마와 관련된다. 이 이웃 국가에 대한 위협은 국경을 넘어오는 난민이나 무장 군인의 형태로 나타나거나, 불안정을 만들어내는 식량난, 홍수와 질병 같은 자연재해와 같은 모든 문제에 의해 일어날 수 있다. 사하라 남부 아프리카의 위기는 난민의 이동과 내부 민족 분규가 이웃 국가에까지 영향을 미치는 전형적인 사례이다. 스톨은 약한 국가들이 지역안보를 위협하기 때문에 그 국가들에 대하여 간섭하는 경우를 옹호하였다(Stohl, 2000). 그러나 8장에서 논의하겠지만 간섭은 자국민의 빈곤을 해결할 수 없으므로 실행을 정당화하기가 훨씬 어렵다.

그럭저럭 논의를 거치는 동안 바야흐로 인간안보적 시각은 국가의 국내 책임으로 시선을 집중하게 된다. 약한 국가란 안보뿐만 아니라, 특히 자국민을 위해 발전에 필요한 재화와 인권 규범을 제공하는 홉스적인 계약을 지킬 수 없는 국가로 규정된다. 국가의 허약성은, 다른 지역의 안보나 국가 자신을 위협하는 문제(군사 이동이나 민족 분규로 인한 것과 같은)에 근거해서만이 아니라, 국민을 위한 물리적 통합과 복지와 자기결정권, 그리고 기회를 위협하는 조건으로 판단된다. 약한 국가들에게 있어서는 '빈곤으로부터 자유'에 대한 균형 감각이 아마도 가장 부족하다. 사회적 보호가 전혀 없거나 불충분하며, 강국의 복지체제에 필적할 만한 복지체제와 교육체제는 매우 불안정하고 불충분하다. 그러한 국가들은 그들이 거의 직접적으로 의존하고 있는 다국적 기업과 같은 외부 자본을 통제할 역량이 거의 없다.

소련의 붕괴 여파로 변화 과정을 겪어 온 국가들이 약화된 국가들의 한 예이다. 구 공산권 국가들과 독립국가연합(CIS)에게 있어서 계획경제에서 시장경제로의 중심 이동은 정치적, 경제적 관리의 개조를 수반하여, 민주주의라는 측면에서는 국가를 더 강화시켰지만 자국민의 인간안보를 제공하는 능력의 측면에서 보면 국가를 더 약화시켰다. 그 국가들의 사회는 점차 사회경제적인 불안정으로 특징지어지게 되었는데, 이는 구정권에 의해 제공되었던 기본적인 사회적 안정과 신정권에서의 정치적 자유 및 새로운 경제적 기회와의 교환이었던 것이다. 자원 억제의 압박 하에 많은 국가들이 경제와 환경 그리고 보건의 영역에서 그들의 책임을 철회하였다. 예를 들면 알바니아에서 새로운 자유주의적 모델의 채택은 국가가 많은 복지 및 보호 기능들을 포기했다는 것을 의미하는데, 이는 이제 제도상의 공백을 발생시켰다. 사회주의적 복지국가를 대체한 무능해진 최소국가는 개인안보(범죄와의 전쟁), 사회안보(사회적 보장), 그리고 외부로부터의 안보에 국가 활동을 다시 집중하는 쪽으로 변화하였다. 그러나 이전의 대부분의 독립국가연합 국가들의 경험으로 볼 때 사회 여러 분야에서 국가 개입의 위축은 많은 국민들에게 엄청난 불행과 불안정을 안겨주고 때로는 갈등 상황으로 이끌었다.

약소국의 도전: 저개발의 군사화와 안보의 민영화

약한 국가는 무기 거래라는 간계(奸計)에 훨씬 더 말려들기 쉬워서 작고 불법적인 무기와 지뢰들을 이용하고 확산시킨다. 동시에 이러한 국가들의 잠재적인 갈등 상황으로 인하여 그 국가들은 더 많은 무기의 조달에 적합한 매우 위험한 지역이 되었다. 국가간의 관계와 국가안보 그리고 군사적 수단에 의한 영토 보호 개념으로서 널리 인식되어 있는 안보에 대한 관념으로 인해서 대부분의 국가에서는 비교적 높은 군사비 지출이 발생되어 왔다. 얄궂게도 남아시아는 세계에서 가장 큰 무기 시장이 되었고 이후 10년 내에 무기를 위해 1,300억 달러 이상이 지출될 것 같다.

1990년대에 이르자 그전까지 거의 조사된 바가 없는 분야인 확연히 기업 구조를 갖춘 국제적인 민간 군사 및 안보 산업이 부상하였다. 홀름크비스트에 따르면 이러한 민간 군사 및 안보 산업의 부상은 수요와 공급 양자 모두의 증가에 기인한 것이다. 민간 안보 기업이 갑자기 우후죽순처럼 부상한 이유라면 무엇보다 우선적으로 냉전 후 국가의 자유시장 모델의 지배와 전통적인 정부 기능의 외주 하청을 꼽을 수 있다. 다음은 세계적인 군축(軍縮)인데, 그로 인해 이미 훈련된 군사요원을 재활용할 수밖에 없게 되었다. 세 번째는 일부 개발도상국에서 주요 열강들의 점차적인 철수로 특히 과거 사회주의권의 용병이 될 준비가 되어 있는 실직한 인적 자원들이 있다는 사실이다. 마지막으로 유럽에서의 군사 물품 생산의 민영화이다(Holmqvist, 2005). 더욱이 냉전 비밀의 몰락과 더 작은 지역갈등의 발발이 안보의 민영화를 이끌어 왔다. 민영 안보 기업들은 전투에서의 작전 지원, 군사 고문과 훈련은 물론, 병참 지원을 위시한 무기 조달과 유지까지도 제공하였다.

아프가니스탄과 같은 갈등 후의 사회에서 민영 안보는 하나의 중심 역할을 한다. 민영 안보는 평화 작전을 촉진하고 더 광범위한 정치과정 범위 안에서 유용하다. 그것은 인도주의적 원조 물품을 전달하는 데에 기여하는 수단으로 활용되어 왔다.

하지만 안보의 민영화는 그럼에도 불구하고 또한 일련의 심각한 문제들을 가져왔다. 첫째, 그들이 안보를 제공하는 데 있어서 국가 역할을 대신한 까닭에 그들의 봉사의 본질에 관한 혼란이 존재한다. 둘째, 민간 안보 집단들의 전략과 동기에 관한 투명성이 결여되어 있다. 이익 추구라는 동기 때문에 그들은 국가나 국민에 대해서가 아닌 주주들에 대해서 더 책임을 느끼게끔 된다는 것이다. 국가가 안보에 이바지할 역량이 없을 뿐만 아니라 권력과 권위에 있어서는 강국에 필적하거나 답습하는 구조를 지닌 약한 국가에서 민간 안보는 국가 약화의 전조가 되며 세 가지 방식으로 그러한 결함을 심화시킨다. 첫째로, 단기간에 안보에 관한 허위 이미지를 창출해 냄으로써 민간 안보는 국가 범위 안에서 정부를 전복에 이르게 할 수 있거나 더 나아가 갈등에 이르게 할 수 있다. 둘째로, 민간 안보는 엘리트와 권력층에게는 유리하게 하고 빈자들은 불안정한 상태에 방치하여 국민들 간에도 안보가 왜곡 분배되게 만들 수 있다. 셋째로, 약한 국가는 합법적이고 제 기능을 하는 국가기관들의 설립을 서두를 수 있는데, 이 기관들은 공여국으로부터 훈련과 제도화를 충분히 받아들이지 못한다. 민간군사기업(PMC)은 인권 및 인도주의적 법의 존중과 준수에 얽매이지 않는다. 그래서 계약 규칙들은 여전히 불분명하며 간혹 그것들은 종국에 가서 장기간의 안보를 제공하기보다 불안정을 유발하고 만다.

아프가니스탄의 사례에서 명백히 알 수 있듯이, 연합군이 지역의 지방재건팀(PRT)을 통해 재건과 갱생 임무를 수행하기도 하고, 미국의 식량 공급이 독립된 군사 당국 하에서 실행되고 있는 군사화된 사회에서 유엔과 비정부기구에 의한 합법적이고 효과적인 인권 및 인도주의적 행위와 군사작전 간의 구분은 모호해진다(Tadjbakhsh et al., 2004). 유엔개발계획의 아프가니스탄에 대한 2002년부터 2004년까지의 「인간개발보고서」의 조사에 따르면 국제공동체가 결연히 그 나라의 개발에 참여한 지 3년 후, 더딘 변화와 안보와 개발의 약속에 대한 불충분한 이행으로 그 약한 국가에서 공권력에 대한 불신과 현재의 평화가 부분적이고 일시적이라는 두려움이 점진적으로 싹터 왔다. 아프가니스탄 사람들의 시각에서 신정부는 승인된 정치 공약, 기관 설립, 대량 자원 할당, 개인의 의견 변화와 사회적 변화를 아우르는 선도적 역할을 해야만 했다. 대통령과 국회의원 선거가 법치주의에 기반을 둔 국가 질서 수립을 향한 첫 단계였지만, 그럼에도 불구하고 그러한 것들이 조작되었던 환경에 대한 우려들이 있었다. 성공적인 선거 실시에도 불구하고 선거 체제는 명료한 인구 수, 안보, 조직화되고 경험이 있는 정당들에 관한 자료의 부족과 특히 선거 과정에 대한 이해 부족으로 혼란스러웠다.

게다가 초창기의 과도정부는 민족적 핍박과 정치적 배제 때문에 생존과 존엄에 대한 위협 속에서 역시 긴 수렁에 빠져 있었다. 정치적 배제는 민족적, 언어적, 종교적 집단을 완전히 고착화시키는 양상으로 계속해서 가시화되었다. 이를테면 더 높은 지위의 정부 직위에서의 권력 독점과 부적절한 민족 대표, 무능력자와 같은 일부 집단에 대한 구직(求職) 권리의 거부, 상위 교육으로의 제한된 개방, 불평등한 자원 분배, 특정 집단에 의한 공공 매체의 독점 등이 그것이다. 국민들이 가지는 국가와 군벌(軍閥), 그리고 마약 마피아(narco-mafia)간의 관계에 대한 인식도 위협에 포함되었다.

과도정부가 탈레반 이후 아프가니스탄에서 권력을 장악할 수 없음에 따라 그 권위는 다수 세력들의 도전을 받았다. 무장된 지역과 지방 군벌들은 그들의 추종 무장 세력들과 함께 복지와 안보, 부(富)에 대한 징세와 분배, 그리고 연고주의(clientalism) 조항에 관해 자신들만의 규율을 제정하였다. 그 나라의 선거들이 유엔과 계약한 고비용의 민간 안보 기업과 미국 주도의 연합군, 그리고 NATO를 통하여 안전하게 치러져야만 했다는 것이 안보적인 딜레마를 의미하였다. 결과적으로 모두가 두려웠고 무력했으며 무방비였다. 그러한 풍토로 자경단원들이 나타나게 되었는데, 이는 진짜로 누가 정부(아프가니스탄과 미국 모두)에서 일하는 사람인지 아닌지를 알기 어렵게 만들었다. 미국의 민간 안보 회사는 그 나라의 대통령을 보호하고 있었고 아프가니스탄의 억류자들을 심문하기 위해 CIA는 청부업자를 활용했다. 민간 안보 인원들이 국제적인 인권 규준과 관타나모 만, 아부 그라이

브, 그리고 아프가니스탄 교도소의 조사에서 확인된 사실에 대해 항상 책임이 있는 것은 아닐 것이다.

국가의 이상적인 정치적, 경제적, 사회적 책임은 무엇인가?

도전에 대응할 수 있는 국가 유형은 물론 인간안보를 향한 국가의 일반적인 책임을 규명해서, 우리는 한 국가가 관여해야만 되는 영역을 규정하는 일반적인 구조로 만든다. 우리가 이 책에서 논의해 온 것처럼 인간의 안보가 궁극의 목적이 된다면, 이제는 다른 모든 것들은 그 안보를 번성하게 하는 수단들이 된다. 어떤 종류의 정책들이 인간안보에 도달하는 데 요구되는가? 우리는 탈위기 국가들에서든 개발도상국들에서든, 그리고 산업화된 국가들에서든 기관들이 목적으로 지향해야만 하는 많은 이상(理想)들을 제시한다. 이 이상들은 인간안보적 관점에서 볼 때 국가의 책임으로 구성되는데, 윤리적 원리 때문만이 아니라 한 나라의 안팎 전역에서 인간안보가 불가분의 관계에 있고 위협이 국가와 사회를 서로 약화시키기 때문이다.

국가 건설 과정

국가의 목적에 맞는 역할과 국가 건설 과정은 공정하고 효율적인 정부 체제와 기회를 균등히 제공하는 법규에 근거해야만 한다. 인간안보를 제공하는 역량은 공공 재화를 생산하고 분배할 수 있는 강한 국가를 필요로 한다. 그로 말미암아 국가는 제공자 역할에서 더 나아가 확실히 개발을 위한 안전한 조건들과 시장이 제대로 기능하기에 충분한 안보를 제공하도록 규제력을 지닌, 말하자면 하나의 규제자 역할을 담당해야만 한다. 그러나 그것은 위협을 감소시키기 위해서

뿐만 아니라 하나의 권리에 관한 문제로서 모든 주민들에게 사회적인 공공 봉사, 기본적인 건강 진료소, 교육, 그리고 직장 보장을 제공하는 데에 임시적이면서 능동적인 역할을 해야만 한다. 국가는 상업적 조직이나 비정부기구에게 어떤 역할을 위임할 수 있지만 여전히 궁극적인 책임을 진다.

갈등 후든 개발 도중이든 모든 상황에서 국가의 책임은 감소하기보다는 증가해야만 한다. 이러한 새로운 책임은 국가가 경제의 방향을 지시해야만 한다는 것이 아니라 시장이 모든 국민에게 자원의 효율적인 할당이나 재산과 기회에 대한 동등한 접근을 보장할 수 없는 지역에서 국가가 중재해야만 하는 것을 의미한다. 그러한 까닭에 시장이 광범위한 공공 참여에 책임지고 투명하며 개방되어 있는 새로운 국가를 필요로 하더라도, 일치하는 국가의 책임은 다수의 요구를 충족시키는 한편 소수의 이익을 보호하는 것이다. 국가의 생명력과 정통성은 그 나라 국민의 요구를 처리하고 내부나 외부 세력으로부터 야기되는 평화 파괴자들의 위협에 대항할 수 있는 그 국가의 역량에 달려 있다. 그러므로 국가 건설 과정에서 국가의 역할은 세 가지 측면으로 나타난다. 첫째는 재건 과정이 공정하고 효율적이며, 국민에게로의 권한 부여를 보증하는 것이며, 둘째는 인간의 가능성에 투자를 장려하는 것이고, 셋째는 자원을 동등하게 분배하는 것이다.

국가-사회 계약

인간안보적 시각으로의 전환은, 인간으로 하여금 계획과 정책들을 그들에게 적합하게 기획하는 부패하기 쉬운 집단으로서가 아니라 변화와 기회의 동인(動因)으로 개입할 것을 요구한다. 민주주의 원리들은 특히 탈갈등의 상황에서 정치적, 사회적 자유를 보장하는 최상의 환경을 제공할 수 있다. 국민에게 권한을 부여하는 포괄적인 통치 체제는 군사 방위 수단보다 훨씬 더 안보를 튼튼히 한다. 신뢰받는 통치의 핵심 요소는 조기 발견의 도움으로 인간안보의 촉진에 시민사회 협력을 이끌어내고, 과정을 만드는 정책으로 피드백을 제공하며, 국가와 동반하여 보호와 원조를 제공하고 공공 여론에 영향을 미침에 있다. 시민사회 옹호 단체들은 사회적으로나 경제적으로나 그리고 정치적으로나 소외된 집단들에 대한 문제와 관심을 정책 과제로 상정되도록 보장한다.

결국 참여는 개발에의 기여와 개발을 통한 이익 추구 그리고 개발에 관한 의사결정에의 참여를 이끌어낸다. 따라서 국민에게 권력을 주는 것은 국가-사회 계약을 존중하는 결정적인 형태이다. 이를 위해 훈련되고 성숙한 시민사회, 행위의 자유뿐만 아니라 선택의 자유가 필요조건이며, 이는 국민들이 불평과 불만을 토로하게 하는 보도와 협의를 통하여 제공된다. 참여 계획을 통해 현실 참여는 독려되고, 국민들은 확실히 그들의 인간안보의 결핍에 집중하게 되고 그들 자신의 인적, 재정적 자원에 공헌하게 된다. 궁극적으로 권력과 책임의 분배는 모든 관련된 짐들을 덜어주고, 또 그렇게 함으로써 개발을 가속화시킨다.

어떤 종류의 민주주의 체제인가?

민주주의와 인간존중이 사회의 안보를 확립시킬 수 있다는 것을 아무도 부정하지는 못한다. 대의민주주의는, 모든 사회 집단들이 정치적 의사결정 과정과 평등한 대표에서 나오는 이익에 접근할 수 있는데, 공정과 정의라는 목적을 충족시킨다고 해서 반드시 효율성으로 이어질 필요는 없다. 그러나 민주주의는, 그 자체의 협소한 정의(定

義)가 아니라, 통합 역량은 물론 민주주의적 가치와 민주주의의 속성에 중요성을 두어야 한다. 그럼에도 불구하고 문제는 민주주의 속성에 관해서이다. 새로운 최근의 세계적 견해는 민주주의와 책임이 경제발전의 전제조건임을 가정하고 있다. 결과적으로 민주주의 수립은 구소련 국가들에서는 변화라는 목적으로 비춰졌는데, 이를테면 그것이 실제로 더 나은 삶을 의미했어야 했다. 즉 민주주의 가치를 추구하기보다 차라리 민주주의 제도를 수립하는 것이 중요시되었다. 당시 민주화 과정은 특히 그것이 구소련권에 적용될 때 대부분 선거를 수용하고 사법제도를 개혁하며, 점차적으로 권력을 중앙집권화된 정부로부터 현장으로 이전시켜서 의사결정을 분산하는 것에 집중되었다. 국민들이 물품을 늘리는 데 있어서 이러한 경로들을 이용했다는 것은 논의되지 않는다. 그럼에도 불구하고 이것이 실제로 의사결정에의 참여로 이끌었든 생계를 나아지게 했든 깊이 음미해 볼 만하다.

자유민주주의와 시장경제는 그 체제를 가지각색의 이익을 추구하는 체제로 개방해 놓았지만 모든 유형의 개발 활동 해결책도 아니고 가장 확실한 평화의 기반도 아니다. 민주주의와 자본주의는, 사회적 경쟁을 부추겨서, 전쟁으로 이미 국력이 소진된 데다가 화해에 필요한 제도적 기구들이 부족한 국가의 사회적 갈등을 악화시킬 수 있다. 그러므로 갓 태어난 민주주의는 경제적, 사회적 개발을 방해하는 정치적 장애물에 직면해야만 한다. 민주주의는 또한 지나치게 자주 경제성장에 유리한 조건들을 대가로 이득을 획득하는 특정 이익집단에 지나치게 의존적일 수 있다. 탈갈등의 과도기 국가들의 딜레마는 경쟁적인 이익 관계를 조정하면서 불평등을 더 악화시키지 않는 민주주의를 창출해 내는 것일 것이다.

위기와 침체에 대한 최선의 안보는 민주주의와 광범위한 공공 참여이다. 헌법이 존재하지만 의견의 차이를 허용하지 않거나 의견을 달리하는 목소리를 청취하지 않는 국가라면 인간안보를 보증할 정도로 충분히 민주적이지 않다. 센은 인도네시아의 경우를 들어 예증하고 있다.

인도네시아에서 (1997년의 재정위기 시의) 희생자들은 모든 것이 잘되고 있을 때도 민주주의의 매우 큰 이점을 이용하지 못했는지 모른다. 그러나 일부 사람들에게는 모든 사정이 최악으로 곤두박질치게 되었을 때, 민주주의 제도의 부실로 그 사람들의 목소리는 계속 묻히거나 효력이 없게 되었다. 민주주의라는 보호 우산은 그것이 가장 절실히 요구될 때 적절하게 가려주지 못한다(Sen, 1999:32-33).

경제적 성장 모델

인간안보는 평화나 안정과 마찬가지로 경제적 성장이라는 단일적 과제보다는 각각의 수단과 정책을 필요로 한다. 경제 안정을 만들어내고 안보에 대한 우려가 잠식되게 하기 위하여, 인간안보는 사회적 안전망과 정치적으로 그에 상응하는 통치를 필요로 하는 데 반하여, GDP를 상승시키는 것은 각각의 경제 방책들을 요구하는 기술관료적인 과업이다. 이러한 이유로 개발은 인간안보적 방침을 채택해야 할 뿐만 아니라 인간안보는 그 자체의 가치를 추구하면서 경제개발의 증진에는 개의치 말아야 한다.

물리적 산업기반(특히 도로, 수도와 전기)의 투자, 농업 시장, 기술 개발, 재정 사업, 적절한 통치와 교육은 모두 지속적이고 광범위하게 기초가 다져진 경제성장을 위한 토대를 깔아놓는 데 있어서 하나의 중요한 역할을 하게 될 것으로 기대된다. 그러나 경제적 불안과 배고픔으로부터 벗어날 자유로 인하여, 성장은 임금 고용과 자영업이나 사회적 소득 이전(공식적이거나 비공식적인)으로 얻어지는 수입으로 규정된다. 동적 경제(dynamic economy)의 포함 내용이 자기의존이나 효과적인 공공 행위를 통해 해결되는 경제적으로 허약한 국민의 빈곤을 초래한다는 난제가 여전히 남아 있다. 그래서 분배 문제는 토지개혁, 의무교육의 확대, 저숙련도 노동자들에 대한 대폭적인 고용 창출을 통하여 빈곤층의 '절대적인' 조건은 물론 '상대적인' 조건도 상당히 개선시키는 경제정책 모델로 통합될 필요가 있다. '공정(公正)에 기반한' 성장은 다양한 전략을 통해 이루어질 수 있는데, 그 전략들은 확실히 각 국가의 초기 조건들에 다소 의존한다. 경제성장은 빈곤층이 일하는 분야(작은 규모의 농업과 같은)와 그들이 생활하는 지역(저개발 지역과 같은), 그리고 그들이 소유한 생산요소들(비숙련된 노동과 경지[耕地]와 같은)에게로 자원이 가도록 과도할 정도로 조작하는 하나의 관리 방식을 포함하고 있어야 한다.

국민의 사회적 빈곤에 대처하는 국가의 역량이 제한될 때, 개인적인 자가 경영과 사영 기업가 정신은 자기보호 수단으로서 경제적 안보 보장을 위한 새로운 개인 전략으로 나타난다. 몰도바의 1999년 가계 예산 통계자료에 따르면 그 전체적인 국가 수입의 40% 이상과 지방 수입의 60%가 자영업, 개인 활동, 지하경제와 여성들의 지하경제로의 편입으로부터 발생한 것이다(UNDP, 1999c). 지하경제가 일자리의 창출을 의미하긴 하지만 그와 동시에 그것은 일자리 창출이 국가 예산으로 편입되지 못하는 것을 의미하며, 그 방면에 관련해서 질서가 혼란스러워져 어지러워지게 되고 노동자들에게는 직업안보로 가는 정상적인 길을 확보하는 데 좋을 것이 없다.

인간안보적 관점에서 사회적 공정과 분배적 정의는, 둘 다 본래의 수단과 목적으로서 경제발전에 관해 중심적 역할을 하며, 현재의 경제정책들이 부적합할 때나 소용되는 부가적인 요소는 아니다. 전문가들은 토지 집중화와 도시 편향 그리고 교육에서의 기회 불평등과 같은 불평등의 '전통적인 원인들'은 '과도하게 자유주의적 경제정책 제도'와 연결된 '새로운 원인들'만큼 불평등을 확산시킨 데 대한 책임이 없을지 모른다고 주장해 왔다(Cornia and Court, 2001). 이제 악화된 불평등은 불가피하지 않으며, 교육, 토지개혁, 지방 분산화 정책과 같은 전통적인 원인들뿐만 아니라 새로운 기술과 무역으로 인한 충격과 같은 새로운 원인들을 다루는 특별 정책을 통해 완화되어야만 한다. 또한 그것은 안정화와 적절한 정책들을 통하여 급격한 경기 후퇴를 피하고, 국가적인 재정의 개방화 및 규정, 진보적인 조세정책을 국제적인 그것들과 서로 관련시키며, 공정한 노동시장 정책을 법제화해야 한다.

경제성장의 자유주의적 패러다임은, 많은 국가에서 경제계획을 수립할 때 일치를 이루는 것처럼 보이고 국제금융기구(IFI)의 종합 정책의 일부인데, 그것이 인간안보에 바람직할지는 의문으로 남는다. 자유주의적 패러다임은 시장조사 결과에서 정부 중재에 반대하고 있는데, 그것은 정부 중재가 유용한 부족 자원들을 비효율적으로 사용하게 만들기 때문이다.

그 패러다임은 중앙 통제 하에 계획된 정부 중재보다도 자유시장의 메커니즘을 경제의 중심에 두며, 정부의 역할을 정책 입안자와 공급자의 역할에서 조정자, 즉 국가 경제의 민영 부문을 위한 환경이 용이하게 형성되게 할 책임이 있는 역할로 변화시킨다. 이러한 신고전주의적 경제 패러다임에 따르면, 건강한 경제는 정부 개입에서 기인하는 시장의 왜곡이 제거되어 국내 민영 부문과 국제 민영 부문을 위한 공평한 경쟁의 장이 마련된다면 오직 그때에만 부흥될 수 있다는 것이다. 이는 국가 보조금과 규제를 철폐하고, 국유 기업을 사유화하며, 관세와 정부 관리 하의 수입품 할당과 같은 수입 통제를 감소시키거나 폐지하고, 시장 기반의 이자율을 도입함으로써 성공한다.

결과로 나타나는 경쟁 증가는 민영 부문이 부족 자원의 활용에서 더 높은 수준의 효율성에 도달하게 해주어서 경제발전을 가져다준다. 경제개발은 통화 침투(trickle-down) 효과를 통해 더 많은 경제적 기회를 창출하고, 고용을 창출하고, 빈곤을 감소시킬 것으로 기대된다.

그러나 신자유주의는 비록 오늘날 지배적이긴 하지만 개발도상국들은 물론 탈위기 국가들에게서도 지난 25년 정도의 세월 동안 형편없는 성과를 내왔다. 개발도상국의 탈식민주의적 정책 입안의 성과를 비유하여 설명하면, 대략 1950년대부터 1970년대 중반까지 내내 신자유주의적 제약에 근거한 정책들은, 첫째로, 경제성장 둔화, 둘째, 더 큰 경제 불안정, 셋째, 불평등의 상승, 넷째, 실업의 확산, 다섯째, 지속적으로 퍼져 나가는 빈곤의 관점에서 졸렬한 성과를 가져왔다(McKinley, 2004). 1980년대 말과 1990년대 초에 바로 문서화되었듯이(유니세프의 '사람을 생각하는 구조조정'과 유엔개발계획의 「인간개발보고서」 참조), 구조조정은 그것이 강요된 국가에게 엄청난 사회적 비용을 부과하였다. 경제적 자유화와 대의민주주의 제도 수립에 우선순위가 주어졌던 반면에 빈곤, 불평등, 보건, 교육 침체와 사회적 소외와 같은 문제들이 증가될 수 있었다. 국가 개입 축소에 관한 신자유주의의 정설은 대개 공산주의 복지국가의 탈공산주의 '국가 고별'로의 변화라고 비난받는다. 그러나 전통적인 경제성장에 근거한 개발 원칙들은 신자유주의적 패러다임 안에서 구체화되었는데, 새로운 불안정을 야기할지 모른다. 신자유주의는 사람 대신에 성장을 중요시하여 소수에게는 유리할지 모르지만 빈자(貧者)들에게는 대단히 이익이 되지는 않는다. 불평등은 경쟁 이론의 일부로 받아들여진다. 국가는 빈곤층의 보호자로서만 국가 역할이 재정의되는 가운데 시장이 자유로울 수 있도록 지지해 주는 역할을 맡게 된다.

예를 들면 아프가니스탄은 비록 탈위기 국가이지만, 구소련 위성국

가였으나 자신들의 중앙계획 경제 모델과 결별한 모든 과도기 국가
들의 행로는 물론 많은 다른 아시아-태평양 국가들의 행로도 따랐다.
세계은행과 국제통화기금의 지도 하에 그 나라는 최초로 통화를 평
가절하고 재정 적자를 감소시키기 위한 공공 비용을 삭감하는 것
과 같은 단기적 처방에 착수했다. 이러한 처방에 이어 무역과 산업의
규제 철폐, 국제무역과 투자 및 환율의 개방화와 같은 장기 처방이
나왔다. 전후(戰後) 상황에서 1990년대에 줄곧 개발해 왔던 국제 후
원 재건을 위한 표준 신자유주의적 패러다임이 아프가니스탄 재건
지침으로 채택되었다. 이 시장 주도의 성장과 개방 경제 그리고 최소
규제 국가에 근거한 표준 패러다임은, 특히 '성장의 원동력'으로 간
주되는 민영 부문을 통하여, 경제성장을 빈곤 퇴치의 최고의 경제성
장 전략으로 인식하였다. 2003년 그 정부는 '아프간개발계획(National
Development Framework)'을 통해 거시경제적 안정성에 기초한 사회
적, 경제적 개혁과 성장 주도의 민영 부문에 관한 전망을 내놓았다.
모든 개혁은 정부가 채택한 시장 통합의 경제정책과 자유무역 입장,
그리고 성장 동력이자 국가를 대신해 가능성을 주는 관문으로서의
민영 부문의 장려 위에 전제되었다.

그러나 인간안보가 필요로 하는 것은 특히 탈갈등 국가에서 선택
적인 모델이 고려될 수 있는 것이다. 우선적으로 갈등의 근본 원인들
은 정책이 입안될 때 계산에 넣어질 필요가 있다.

자유민주주의와 시장 지향의 경제는 항상 모든 유형의 개발 활동
의 해결책은 아니며, 평화로 가는 가장 튼튼한 토대도 아니다. 사회
적 경쟁을 조장하는 민주주의와 자본주의는, 전쟁 상흔이 남아 화해
를 위해 요청되는 제도적 기구들이 부족한 국가들의 사회적 갈등을
악화시킬 수 있다. 정치적, 경제적 과제의 참여에서 차이를 무시한
전략의 채택은 불평등의 원인이 될 수 있다. GNP가 불과 수년 내에

더 상승하게 될지라도 점증하는 불평등 때문에 더 많은 빈곤이 존재할 가능성이 높다. 불평등의 정도가 크면 클수록 — 어느 정도의 경제성장을 위해 — 빈곤을 감소시키는 데 있어서 경제성장이 갖는 영향은 더욱 미미해진다. 그리고 불평등은 성장을 억제할 뿐만 아니라 범죄와 정치적 안정에 대해서도 근본적인 정치적, 사회적 영향을 미친다(Cornia and Court, 2001).

사회정책 입안

인간안보가 우선적인 문제라면, 정부는 모든 사람이 존엄하게 살아가게 하기 위해 사회정책의 자금 조달과 관련 규정들의 보완된 재조정을 지향하는 더 강력한 행정적 관리를 통하여 공공 지출을 늘려야만 한다. 극빈자를 구제하려는 사회정책 목표를 수립하는 것은 행정적으로 복잡하며 공직자들의 전횡적인 판단에 취약하다. 공공 보증과 개인 보험의 결합은 좋은 보수를 받는 직업인들에게는 도움이 될 수 있으나 비정규직 부문에 있는 사람들은 소외시킬 수 있다.

공공 비용의 삭감은 실제로 경제성장을 억압할 수 있다. 인간안보가 우선적인 문제라면, 정부는 그 대신에 세금과 기부금을 거둬들일 수 있고 그것을 잘 사용할 수 있는 더욱 강력한 행정적 관리를 통하여 공공 지출을 증가시키는 것에 주목해야만 한다. 이를 위하여 사회정책의 자금 조달과 관련 규정들의 보완된 재조정이 요구된다. 복지제도는 모든 사람이 존엄하게 살 수 있게 해줘야만 한다. 많은 국가들이 생활보호 대상자들의 자산 조사를 통해 최극빈층에 대한 혜택을 제한하여 비용을 절감하려고 해왔다. 그러나 많은 사람들이 무지와 두려움 혹은 사회적 모욕으로 인하여 이 계획에 실패한다. 목표를 수립하는 것 또한 행정상 복잡하며 공직자들의 독단적인 결정을 예방할 방도가 거의 없다. 공공 보증과 개인 보험의 결합은 보수가 좋은 직업인들에게 도움이 될 수 있으나 비정규직 부문의 사람들은 소외시킬 수 있다.

1991년 독립국가연합으로 분산된 이후 구소련권이 겪은 경제적 과도기의 경우, 세입의 부족액으로 공공 지출, 건강, 교육 그리고 사회적 서비스 부문에 국가 운영에 엄청난 압박이 가해졌다. 지출의 삭감과 예방적이라기보다는 차라리 역행하는 방법의 채택 결과, 빈곤과 수입 격차 상승뿐만 아니라 중앙아시아의 인구와 보건 위기는 더 악화되었다. 교육과 보건 부문의 지출 삭감은 산업기반의 붕괴를 가져왔고 서비스의 질과 양을 저하시켰으며, 도농(都農) 간의 격차를 더 벌려놓았다. 사회복지 분야에서 대부분의 정부는 복지비용을 삭감하려고 했고, 점차 그에 따른 이득을 보편적인 이익과는 반대되는 개념으로서의 소득과 결부지어 생각하였다. 그러나 실업에 의해 창출되는 소득은 극도로 저하되었고, 경기 후퇴 때문에 일어난 대기업의 조세 감소와 무관하지 않은 강요된 조기 퇴직으로 인하여 연금 생활자의 수가 급격한 증가를 보였다. 재정적 안정의 미비와 보건 지원 체제의 붕괴로 늘어난 보건 관련 과제들이 제기되었는데, 이 과제들은 공교롭게도 중앙아시아 여성들에게 두드러진 무보수의 비정규직 부문에 관한 부가적인 문제들과 더불어 제기되었다.

국가는 사회의 취약한 부문에 대한 조정자로서 역할을 맡아야만 한다. 예컨대 인구가 각각 거의 10억에 이르는 인도와 중국과 같은 국가들의 경제적, 사회적 고충으로 그 국가의 부부들은 가족 규모를 줄이도록 압력을 받아 왔다. 특히 남자 아이는 여자 아이보다 가치 있게 여겨지고 소녀는 하나의 짐으로 여기지는 인도와 같은 사회에서 가족들은 성별 검사 후 여아일 경우 낙태에 의지해 왔다. 그 결과 인도에서 백만 명 이상의 여아들이 행방불명되고 남아의 출생률이 여아를 훨씬 상회한다. 그러한 양상들은 성 민감도가 높으며 인간안보적인 접근에 의해서만 해결될 수 있으며, 그 경우 국가와 시민사회가 협력해서 법규와 사회적 의식구조를 변화시키게 된다.

실업은 많은 사회에서 사회적 고민거리의 주요 원인 중 하나이다. 그 방면으로 취해진 주요 조치가 인도 정부에 의해 착수된 가장 야심적인 빈곤 척결 계획인데, 인도는 인구의 약 70%가 촌락에 살고 있다. 국가농촌보장계획(National Rural Guarantee Scheme) 하에, 전국의 가장 빈곤한 200개 구역에서 살고 있는 6천만 농촌의 각 가족 중 한 사람은 매년 100일 간의 일자리를 보장받는다. 그들은 만약 일이 없다면 일일 최소 임금(1.35달러)이나 실업수당을 받을 것이다. 그 계획에 의해 고용된 사람들은 도로 건설, 지방 산업기반 개선, 운하 건설 혹은 수원(水源) 보호 계획 관련 일과 같은 계획에 근거해서 일하게 될 것이다. 그러나 비평가들은 그 계획에는 너무 고비용이 들어서 정부가 그것을 지원할 수 있을지 의문이라고 말한다. 또 다른 비평가들은 투명성이 결여되어서 관료적 형식주의(red tape)와 부패가 뒤따를 수 있다고 말한다. 그럼에도 불구하고 그것은 인도에서 유래가 없는 가장 큰 사회적 안전망이며 그 계획은 다가오는 수년 내에 전국으로 확산될 것으로 기대된다.

인간안보 원칙을 지향한 효율적인 사회보호는 실제 가치 면에서 사회적 지출의 성장을 의미한다. 비정부기구들에게 협력을 구하고 이들을 통합하는 것은 국가의 정책 완수 노력을 보족해 줄 것이다. 모든 사람에게 인간과 수입의 안전을 제공하는 보편주의적 기초 위에 세워진 공정한 사회체제는 포괄적이고 공정한 사회정책에 매우 의존하게 될 것이다. 여기서 사회정책은 사회적 합의에 근거하고 국가와 시민사회 간의 동반자적 메커니즘을 통해 이행된 정책을 말한다. 이는 비정부기구, 공동체기반기구(CBO), 지방 공동체와 민영 부문의 협력을 통해 사회적 자원을 동원하는 중앙과 지방 수준의 국가 역량 개발을 요구할 것이다. 그러한 사회정책들은 빈곤 근절, 일자리 창출, 보호 설비, 그리고 공동체 개발에 집중되어야만 한다.

결론

이 장에서 논의해 온 것처럼 인간안보적 접근은 국가를 외면하지 않는다. 국가는 그 국가의 국민을 위한 인간안보 제공에 최우선적 책임이 있다. 이 사실은 중요한 사항으로, 인간안보의 이행이 위험천만하게 국제관계에 동요를 일으킬지도 모르고, 국제관계에서 어떤 변혁을 수반할지도 모르며, 그렇지 않으면 하나의 이상향이어서 비현실적인 계획이라는 비판들을 완화시키는 역할을 하게 될지도 모른다. 무엇보다도 인간안보의 개념에서 국가가 기본 역할을 계속한다는 것에 대한 인정은 인간안보가 자신들의 통치권을 잠식하려고 살짝 위장한 어떤 시도에 지나지 않는다는 일부 국가들의 의혹을 해소하는 데 도움이 된다.

비록 비국가 행위자들의 역할은 이 장의 논의와 무관한 것이지만, 인간안보적 접근에서는 국가가 인간안보를 제공할 수 있는 곳에서 국가는 유일한 제공자가 아니라는 것이 인정된다. 이상형의 인간안보적 접근에서, 국가는 비정부기구와 시민사회, 국제적, 지역적 조직들은 물론 개인들과 그들의 공동체들을 아우르는 비국가 단체들과 함께 역동적이고 꾸준한 정책망의 일부로 구상된다. 인간안보적 견지에서 비국가 행위자들은 국가와 경쟁하는 것이 아니라 인간안보를 촉진하려는 그들의 공동 목적으로 국가를 보완한다. 권한을 부여받은 시민들은 그들의 존엄성이 침해되었을 때 그들의 존엄성에 대하여 존중해 줄 것을 요구할 수 있다. 그들은 그들의 염원을 통해 부(富)를 축적할 새로운 기회를 창출할 수 있고, 많은 문제들을 지역에 맞게 처리할 수 있다. 그들은 다른 이들의 안보를 동원할 수 있는데, 말하자면 초기 식량난을 공표하고, 기근을 예방하거나 인권침해에 저항함으로써 동원이 가능하다. 자신의 이익에 따라 행위할 수 있는 사람의 능력을 뒷받침해 주는 것은 교육과 정보의 공급을 의미해서, 그로 인해 사람들은 사회제도에 대해 면밀히 조사할 수 있게 되고 공동의 행동을 취하게 된다. 반대파에 관대하고, 지방의 지도자를 격려해 주며, 공공 토론을 조성해 주는 공공을 위한 장(場)은 민주적인 환경을 배양하고 포괄적인 정책들을 실천한다.

이 장은 국가의 속성과 더불어 국가가 그의 사회계약을 어떻게 이행하는가에 관해 중점적으로 논의해 왔다. 여기에서는 인간안보를 보장하도록 시민을 보호하고 권리를 부여함에 있어서 국가의 책임이 세밀히 검토되었다. 이 장에서는 또한 실천을 위한 구체적인 청사진을 제공하지 않고 국민들의 인간안보적 요구에 부응할 수 있었던 국가 구조의 일반적인 틀을 제공하려고 시도하였다. 다음 장에서는 국가가 그것의 책임을 이행할 의지가 없거나 이행할 수 없는 경우에 일어나는 문제에 관해 검토할 것이다. 그러한 경우에 개입하는 데 있어서 국제공동체의 기타 역할에 관한 조사 문헌은 충분하다. 그러나 인간안보 조사 문헌에서 확실히 부족한 것은 국가의 국내적 책임에 관해 초점을 맞춘 문헌들이다. 1장에서 언급했던 것처럼 캐나다나 일본 같은 국가들이 그들의 외교정책으로 인간안보 개념을 채택해 왔을지라도 지금까지 어떠한 국가도 그 자신들의 국내 정책에 관해 체계화된 비전으로 그것을 적용해 오지는 않았다. 이와 같은 인간안보 개념 적용이 간과된 부분은 바라건대 미래의 인간안보 연구자들의 상당히 흥미를 끌 수 있는 연구 분야라고 할 수 있다.

8장 국제공동체의 책임과 참여, 개입

인간안보의 골격은 국가가 그들의 적절한 기능을 수행할 수 없거나 수행하기를 꺼릴 때, 국제공동체의 역할을 두 가지 축으로 초점을 맞추게 된다. 한 가지는 집단적 안보를 유지하는 가운데 중첩적 차원에서 국가 내에서 시민들을 보호할 책임이고, 다른 한 가지는 효과적인 개입(이 장에서 자세하게 다룰 것)과 지원(9장에서 검토될 것)을 통해 시민들에게 안전을 제공하는 것이다. 위협이 국경이나 지역을 초월하여 상호연관성이 증가되고 있으며, 기능적 책임은 물론 개인의 권리가 조직적으로 침해되어 온 개인의 복지를 추구할 도덕적 의무로부터 방어적(보호적) 역할이 추론된다.

이 장에서 보여주겠지만, 이 같은 역할은 개입의 동기와 수단에 관한 논의 중에서 상당히 광범위하게 논쟁이 되어 왔다. 인간안보의 핵심은 개입할 의무로부터 보호할 책임으로 이동하는 것을 검토하는 것이었다. 이러한 이동은 집단안보 개념을 재고함에 있어서 어떠한 의미가 있는지를 살피는 것이었다. 이 장에서는 먼저 만약 인간안보가 국제적 공공재로 볼 수 있다면, 국제공동체는 특별한 책임이 존재할 것이라는 문제를 논의할 것이다. 그리고 우리는 집단안보와 책임이라는 명분 하에 위협문제의 확대가 개입의 목적과 수단을 어떻게 변화시킬 수 있는지에 대해 검토할 것이다. 결국, 우리는 인도적 개입으로부터 인간안보적 개입의 변환에 대해 논의할 것이다. 상이한 요소 간 무엇이 새로운 책임이고, 무엇이 효과적이며, 합법적인지, 이 같은 책임에 대처하기 위해서는 어떤 종류의 제도적 개선이 필요한지를 논의할 것이다.

공공재로서 인간안보

검토해야 할 첫 번째 문제는 인간안보가 지구적 위협에 대처하기 위한 국제적 협력 개념으로서 골격이 될 수 있는가 하는 문제이다. 다시 말해서, 인간안보가 지구의 공공재로서 간주되는가?

지구적 공공재(GPG: Global Public Goods)에 대한 프랑스와 스웨덴 간 2003년 4월 9일 서명한 협정을 통해 설립된 국제적 태스크포스에 따르면, 국제적, 지구적, 지역적 공공재는 다음과 같은 문제에 대처하는 것이다.

(1) 개발도상국과 선진국을 포함하는 국제공동체에서 중요한 것으로 간주되는 이슈

(2) 개별 국가나 개별적인 기관 단독으로만 대처할 수 없거나 대처하기에 부적절한 이슈

(3) 다자간 기반 하에 공동으로 대처하는 것이 가장 좋은 이슈

(International Task Force on Global Goods, 2004)

공공재의 개념은 사재의 반대 개념으로 이해될 수 있다. 사재는 시장에서 거래되는 물건들이다. 일단 판매자와 구매자가 가격에 합의하

면 소유권이나 재화의 이용권은 판매자에서 구매자로 이전되며 타인은 그 물건에 대한 권리를 향유할 수 없다. 사재에 반해 공공재는 비배타적, 비경쟁적으로 소비가 된다. 지구적 공공재의 이익은 국경, 세대 그리고 인종 간의 차별을 넘어서 향유된다.

인간안보는 비연계적이고 배타적인 전통적인 안보 개념과 대비되는 모든 사람에게 이익을 주는 포괄적인 재화로 인식될 수 있다. 리치의 설명에 따르면, 한 국가의 안보는 모든 국가에 대가를 치러야만 이루어질 수 있다. 왜냐하면 이 경우에 있어서 안보의 방안은 힘의 안배이기 때문이다. 권력이 제한적이라면, 국가간 재분배될 수 있을 뿐이며 확대될 수는 없다(Reich, 2004). 그러나 인간안보는 다른 권력의 개념에 초점을 맞추고 있다. 한 사람의 안전은 다른 사람에게 이익을 가져다주며, 한 사람의 불안전은 타인에게 부정적인 영향을 준다.

지구적 공공재에 인간안보를 고려하는 가치의 추가는 국가에 중점을 두는 안보와 개인에게 중점을 두는 안보 개념 간 차이를 개념화하는 데 유용한 방법이다. 만약 공공재라는 용어에서 국가의 완전성에 초점을 두는 전통적인 안보의 정의가 비연계적이고 배타적이라면, 안보는 상대적이고 경쟁적일 것이다. 경쟁 국가간 힘의 배분과 관련되어 평가될 수 있는 상대적이고 경쟁적인 개념이 될 것이다. 인간안보는 불가분적이고 비배타적이며 보편성을 강조하며, 절대적이고 불가침적인 권리이다. 침해 또는 빈곤으로부터 한 개인의 안보는 타인의 대가를 치르지 않는다. 반대로 한 개인의 인간안보의 증대는 다른 사람들의 안보를 강화시킨다. 두 개념은 우리 상호간 취약성이 있다는 개념과 다자간의 협력적인 행위의 필요성을 강화시켜 주게 된다.

만약 인간안보가 지구적 공공재라면, 중장기적으로 모든 사람들에게 불리한 점들은 모든 사람들에게 부정적인 영향을 주는 반면 그것의 이익은 만인에게 공통적으로 유익을 주기 때문에 그것을 지구적 차원에서 제공할 의무가 있다. 비록 그것이 본질적으로 국내적인 것이라고 하더라도, 인간안보의 모든 구성요소들은 위협의 상호취약성과 내적 연계성을 통해 어떤 하나의 국가에만 영향을 미치는 것이 아니라 여타의 시민들에게 영향을 주는 지구적 공공재로서 인식될 수 있는 것이다(Chenevat and Kohn, 2005). 콜은 다음과 같이 언급하였다.

 1994년 「인간개발보고서」는 일련의 국경을 초월한 도전과 관련하여 세계평화에 대한 위협을 분석하였다. 무절제한 인구성장, 경제적 기회의 불공평성, 환경 훼손, 과도한 국제이주, 마약 생산과 거래, 그리고 국제 테러리즘에 관한 보고에서, 세계는 이러한 종류의 지구적 위협에 대처하기 위한 새로운 국제협력 기초가 필요하다는 점을 언급하였다. 상이한 형태의 개발지원을 위한 새로운 동기를 제공하면서, 공공재 이론은 그러한 새로운 골격의 핵심적인 부분이 될 것이다(Kaul et al., 1999:서문).

지구적 공공재로서 인간안보를 자리매김하는 추가적 가치는 정치적 행위의 정당화를 요구하면서 모든 사람의 안전의 상호의존성을 강조하는 것이다. 공공재로서 인간안보는 저개발로부터 국민을 보호할 국가의 책임과 대응책을 제시할 능력을 제공할 책무를 포함한다. 개인과 공동체가 지고 있는 의무에 따라, 국가는 그들에게 해주어야 할 것을 요구하고 조정할 의무가 있다.

 가장 중요한 것으로, 지구적 공공재로서 인간안보는 국제공동체의 규범으로서 궁극적인 책임이 주어진다는 것이다. 그리고 새로운 정책인프라나 대안을 위한 요구가 발생한다는 점이다. 인간안보에 대한 위협은 아마 초국가적 것이며 따라서 집단적 대응만이 가장 효율적으로 대처할 수 있을 것이다.

예를 들면, 공포와 불안정성은 지역적, 국제적 차원에서 갈등을 야기하기 때문에, 안보에 대한 공포로부터 지유라는 접근법은 지구적 공공재가 될 것이다. 이와 유사하게, 개발적 접근법도 지구적 공공재로 여겨질 수 있는 것이다. 공정성을 보장하지 못하는 성장모델은 결국에는 국민 계층 간, 성별 간, 그리고 공동체 간 불공정을 더욱 심화시킬 것이다. 개발 필요성이 지구적이고, 이를 확장해서 어떤 사회의 안전을 위협하는 요소를 감소시키는 것을 거부한다는 것은 그들의 안전을 의도적으로 위협하는 것을 우선시한다는 것을 의미한다. 그럼에도 불구하고, 지구온난화와 같은 비의도적인 위협은 오늘날 지구촌의 점증하는 우려사항이 되고 있는 테러리즘과 같은 의도적인 위협보다는 덜 위험하다는 사실은 명백하다. 심지어 인권 개념도 지구적 공공재로 간주될 수 있다. 인권에 대한 광범위한 지지와 더불어, 모든 인간의 동등이라는 개념은 점차 그 인식이 확대되어 가고 있으며, 전시 인간의 살인과 부가적인 손상이나 기타 다른 여건에서 살인의 차이를 정당화시키기에 점차 어려워져 가고 있다. 칼도는 그러한 역할이 사람들을 내부로부터 외부로 전략적 선택을 할 수 있도록 사고하도록 유도하였으며, 국내적 평화가 세계적으로 확장될 수 있도록 유도하였다는 데 주목하였다(Kaldor, 2003).

그러나 공공재로서 인간안보를 논의할 때, 위험을 회피할 수는 없다. 먼저, 그것은 경제적 사고를 사용한다는 것을 암시한다. 만약 인간안보가 재화라면, 특히 신자유주의 경제학과 관련하여 개념화된다면, 그것은 시장구조로 이해된다. 따라서 그레이슨(Grayson)은 시장 조건보다는 정치적 요소의 결과로서 파생하는 것 중의 하나로서 요구되는 새로운 공공재 이론을 논의하였다. 안보와 사회보험의 사유화는, 예를 들면 산업국가나 개발도상국가 양자 모두에게 있어서 국가는 그들의 주권 내에서 지구적 공공재를 제공할 수 없거나 제공하기를 꺼린다는 사실을 나타내 주고 있다.

개인보호 실패에 중점을 두는 안보 개념의 결합은, 시장기구에 기반한 경제이론과 함께 인간안보라고 명명된 재화를 공급할 사적 인자와 시장에의 개입을 개념적으로 합법화시킬 가능성을 열어놓을 수 있는 위험한 전략일 수도 있다. 나아가 지역적, 문화적, 사회적 조건이 고려되지 않는 세계적인 목적에 기초하고, 서구적 가치에 주로 기반한 지구적 공공재의 개념 내에서 모순이 있는 것으로 보인다 (Chenevat and Kohn, 2005). 비록 지구적 공공재가 개인들의 선호가 축적된 것이라고 전제되지만, 그들은 상이한 국가와 경제주체들 간 갈등의 주요 원인으로 제기되곤 한다. 예를 들면, 보건 또는 환경은 이 같은 문제에 대한 상업적 이익을 가지고 있는 많은 국가들에게 있어 공공재로 여겨지지 않는다. 관세 및 무역에 관한 일반협정 문제에 관해서 세계무역기구 내에서 이루어지고 있는 협상들에서 보이듯이, 특히, 의약품 특허나 재산권과 같은 문제에 이익이 있는 많은 국가들은 인간안보가 공공재라는 개념에 대해 동의하지 않는다. 국가가 그들 국민들에게 충분하게 인간안보라는 공공재를 제공하지 못한다는 사실이 정당화될 수 있는 그러한 공공재라는 개념에 동의하지 않는다.

인간안보의 목적에 유익하게 기여할 수 있는 공공재라는 개념에는 많은 한계점이 있다. 먼저, 과도한 단순화와 축소주의적인 위험이다. 그러한 경향은 지구적 공공재라는 정의의 초국가적 위협에 초점을 둘 것이다. 그러나 모든 인간안보 위협이 본질상 초국가적인 것은 아니다. 지역이나 공동체 수준의 위협은 그 수준에 맞게 대응할 것이 요구된다. 만약 위협이 본질상 세계적인 것이 아니라면, 그러한 인간안보 형태에 대한 국제공동체의 책임이 줄어들 것인가? 두 번째, 지구적 공공재 개념은 특수성에 대한 중요한 문제를 간과하는 것이다. 개인들은 지구적 공공재라는 영역을 식별할 것을 요구하지 않을 수 있다는 점이다. 어떻게 지구적 공공재라는 개념이 지역적 요청과 열망을 충족시키기 위해 재단될 수 있을 것인가? 결국, 개념화는 힘의 정치라는 문제와 얽히게 될 위험이 있을 것이다. 누가 지구적 공공재라는 개념을 정의할 것인가? 그리고 어떻게 정의할 것인가? 아마 이러한 위험은 더욱 증대될 것이다. 강대국은 그들 자신의 필요와 이익에 부합하도록 인간안보를 지구적 공공재로서 정의하는 데 힘을 모을 것이다.

따라서 인간안보를 지구적 공공재라는 범주 속에 포함시키고자 하는 논의는 그것이 명백히 정의라는 개념과 연계되지 않는다면 그 자체적으로 부적절할 수 있을 것이다. 인간안보적 접근은 외형적으로 보이는 논쟁에서 주어지는 것보다 더 적절해야 할 것이고 지구적 정의에 기반하는 것에 대체하는 것보다 더욱 분별력이 있어야 할 것이다.

국제책임에 대한 재검토: 집단안보로부터 지구적 정의까지

칼도는 안보를 다루는 것을 지구적 재화로서 생각하는 것은 역사적인 사실과 연관된 것이라고 상기하였다. 역사적인 사실은 이익의 조화가 국내적으로 법의 지배라는 원칙에 기초하여 이루어지는 방법과 국가의 이익이 법적으로 규제되지 않는 국제 영역에서 이용되는 수단을 통해 추구되는 방안으로 대별되었던 것을 말하는 것이다. 그러나 신기술의 확산에 기반을 둔 지구화는 국내와 국제로 대별되는 개념을 약화시켰다(Kaldor, 2003). 불안전의 근원이 바뀌었다(안보불안은 새로운 전쟁 양상, 새로운 지구적 테러리즘 또는 조직범죄 네트워크 등으로부터 야기된다). 이 같은 새로운 위협에 대처하기 위한 전통적인 군사력의 유용성은 제한적이다. 결국 법의 지배와 국내적 규범은 국경선을 넘어 확대되어 왔다. 위협이 국경을 넘어 발전됨에 따라 각국의 대처방식도 세계적 문제가 되어가고 있다. 한 지역의 안보수준의 개선은 타 지역의 안보 개선을 방해해서는 안 되며, 직접적으로 위협에 직면하지 않아야 할 뿐만 아니라, 모든 지역에 유익해야 하기 때문에 국가 모두에게 있어서 안보가 지구적 공공재로 간주될 수 있는 것이다. 이러한 견해는 평등의 개념이 적용되어야만 하는 국제적 인도주의나 인권법의 강화를 요구하게 된다.

여기에 추가하여 칼도는 지구적 사회정의의 실천을 요청하였다. 비록 지구적 공공악이 범죄의 원인(빈곤, 불평등, 환경적 무책임, 지구적 전염병의 확산 등)이 아닐지라도, 우리가 살고 있는 이 세계에 높은 정도로 지속된다는 것은 범죄의 논의와 동기가 된다. 그리고 끊임없이 평화와 안정에 위협을 주게 될 것이다. 테러리즘의 사례를 사용하지 않더라도, 지역적으로 실업과 여타의 사회적 이탈 형태에서 부식하고 있는 마피아와 다른 모든 국제 조직범죄들을 찾아볼 수 있다. 지구화의 과정은 먼저 지구적 우려로부터 야기되었다. 세계적으로 대처해야 할 요구가 있는 지리학적 지구화는 지구적 사회정의적 접근으로까지 확장되었다.

이것은 공동안보와 함께 효과적인 인간안보 개념의 도구가 될 수 있는 지구적 사회정의적 접근으로까지 확장되었다. 인간안보의 정의에서 귀결점은 복수의 위협에 대처하는 것이 다자주의적으로 수행되어야 한다는 것이다. 로드가레드에 따르면, 역시 인간안보는 국가의 주권을 제한하는 특별한 경향 등 위기에 처한 인간을 지원하는 데 있어서 국제규칙, 규범, 기준을 지키는 문제이다(Lodgaared, 2000). 집단안보는 그렇게 네트워킹된 행위를 위한 토대 중 하나이다. 이 집단안보의 정신은 윌슨의 14개 선언에 포함되어 있으며 전쟁 기간 동안

드러났고, 국제연맹의 정신 속에 투영되어 있다. 이는 외부로부터 국가를 방어하는 데 목적을 둔 하나의 체계였다. 국가들은 한 국가에 대한 침략은 모든 국가들에 대한 침략이라는 사실에 동조하고 서약했으며, 침략행위가 있을 때 집단적으로 대응했을 것이다. 국제공동체에 있어서 평화는 공동체를 보존하기 위해서 집단적 행동을 취해야 할 사전 합의된 조약의 구속력을 통해서 유지될 수 있을 것이다 (Miller, 1999). 이상적으로 볼 때, 침략행위는 힘의 균형의 반영이 아니라 힘의 공동체의 반영일 것이다. 실제 세계에서는 힘의 정치와 예상되는 국가의 이익은 개인의 복지와 안전에 대한 고려보다 우선하는 경향이 있다.

유엔과 국제연맹은 승전한 강대국들에 의해 탄생되었으며, 그들 자신이 집단방위의 주요한 인자로 만들었다. 그들은 상호간 견제하고 국제체계의 현상 유지 정책을 취하는 균형자적인 행위를 수행하였다. 점차 승전국 내 양극의 대립적인 양상이 나타나고 미국은 군사적, 경제적 제재의 주요한 행위자가 되었다. 강제력의 도구는 다양하였고 강제력의 도구로서 제재는 낮은 수준으로부터 점차 강력한 형태로 변화되었다. 집단안보와 인도적 개입은 어떤 강력한 국가의 국익을 위해 유발된 개입으로서 많은 국가와 사람들에 의해 목도되었다. 개입에 대한 인간안보적 패러다임은 그러한 시각을 바꿀 수 있는가? 만약 냉전기간 중이라면, 집단안보 개념은 국가중심의 군사적 용어로 좁게 인식될 수 있으나, 그것은 점차적으로 유엔에 의해 지지되어 왔으며, 이러한 궁극적인 책임의 형태는 국가의 안보는 물론 개인의 존엄성, 자유, 권리를 고양시키기 위한 집단적인 행위로서 발전되었다. 이러한 사고는 21세기 초기의 많은 유엔의 보고서에 반영되었다. 즉, 「보호 책임(*Responsibility to Protect*)」(2001), 「더욱 안전한 세상을 위한 공동의 책임(*A More Secure World: Our Shared Responsibility*)」

(2004), 「더 큰 자유(*In Larger Freedom*)」(2005) 등이다. 집단안보 개념의 재규정의 시도와 인간안보적 접근이 단지 도덕적 의무만이 아니라, 특히 최대 이익을 위한 것이라는 사실을 국가들에게 확신시키고자 하는 많은 시도가 있었다.

주권의 책임성에 대한 재검토

앞 장에서 설명한 것처럼, 국가주권의 원칙과 보편적 인권의 개념, 그리고 보호를 위한 국제적 책임 등은 만약 전통적인 개념 속에서 이해된다면 원칙상에 있어서 모순되는 점이 있다. 한편 국제 인권 문제와 같이 일정한 윤리 규범과 이러한 원칙의 광범위한 충돌을 감내하기 위한 국제사회의 비의도성이 동시에 제기되어 왔다. 1648년의 베스트팔렌 평화조약은 국제질서에 중요한 원칙을 제시했다. 그것은 바로 주권국가가 해당 영토와 국민들에 대해 절대적이고 무조건적인 권력을 갖고 있으며 국가를 넘어서는 어떠한 조직이나 국가도 결코 그 국가에 대해 권한을 가질 수 없다는 것이다. 인도주의적 원칙의 이름으로 행해지는 개입은 현실주의자의 토대를 흔들고 있는 것으로 보인다. 인간의 권리가 권력과 국가정치에 의해 유린당하던 1948년에 인권 개념의 출현은 국가가 개인의 권리를 보호할 능력이 없거나 보호할 의도가 없을 때, 주권의 원칙과 직접적인 모순관계를 보이는 것처럼 보였다.

이와 같은 두 개의 가시적인 모순된 원칙들 간의 화해는 시민에 대한 국가의 책임으로서의 주권 개념에 대한 수정을 가져오게 되었다 (Schmitt et al., 2004). 그러나 유엔의 다른 보고서들은 국가 자체의 정통성에 도전적이지 않아 보인다. 개별적 주권을 가진 국가는 국제관계의 기본적 조직 단위로 남아 있고, 위협을 다루기 위한 '제1선의 행위자'로 남아 있어서 인간안보를 시민들에게 제공하는 일차적 책임을 가지고 있다(ICISS, 2001:11). 따라서 이러한 유엔 보고서가 전체적 안보 개념에 있어서 '패러다임적인' 전환을 도모하는 것이라고 보기에는 무리이다. 아마도 그 보고서들은 국가안보와 인간안보를 조화하려는 노력으로 보인다. 그 방법 중의 하나는 의미를 재정의하는 것을 위한 일이 될 것이다. 그리하여 시민을 보호하고 지원하기 위한 국가의 능력과 의도로서 정의된 주권의 개념으로 책임의 문제를 거론할 수 있다.

더욱이 국가주권의 가장 강력한 후원자들은 자국의 국민들이 원하는 것을 해주기 위해 국가의 무제한적인 권력 행사에 대해 어떠한 요구도 하지 않는다. 이러한 맥락에서, 국가의 '이중 주권(dual sovereignty)'의 개념 — 즉 외부적으로는 국가의 주권을 존중하지만 내부적으로는 국가 내의 모든 국민들의 존엄성과 그들의 기본권을 존중하는 — 이 발생되었다(ICISS, 2001:para. 1.35). 예컨대 2001년 「보호 책임」 보고서는 이러한 측면을 고려하고 있다. 국가를 위한 주권은 그 인구 보호를 의미해야 한다. 어떤 의미에서 만약 그렇지 않다면, 국제공동체는 간섭을 위한 책임을 갖게 될 것이다. 국가에 의해 제기되고 지지받으며 국제법에 의해 보장된 주권은 점차 조건이 주어지게 되었고, 특히 그 능력 면에 있어서 개인에게 안전을 제공하게 되었다. 이를테면 사회계약에 의해서 말이다.

개입을 위한 의무에서 보호를 위한 책임으로: 개입의 목적과 수단의 변화

만약 인간안보가 지구적 공공재이고 국제공동체가 개인의 안전과 보호를 보장하는 책임을 갖고 있다면, 이를 위해 그 기구들은 어떤

316

역할을 해야 하는가? 인권을 제고하기 위해 간섭하고 대량살상을 예방해야 하는가? 수단에서와 같은 대량 기아사태나 쓰나미와 같은 자연재해의 경우는 어떻게 해야 하는가? 이에 대해 「보호 책임」 보고서와 2004년의 위협, 도전, 변화를 위한 고위급 패널(High Level Panel on Threats, Challenges and Change)의 보고서(이하 '유엔 고위급 보고서'라 함)는 다음과 같이 제안하고 있다.

> 본 위원회는 보호해야 할 집단적 국제적 책임이 있는 경우에 개입을 허용한다. 예컨대 종족살해나 여타의 대량학살의 경우, 그리고 주권을 가진 국가 정부가 힘을 상실했거나 보호할 의도가 없을 경우 인도주의 법의 중대한 위반이나 인종청소 등이 발생했을 때, 유엔 안전보장이사회가 최후의 수단(last resort)으로서 군사적 개입을 허용할 수 있다(High Level Panel on Threats, Challenges and Change, 2004, 101개국 중 55개국의 제안이 있었음).

인간안보는 그 광범위성 때문에 강대국들에게 약소국에 대한 개입의 빌미를 제공해 줄 수 있다. 「보호 책임」 보고서는 모든 단계에 있어서 개인의 관점에서 개입의 논란을 극복하려고 시도했다. 그 시도는 인도주의적 개입을 권리라기보다는 책임의 관점에서 재정의한 것이다. 그 논의 핵심은 '개입의 권리(right to intervene)'는 개입의 잠재적인 수혜국이 갖는 급박한 필요성보다는 개입하고자 하는 국가의 요구에 기인하고 있기 때문에 도움이 되지 못한다는 것이다. 그리하여 그 보고서는 여러 가지 방법으로 개입과 관련된 공포를 부정하고 있다.

예컨대 「보호 책임」의 경우 권력정치를 위해 인간안보의 개념이 남용되는 것을 예방하기 위해 개입을 위한 엄격한 기준이 있음을 강조했다. 그 보고서의 일차적인 목표는 인도주의적 개입의 명확한 원칙, 절차, 그리고 기준을 설정하는 것이었다. 특별히 개입을 위한 결정과 관련하여 시기와 형식과 같은 것들이 거기에 속한다. 아차리아에 따르면, 어떠한 다른 정치자료들도 인도주의적 개입을 위한 기준을 더 이상 구체화할 수 없다(Acharya, 2002:374). 개입을 위한 명확한 기준은 비정치적이고 불편부당한 개입을 보장해 줄 것이다. 그것은 인간안보를 보장해 주는 데만 초점이 맞춰지게 될 것이다. 이러한 목적을 달성하기 위해, 「보호 책임」은 인간안보를 위한 상세하면서도 중요한 여섯 가지 조건을 제시하고 있다. 즉, 마땅한 권위(right authority), 정당한 원인(just cause), 마땅한 의도(right intention), 최후의 수단(last resort), 비례적 평균(proportional means), 그리고 합리적인 전망(reasonable prospects) 등이다. 「보호 책임」은 인간보호를 위한 군사적 개입이 다음 두 가지의 환경 하에서만 정당화될 수 있음을 주장하고 있다.

첫째는 대량 인명손실의 경우이다. 이는 실제적이거나 우려될 경우를 모두 포함하며, 대량살상의 의도가 있거나 없거나 모두 포함한다. 거기에는 국가가 신중한 행동을 하지 않거나 소홀히 하거나 적극 대처할 능력이 없을 경우를 포함한다. 둘째는 대량 '인종청소(ethnic cleansing)'의 경우이다. 이 경우도 실제적이거나 우려될 경우를 모두 포함하며, 살인행위나 강제추방, 테러나 강간 같은 것들을 포함한다(ICISS, 2001: para. 4.19).

일반적으로 이러한 조건들은 그것들 중 하나를 포함하는데, 1948년 '집단살해죄의 방지 및 처벌에 관한 조약(Genocide Convention)'의 틀에 따라 정의되는 그러한 활동들은 대규모이거나 실질적인 인명피해를 수반한다는 것이다. 하지만 이러한 상황에서는 대규모의 자연적, 환경적 재앙도 수반되며, 해당 국가가 대응이나 원조 요청을 할 수 없거나 할 의지가 없으며, 엄청난 인명피해가 일어나거나 위협받게 된다. 그러나 보고서는 '대규모' 사상자를 숫자로 정의하지 않는다. 왜냐하면, 대부분의 경우는 대규모 논쟁을 야기하지는 않는다고 보기 때문이다. 그러나 이 말은 "냉담한 질문인 … 얼마나 많이 죽고 죽어가야 개입하기에 충분한가?"라는 질문에 대한 결론이 지어지지 않은 채로 남아 있다(Acharya, 2002:375). 동시에, 롤즈는 다음을 주장한다.

심지어 정의 전쟁론에서, 폭력의 어떠한 특정 형태도 엄밀히 용인되기 어렵다고 했다. 어떤 나라에서 전쟁에 대한 정당성의 문제가 있을 때, 전쟁에 대한 권리에 대한 문제가 있으며 또한 불분명하며, 국가가 사용할 수 있는 수단에 대한 억제는 더욱더 엄격한 것이다. 합법적인 자위적 방어 전쟁에서 용인되는 활동들도, 필요할 경우 더욱 회의적인 상황에서는 단호하게 배제되어야 할 것이다(Rawls, 1971:379).

「보호 책임」은 개입에 대한 많은 추가적인 조건을 설명했는데, 개입에 대한 구실로서 인간안보를 둘러싼 논쟁을 확산시켰다. 첫째로는, 인간이 고통 받는 것을 중지시키거나 회피하려는 옳은 의도의 원칙이다. 개입은 정당하지 못했으나, 군대나 군사 쿠데타를 통해 국경의 변경이나 체제 변화, 자기결정권에 대한 요구에 대한 지지를 목표로 했다는 것을 의미했다. 아차리아는 다음을 강조한다. 이렇게 정의된 인도주의적 개입은 민주주의적 '확대 군사작전'에 관련이 있는 서구적인 것으로부터 이념적, 실제적으로 분리될 수 있다. 그럼에도 불구하고, 이 보고서는 개입 결정의 뒤에 있는 혼재된 동기들의 가능성을 포함하고 있다. 군사적 조치에 의해 야기된 재정적 비용과 인간 위험은 어느 정도의 이기주의를 주장하는 것을 피할 수 없게 만든다. 먼 국가들에서의 위기는 전 세계적 문제(난민 유출, 의료보건 유행병,

테러리즘 등)를 야기한다. 그 해결책에 공헌하는 것은 모든 국가들의 이익에 속한다. 둘째로는, 인도주의적 위기의 평화적인 해결책이나 예방책에 대한 모든 비군사적 수단의 실패에 의해 특징지어지는 '최후의 수단'의 원칙이다. 따라서 개입은 많은 다양한 형태를 띨 수 있으며, 군사적 제재(무장 억류, 군사 협력 종식과 훈련 프로그램 등), 경제(금융 제재, 생산 활동에 대한 제한 등), 정치, 외교(외교적 대표의 제한, 여행 제한 등) 영역이다. 보고서에서 규정된 개입에 대한 세 번째 조건은 '비례적 수단' 원칙인데, 군사적 조치의 규모, 강도, 지속성은 도발에 상응해야만 함을 내포하고 있다. 넷째로는, 합리적인 전망이다. 이것은 개입에 대한 촉발요인이 되는 잔학행위와 고통을 멈추는 데 대한 성공의 현실적인 가능성이다. 다섯째로는, 올바른 권위에 대한 기준이다. 예를 들면, 인간안보 제공에 대한 국가 실패의 경우에, 유엔의 리더십 하에서 국제공동체는 책임을 이행할 수 있다. 유엔 안전보장이사회가 조치할 의지가 없었던 경우에는, 보고서는 개입 결정에 대한 거부권의 사용을 규율하는 항구적인 다섯 가지 '행위 기준(준칙)'을 제정하도록 제안했다. 그것은 상임이사국에게 '적극적 기권'을 하도록 요구하였다.

개입의 의무에서 보호 책임으로의 변화는 지금까지 이해했던 것처럼 개입의 개념을 변화시켰던 것과 같이 중요한 함축성을 가지고 있었다. 보호 책임을 위해 개입하는 권리와 의무로부터의 개입 용어를 변화시킴으로써 주권과 개입에 관한 국제위원회(ICISS)는 지원을 필요로 했던 사람들에게 초점을 맞추었다. 부작위 결과에 대처하도록 안전보장이사회에 요구했다. 부작위 결과는 임시 동맹이나 국가에 의한 잘못된 이유로 개입 압력이 증가되고, 이러한 과정에서, 유엔의 합법성과 신뢰가 위협 당하였다. 갈등 이후 보호 책임에 대해 찬사로서 예방과 재건에 대한 책임의 필요성이 요구되었다.

책임 분석

비록 ICISS가 인간안보로부터 열망을 이끌어내도록 주장했지만, 사실상 그러한 것처럼, 개념을 특성화시키는 것을 포기하고, 보고서에서 인권, 인도주의적 개입과 국제정치에 대하여 더욱더 전통적 관점과 동일하게 만들었다(Keren, 2005). 인권과 인간안보를 명백히 밝혔을 때(ICISS, 2001:14-15), 안보가 국가중심보다는 인간중심이어야 한다는 사실을 주장하면서 국가 주권을 비껴나가는 방편으로 개념을 이용하였을 뿐이다. 그러나 위원회는 완전히 아우르는 개념의 본질을 간과하였고, 어떻든 간에 인간 생명에 대한 모든 위협에 대한 책임을 진다. ICISS는 협의의 의미, 즉 인간안보에 대한 공포로부터 자유라는 접근법인 협의의 개념을 선호하였다. 그 보고서에 따르면, 군사개입을 정당화시키는 정당한 목적에 대한 두 가지의 기준은 다음과 같다.

의도적인 국가 행위, 대응 행위를 할 수 없는 국가의 무능력이나 국가 방치 또는 실패한 국가 상황의 부산물로서 실제 일어났거나 감지되거나 간에, 인종학살을 의도하건 아니건 간에, 대규모 인명피해가 나타날 때와, 실제 일어났거나 감지되거나 간에, 살인, 강요된 추방, 테러와 강간 행위가 이행되는 대규모 인종청소일 때이다(ICISS, 2001:32).

그러한 기준에서, 인간개발의 전체적인 범위인 인간안보의 필요 측면에서의 자유는 무시되었다. 1994년 「인간개발보고서」의 일곱 개의 범주 중 하나인, 예를 들면, 마지막 보고서에서 개입을 정당화시키기 위해 단지 개인, 정치와 공동체 불안정만이 '모든 인간 생명의 핵심'에 대해 충분히 중대한 위협으로 간주되었다. 경제, 식량, 의료보건과 환경 안보는 간과되었다.

오웬이 정확히 지적한 것처럼, 인간안보 패러다임의 개혁은 그 원인에 따라 위협을 평가하지 않고, 잔혹성, 직접성과 범위에 따라 평가했다(Owen, 2004). 그러나 ICISS는 그 원인과 함께 잔혹성에 따라 위협을 평가했다. 인간안보는 군사적이나 다르게 대응을 요구하는 문제에 집중하지 않는다. 하지만 그러한 문제의 '잔혹성, 직접성과 범위'에 대해 지나치게 집중하여, 민병대나 만성적 빈곤에 의한 죽음 등에 대해 등한시하게 된다. 즉, 이것은 우리가 인종청소나 대규모 빈곤을 다루는지 아닌지, 그리고 그러한 일들이 공적 기구나 자연적 원인 때문인지 아닌지, 국제공동체의 보호 책임이 여전히 남아 있는지 아닌지로 고민하게 하는 문제들이다. 만약 사람들이 만성적 질병보다는 쓰나미나 민병대에 의해 죽는다고 해서 더 나쁜 것은 아니다. 그러나 인종청소를 멈추기 위해 군사적으로 개입하는 것과 연관된 것처럼 보이지만, 군대는 빈곤을 그치게 하는 최선의 방법은 아니라고 주장할 수 있다(Keren, 2005). 하지만 사실은 하나의 원인이 다른 것보다 더욱 정당하기 때문이 아니라, 예를 들어, 인종청소는 대규모 빈곤보다 더 나쁘기 때문이 아니라, 국제적으로 인정되었듯이, 왈쩌의 용어를 예로 들면, 우리는 인종청소로부터 보호되어야 할 권리를 가지고 있기 때문이다. 하지만 이미 만연한 빈곤에 대해서는 적용되지 않는다(Walzer, 1992). 정의 전쟁론에 따르면, 먼저 우리는 전쟁이 항상 최후의 수단이 되어야 하기 때문이라는 것은 사실이다. 둘째로는, 정의로운 목적과 관계있는 성공의 합리적인 가능성이 있다. (우리 예에서 보면, 빈곤을 멈추게 한 것이다.) 만약 국제공동체가 어떤 나라에서 거대한 빈곤을 멈출 의지가 있다면, 군사개입보다는 다른 훨씬 많은 방법을 발견할 수 있을 것 같다. 또한 곤경에 처한 국가 당국의 입장에서는 놀랍고 풍부한 주도권을 가지게 되는 것에 대하여 더욱 환영할 것 같다. 하지만 예를 들어, 특히 반항적인 소수자들을 길들이기 위해 만약 고의로 정부가 어느 한 지역의 주민들을 가난하게 만들고 있었고 그래서 모든 공공 서비스(의료보건, 교육 등)를 폐쇄하고, 모든 보조금을 삭감하고, 모든 개발 프로그램을 중지시키고, 외국 투자를 금지시키는 행위 등을 하고 있었다면, 만약 그러한 정부가 국제공동체의 비난과 제재에도 불구하고 계속 고집한다면, 개입할 경우가 될 것이다. 이러한 추정이(이유가) 개입의 문제를 무한대로 증가시킨다고 주장할 수 있을 것이다. 사실상 그러한 문제를 증가시키는 때는 개입이 고려될 때이다. 하지만 오웬의 세 가지 기준(가혹성, 직접성과 범위)과 ICISS의 기준(최후의 수단, 비례성, 합리적인 전망)을 염두에 둔다면, 군사개입의 전망이 논의될 때, 인간안보는 목표의 정당성을 평가하는 가장 적절한 시금석이다. 왜냐하면 그 원인이 무엇이든 간에 실제 인간 고통에 기반하고 있기 때문이다.

둘째로, 「보호 책임」은 예방과 개입에 대해 부적절한 초점을 맞추고 있다. 그 보고서의 기본 목표는 왜, 어떻게, 그리고 언제, 군사적 인도주의 개입에 대한 실질적이고 도덕적으로 지지할 수 있는 지침을 제공할 수 있었다. 대규모 인명피해가 임박했거나 일어날 곳에서 긴급한 위기에 어떻게 대응할 수 있는가에 초점을 맞추고 있다. 따라서 보호 책임은 인간안보가 실패한 상황에 대한 대처를 다루었다. 개입이 일어난 후, 예방과 재건에 대한 우선적인 책임이 있다고 주장하지만, 갈등 예방을 위한 포괄적인 전략을 고안하고 이행하는 데 대한 실질적인 어려움을 알지 못했다. 갈등 예방의 주요 제한점 중 하나는 갈등을 예상하는 어려움과 조기 경보구조에 대한 평가의 어려움이다. 지금까지 예를 들면, 유엔은 잠재적 위기에 대해 받게 되는 정보를 효과적으로 다루거나 운영할 중심적 능력을 가지지 못했다. 갈등이 한 번 일어난 곳의 임무에 대한 것보다 예방임무를 위한 자금을 획득하기가 더 어렵다(Kittani, 1998:100). 보고서는 또한 정의했던, 조기 경보/분석, 예방도구와 정치적 의지인 예방의 세 가지 요소가 다양한 국가들 사이의 힘의 관계에 의해 심하게 영향을 받는다는 사실을 무시하였다. 또한 조건들에 의해 부과된 '조정' 프로그램과 같은 경제적 압력의 결과를 인식하지 못하였다. 이것은 종종 갈등이 실제로 일어날 때 갈등을 다루거나 국민들의 '욕구'를 위해 제공할 국가의 능력을 약화시킨다.

셋째로, 이 보고서는 재건 정책을 이행하는 어려움을 과소평가했다. 군사개입은 종종 재건 전략을 위한 국내의 능력을 파괴한다. 재건 정책은 대개 개발 모델과 관계가 있다. 이것은 기부국들이 재건하겠다는 약속과 그들이 실제로 제공하는 자원 사이의 차이에 의해 나타난다. 다른 경우에는, 전략은 종종 외부에서 강요된다.

궁극적으로, 인간안보의 관점에서 보면 「보호 책임」에 의해 펼쳐진 기준은 정치적인 근본적 이유와 인도주의를 구분하지 못했다. 개입의 수단과 '목적'인 동기에 대한 공포를 경감시키지 못했다. 우리는 공포가 갖고 있는 세 가지 특정 이유를 논의하고자 한다.

첫째로, 정치적 의도가 없고 편협하지 않은 개입은 가능하지 않다. 국제공동체는 희생자들의 정치적 열망에 휩쓸리지 않고서 생명을 구하는 인도주의적 개입에만 제한할 수 없다. 두필드의 지적처럼 행동을 하지 않는 것이 중립적이다. "원조는 정치활동에 대한 대체물이 아니다. 왜냐하면 그것은 정치적 활동이기 때문이다."(Duffield, 2001: 88) 다른 말로 하면, 행동은 그 자체로는 옳은 것으로 간주되지 않고, 그 결과에 의해 판단될 수 있다. 이러한 틀 내에서는, 인간안보는 개입의 '선'이 측정되어야만 하는 것에 대한 이상적인 한계점을 제시한다. 보호 책임론은 서구 경제의 시장 확대를 향한 압력과 같은, 개입전 개발도상국과 선진국/개입국 간의 힘의 관계의 문제점을 무시한다. 추가적으로 '옳은 의도'와 '도덕적 목적' 사이의 선은 결과에 달려 있다.

둘째로는, 얼마나 많은 보호 책임의 개념이 행복한 개입을 촉발하는데 대한 브레이크를 밟도록 하는가에 상관없이, 가난한 사람들과의 그 연관성은 "비서구 사회에 정치적 제도와 자유적 가치를 강요하는 서구 사회의 또 다른 시도처럼" 인간안보는 점점 더 빈국들에서 나타난다는 것을 의미했다는 것은 사실이다(Ul Haq, 1998). 국가의 국내 사건들의 개입과 공적개발원조(ODA)의 조건을 위한 한 가지 구실이다. 그들의 주권에 덧붙여져, "포괄적 안보의 자생 개념"(Acharya, 2001)과 그들의 가치, 많은 아시아 정부들은 인간안보의 욕구 측면에서의 자유만 보려고 하였다. 인간안보는 보호 책임의 딜레마의 일부가 아니었으며, 인권과 인도주의적 개입에 대한 생각의 밀접한 연관성 때문에 공포로부터 자유 개념에 저항하였다. 미얀마와 북한과 같은 몇몇 아시아 국가들은 G77이 「보호 책임」 보고서를 거부하도록 권고하는 한편, 다른 나라들은 과도한 도덕주의로서 그것을 거부했다.

셋째로는, 궁극적으로 어디에서 불안이 나타나는가 하는 주관적인 관점이 있다. 인간안보와 개입의 여러 수준 사이의 관계는 인간안보의 불리한 여건에 대한 평가에 달려 있다. 햄슨의 주장에 의하면, 인간안보는 세계화의 세력과 세계시장의 운영으로부터 나타나는 심각한 분배 불평등을 밝히려는 요구를 강조하는 수단이 될 수 있다(Hampson et al., 2002:53). 인간 불안의 근본 원인에 대한 이러한 이해는 정치적 뿐만 아니라, 경제적 환경을 변화시키려는 욕구를 향하도록 가리킨다(Duffield, 2001:40). 반응할 책임에 대한 정당성이 무엇이든 간에 주변국가들 중에서 핵심국가들에 의한 개입은 무엇보다 주변국가와 핵심국가 사이의 불평등을 낳는 구조적 원인을 해결할 수 없을 것이다. 부국-빈국 간의 전망에 대한 문제점을 지적하면서, 햄슨은 다음과 같이 결론짓는다.

> 빈국에서의 국가정책과 실천의 경우에는 부국의 개발 설립으로서 인간안보는 개입주의라고 이해한다. 그러나 시장의 역할과 세계 통치 체제는 본질적으로 자유방임이며 현상유지를 지향한다(Hampson et al., 2002:169).

개입은 힘 있는 국가에 대항해 시도될 수 없기 때문에, 인간안보의 이름으로 국제 활동은 약소국에 대한 강대국의 특혜적 행위로 바뀔 위험이 있다. 그래서 분명하고도 집요하게 이라크에서의 그러한 개입보다는 평등한 조건으로 좋은 의도의 표현에 의해 빈국의 믿음이 회복될 때만, '보호 책임'의 개념은 받아들여질 수 있다.

인간안보를 위한 정의 전쟁 개념?

궁극적으로, 「보호 책임」은 보장보다는 고통을 더욱 야기해 왔다. 왜냐하면, 세계적 정의와 공동체적 책임을 위한 대안적 이익을 개발하는 대신에 군사개입의 조건에 초점이 맞춰져 있기 때문이다. 협의의 의미로는, 인도주의적 개입은 생명을 구하는 단기 군사개입이다. 반작용의 도구로서, 불안정의 구조적 원인에 대한 복잡성을 밝히지 못한다. 덧붙이면, 이타주의로 가장하여 힘의 정치의 표현으로 간주된다. 1994년 르완다에서처럼 개입이 일어나지 않았든지, 1999년 코소보에서처럼 개입이 일어났든지, 도덕성, 형식과 효율성은 국제관계에서 주요 논쟁거리였다. 1999년 제54회 유엔총회의 연설에서 명백하게 인간안보와 개입을 연관시켰던 사람은 사무총장 코피 아난이었다. 그는 "다음 세기에서의 인간안보와 개입에 대한 전망을 밝히려는" 의도를 분명히 했다. ICISS의 보고서는 그것에 대한 근거 없이 정의 전쟁 이론으로부터 많은 주요 결론을 빌려왔다(Keren, 2005). '정의 전쟁'은 13세기 토마스 아퀴나스의 『신학대전(*Summa Theologica*)』에서 체계적으로 검증되었다. 여기서 그는 전쟁의 정당성(Jus ad bellum)뿐만 아니라 전쟁 행위에 대한 정당성(jus in bello)에 관한 것도 검토했다. 이후의 신학자들인 그로티우스(Hugo Grotius, 1583-1645)와 푸펜도르프(Samuel Pufendorf, 1632-1704), 볼프(Christian Wolff, 1679-1754)로부터 가장 중요한 교본인 왈쩌(Michael Walzer)의 『정의 전쟁론(*Just and Unjust Wars: A Moral Argument with Historical Illustrations*)』(1977, 1992)으로 개념이 확대되었다.[1] 「보호 책임」 보고서가 설명한 지침의 예외를 제외하면 모두 정의 전쟁 원칙에서 직접적으로 가져온 것이다. 그 보고서의 서문에서 '반응할 책임', '운영 범위'와 '재건 책임' 사이를 구별하는 것은, 정의로운 전쟁 원칙에서 전쟁 자체의 정당성(jus ad bellum), 전투행위에 있어서의 정당성(jus in bello), 그리고 전쟁 후의 정당성(jus post bellum) 사이의 전통적 차이점을 상기시킨다. 위원회가 인간안보와 개입을 연계시키려고 노력함으로써, 정의 전쟁 이론에 자연스럽게 의지한다(Keren, 2005).

인간안보는 실제 인간을 죽이는 것, 전쟁뿐만 아니라 빈곤, 기근, 정치적 억압, 질병과 환경 악화에 대한 책임을 진다. 사실상 정의롭든 아니든, 전쟁은 인간의 불안의 주 요인 중 하나이다. 하지만 정의 전쟁 지지자들은 한 국가가 "인류의 도덕적 양심에 충격을 가하는"

---

1) [역주] 왈쩌의 이 책은 2007년에 우리나라에 번역 출판되었다. 마이클 왈쩌, 권영근 외 옮김, 『마르스의 두 얼굴: 정당한 전쟁, 부당한 전쟁』, 연경문화사, 2007.

상태에서 인간이 불안정할 때(Walzer, 1992:107; RTPR; ICISS, 2001:31), 그리고 정부 당국이 안보에 대해 아무것도 하지 않거나 오히려 더 악화시킬 경우 인간 고통의 원인이 바로 그것일 때 다른 국가들이나 국제공동체가 개입해야만 하며, 혹은 군사적 개입도 가능하다고 말한다. 그러나 현재까지 모든 국제적 개입은 논쟁화되었다. 코소보는 문제가 있는 개입이었고, 르완다에서는 대학살이 있었지만 그것에 대항하는 개입은 없었으며, 소말리아에서는 무조건적인 후퇴가 있었고, 이라크에서의 개입은 군사 점령을 위해 사용되었다.

코소보에서의 1999년 NATO의 개입은 인간안보의 목적, 즉 코소보에서 인종청소를 멈추게 하는 책임을 떠맡았다. 하지만 타쿠르가 지적한 것처럼, 피할 수 있었던 것보다 더 인종학살을 촉발시켰는지에 대해 논쟁이 일고 있다(Thakur, 2002). 미국 주도의 유고슬라비아 전을 비판하는 촘스키는 알바니아계 코소보인들에 대한 '중대한 학살과 강탈'을 없애지 못하고 폭력을 그치게 하지 못한다고 주장했다(Chomsky, 1999:81). 전쟁의 결과는 의도하지 않았으나 불행한 부차적 피해를 가져왔는데, 난민 유입이나 유고슬라비아 국가의 분리에서 기인한 더욱 장기적인 결과 같은 것이다. 다른 한편, 르완다는 선택적 개입의 위험을 보였다. 분석가들은 르완다에서 군사 갈등과 대규모 살인을 저지할 모든 실행 가능한 세력을 사용했던 개입이 투치족약 27만 5천 명의 생명을 구했다고 강조했다(Kuperman, 2000). 그 당시 클린턴 행정부는 인종학살이라는 용어(집단살해죄의 방지 및 처벌에 관한 조약에 따르면, 개입에 대한 의무를 고안했다)의 사용을 피했다. 왜냐하면 미국이 그러한 행동을 고려할 만한 전제조건이 국익에 큰 보탬이 안 될 것이었기 때문이다(DiPrizio, 2002:148). 그러나 군사작전 외에, 인종학살이 진행되기 전 국제공동체가 고려해야 할 다른 책임이 있었다. 대부분의 르완다인들은 극도의 빈곤과 지배

엘리트와의 불평등 속에 살았다는 것 또한 잘 알려져 있다. 동시에 국제통화기금과 세계은행은 르완다가 구조조정 프로그램을 이행하도록 요구했으며, 1989년 동안의 정부 예산은 기근 때의 거의 절반으로 삭감되었다. 르완다 사회는 인종학살을 그치게 하는 데 대략 4년(키빌리라[Kibilira]에서 나타난 인종학살의 첫 번째 조짐에서부터 하비아리마나[Habyarimana] 대통령의 비행기를 쏘아 떨어뜨린 것에서 의해 촉발된 대량학살까지)이 걸렸다.

선택적 인도주의의 개입에 대한 그러한 사건은 대부분의 빈국, 특히 시민사회를 거부하기까지 하는 그 개념에 대해 냉소적이게 만들었다. 벨로는 다음을 주장한다.

우리들 대부분은, 적어도 범세계 부국에 사는 우리는 이라크를 침략하는 인도주의적 논리를 워싱턴이 사용하는 것에 대해 반대한다. 우리는 인권에 대한 어떤 정권의 침해는 비난하지만, 그러한 권리에 대한 체계적인 침해가 침략이나 동요를 통한 국가 주권의 폭력에 대한 근거를 만들지 못한다고 말하곤 한다. 억압정권이나 독재자를 제거하는 것은 한 국가의 시민의 책임인 것이다(Bello, 2006).

그러한 개입에 관련된 인간안보와 '인도주의'란 명분에도 불구하고, 기본적 인간 욕구(BHN: basic human needs)에 기초해서 이라크에서의 개입에 대한 비용 분석을 행한 갈퉁은 군대문화의 영역과 이기적 합법성에 대해 경고했다. 이라크에서 개입에 대한 그의 전체적 결론은 "안보도 아니고, 인간도 아니다."이다. 그러한 방법을 반대하면서, 그는 "아무것도 하지 않는 것이 선택사항은 아니다."라고 주장했다. 그의 관점에서 필요조건은 국제공동체가 국민의 기본적 욕구, 인종학살의 경우 유연한 개입, 갈등해결책 등을 동시에 충족해야 하는 책임이었다(Galtung, 2003).

인도주의적 개입에서 인간안보 중재까지

따라서 군사적 인도주의 개입에 대한 국제적으로 받아들여진 개념의 확립은 매우 중요하다. 인간이 자행하는 대량 인명피해를 예방하려고 하거나 종식시키려고 하는 국제적, 지역적 조직에 의한 개입은 '공포로부터의 자유'와 인권을 증진하는 데 초점을 맞추는 경향이 있다. 이러한 생각은 「보호 책임」 보고서의 '정의로운 목적'에 주어진 기준에 의해 강화되어, '대규모 인명피해'나 '대규모 인종청소'에 대한 국제적 개입의 기준을 정한다. 유엔 고위급 보고서에서도 유사하게, 5-6개의 위협 집단, 예를 들면, 핵무기나 테러리즘과 같은 물리적 폭력을 포함하고 있다. 인간안보에 대한 다른 모든 형태의 위협은 '빈곤, 전염병과 환경 악화' 내용 속에 포함된다. 비록 어느 정도까지 그러한 분류화는 유엔 조직 내에서 정치적 압력이 작용하는 데 대해 대응하지만, 유엔의 개입은 이런 폭력적이기만 한 위협에 상당히 초점을 맞추는 경향이 있다는 하나의 지표이다. 인간안보적 중재가 인도주의적 개입을 넘어설 수 있는 핵심적인 방법은 개인의 안보에 대한 위협의 더 넓은 범위를 밝히는 것이다. 따라서 인간안보적 중재 접근은 '궁핍으로부터의 자유'를 추구하는 것이 더욱 중요한 역할을 하게 되며, 불안의 다른 형태들 사이의 상호작용을 항상 분명히 한다. 이것은 불안을 줄이려는 계속적이고 장기적인 노력에 적용될 뿐만 아니라, 고려되는 위기의 형태에까지도 적용된다. 예를 들면, 1997-98년 동남아시아의 경제위기, 2004년의 쓰나미와 같은 자연재해는 국제공동체의 일부에 대한 책임을 야기하는 것으로 보일 수 있었다. 줄여서 말하면, 인도주의적 개입에서 인간안보적 중재 접근으로의 이동으로서 위협의 확장에 대해 들여다보는 한 가지 방법은 직접적 폭력에 대한 행위를 책임져야 할 뿐만 아니라 구조적 폭력 행위(Galtung,

1969:170)와 인간존재의 통제를 넘어서는 안보에 대한 위협도 책임져야 한다는 것이다. 인도주의적 개입은 구조적 폭력— 가난, 질병 등— 이나 자연재해와 경제침체에 대항하는 인간안보를 보호할 책임이 있는 사람의 문제를 해결하지 않는다.

더욱이 광의의 인간안보적 중재에 대한 초점은 이미 진행 중인 위기를 다루기보다는 예방에 맞추어야 할 것이다. 꺼진 불도 다시 보는 주의를 기울이지 않는다면, 위기는 계속 되돌아올 것이다. 따라서 이 말이 함축하는 것은 어떤 특정 시간 내에 언론이 집중되는 곳보다는 계속되는 욕구에 바탕을 두어야 하는 장기적 수행과제이다. 효율적인 예방은 개인적 권한 부여가 실제적으로 불가능하게 만들어 군사적으로 다루어져야만 하는 어떤 종류의 생명 위협 비상 상황을 피하는 것이다. 그러나 거대한 문제는 특히, 갈등 상황과 관련된 효율적인 예방에 대한 수단이 여전히 조사되지 않았고, 예방은 거의 정치적 우선순위가 아니며, 정치가들은 발생할 일을 예방하는 데 신뢰를 거의 받지 못하기 때문이다. 재건에 대한 책임을 강조한다 해도, 정의에 따르면 인도주의적 군사개입은 항상 긴급한 위기에 대한 임시적 반응이다. 이러한 임시 반응은 (적어도 어느 정도는) 정치적 결정과 언론의 이해관계에 의해 결정된다. 반대로 인간안보는 스포트라이트와 언론의 머리기사와는 거리가 먼 장기적인 중재를 수반한다. 군사적 인도주의적 개입은 논의의 여지가 있지만, 국제공동체의 책임이나 국가들 사이의 책임은 여전히 남아 있는 미완의 과제가 아니라 단지 산발적으로 발생되는 일이다.

인간안보를 성취하는 것은 전체론적 전략과 기치로는 개발 문제, 갈등 예방과 인권을 결합한 공약과 장기적 중재를 포함한다. 인간안보적 중재는 예방(조기 경보 시스템, 근본 원인에 대한 조사), 보호(사회안전망, 안보가 있는 경기침체 제공, 갑작스러운 변화에 대한 보호)와 권한 부여 방안(개발, 교육, 민주주의 등)과 같은 수단을 제공한다고 할 수 있다. 이러한 인간안보적 중재에서 요구되는 극단주의적 인간안보 접근법에 비판이 없지 않다는 데 주목해야만 할 것이다. 두필드는 이런 방법으로 위험을 아주 이상적인 인도주의로 본다. 그에게 위험이란 "새로운 인도주의는 생명을 구하지 않고 사회적 절차와 정치적 결과를 지지하는 것으로의 정책의 무게중심의 변화를 포함한다."(Duffield, 2001) 그는 계속해서 주장하기를, 오늘날 고통과 인명 손실은 '더 나은 내일'을 위해 지불할 가치가 있으며, 그러한 과정은 폭력과 그 범죄자와 함께 공모자를 정상화시키는 효과가 있다는 가정을 함축하고 있다는 것이다. 이것은 위기상황에서의 인도주의적 개입을 장기적인 중재를 대체하는 과정으로서 유효한 비판이다. 하지만 인간안보 접근은 반드시 기존 수단을 대체할 필요는 없지만 오히려 향상시키고 그것을 보충해야 한다. 요컨대 인도주의적 개입과 인간안보 중재 사이의 차이점을 부각시키기 위해, [표 8.1]은 두 접근 방식의 잠재적 차이점을 비교한다.

국가를 넘어, 누가, 그리고 언제 인간안보에 대한 책임이 있는가?

궁극적으로, 인간안보의 보호에 국가가 실패했을 때, 다양한 수준에서의 다양한 활동가들을 필요로 한다. 왜냐하면, 바로 그 같은 방식으로 위협은 국소적, 국가적, 지역적이거나 범세계적이 될 수 있기 때문이다. 반면 국제적, 지역적 기구들에 의존하는 국가 이상의 수준에서 이러한 노력을 조직하고 협의하기 위한 권한 부여, 최후의 책임을 통해 가장 유명한 비정부기구나 심지어 개인을 포함하는 아주 다양한 활동가들이 인간안보를 제공할 수 있다.

[표 8.1] 인도주의적 개입과 인간안보적 중재

	회원	대리자	기구(매개)	의무	위협	시간범위
인도 주의적 개입	유엔 회원국	안전보장 이사회	군대 평화 지원 작전	보호 책임	대규모 인명피해/ 인종청소	단기 위기
인간 안보 중재	유엔 회원국. 지역기구. 비정부기구, 시민사회, 개인	안전보장 이사회. 안보리 회원 국가들 간의 협의체 및 중재가 요청 되는 국가. 평화구축 위원회. 지역주민과 의 협의체 등	평화 지원 작전. 개발. 인도주의적 원조. HR (협정, 제재, 불명예, 고발 등). 최후의 수단 으로서 군대 개입	보호 책임, 예방과 권한 부여 책임	생존, 생계와 인간존엄에 대한 위협	근본 원인 을 다룰 중·장기 공약

유엔은 적절한가?

유엔은 분명히 인간안보의 보호와 관련한 책임이 있다. 유엔 사무 총장은 「더 큰 자유」라는 보고서에서 이 책임을 '특별한 책무(special burden)'라고 불렀다. "우리의 길잡이는 모든 곳의 사람의 희망과 요 구여야만 하며 … 주권국가의 기구로서 유엔은 궁극적으로 그들의 요구에 부응해야 하며, 그러한 요구를 위해 존재한다. 그러기 위해서, 내가 8년 전 처음 선출되었을 때 말했던 것처럼, 우리는 개발, 자유와 평화의 삼각형을 완성시키는 데 목표를 두어야 한다."(Annan, 2005a) 그 보고서는 '인간안보'라는 용어를 명확하게 사용하지는 않았지만, 내용에 '공포로부터의 자유'(안보), '궁핍으로부터의 자유'(개발), 그리고 '존엄하게 살 자유'(인권)라는 이름으로 모두 분명하게 포함되어 있다. 유엔헌장의 24조는 안전보장이사회에게 '국제평화와 안보를 위한 우선적 책임'을 부여하고 있다. 「보호 책임」 보고서에 따르면, 7장과 8장의 조항들은 모든 형태의 안보 위협에 대처할 수 있도록 굉장한 원천을 구성하도록 한다.

만약 유엔이 「더 큰 자유」라는 보고서, 인간안보위원회나 1994년의 유엔개발계획의 보고서를 통해, 더 나은 인간안보 목적에 대한 의지를 분명하게 표현했다면, 사무총장은 이러한 목적을 이룩하려고 유엔의 능력을 강화하는 개혁의 필요성을 분명하게 인식하였을 것이다. 고위급 보고서에 부분적으로 기초한 「더 큰 자유」는 유엔을 실질적으로 강화하고 개혁하는 방법에 대한 많은 제안의 사례들을 제공했다. 실질적으로는 유엔을 강화하고 개혁하는 것은 유엔이 지켜야 할 제한사항들을 인식한다는 것, 예를 들어 안전보장이사회의 P5(상임이사국 5개국)의 거부권과 같은 인도주의적 개입을 촉진시키는 것이 더욱 분명하다. 「보호 책임」 보고서는 또한 유엔의 개혁에 대한 제안을 제공했다.

유엔 고위급 보고서와 대부분의 개별 보고서에서 제안한 개혁은 일반적으로 '더 나은 시스템 통일'을 성취하려는 의지에 기반하고 있었는데, 유엔을 더욱 효율적, 통합적이고 일원화된 방식으로 작용하도록 했다. 또한 조정은 유엔과 회원국들, 지역기구와 민간사회 사이에서도 강화되어야 한다. 이러한 개혁은 네 가지의 근본적인 원칙에 의해 유도되었다. 첫째는 금융, 군사와 외교 협정에서 가장 큰 기여라는 의사결정과정에 참여를 증가시키는 것이다. 이는 또한 공적개발원조에 대한 GNP 목표의 0.7% 달성을 장려하는 것이다. 둘째는 더욱 많은 대표성을 띠는 자를 만들고, 회원을 확대하는 것이다. 특히 개발도상국들의 참여를 증대시켜야 한다. 셋째는 이사회의 효율성을 저하시킴 없이 안전보장이사회를 확대하는 것이다. 넷째는 조직에 대해 민주성과 책임성을 향상시키는 것이다.

개혁적 문서에 나타난 많은 제안들 중에서, 평화구축위원회에 대한 계획과 개혁 보고서들에 의해 다루어진 많은 제안은 인간안보적 목표를 보장하는 데 좀 더 확실히 기여할 것이다. 평화구축위원회의 핵심 기능은 결국 인간안보 의제의 필요 요소로부터 자유를 보장하는 것과 마찬가지로 공포로부터 자유를 보장하는 것이다. 이러한 기능들은 먼저 억압 아래에 있는 국가들을 식별하는 것이거나, 그러한 위험이 국가 붕괴로 나아가는 것을 알아차리는 것이다. 둘째는 정부와 협조하여 혁신적인 원조체제를 조직하는 것이며, 더 이상의 악화를 막는 것이다. 셋째는 충돌과 충돌 후 평화구축으로의 전환 계획을 지원하는 것이며, 넷째는 국제적 평화구축 노력을 유지, 정리하는 것이다. 더욱이, 유엔 고위급 보고서는 위원회가 유엔 경제사회이사회, 국제통화기금, 세계은행과 지역개발은행들, 관계있는 국가의 정부 대표들로부터, 주요 기부국과 군사 제공국들로부터, 그리고 마지막으로 그 국가에 강하게 개입된 지역과 하부 지역 그룹들로부터 대표성을 포함해야 한다고 권장한 것처럼 평화구축위원회는 유엔 내부와 기구들 사이의 거대한 협조를 가능하게 할 것이다.

만약 제안된 평화구축위원회가 인간안보적 목표를 강화하는 거보를 내딛고 더 나은 효율과 조화를 성취할 수 있다면, 고통을 경감시키는 위원회와 이사회를 만들어낸다는 것은 분명하다. 또는 회원국의 독립성은 물론, 일반적으로 재정 능력이 부족한 제도화에서는 특별한 관료주의와 비효율이 나타날 수도 있을 것이다.

인간안보적 목표에 필요한 것은 모든 것에 대한 위원회가 아니라, 작고 효율적인 고위급 위원회이다. 즉 인간안보위원회인데, 이는 밀접한 협조로 현존하는 유엔 기구들을 한데 묶을 것이다. 예를 들면,

안전보장이사회(안보), 유엔개발계획(개발)과 제안된 인권위원회 등
이다. 1995년 마흐밥 울 하크와 2003년 인간안보위원회에 의해 다양
한 제안들이 이상적인 세계구조 건설을 위해 제시되었다. 그러나 자
연스럽게 회원국들로부터 강한 저항으로 인해, 이러한 제안은 안전보
장이사회나 유엔총회에서 인간안보 결의안들을 통과시키는 것에 대
한 실패와 유사하게 기껏해야 지금으로서는 이상적인 것으로 치부되
었다. 그들의 주권을 재차 확인하고 지지하는 회원국들의 조직으로서
의 유엔은 인간안보를 강화시켜야 하는 것과 그 기구들을 개혁해야
하는 노력을 함에 있어서 여전히 어려운 상태에 놓여 있다. 힘의 논
리(정치)와 지리적, 전략적 관심사가 아직까지 우선시되는 안전보장
이사회가 가장 눈에 띈다. 회원국들의 느린 태도 변화는(상대적으로
선행 주자는 캐나다, 일본, 노르웨이 등이다) 마침내 더 나은 인간안
보 목표를 향한 유엔의 강한 개혁을 보장하는 최선의 방법이 될 것이
다.

세계기구들은 해결책이 될 수 있는가?

많은 나라들, 특히 개발도상국들은 인간안보를 보장하는 데 있어
국제적 공동체의 역할에 대해 여전히 회의적이다. 왜냐하면 그들의
관점에서는 국제기구들은 세계질서의 중립적 관점을 제공하는 데 있
어 상대적으로 힘이 약하고, 여전히 국가적 이익과 힘의 논리에 의해
지배된다는 것이다. 궁극적으로 유엔은 정치적 민감성과 회원국들 간
의 경쟁의식을 반영한다. 핵심 회원국들이 그 개념을 지지할 경우에
만 인간안보는 세계적 의제가 될 수 있을 뿐이다. 예를 들면, 미국이
인간안보와 보호 책임을 지지하는 것을 상상하는 것은 어렵다. 강대
국이 규범을 따르지 않을 때, 이것은 그 자체로 인간안보에 대한 위

협이다.

하지만 비판은 강대국만의 부담은 아니다. 현실주의 학파는 또한 국제정치에서 국제기구의 역할을 의심한다. 심지어 인간안보가 지구적 공공재라고 여겨지더라도, 고전적 현실주의자의 입장에서는 그 체제에 가입하기 위해 패권을 잡은 지도국이나 국가 모임에 의해서 필요한 다른 보상을 억제하거나 제공할 수 있을 때만이 그러한 공공재(인간안보)는 제공될 수 있을 뿐이라는 것이다. 진보적 관점은 국제기구는 합법적이라고 생각하지만, 인간안보를 보장하기에는 적합하지 않다는 것이다. 가장 힘 있는 회원국들 간 이해의 충돌에 직면하고, 자원 문제에 의해 방해받으며, 공공재를 제공할 수 없다는 것이다. 공식기구들은 상부에서는 정치적 리더십 부족, 관료주의적 관성으로 고통 받으며, 아래로는 저항을 겪고 있다. 인간안보적 요구를 충족시키기에 제한적 요소가 되고 있다(Hampson et al., 2002:53). 따라서 책임의 부담은 지역기구들이 떠맡을 수 있다.

지역적 해결책은 없는가?

지역기구들의 상대적 강점과 약점은 무엇인가? 지역기구들은 종종 유엔보다 활동하기에 더 적합하다고 전반적으로 인식되어 있다 (ICISS, 2001:para. 6.31) 지역 활동 기구들의 이점은 충돌과 문화의 다양성을 외부 사람보다 더욱 친밀히 이해하고 있다는 것이다. 예를 들면 아프리카통일기구(OAU), 북대서양조약기구(NATO), 경제협력개발기구(OECD), 상하이협력기구(SCO), 아세안(ASEAN), 남부아프리카 개발협력회의 등과 같은 지역 블록들은 국제정치제도의 지정학적 요인에 의해 점점 더 영향이 커지고 있다는 것이다. 강화된 능력과 지역적 인식, 전문성과 분명한 자기이해는 지역기구를 인간안보의 보호에 있어 장기적, 예방지향적, 특수하게 적응된 활동기구로 만든다. 이것은 특히 지역의 특정 위협, 자연재해(가뭄, 지진, 쓰나미 등), 환경재해(기름 누출, 방사능 재해)나 금융위기와 같은 위기에 대한 개입 시 사실로 드러난다. 또는 장기적으로는 재해 후 재건과 개발이나 더욱 일반적으로 미래에 대한 안전망을 사전 구축하는 데 있어서도 그렇다.

또 다른 지역적인 접근의 잠재적 이익은 유사 기구의 회원인 국가들의 개입에 대해 지역적인 구성원들이 굉장히 큰 합법성을 가진다는 개념이 중요하다는 점이다. 이러한 것의 한 예는 아프리카 연합군의 개입보다는 다른 세력의 존재를 거부하는 수단 정부의 태도에서 알 수 있다. 위기상황 극복을 위한 인간안보를 장려하는 지역적 접근법을 채택하는 많은 개념 비평가들에게 효율적인 대응을 제공할 수 있을 것이다. 이것은 특히 인간안보라는 것이 개발도상국에 대한 서구적 가치를 부과하는 또 다른 수단인 쿠바와 인도 같은 나라들이 주장하는 것과 관련해서는 타당한 말이다. 만약 인간안보가 동일한 지역의 그룹 내 다른 개발도상국에 의해 증진된다면, 이러한 비평은 물론 덜 쉽게 적용될 수 있을 것이다. 지역의 강대국에 의한 개입은 또한 비합법적인 개입으로 덜 인식될 것이다(MacFarlane and Weiss, 1994:283).

인간안보를 증진시키는 것에 대한 지역기구의 책임성의 범위에 대한 문제는 물론 제기될 필요가 있다. 즉, 기구의 비회원국인 나라에서 지역기구는 활동할 수 있어야 하는가? 예를 들면, 유럽에서는 인간안보에 대한 문제는 빈국들의 충돌로부터 발생하는 불법이민의 형태로 비인간적 안보의 확대나 이웃국가의 문제, 그리고 조류독감, 사스(SARS), 에이즈와 같은 위협의 확산처럼 자주 인용된다. 세계화 아래서의 위협의 상호연관성은 이미 인지되고 있다. 런던정경대

(LSE)의 전문가 그룹은 2004년 유럽연합의 바르셀로나 포럼에서 「유럽을 위한 인간안보 독트린(HSDE: *The Human Security Doctrine for Europe*)」이라는 제안서를 제출했다. 이 보고서는 유럽의 국경에 증가하는 불안의 발표에 대한 요구를 강화시키는 데 제공되었다. 인간안보는 「인간안보 독트린」 보고서가 '아래로부터의 접근'이라고 하는 것으로서 인권 위반에 의해 야기되는 근본적인 불안으로부터 개인의 자유로서 정의되었다. 독트린에는 사실상 가정이 포함되어 있는데, 인간 불안 상황에 대한 집단적인 유럽의 반응은 회원국들 자신(Study Group on Europe's Security Capabilities, 2004)보다는 유럽연합 외부의 국가들에 적용되어야 할 것이었다. 사실, 이러한 사실로부터 그 문서의 기안자들은 인간안보의 분명한 협의의 개념을 가지고 있었다는 것을 추론할 수 있다. 최근 유럽연합에 가입된 국가들에 대한 구조기금과 같은 활동은 인간안보의 범위 내에 포함되지 않는다는 것으로, 특히 극도의 위기상황에 초점을 맞출 어떤 것들을 대신한다는 것이다. 그러나 문서는 불안에 대한 보호의 경우에 국가들이 어떻게 전 식민지에 대한 책임성을 충족시킬 수 있는지에 대한 문제에 믿을 수 있는 해결책을 제시한다. 그 제안은 유럽연합 깃발 아래 그러한 활동이 수행된다는 것으로, 관련된 국가의 국민들로부터 적대적인 반응과 이해의 충돌과 같은 위험을 감소시킨다. 더욱이, 2004년 5월에 제안된 유럽의 이웃국가정책(ENP: European Neighbourhood Policy)은 바르셀로나 프로세스나 TACIS와 같은 프로그램들의 포괄정책인데, "모든 관련국(EU의 유럽과 남부 국가들)의 안정, 안보와 복지" 강화를 추구하고 있다(European Commission, 2005). 사실상 ENP가 액션 플랜을 통해 국가들의 파트너십에 기반을 두고 있다고 하더라도, 이러한 것은 특정 액션, 즉 정치적 대화와 개혁, 유럽연합의 내부 시장에서의 점차적인 지분 획득에 대한 핵심적인 분야를 포괄하고

무역과 조치, 정의와 국내 사안, 에너지, 운송, 정보사회, 환경, 연구와 혁신, 그리고 사회정책과 인간 대 인간 접촉 등을 다루고 있다(Ibid.). 유럽연합에 의해 이 독트린이 받아들여지게 되는 이론적 근거는 더 많다. 먼저, 협력과 다양성, 법의 지배, 인권, 민주주의와 시민참여에 대한 존중의 핵심가치에 기반한 평화적인 개발의 성공적인 예로서 유럽연합의 이미지를 강화시킬 것이다. 세계사회에서 더욱 활동적인 역할을 하길 희망하는 유럽에서 9·11과 이라크전 이후 전략적인 환경 변화를 반영했다. 갈등, 비안보와 빈곤 사이의 중심으로서 위협을 인식했고, 신뢰할 수 있는 지배에 대한 강조와 근본 원인과 대결해야 하는 필요성을 요구했다. 하지만, 오해하게 만드는 제목에도 불구하고, 본질적으로 유럽을 위한 「인간안보 독트린」은 개입에 대한 비판에도 불구하고 유럽에 대한 방어전략이자 안보전략이었다. 비군사적 개입을 선호하면서 대부분 군사적 개입을 거부하는 원래의 인간안보적 개념을 이상적인 것으로 치부한 것과는 대조적이었다. 인권에 대한 탁월함과 지역적으로 이끌어진 평화구축— 고전적인 평화유지와는 반대 — 의 우월성을 강조하는 동안, 장기적 개발정책을 논의하지는 않았다. 심지어 예방과 재건에 대한 최우선의 필요성을 강조함에도 불구하고, 「인간안보 독트린」은 개입에 대한 우선권을 결정하는 분명한 요소로 규정된다.

ASEAN은 회원국들 사이에서 인간안보의 이름으로 이루어지는 또 다른 간섭의 딜레마가 있다. 처음에는 태국을 제외한 동남아시아 국가들은 지역의 집단안보 접근법에 대한 비판으로서 인간안보에 대한 1994년 유엔개발계획의 개념으로 인식하였다. 이러한 접근은 1973년의 오일 쇼크와 베트남에서의 미국 패배에 흔들린 1970년대 일본에 의해 소개되어, 원료와 에너지 자원에 대한 의존성을 고려하여 국가안보에 대한 경제적, 전략적 위협을 대체하기 위해서이다(Ezrati,

2000:144). 이러한 접근은 지역 내에서의 협력을 요구했으며, 비무장과 비충돌 정책과 주권에 기반을 두고 있다. ASEAN 10개국은 그들의 역사, 정치제도와 다양한 무역의 패턴과는 별도로, 지역 범위 시장을 만들고, 지역 경쟁을 강화시킴으로써 지역 개발을 추구했다. 지역경제의 상호연관성은 1997년 아시아 금융위기에 의해 시험받았다. 이것은 이 지역의 빈곤, 인플레이션, 실업을 증가시키는 주도적인 요인으로서 지역 국민들에게 심각한 충격을 주었다. 경제위기는 인간안보적 접근 논의를 촉발시켰다. 1997년 위기에 태국의 외무장관 피추완(Surin Pitsuwan)은 '유연한 개입(flexible intervention)' 정책을 제시했는데, 이는 직면한 어려움을 이웃국가들과 함께 회원국들이 민감한 정치, 경제, 사회 문제의 논의에 대해 중재하도록 했지만, 그들의 주권을 방해함이 없었다. 유연한 개입의 목적은 ASEAN 지역 공동체를 만드는 것이었다. 각 회원국들은 권리는 물론 책임을 지며, 민감한 경제, 사회, 정치 문제를 이야기할 수 있었다. 하지만 인간안보적 접근을 채택하는 논의는 유연한 개입과 결합되어, 다른 국가들, 즉 미얀마와 같은 나라들에 의해 거부되었다. 그러나 1997년 위기 이래, 다른 비군사적 위협, 사스(SARS), 조류독감, 인신매매, 쓰나미, 밀수와 같은 것은 논의를 재개시켰다. 인간안보에 대한 단일 지역적 접근이 제시되었지만, 2020년 ASEAN 비전은 '미래 세대에 대한 공포로부터의 자유와 필요로서의 자유'를 목표로서 채택했다. 한편, 인간안보에 대한 중요한 연구가 동남아시아 학자들에 의해 지속적으로 제시되었다. 이러한 관찰자들의 대부분은 환경 악화와 같은 비군사적 위협이 국가와 사회 양쪽의 안정을 저해할 수 있는 만큼이나 인권의 부재, 삶의 질에 대한 무시를 인식하고 있으며, 국민들에게 반대로 영향을 끼치고 있다. 하지만 몇몇은 비정부기구에 의한 증대된 참여를 제시하였지만, 다른 사람들은 '같은 의견을 가진 국가들' 사이의

지역적 협력을 제시함으로써 해결책은 달랐다.

이론적으로, 지역적 접근은 많은 지역적인 특정 문제점을 다루는 데 효율적이다. 언제, 어디에 지역기구들이 인간안보를 증진하는 데 적합한지에 대한 지침을 제공하지만, 언제 그들이 그렇게 할 능력과 자원을 가지게 될 것인가에 대한 문제를 알려주지 않는다. 반면, 지역기구들은 구조적으로 취약하며, 주권의 명목으로 개입을 꺼린다. 이러한 문제에 대한 잠재적 해결책은 NATO나 유럽연합과 같은 실제적인 자원을 가진 지역기구나 유엔과 같은 국제기구들이 인간안보를 지원하는 데 있어 아프리카 연합체와 같은 기구들에 대해 재정적, 보급적 지원을 제공하는 것이다. 두 번째 가능성은 지역기구들이 주권개입의 장벽으로 이용되는 상황 하에서 군사적 개입을 유엔에게 맡기고, 그 지역은 갈등 예방과 보호에 대한 책임에 집중해야 한다는 것이다(Acharya, 2002:378). 이러한 두 제안의 조합은 아마 최고의 접근 방식인데, 자원 부족에 대응하는 잠재적 수단과 함께 개입할 경우, 유엔에는 유일한 정당성을 가져다주며, 장기적으로 지역 전문가의 이익과 합법성을 가져다줄 것이다.

결론

결론적으로, 인간안보는 개입의 명목으로 국가들에 의해 채택될 수 있는 도구로 사용될 수 있으나, 불평등에서부터 민주주의 제도, 소수자의 보호, 공동체에서 배제된 사람들의 문제와 같은 다양한 이슈에 대해서 평등하게 개입하는 것이다. 인도주의적인 개입에서 인간안보적 개입 접근으로 이행함으로써, 직접적인 폭력뿐만 아니라 인류의 통제 범위를 넘어서는 안보에 대한 실질적인 위협과 구조적 폭력 행위에 대해서도 고려하게 되는 것이다.

갈등, 인권과 개발을 연결함으로써, 인간안보는 개입의 목적과 수단에서의 이행에 대한 분석적 틀을 제공한다. 국제적 활동은 선택된 국가들에 있어서 인류와 인권을 보장하는 데 여전히 제한적이지만, 하지만 사회적 정의와 평등 여건을 조성하는 데 집중해야 할 것이다. 인간안보의 개념은 국제적 개입이라는 용어를 상당히 변화시켰다. 주권은 이제 책임성으로 인식되고 있으며, 국제공동체가 다른 국가의 국내문제에 개입하기 위한 명분으로서 인간안보가 쉽게 기여할 수 있도록 하는 내용으로 여겨지고 있다. 인적 불안을 완전히 발표하기 위해 '새로운 인본주의적 개입'의 실패를 고려하면, 이러한 것을 성취하기 위한 받아들일 수 있는 방법과 합법성에 대한 연구가 필요하다. 제안들은 유엔의 개혁을 위해 만들어졌으며, 보고서는 개입의 규칙을 위해 쓰였다. 하지만 이러한 많은 제안들은 심각한 위협의 경우에 구조적 변화를 찾기보다는 계속적으로 단편적인 사건 전체의 해결 방식에 치중하였다.

오늘날의 세계에서 중간적 기구로서 지역기구는 중요성을 가지며, 그들의 행위는 국제적 수준에 있어 매우 중요하다. 그들의 증가하는 영향력, 많은 시민사회 기구들의 옹호적인 행위들은 그들에게 집중되어 있다. 이러한 움직임은 구분, 무시 그리고 개입하는 것보다는 인간안보 개념에 의한 지속적인 개입으로 보완되어야만 한다. 만약 인간안보가 집단적인 책임의 문제라면, 이러한 책임은 모든 수준에서 행위자들의 조화된 행동에 기반을 두고 있다. 이 행위자들은 국제법의 틀 속에서 행동해야만 한다. 또한 바디가 다음과 같이 언급하고 있는 바를 인식해야만 한다. "우리가 인간안보를 증진시키는 것은 단순히 도덕적 필요를 충족시키는 것이 아니다. 왜냐하면 인간성은 도전에 직면하여 생존하는 데 있어서 유일한 기회이기 때문이다." 또 "[인간안보는] 윤리적 내용(담론)일 뿐만 아니라 … 그것은 또한 공리주의적인 내용(담론)이다."(Badie, 2001) 주된 도전은 국가 권력을 납득시켜 도덕적이게 하려는 것이 아니며, 심지어 그들의 자기 이익이 위험에 처하지 않도록 하려는 것도 아니다. 다양한 면에서 국경을 초월하는 문제들을 각 국가들이 생각하고 깨닫는 방법으로 변화하는 것이다. 인간안보 위협의 범위는 세계적이다. 따라서 그것을 성취하기 위하여 각국의 정부들이 그들 자신의 내부와 모든 사람들과 함께 공감할 수 있어야만 한다.

9장 인간안보의 외연 확대

국제원조의 역할

9 · 11 이후의 세계와 양립할 수 있는 호전적인 언어로서, 국제원조는 빈곤과의 전쟁에서 가장 강력한 무기들 중 하나로 알려져 있다. 하지만 유엔개발계획은 2005년 인간개발보고서에서 "무기는 충분히 쓰이지도 않았지만, 그 희생자에게는 가혹했다."고 평가했다(UNDP, 2005:Chapter 3). 국제공동체는 위험에 처해 있는 사람들을 돕기 위한 인간안보의 책임과 의지를 계속적으로 알리고 있다. 국제원조는 단기적인 인도주의적 구호와 장기적 경제개발의 교점에서 중요한 역할을 한다. 이는 인간안보를 추진하는 기구와 정부, 개인의 노력을 더욱 촉진하는 역할을 한다. 불행하게도 그 결과는 천명된 의도에 비하면 그렇게 만족스러운 것은 아니다.

이 장에서 우리는 먼저 실천과 원조 정치를 정의한 후 인간안보에 대한 개입의 긍정적, 부정적 모습을 살펴볼 것이다. 우리는 '선한 인간안보 원조'의 기부자가 고려할 몇 가지 권고 사항을 제시하면서 이 장을 마칠 것이다.

국제원조의 정의: 양적 측면

1992년 리우데자네이루에서 열린 지구정상회의에서 국제정부의 지도자들이 만났을 때, 그들은 활동에 대한 프로그램을 채택했고, OECD/DAC의 22개 부국 회원들의 국민총소득(GNI: gross national income)의 0.7%인 공적개발원조(ODA)의 목표 어젠다 21을 부여하였으며, 서약은 2002년 4월 개발 회의를 위해 유엔 자금공급에서 몬테레이 합의 선언서에서 재확인되었다. 이때 세계 지도자들은 빈곤 타파를 위한 새로운 '세계 협력'의 블록 구축의 하나로서 국제원조를 결의했다. 공적개발원조는 2002년에서 2004년과 2005년 3월까지 120억 달러 늘었다. 기부국들은 원조량뿐만 아니라 원조의 효율성, 조화, 협력과 국가 소유권도 재검토하는 데 동의했다. 이는 원조 효율성에 대한 파리선언으로 잘 알려지게 된다.

OECD에 따르면, 일본은 1990년대 원조국 중에서 가장 큰 기부국이었다. 하지만 일본의 원조가 거의 40억 달러까지 떨어졌을 때, 미국은 2001년 최고 기부국의 위치를 다시 찾았다. 이것은 9·11 이후 엔화의 가치가 12.7%까지 하락했고, 미국이 파키스탄에 대한 경제지원으로 6억 달러를 기부했기 때문이다. 일본과 미국 양국은 원조를 늘리기로 약속했는데, 2010년의 원조에서는 다른 기부국보다 적은 GNI의 0.18%만을 예정하고 있다(UNDP, 2005). 미국은 2005년까지 세계에서 가장 큰 개발원조의 제공자였지만, GNI에 대한 원조 비율이 2000년에 0.10% 대비 2004년 0.16%로밖에 늘지 않았다. 이는 다른 기부국보다 작은 수치이다. 미국은 개발원조에 있어 80억 달러 인상의 법안을 승인했지만 그 인상은 아프가니스탄과 이라크에 대한 대형 원조 계획을 포함하고 있다(UNDP, 2005:Chapter 3).

2005년에 유럽연합의 15개 부국들은 2010년까지 GNI의 0.51%가지 최소한도의 원조 기준을 맞추기로 동의했다. 2015년까지 0.7% 약속을 맞추기 위한 임시조치였다. 덴마크, 룩셈부르크, 네덜란드, 노르웨이와 스웨덴은 0.7% 목표를 초과하거나 지속적으로 맞추었다. 한편 프랑스와 영국은 2013년까지 그 목표에 도달하려는 계획을 하고 있다. 캐나다는 유일하게 GNI의 0.7%까지 원조 인상에 대한 목표를 이미 넘어서고 있다. 원조 흐름은 2005년에 1천억 달러까지 갔으며, OECD/DAC의 회원국들에게서 개발도상국에 지원하는 공적개발원조는 31.4% 오른 1,065억 달러를 기록한다. 2005년에 회원국들은 GNI 대비 0.33% 수준의 지원을 했는데, 이는 2004년 0.26%와 비교하면 오른 수준이다. 무상구호원조 형태의 원조는 2004년과 2005년 사이 증가했으며, 다른 원조도 같은 시기에 8.7% 증가하였다. 이라크와 나이지리아에 대한 부채 탕감의 증가는 쓰나미 이후의 구호원조만큼이나 원조 증가에 대한 주요인이었다.

하지만 2005년 유엔개발계획 「인간개발보고서」에 의하면 빈국들이 받는 원조는 예측할 수도 없고, 협조도 이루어지지 않고, 각종 조건이 부여되어 있었고, 기부국 내의 사정과 연동되어 있었다. 원조에 있어서의 불예측성은 개발도상국들이 사회기반시설과 교사들의 월급 같은 지출에 대한 앞으로의 계획을 어렵게 만든다. 기부국들의 부진한 협조, 수혜국 정부체제 밖에서 운영하려는 경향, 과도한 보고 요구 등은 원조의 효율성을 감소시킨다. 이러한 열악한 원조는 개발도상국들에게 개방시장에서 같은 상품을 구입하는 것보다 20%까지 더 많은 비용을 지불하게 한다.

원조의 정치와 정치화: 기부원조에 있어서의 동기

우리는 개발원조에서의 정치관행을 검토하기를 제안한다. 이러한 개발원조는 인간안보의 장기적인 성취에 대해 해로운 것으로 간주될 수 있다. 그 같은 관행은 원조 조건의 정치적 수단이 되어 인간안보를 제공하려는 국가들의 능력을 약화시킬 수 있다. 또 다른 것은 개발원조에 대한 이론적 설명으로서 진보적인 평화에 바탕을 둔 세계적인 합의이다. 불평등을 악화시켜 국가들이 갈등을 다루거나 예방할 능력을 반대로 약화시킬 수 있다. 마지막으로, 인간안보의 세 번째 조건은 개발원조로 인한 손해에도 불구하고 9·11 이후 군비 지출이 더 많이 강조되었다는 점이다. 인간안보의 관점에 따른 원조의 분석으로는, 원조의 양뿐만 아니라 질에 있어서도 충분하지 않다. 원조의 실례는 미국, 일본, 유럽연합에서 찾아볼 수 있는데, 인간안보에 초점을 맞추는 요구나 모든 수혜국민에 대한 개발 요구에도 불구하고, 이는 대부분의 원조가 여전히 지정학적인 것에 사로잡혀 있다는 것이다.

동기 1: 원조 조건

원조 조건은 예산책임에 대한 명백한 문서상의 계약에서부터 제도적 조건 및 정치, 경제, 군사적 조건이 필요한 더 함축적인 개념까지 다양하다(Barakat, 2002). 이것은 소비원조에 대한 징벌적 조치를 포함할 수 있어, 특정한 형태의 경제, 정치 형태나 인권 원칙을 요구한다. 아프가니스탄에서의 탈레반 시절 동안 목격된 것과 같은 제재를 통해서 강요될 수 있다. 순종하는 나라들에 보상하는 적극적인 접근 방식도 포함할 수 있는데, 이 나라들은 그들의 제도와 정책을 규정된 어젠다에 맞춰 개혁한다. 세계은행의 관점에서는, 예를 들면, 정책과 제도 개혁이 밀레니엄 개발 계획을 성취하는 더 나은 예상을 만들어 내며, 원조의 흡수 가능성을 증가시키는 데 필수적인 것이다. 원조 프로그램과 연관된 정책의 사전 기술적 형태에서의 원조 조건은 1950년대 국제통화기금(IMF)에 의해서 도입되었다. 이러한 논리는 다음의 은행 업무의 전통에 기반하고 있었다. 수혜국은 일련의 금융 지원을 받은 다음에 상환 능력을 보여주어야 한다(Browne, 2004). IMF 원조 조건은 전통적으로 재정, 통화, 그리고 환율 정책에 집중되었다. 하지만 1980년대부터 원조 조건의 범위는 구조개혁에 초점을 맞춘 세계은행과 함께 근본적인 구조적 문제점과 공공 영역의 개혁까지 망라한다. 1990년대 후반의 아시아 경제위기 동안 최고점에 도달했는데, 이때 태국에 대한 IMF 프로그램은 무형의 73가지 구조적 조건을 상정했고, 한국에는 94가지, 인도네시아에는 140가지의 조건을 부과했다. 하지만 그 숫자가 증가할 때, 원조의 수락 성공 비율은 감소하였다(Browne, 2004).

원조 조건은 원조가 정당하게 잘 집행될 수 있도록 하거나 재상환과 외국의 투자를 보호하기 위해 필요하지만, 기부국과 수혜국 사이의 힘과 목소리의 부조화를 가져올 수 있다. 전쟁으로 파괴된 사회에서의 원조 조건은 심지어 더욱 문제될 수 있는데, 국민들의 상황이 극도로 취약할 때이며, 약화된 행정부의 협상력이 부재할 때이다. 효율성의 관점으로 보면, 정책 개혁의 수단으로서의 원조 조건의 한계는 명확해 보인다. 2004년 브라운(Brown)의 연구에 따르면, 원조 조건이 왜 개혁의 도구로써 그렇게 빈약하게 작동하였는가에 대한 몇 가지 이유들이 있다. 첫째는 기부국이 단일 조건에 동의할 수 없다는 것이다. 둘째는 지역적 정치 현실에서 이러한 조건들이 종종 제거되는 것을 고려해 보면, 원조가 항상 실현 가능한 것은 아니라는 것이다. 경제운영, 통치나 인권에 대해 조언할 수 있도록 정책토론을 개방하는 데 실패함으로서, 조건 부과의 절차는 전통적인 계층구조의 관계를 강화하게 된다. 민주주의의 핵심인 열린 대화를 서서히 약화시킨다. 마지막으로는 외국의 원조 정부에 해당 국가의 정부가 종속되게 만든다는 점이다. 인간안보의 관점에서는, 냉전시대 이후 우주시대의 과도기 경제에 있어서 원조의 조건은 특히 복지추구에 제한이 있다.

[중앙아시아에서의 조건부 원조: 과도기의 키르기스스탄]

1990년대 독립을 하면서, 서부 유럽과 발트해 국가들의 '성공사례'를 본떠 개혁과 급속한 변화를 옹호한 충격요법가와 경기침체를 예방하는 높은 성장률과 단계적 접근방안의 중국식 모델을 주장하는 점진주의자 사이에서 구소련 해체 이후의 독립국가들은 논쟁에 사로잡혀 있었다(Popov, 2001). 1980년대 계획경제에 의한 국가 통제 방식은 온건파 국가와 자유시장 국가의 양극단 중의 하나로 경도되게 되었다. 국제금융기구(IFI)의 지원으로 개혁은 러시아에서 먼저 적용되었고, 다음으로 그때 당시 내전을 겪고 있었던 키르기스스탄, 카자흐스탄에 적용되었다. 타지키스탄에서는 성공적이지 못했다. 우즈베키스탄과 투르크메니스탄은 폐쇄경제 정책 노선을 선택했다.

경제의 광범위한 구조조정은 IFI로부터의 금융지원의 전제조건이었다. 1996년 「계획으로부터 시장까지」라는 세계개발보고서에서 세계은행은 발표하기를, 경제적 성취에서의 차이는 정책의 좋고 나쁨과 관련이 있으며, 특히 거시경제학의 안정성과 자유화에서의 진전과 변화로부터의 회복과 생산감소를 제한하는 더 나은 시장개혁과 연관되어 있다고 했다(World Bank, 1996). 따라서 과도기 국가들에 제시된 일련의 경제개혁에는 IMF의 거시경제 조건(예산적자 줄이기, 환율의 평가절하, 국내의 과도한 여신 확장 억제)과 세계은행의 구조적 조건(투자의 질을 향상시키는 방법으로 가격과 금리의 자율화, 무역장벽 철폐, 국영기업 사유화와 재산권 제공, 그리고 경쟁 촉진)이 포함되었다. 최초의 개혁은 거시적 안정성, 가격 자율화, 그리고 공산주의 체제의 해체에 초점을 맞췄다. 거시경제의 전략은 제한적인 회계와 금융정책, 임금 통제와 고정환율제를 강조했다. 미시경제의 전략 하에서는 가격 자율화에 의존했지만, 에너지, 주택과 기본 소비재와 같은 많은 핵심가격이 계속적으로 규제되었다. 거시, 미시 전략은 시장경제의 기능을 보장하도록 기구 개혁이 뒤따랐다.

한편으로 사회부문은 지속적이지 못했는데, 이는 공기업에 의한 서비스의 규정을 통해 구소련으로부터의 직·간접 이전을 통해 유지되어 왔기 때문이었다. 국가들은 사회자본, 예를 들면 주택, 공공시설, 병원과 유치원을 기업에서 지방정부로 책임을 전가하게 되었다. 하지만 필요한 자원이나 이행할 기술이 부족했다. 사회부문에 대한 소비가 조정 조치에 따라 결정된 축소에 취약하다는 것이 입증되었기 때문에, 정부와 기부국은 구조조정의 사회비용, 예를 들면, 사회기금, 안전망과 IMF로부터 무료대출에 필요한 세계은행 주도의 빈곤감소전략보고서(PRSPs)와 같은 빈곤 근절 프로그램 등을 축소할 의도로 프로그램을 디자인하기 시작했다.

구소련의 붕괴로 인해 충격요법에 대한 조언을 따랐던 나라들은 소수에 불과하지만, 점진적 이행전략을 선택하고 그러한 조언을 거절하기로 선택한 나라들보다 훨씬 쇠퇴하였다. 대부분의 나라들은 고용과 임금의 감소와 함께 탈공업화의 절차를 겪었다. 모든 나라에서 발전은 사실상 역전되어, GDP에서 농업 부분이 증가했고 산업 부분이 곤두박질쳤다. 평균 부채비율은 1992년 0에서 1999년 5개국(아르메니아, 그루지아, 키르기스스탄, 몰도바, 타지키스탄) 평균 73.5% 수준이 되었다. 이러한 변화는 경제침체와 새로운 불안의 상승을 의미했으며, 또한 중앙아시아에서의 오래된 문제 악화를 의미했다. 국민들이 정부가 중대한 지원 형식을 철회한 것을 가장 필요로 했을 때, 이러한 첫 단계 동안, 생산의 붕괴, 인플레이션 상승, 사회부문의 소비에 대한 축소는 국민을 빈곤에 빠뜨렸다. 반면 우선권은 경제자유화에 주어졌으며, 대표적인 민주주의 문제인 빈곤, 불평등, 건강, 교육의 질 저하가 그렇게 빨리 증대된 사회 배격을 위한 기구를 구축하는 것은 세계 어느 곳에서도 찾아볼 수가 없었다(UNDP, 1999a). 2000년 보고서에서 세계은행이 지적한 바에 따르면, 지난 10년 동안 그 지역에서의 빈곤과 불평등의 증가는 전례 없이 충격적이었다(World Bank, 2000).

그 지역의 모든 나라들 중에서, 키르기스스탄은 경제와 정치체제를 가장 빠르게 개방한 나라였다. 사유화와 무역 자유화는 1990년대 중반까지 완료되었고, 1998년에는 WTO에 가입하게 되었다. 소규모 사유화는 급속히 완료된 반면, 대규모 사유화는 1990년대 중반 이후까지 천천히 지속되었다. 1996년까지의 시기는 거시경제적인 불안정성으로 특징지어진다. IFI의 조언에 따르면, 구조개혁은 가격 자유화, 통화 개혁과 만성 적자의 공기업 구조조정에 집중되었다. 하지만 실질 GDP가 곤두박질치면서 인플레이션이 높았고, 당국자는 이러한 광범위한 문제에 직면함으로써, 그들의 무능력한 대응은 IFI의 높은 평가를 얻지 못했다. 1996-2000년의 기간은 성장의 회복과 인플레이션의 감소가 있었지만, 키르기스스탄은 1998년 러시아의 금융위기에서 기인한 엄청난 외부 충격을 받게 되었다. 생활수준의 하락, 급격한 통화 하락이다. 외부적으로 조달된 투자 프로그램은 낮은 생산성을 나타냈으며, 정부는 많은 대외 부채에 휩싸였고, 대출 의존도가 극심했다. IMF가 예상한 것보다 훨씬 느린 속도였지만, 2001년 이후 기간 동안은 구조적인 개혁에 대한 몇 가지 진전과 함께 상대적으로 성공적인 거시경제는 안정을 찾아갔다. 성장률은 매년 5% 안팎으로 안정되었다. 인플레이션은 감소되었으며, 그 비율도 한 자릿수를 유지하였다. 그리고 대부분의 국영은행이 가진 유동자산과 국유재산은 계속적으로 사유화되었다(IMF, 2004).

모든 단계를 거치는 동안, 키르기스스탄은 서구의 귀염둥이, 즉 'IMF 보호국'이 되려고 했다. 느린 성장률과 IMF로 인해 오도 가도 못하는 개혁은 여전히 취약했다(예를 들면, 러시아의 1998년 위기의 여파효과와 내부의 취약성은 통치를 약화시키고, 공공투자 프로그램으로의 복귀실패, 공공 행정부의 불충분한 개혁과 개혁 이행의 전반적 부족과 만연한 부패). 하지만 만약 IMF가 개혁이 불충분하다고 본다면 키르기스스탄은 심각하게 부정적인 출구 전략을 했을 수도 있는 매우 야심 찬 구조개혁을 단행했을 것이다. 예를 들면, 무역 관리체제를 급속히 자유화함으로써 평균관세를 크게 삭감한다든지, 중국으로부터 싼 제품이 홍수처럼 쏟아져 들어와 지역 생산을 저해하게 되는 것 등이다(Vaux and Goodhand, 2001). 한편 키르기스스탄의 수출기반은 협소해지고 다양화되지 못했다. 금화지불계정은 2003년까지 비 CIS 국가들에 대한 수출의 80% 수준까지 치솟았다. 제조업은 수입의 흐름에 따라갈 수 없었으며, 농업 부문은 수출 증가 대신에 예를 들면 밀과 같은 수입대체재에 집중해야 했다. 투자를 장려하기 위해, 키르기스스탄은 외부 자본의 유입에 더욱 의존하게 되었으며, 외부 부채를 증가시켰다. 부채 액수는 2001년 말까지 국민총소득의 91%인 17억 달러까지 도달했다. 장기 공공부채의 3분의 2는 세계은행, IMF, ADB와 같은 다자적 형태였다. 반면 양자 부채는 우선적으로 러시아와 투르크메니스탄을 대상으로 관계되었다. 2004년 말까지 순수 공공부채의 가치는 수출의 160% 이상이었으며, 재정수입의 300% 이상이었다.

사유화, 금융자유화, 무역자유화와 같은 급속하며 분별없는 조정정책의 이행은 줄어든 산업화 기반과 함께 키르기스스탄 경제를 혼란스럽게 만들었으며, 더욱 낮은 실질임금과 더욱 과도한 실업과 불완전 고용을 낳았다. 반면 국가 부채가 상승함으로써, 구조적인 변화는 이미 국민들에게 파국의 종소리를 듣게 하였다. 국민 중 빈곤층의 비율은 1996년 44%에서 2001년 48%까지 상승했다. 세계은행은 2004년 평가하기를 키르기스스탄의 인구 55%가 1999년 국가 빈곤선 아래에 위치했는데, 이는 1988년의 37%에 비하여 매우 심각한 것이며, 2004년 평가에서도 55%에 달했다. 실질 GDP 성장률은 1990-1995년 기간 중 평균 −10.8%에서 1996-2000년에 5.6%까지 올랐다. 인플레이션은 평균 324.4%(1990-1995)에서 24.1%(1996-2000)로 낮아졌으며, 키르기스스탄의 1인당 수입에 대한 지니계수는 0.31%(1987-1990)에서 0.47%(1996-1999)로 상승했다. 10년 동안의 변화는 도시와 농촌인구, 남성과 여성, 가난한 사람과 부유한 사람, 변화의 이점을 이용할 수 있는 사람과 연금생활자와 아이들과 같은 가장 취약한 계층 간의 격차를 심화시켰다. 그들을 위한 보호체계는 심각하게 붕괴되었다.

국제기구들은 중앙아시아 국가들이 계획경제로부터 경제성장과 생활수준의 긍정적 변화를 이루어낼 것이라는 것에 대해 비관적이었다. 비록 중앙아시아 각 국가들이 스스로 자국의 노선을 선택했지만, 중앙아시아에 대한 다자적 원조국가나 기구들의 정책적 조언은 다른 후기 사회주의 국가들에 적용된 기준에 기반을 두었다. 타지키스탄은 심각한 내전을 겪고 있었다. 카자흐스탄의 경제는 원래 자연자원에 기반을 두면서 러시아에 의존적이었으며, 에너지는 충분했다. 하지만 투르크메니스탄은 중립성을 선언하길 선택했으며, IFI의 권고를 거절했다. 기부국과 국제공동체를 위한 '건전한 정책(sound policies)'은 항상 해당 정부의 정책과 일치하는 것은 아니었다. 삶의 기준이 하락하고 정책이 개인 발전에 대한 더 큰 침체를 피하고, 사회긴장, 갈등을 완화하고, 동시에 주권을 통합하게끔 받아들여져야 했다. 그 사이에 지역에 대한 원조는 필요에 비해 훨씬 적어졌으며, 중앙계획경제체제를 종식시키기 위한 전제들을 감당하기에는 역부족이었다. 그리고 9·11 이후, 테러와의 전쟁에 동참하는 것도 버거웠다. 이러한 원조 조건은 중앙아시아 정부들과 국민들에게 다음과 같은 인식을 갖게 만들었다. 원조는 국제기구 및 범국가적인 이해(예컨대, IFI가 국제회계회사와 은행을 후원하고 있는 점), 상업적인 이해(예컨대, 석유와 가스 분야에 대한 기대를 하는 나라들을 위해) 그리고 더욱 최근에는 정치적 이해(예컨대, 지역전쟁에 대한 정치적 동맹에 의한 미국의 이해)를 포함하여, 기부국의 이해를 위한 것이라는 것이다.

동기 2: 진보적 평화모델에 기반을 둔 국가에 대한 정치적 모델

냉전 말기 구소련의 붕괴는 자유경제모델에 대한 대안적 비판의 종식을 보여주었다. 정책 입안자들과 학자들 사이에서는 자유주의의 승리란 개발이 분쟁을 예방함으로써 사실상의 안보전략의 기능을 수행한다는 가정을 의미한다. 전쟁은 '반개발' 현상으로 규정되었으며, 평화는 국가들 사이에 상호의존성과 경제적 연관성을 더욱 촉진하게 만들었다. 개발과 안보의 병합을 통해 진보적 평화모델은 태어나게 되었는데, 자유경제체제와 평화를 강요하는 수단으로써 '개방'사회의 민주주의적 실천에 대한 책임을 주장하게 되었다. 1990년대 중반까지 유엔이나 IFI와 같은 국제기구들 사이의 합의는 칸트의 요구에 기반을 두고 있다. 그러한 칸트의 요구는 국제평화를 진작시키기 위한 기초적인 도구로서의 증가하는 경제적 상호의존성과 상호적인 민주주의 사이의 정치적, 경제적 체제와 상호작용을 동시에 개방하는 것을 의미한다(Kant, 1893). 1990년대 중반까지, 개발을 장려하고 빈곤과 싸우는 최고의 통치형태로서의 민주주의는 평화와 안정을 증진시켰다(민주주의 국가들은 서로 싸우지 않았다). 이러한 민주주의는 유엔 체제 내에서 그 자체로 표준이 되었다. 저개발이 위험했다면, 필요로 했던 개발의 형태는 진보적 모델에 기반을 두고 있었다. 이것은 변형 개발, 즉 사회 절차를 변형시키는 자유시장체제의 자기 운영으로 인식되었다.

변화하는 세계적 표준과 패러다임의 이러한 변화 과정 속에서 중앙아시아에 대한 개발원조가 진행되었다. 5개 공화국, 즉 우즈베키스탄, 타지키스탄, 키르기스스탄, 카자흐스탄과 투르크메니스탄은 소비에트 연방의 멍에에서 풀려나 중앙계획경제에서 떨어져 나가고, 1991년부터 점차 '개방사회'의 진보적 모델로 나아갔다. 이러한 개방은 기술원조, 정책권고와 차관 그리고 무상원조 등을 통한 직접 투자와 유엔 체제, IFI, 그리고 정부간 협의 방식, 쌍무적이고 국제적인 단체(국제 비정부기구 등) 등을 통해 가속화되었다. 이러한 모델들은 '자유주의 시장경제로의 이행'과 '민주화'의 두 가지 목표를 가진 진보적 평화 접근을 장려했다. '자유주의 시장경제로의 이행'은 신자유주의와 통화제정 모델에 기반을 두고 있었다. 앞에서 본 것처럼, 이것은 거시경제의 안정성, 사유화와 자유화를 주도했다. '자유주의 시장경제로의 이행' 프로젝트는 유권자 영합주의, 다자주의 체제, 시민사회의 성장, 언론의 자유와 더욱 최근 몇 해 동안은 권력의 탈집중화와 이양 등으로 국한되는 개념에 바탕을 두고 있었다. 진보적 평화합의는 두 가지 동기에 바탕을 두고 있는데, 이는 개혁은 폐지할 수 없었고, 다른 국가들과 갈등을 피하기 위한 것이었다는 것을 확실히 하고자 함이며, 커가는 경제의 상호의존성과 성숙한 (개방사회, 개방시장의) 민주주의 간의 상호작용이 갈등을 피하면서 그 지역에 장기간 지속되는 발전을 가져올 것이라는 전제에 기반을 두고 있다. 하지만 진보적 모델이 국가 상호간 갈등에 대한 기회를 감소시켰으며, 국가 내부의 폭력의 가능성을 사실상 부추길 수 있었다.

만약 정치적, 경제적 체제가 10년 전보다 중앙아시아에서 2006년에 더욱 개방되었다면, 삶의 기준은 빈곤과 불평등으로 추락하여 그 지역에서 새로운 기반을 파괴하게 되었을 것이다. 한편 대외 정책이 자유시장경제와 사유화를 강하게 선호하더라도, 이는 최소한 단기적으로는 가격을 상승시키고 실업률을 높게 하였다. 구조조정 정책은 국가 서비스의 양과 질을 감소시켰다. 중앙아시아 국가들에서의 경제와 대중과 정치적인 삶의 과격한 변화는 법과 질서에 대혼란을 가져왔다. 그림자 경제, 부패와 뇌물 등은 빈곤한 사회주의 경제조건에서 생존하기 위한 가장 선호하는 방법이 되었다. 반면, 관리들의 불법적인 행동들이 전체적으로 증가된 범죄행위의 일부가 되었다. 개개인의 불평, 즉 빈곤, 질병, 범죄와 억압 등과 개인적 위기는 폭력, 갈등과 불평등의 원천으로 여겨질 수 있었다. 이러한 개인적 위기는 2005년 3월 키르기스스탄에서의 튤립 혁명에서 분명하게 되었다. 키르기스스탄 인구 중 높은 빈곤율과 남부와 북부 사이에서의 사용 가능한 자원의 불평등은 높은 실업률과 함께 국민들의 불만을 사서 결국 아카에브(Akaev) 대통령이 하야하기에 이르렀다. 보와 굿핸드(Vaux and Goodhand, 2001)가 주장한 것처럼, 서구의 개입은 또한 일련의 잠재된 갈등의 다양성을 만들었다. 엘리트에 의한 권력의 독점과 부패에 대한 통제 실패는 많은 불법적 이익을 만들게 하였으며, 이런 이유로 인해 기타 합법, 불법적 수단들을 동원하여 그들의 목표 달성을 위해 힘썼다. 그들은 원조 프로그램과 같은 외부 지원을 사용할 수 있었으며, 그들의 지위를 더욱 통합시켰다.

중앙아시아에서의 10년 이상 동안, 특히 IFI에 의해 제시된 개혁을 제일 잘 이행한 국가들 중에서 그러한 억압이 낮은 것은 무엇인가?

세계은행은 치솟는 빈곤율과 이어지는 불평등의 증가가 변화에 있어서의 사회경제적 일탈, 기대수준에 못 미치는 결과, 정부재정, 그리고 기계소득 등에서 기인하는 것이라고 주장하였다(World Bank, 2000: 10). 그러나 다른 사람들은 개혁 그 자체의 폭과 속도, 교육과 의료보험의 상품가격의 상승, 그리고 국가의 개입 철수 등이 그 지역에서의 빈곤 증대, 불안정과 불평등에 대한 원인이라고 주장했다(UNDP, 1999a). 사회경제정책 또는 개혁모델에서 본래 투입한 결과로서 불평등의 원인에 대한 논쟁은 신자유주의 경제모델과 사회와 인간중심개발의 대체모델 사이의 이데올로기적인 싸움이다. 이러한 싸움을 넘어서 전 세계적인 연구가 현재 제시하는 바는 그것의 근본 원인을 제외하고는 빈곤과 불평등의 증가는 계층 간 잠재적 불평(수직적 불평등)을 낳았을 뿐만 아니라, 전반적인 시스템의 비효율성을 낳게 되는 것으로 위험의 소지가 있다.

중앙아시아의 경우는 자유주의 모델이 부패와 경쟁, 불평등과 빈곤을 증가시켰고, 국가가 가장 필요로 했을 때 정작 권력이 감퇴하는 경우를 보였다. 경제개발이 인적 생산성을 빼앗고, 갈등을 피하기 위한 도구를 실제적으로 제공하는가의 여부와, 자원과 시장을 확보하기 위한 경쟁이 사실상 긴장을 평화롭게 관리하기 위한 사회의 잠재성을 낮출 수 있을 뿐만 아니라 불만족하고 소외된 사람들 사이의 갈등의 증가를 사실상 야기할 것인지의 여부는 여전히 의문이다.

동기 3: 군사협력에 기반을 둔 원조

만약 특정 경제와 정치 모델에 기반을 둔 원조 조건이 인간안보를 위해 노력하는 특정 국가의 능력에 해로울 수 있다면, 그 나라의 군대를 동원하는 일은 쉽지 않을 것이다. 군비지출과 인적 개발과 사회적 프로그램에 대한 투자에 대한 논쟁, '전쟁'과 '복지' 또는 개발과 안보는 두 가지 독립적인 변수인데, 이 문제를 제로섬 방식으로 풀어야 되는지는 의문이다. 인간안보에 대해 안보 개념을 확장해 보면, 이러한 논쟁은 진부하게 될 것이다.

냉전 말 양극 대립은 본질적으로 앞으로의 희망을 가져왔는데, 즉 충분한 군사안보는 군비 지출의 수준이 낮을수록 더 잘 확보된다는 것이다. 세계 군비의 감소에 따라, 지역갈등 예방을 위한 비무장 사회와 군건한 계획을 발전시킴으로, 21세기 세계안보는 보존되고 강화될 수 있다. 군비 지출을 절감한 돈으로 개발도상국은 변화와 지뢰 제거와 동원 해제된 군인들의 재건과 같은 개혁을 수행할 수 있다. 이상적으로, 선진국은 부채 면제를 군대 전환 노력으로 맞바꿀 수 있으며, 시민 경제에 대한 군대 개입을 종식시킬 수 있게 된다. 그러나 9 · 11 이후 선진국이나 개발도상국에서의 군비 증가는 이러한 희망을 깨닫지 못하게 된다. 예상된 평화 배당 대신, 새 세기의 시작부터 테러에 대한 전쟁비용이 빈곤과 불평등에 대한 전쟁보다 증가했다.

2002년 이래, 국가의 군비 지출 논쟁에 대부분의 초점은 군비지출을 증가시킬 필요성을 강조하는 것이었다. SIPRI에 따르면, 오늘날 군비 지출은 원조 소비보다 20배 더 큰 규모이다(SIPRI 연감, 2004). 2001년에는, OECD 국가들의 전체 군비 지출은 모든 저소득 국가의 전체 외국 부채보다 약간 더 높았으며, 2001년 공적개발원조의 전체 수준보다 10배 더 높았다. 2002년과 2003년에는 세계 군비 지출이 실제로는 약 18% 가량 증가했으며, 이때 높은 소득 국가들은 군비 지출에 있어 약 75%까지 증가했다. 테러에 대한 전쟁으로 인해 제고된 긴장은 원조문제가 지정학적인 우선권에 따라 할당되어 개발 정책 위험을 협의의 안보 어젠다 아래에 종속시키게 되는 우려를 증가시켰다. 세계 군비 지출의 증가는 미국에 의해 대규모로 증가했으며,

세계 전체에서 거의 절반에 달한다. 예를 들면 '의지의 동맹'은 2003년에 10억 달러, 요르단에 7억 달러, 이집트에 3억 달러가 경제원조명목으로 군비지원이 이루어졌다. 테러와의 전쟁에서 미국의 (새로운중앙아시아 공화국을 포함하는) 새로운 동맹에 대한 군사원조의 막대한 증가는 경제원조를 초과하여, 카프카스에서는 인도와 파키스탄에서 연합 군사훈련을 실시했다. 9·11의 가장 큰 피해 중의 하나는 정치적 군사원조 조건이 계속해서 일어난다는 점이다. 이러한 경우, 미정부에 의해 제공된 원조는 '테러와의 전쟁'에 참여하는 개발도상국의 의지에 따라 주어지게 된다. 중앙아시아에서는, 예를 들어 이들국가들에 대한 지원은 2001년 시작한 아프가니스탄에서의 연합군 개입에 대한 충성도에 근거한다. 2004년경 미국국제개발처(USAID: United States Agency for International Development)의 웹사이트는아프가니스탄 전쟁에 대한 지원국들의 범위에 따라 각 국가의 등급을 분류하였다. 역설적이게도 그 국가들 중 우즈베키스탄과 투르크메니스탄은 IFI에 의해 제시된 경제개혁의 요건을 충족시키지는 못했지만, 미국의 테러와의 전쟁 과정에서의 공로로 원조를 받게 되었다. 투르크메니스탄은 자국 영토를 통해 아프가니스탄으로의 군사력 전개의 30%를 허가했으며, 키르기스스탄과 함께 우즈베키스탄은 자국영토에 미군의 파병을 허가했다. 전자의 경우에는, 중요한 원조는 카나바드(Khanabad) 공군기지에서 이러한 파병에 대해 약정되어 미국(160만 달러)에 의해서 뿐만 아니라 터키(150만 달러의 군사원조)에의해서, 그리고 NATO(우즈베키스탄의 군사력 구조개혁을 돕는 데대한 약속으로)와 심지어 중국(60만 달러)과 같은 나라들은 점점 증가하는 인기 있는 영역에서의 영향력을 확장해 가기를 원했다. 이러한 관대한 지원은 미국으로부터의 재정원조를 받는 국가들의 순서를뒤바꿨다. 또한 우즈베키스탄을 카자흐스탄보다 위에 위치시켰다. 그

때까지 우즈베키스탄은 국제적인 비판에 직면하였으며, 그 나라의 경제를 개방하라는 IFI의 권고를 거절했을 때였다. 2001년 10월 테러와의 전쟁의 일부로서 우즈베키스탄에서의 미군 파병에 대한 합의에 따라, 우즈베키스탄 정부는 '비개혁 국가'의 상태에서 미국의 주 동맹국이 되었다. 2001년 3월 미국 정부와 전략적 동맹관계에 대한 합의를 이끌어내었으며, 이어서 IMF와 함께 참모 통제 프로그램(SMP: Staff Monitored Programme)을 가동하였고, 농업, 은행, 무역 자유화와 외화 환율 태환성에 대한 대규모 개혁을 약속했다. 이런 두 가지 협정은 국가통제 체제에서의 정치, 경제 개혁에 대한 기회의 창으로 알려졌다. 2002년 7월경 우즈베키스탄은 그 약속을 이행하는 데 실패했으며, 2002년 9월에 IMF의 사찰단 출국을 촉발했고, 곧이어 국제언론에 의한 비판이 이어졌다.

그 비판의 요지는 개발원조를 협의의 안보 어젠다와 연계하는 것은 지원을 단기적인 것으로 약화시키게 되고, 비상사태가 끝나면 이해관계도 끝난다는 것이다. 또한 이러한 새로운 형태의 원조 조건이 의미하는 바는 번영과 집단적 안보를 공유하면서 사회정의와 계발된 자기 이해에 기반을 두는 대신에 개발원조는 점점 더 상호지원과 외국정책 우선을 혼돈하게 된다는 것이다. 2003년 이래로, OECD/DAC는 미국의 압력에 대응하면서 기부국 주도의 반테러 어젠다와 연관된 소비를 포함한 원조에 대한 재정의를 시도했다. 공적개발원조의 일부로서 군비원조를 포함하라는 압력은 OECD를 재촉하여, 2005년 3월 DAC 고위 장관급 회의와 원조기구의 기관장이 모여서 그 문제에 대한 검증을 하도록 촉구했다. DAC는 갈등 예방과 평화구축과 연관된 소비의 지시문서를 분명히 하여, 특히 군대원조는 안보체제에 대한 문민 통제, 시민의 평화구축, 어린이 군인과 소규모 무기와 관련될 때만 공적개발원조에 포함될 수 있다는 조건을 붙였다. 유엔개발계획에 따르면, 한편으로는 개발원조에 1달러가 투자된 반면 군 예산에 10달러가 쓰인 경우도 있었다. 어떤 G7 국가도 군비 대 원조의 비율이 4:1보다 낮은 나라는 없다. 영국은 13:1의 비율이며, 미국은 25:1(UNDP, 2005)이다. 유엔개발계획이 주장하길 2000-2003년 군비 지출에 있어 1,180억 달러가 증가한 반면, 이 증가분 중 단 3%만으로 기초 보건의료에 투입한다면 1년에 3백만 명의 어린이 사망을 예방할 수 있다. 이것은 부유국들이 1년에 3백만 명의 생명을 빼앗아가는 질병인 HIV/AIDS에 소비하는 돈인데, 이는 또한 3일 간의 군사력 유지에 드는 비용과 같다(UNDP, 2005).

개발도상국 정부가 대개 사회적 궁핍, 빈곤 등과 같은 환경의 저하와 인종차별에서 연유하는 내부적 동요에 위협을 받고 있다는 것을 고려해 보면, 사회 프로그램에 반하는 안보 문제에 더 많은 돈을 소비해야 한다는 이론적 설명은 여전히 수수께끼로 남아 있다. 그러한 의혹은 부유국이 기꺼이 쓰려는 개발원조의 양을 결정하는 것과 계속해서 연결된다. 사실상 이러한 노력은 자원을 민중들에게 실질적 혜택으로 전환시키려는 기나긴 여정의 시작일 뿐이다. 한편 인간안보 옹호자들은 주장하기를 더 나은 안전 보장은 백만 명의 어린이들에게 학교교육을 제공하기 위해 최신 제트 전투기에 드는 비용을 사용하는 것이지만, 개발도상국의 원거리 지역에 실용적인 학교를 만드는데 이 돈을 대는 것에 제시된 운영적 도전은 여전히 복잡하다.

원조를 개발에 대한 효과적인 도구로 만들기: 인간안보의 구조

의무 할당

의무와 권리에 바탕을 둔 원조거나 비용과 공급에 바탕을 둔 원조거나 원조에 대한 기본을 평가하는 방법은 여러 가지이다. 인간안보의 관점에서 보면, 누가 원조를 필요로 하는지를 결정하는 일은 문제점이 드러나고, 불안정의 원인이 인식되고, 위험의 요인이 평가되는 방식으로 더 많은 일관성을 찾아내려는 필요성을 평가하는 방식을 개선하는 것이다. 그러한 접근은 권리에 기반한 접근과 함께 기초의 무로서의 접근이 결합된 것이다. 이는 또한 출발점을 의미하거나 최소 필요량을 의미한다. 궁극적으로 긴박한 안보는 제시되어야 하는데 생존과 품위에 대한 위협이기 때문만이 아니라 새로운 갈등이나 비효율성을 낳기 때문이다. 갈등 상황에서는, 개입의 산출량을 감독하는 것은 외부 환경의 평가에 기초를 두어야 하며, 프로젝트 운영의 투입-산출 방정식에 대한 전형적인 초점보다는 위험의 성격을 변화시키는 데 기초를 두어야 한다(Darcy and Hofmann, 2003).

국민의 (기초적 의무 접근) 의무나 (권리 기반 접근) 권리에 기반한 원조는 인간안보 접근의 주축이다. 이것들은 인본주의적 의무의 '핵심 요소'를 포함하고 있는데, 이러한 인본주의적 의무는 삶의 보호, 의료보건, 생활수단과 육체적 안보, 또한 폭력과 공포로부터, 억압으로부터, 그리고 생존수단의 박탈로부터의 자유와 같은 것이 있다. 그러한 의무에 대한 기초평가는 가치중립적이다. 더 규범적인 접근은 그들의 실제 의무를 제외하면, 국민에 대한 권리와 의무에 대한 기본적 원조 할당과 관련 있다. 어떤 것이 기본권이며 어떤 것이 우선권인지는 더 많은 논쟁거리가 되겠지만, 그 문제는 갈등 후의 국가에서 어떤 것이 필요한지를 적절히 평가하는 어려움에 직면하지는 않을 것이다.

장기 목표로 많은 비용이 드는 원조는 구호나 개발 프로그램에 대한 책임을 떠맡고 있는 다양한 국가기관들의 비용을 지원받아 그 운영 결과를 평가함으로써 결정된다. 이러한 원조는 개발을 주도하는 국가기관에 대한 신뢰를 전제한다. 예를 들면, 아프가니스탄 정부는 2015년까지 평화구축 노력으로 국가를 유지하기 위해 2004년 3월에 베를린에서 기부국들에게 270억 달러의 원조 요청안을 제시했다. 만약 직접적인 예산지원이 지원 국가기관의 능력에 대한 신뢰에 의해 도전받는다면, 다른 연계 프로젝트와 예산 지원 수단은 비용에 기반한 원조이론으로 설명될 수 있다. 예를 들어, 새천년개발목표의 실천에 비용을 부담하는 나라들에게는 할당에 의해 원조량이 결정될 것이며, 종종 기부국에 의해 행해지며, 그 나라에 대해 도달해야 할 책임질 부분은 2015년까지 개발 목표에 합의했다. 새천년개발목표의 초점은 전후 재건의 단기 범위에 대한 원조 논쟁을 더욱 일반적인 개발에 대한 관심사로 변형시키는 것이다.

아마도 인간안보의 관점으로 보면 최소 생산성의 하나는 — 하지만 이는 가장 현실적인 방법들이다 — 기부가 기부국들이 기꺼이 공헌하려 해야 한다는 것이다. 이는 특별한 위기상황에서 발생되는데, 2004년 쓰나미와 이라크와 아프가니스탄에서의 정권 변화 후에 나타났다. 한 국가가 언론의 주목을 끌 때, 회의를 개최하고자 하는 것은 평화구축이나 국가 재건을 위해 투자를 유치하기 위해서이다. 그러면 평가는 자금 제공에 대한 호소의 범위 내에서 행해지고, 분석의 객관성과 이행의 성공에 대한 질문을 하게 된다. 그러면 필요성에 대한 평가는 전형적으로 자원 동원의 절차 내에 포함되며, 기부국에 자금제공 제안을 구체화하여, 중개국에 의해 행해지게 된. 그러한 평가는 종종 공급 위주의 대응을 장려하고, 독립적인 '현실 점검'의 부재는 그러한 대응이 적절하며, 균형 잡혀 있으며, 공정한가 하는 것에 확신을 주기 어렵게 만든다. 그러한 '시장'에 대한 환경은, 국제공동체에서는 정치적 이해, 즉 특정 중개국, 국가 또는 국제적인 능력인데, 그들의 이해는 상황 분석에서 선입견을 도입하게 된다. 예를 들어 아프가니스탄에서의 재건 프로젝트는 갈등의 모든 당사국들의 합의에 바탕을 둔 신중하게 계획된 절차나 제시된 실질적인 필요성의 평가에 대해 시작할 수 없었다는 주장이 있다. 반대로, 2001년 9·11 이후 일련의 사건들에 대한 외부 활동가들에 의한 급속한 '무조건 반응'의 일부로서 시작되었다는 주장도 있다. 이러한 형태의 대응에서, 그 국가의 흡수 능력은 종종 간과되어, 원조의 이행과 충격에 있어 장단기 결함을 낳게 된다.

따라서 갈등이나 위기상황에서의 개발 개입에 대한 첫째 요청은 효과적인 우선순위 매김과 적절한 대응에 대한 필요조건으로서 필요성 평가에 더 많은 우선권을 준다. 인간안보 개념에 바탕을 둔 필요성 평가는 국민의 다양한 계층이 직면한 위협, 이러한 위협들 사이의 연관성, 원인과 결과, 그리고 궁극적으로 개입이 일어나는 정치경제의 다양성이 직면한 위협을 규명해야 한다. 이러한 질문들에 대한 해답은 원조를 제공하는 방법이나 또는 할 것인가 하지 않을 것인가를 결정하는 것이다.

원조의 효과 평가하기: 외적 평가

인간안보의 틀은 개발과 구호 중심의 원조에 대한 평가 시 유용한데, 그 방법은 의도된 수혜자 즉 해당 국민들에 초점을 맞춘다. 기부국들은 그들의 행위가 직접적으로 강력한 요소에 혜택을 주거나 존재하는 긴장을 무력화하지 않는다는 것을 확실히 하는 책임을 가진다. 한편, 갈등의 맥락에 대한 개발의 평가는 제한적이었는데, 예를 들면, 1990년 이래로 인도주의적 원조는 많은 평가를 받아 왔다. 소말리아에서의 네덜란드 활동가와 르완다에서 인도주의적 활동을 한 덴마크 사람들이 대표적이었다. 해외개발기구(ODI)는 책임성과 제도화의 교훈을 제고하기 위한 평가방법의 일관성과 질적 개선을 위해 노력했다. 그러한 교훈은 인도주의적 원조 활동을 직접 수행하면서 관찰을 통해 체득된 것이다(Hallam, 1998). 인간안보의 관점에서 원조의 영향력에 대한 평가는 개입, 방법, 가능한 출구전략 등을 위한 동기를 먼저 조사해야 한다. 그제야 효율성, 능력, 협력과 분배의 이차적 문제들에 대한 심층적인 평가를 할 수 있다.

평가의 틀로서, 인간안보는 인간 복지와 품위에 대한 많은 다른 분야의 유동성에 대한 개발이나 구호 개입에 대한 궁극적인 영향력을 이해하기 위해 필요한 질문을 제시한다. 그러므로 인간안보 틀을 사용하는 것은 부정적인 것을 줄이면서 긍정적인 요소를 강조하기 위해 광범위하게 모든 개입을 제지하기 위한 일관된 정책과 협력을 요구한다. [참고자료 9.1]은 예를 들어 가능성 있는 긍정 및 부정적 개입에 대한, 유엔개발계획의 1994년 보고서에서 제시한 일곱 가지 구성요소에 대한 위협을 제지하기 위해 수많은 가능성 있는 인간안보의 개입을 보여준다. 제시된 개입들은 총망라되어 있지 않지만, 대체로 가능한 내용은 반영되어 있다.

[참고자료 9.1]에서 강조된 예제에서, 우리가 추론할 수 있는 것은 여러 분야에서 인간을 보호하려는 의무는 다른 부분에 부정적 영향을 가져올 수 있다는 것이다. 따라서 긍정적 개입의 효과를 배가시키려고 선택하는 여러 개입들 사이의 부정적 결과를 피하기 위해서는 일관성이 필요하다. 예로서, 우리는 여기서 원조가 인간안보를 위해 가져올 수 있는 긍정적, 부정적 결과를 평가하기 위한 다양한 상황들로부터 교훈을 이끌어내는 것을 제안한다.

[참고자료 9.1] 인간안보 개입에 대한 긍정적, 부정적 평가

경제안보

빈곤, 실업, 빚, 소득 부재 등으로부터 기인한 위협

국제 기부국들에 의한 가능성 있는 개입과 원조

-- 구호 원조와 공공 원조

-- 소규모 신용 프로젝트(자영업)

-- 빈곤 퇴치 전략

-- 안전망과 사회복지 프로그램

-- 외국인직접투자(FDI: Foreign Direct Investment)와 장기 투자

-- 무역 촉진

다른 영역에 있어 가능성 있는 긍정적 외형

-- 소득의 증가 (식량안보와 연계)

-- 사회적 포용 (개인안보와 연계)

-- 여성의 권한 부여 (공동체안보)

-- 개인 부문의 장려 (정치안보)

-- 불평등 줄이기(공동체와 개인 안보)

다른 영역에 있어 가능성 있는 부정적 외형

-- 국가는 외국 기부에 더욱 의존하게 될 수 있고 더 이상 국민에 대한 책임을 지지 않는다. (정치안보)

-- 만약 단독으로 여성이나 국내 난민(IDP: Internally Displaced Persons)을 목표하거나 다른 취약한 계층을 목표로 한다면, 공동체

내에서 소외의 위험이 있게 된다. (공동체안보와 연계)

-- 원조의 조건과 정치화는 정치체제에 영향을 끼칠 수 있다. (정치적 불안)

-- 규정되지 않은 개인 부문은 빈부 격차를 증가시킬 수 있다. (개인과 공동체 불안에 연계)

-- 계층 간 경쟁의 심화 (공동체 불안, 정치와 개인 불안)

-- 재빠른 수정(해결) 프로젝트는 환경에 해를 끼칠 수 있다. (환경 불안과 연계)

-- 구호 원조는 지속 가능성에 대한 장기적 결과에 부정적일 수 있다. (식량 불안과 연계)

식량안보

배고픔, 기근과 기본 식량에 대한 물리적, 경제적 평가 부재에 기인한 위협

국제 기부국들에 의한 가능성 있는 개입과 원조
-- 공공 식량 분배 체제
-- 식량 분배와 향상된 농업 기술
-- 학교에서의 점심 급식
-- 노동 대 식량 교환 프로그램

다른 영역에 있어 가능성 있는 긍정적 외형
-- 기근 구제 (즉각적인 필요에 대한 반응)
-- 증가하고 향상된 농경 (경제와 환경 안보에 연계)

다른 영역에 있어 가능성 있는 부정적 외형

-- 지역 농경의 용기를 꺾는다. (농부들에 대한 줄어든 생계수단과 고용안보)

-- 국민들이 먹는 먹을거리를 변화시켜 국민 신진대사에 영향을 끼친다. (보건 불안과 연계)

-- 곡식은 토양 조건에 맞지 않는다. (환경 불안과 연계)

-- 식량 분배는 불평등하게 된다. (공동체 불안과 연계)

보건안보

부적절한 의료보건, 세계적으로 유행하는 새롭고 재발하는 질병을 포함한 위협은 환경을 불안하게 하고 생활방식을 불안하게 한다.

국제 기부국들에 의한 가능성 있는 개입과 원조

-- 공공 의료 보건 체제 (재)구축

-- 기술 협력

-- 의료 교육 프로그램

-- 안전하고 적당한 가족계획

-- 기초 의료

-- 예방 전략

-- 개인 의료 보건 규정

다른 영역에 있어 가능성 있는 긍정적 외형

-- 사망률/출산율에서 균형 (재)달성 (공동체와 개인 안보와 연계)

-- 의료보건에 대한 공정한 평가 (개인, 공동체 안보)

-- 성에 관계없는 권한 부여 (개인, 공동체 안보)

-- 건강한 환경 (환경안보와 연계)

-- 건강한 노동력 (경제안보와 연계)

-- 지속적인 영양 공급 프로그램 (식량안보와 연계)

다른 영역에 있어 가능성 있는 부정적 외형

-- 의료보건을 제공하는 국가의 책임의 반환 (기관과 정치 불안에 따른 신뢰 부재)

-- 가족계획은 지역문화와는 역행한다. (공동체 불안)

-- 부모의 격리와 질병으로 오명 씌우기 (공동체, 경제, 개인 불안)

환경안보

환경파괴, 자연재해, 공해와 자원고갈에서 기인한 위협

국제 기부국들에 의한 가능성 있는 개입과 원조

-- 환경의 건전성 관리 실천 정착시키기

-- 환경 자각 프로그램

-- 엄격한 환경 관련법 이행하기

-- 공동체 수자원 청소하기

다른 영역에 있어 가능성 있는 긍정적 외형

-- 쓰레기와 오염된 재생 가능한 자원의 회복하기 (경제와 보건안보와 연계)

-- 환경 친화 기술 소개하기 (경제, 식량과 보건 안보와 연계)

-- 인간이 만든 재앙의 부정적 충격 완화하기 (공동체, 경제와 개인 안보)

-- 빈곤 퇴치 (경제안보)

-- 향상된 수질 (보건안보)

다른 영역에 있어 가능성 있는 부정적 외형

-- 농경사회의 전통 무시하기 (공동체 불안과 연계)

-- 토지 갈등 악화시키기 (공동체, 경제와 정치 불안과 연계)

개인안보

범죄와 폭력을 포함하는 위협

국가로부터(군과 경찰이 과하는 육체적 고문을 통해서), 다른 국가로부터(예를 들면, 테러리즘 등), 다른 계층의 사람들로부터(인종적, 종교적 갈등 및 거리 폭력 등) 위협을 포함하고 있다. 이러한 위협은 어린이(아동 학대, 무시, 노동, 또는 아동 매춘)나 여성(가정폭력, 학대나 강간)에게 직접적인 위협이 된다.

국제 기부국들에 의한 가능성 있는 개입과 원조

-- 법과 질서

-- 평화 협상

-- 범죄 예방

-- 군대 해체

-- 교육, 법 등을 만들어 가정폭력 억제

다른 영역에 있어 가능성 있는 긍정적 외형

-- 공포, 궁핍과 모욕으로부터의 자유 (모든 인간안보 관심사에 충격에 대해)

-- 토지 개발 자원 (경제안보)

-- 법과 질서 (모든 안보 형태에 대한 긍정적 외형을 가지고 있음)

-- 인권 감시 강화하기 (경제, 공동체와 정치 안보와 연계)

-- 비무장화 (공동체와 정치 안보)

-- 고용 (경제안보)

-- 성에 관계없는 권한 부여 (공동체안보)

다른 영역에 있어 가능성 있는 부정적 외형

-- 국가 반환 (정치 불안과 연계)

-- 무장화와 단속의 증가 (정치와 공동체 불안과 연계)

-- 안보의 사유화 (공동체, 정치와 경제 불안과 연계)

-- 인종/종교 공동체의 인습 창조 (공동체안보와 연계)

공동체안보

다양한 계층(인종, 성[姓], 언어, 민족, 종교 등)의 차별과 학대, 무장 갈등 그룹, 전통적 관습에 의한 반대에서 기인한 위협이다. 문화적 다양성의 고결함에 대한 위협을 포함한다.

국제 기부국들에 의한 가능성 있는 개입과 원조

-- 성에 관계없는 권한 부여

-- 인권 중재(개입)

-- 좋은 이주 정책

-- 모든 취약 계층에 대한 기부 프로젝트 내에서의 할당, 차별 시정 정책

-- 비종교적인 교육

다른 영역에 있어 가능성 있는 긍정적 외형

-- 사회적 조화 (모든 구성요소의 안보를 낳음)

-- 비차별 문화 (경제, 정치, 개인 안보)

다른 영역에 있어 가능성 있는 부정적 외형

-- 공동체 사이의 긴장 악화

-- 문화적 장애 (정치, 개인 안보와 연계)

-- 여성, 피난민 등과 같은 특정 그룹을 목표로 한 배척 (개인, 경제와 정치 불안과 연계)

-- 인종 정책 (경제, 개인과 정치 불안에 대한 결과로서)

정치안보

고문, 실종, 인권 폭력, 감금과 투옥과 같은 정치적인 국가의 억압에서 올 수 있는 위협이다. 보호할 국가의 능력에서의 불신에서 기인할 수 있다.

국제 기부국들에 의한 가능성 있는 개입과 원조

-- 민주화 실천의 변화에 대한 지원

-- 부패정책의 감소

-- 민주적인 문화 증진

다른 영역에 있어 가능성 있는 긍정적 외형

-- 정치적 배격의 감소 (공동체, 경제 안보와 연계)

-- 부패 감소와 훌륭한 통치의 이행 (공동체, 경제와 개인 안보)

-- 정치기구의 민주적 개혁에 대한 충격 (경제, 정치, 개인 안보)

-- 인권에 대한 존중 (모든 안보에 대한 충격)
-- 시장 기능의 향상 (경제안보)

다른 영역에 있어 가능성 있는 부정적 외형
-- 특정 형태의 통치체제 강요 (잠재적 공동체, 경제 불안과 연계)
-- 권력 분배의 새로운 불평등 양산 위험 (경제, 정치, 개인 불안과 연계)
-- 몇몇 계층에 의한 재정 압력과 로비활동 (공동체 불안과 연계)

원조가 해를 끼치는 경우

너무 적은 원조는 인간안보에 공공선을 제공할 국가의 능력을 만들어낼 수 없다. 하지만, 너무 많은 원조는 더 낮은 국내 저축을 낳을 수 있으며, 고환율로 국내와 외국 시장에서 국내 기업들의 경쟁력 저하를 불러일으킨다. 반면 빈곤국을 위한 원조는 자금 조달의 필수요소이지만, 개인과 공공 금융원조로 인한 많은 빚은 국가가 안아야 할 가장 무거운 부담 중 하나이다(Ahounou et al., 2004). 갈등 이후 국가는 국제자금에 심각하게 의존된 과도기이기 때문에, 이러한 관행은 다른 나라의 납세자와 국제 금융 기구들에 대한 책임을 만든다. 많은 양의 원조는 기부국과 수혜국 양쪽 모두 소비 지표에 의해 측정된 단기 고정 기간 예산의 운영을 위해 필요한 재정 책임의 문화와 연계된다. 기부자금은 대개 예산의 근거를 위한 지불계획과 밀접하게 연관되어 있다. 예산의 근거는 사회적 영향 평가를 통한 유효성 측정과 장기계획 간의 갈등을 만들 수 있다. 흡수 능력의 개념은 원조에 있어서의 '포화점'이라는 단어에서 인용했는데, 어떤 일정량 이후에는

374

원조에서 여분의 돈은 한계 영향력이 0이 된다. 사실상 이러한 능력은 단기간 내에 융통성이 없는 각 나라에서의 제도적, 정치적 틀에 의존한다. 만약 수용 능력이 없는 나라라면, 더 나은 정책, 더 나은 기관, 그리고 추가적인 외부 자원으로도 그들의 개발목표를 충족시킬 수 없다.

연계된 원조나 상호원조는 두 가지 주된 결점을 갖고 있다. 먼저 원조는 외부 정치의 도구로서 사용되며, 관련국가가 어떤 국가를 돕는 정치, 외교와 전략적 이해를 가지는 것을 의미한다. 둘째는 '연계된 원조'란, 수혜국은 대형 프로젝트(예를 들면, 공장, 도로와 댐)에 대한 기부국의 자금 조달로부터 자재와 전문적 지식을 사서 이용해야 한다는 것을 의미한다. 종종 프로젝트는 전반적 개발 전략으로 집중되지 않으며, 반드시 그 나라를 위한 이익이 있는 것도 아니고 우선하지도 않는다. 한 가지 예는 식량 원조인데, 이것의 10%는 대개 전쟁이나 가뭄의 희생자를 위한 구호를 위한 표시가 붙는다. 다른 90%는 기구 원조 형태로 자동적으로 분배되어 미국이나 유럽의 잉여 농산물 창고를 정리하게 된다.

목표, 이행, 감독, 협조가 잘 되는 원조는 의존성, 특정 계층의 후원과 권한을 증대시키고, 절차를 따라잡는데 대한 부정적인 충격을 가져온다. 원조의 자금 조달에 대한 비판은 대규모의, 비협력적인, 비효율적인 인도주의적 원조의 잠재적인 위험을 지적한다. 평화구축의 도구로서의 원조에 대한 도구적 접근은 피할 수 없이 인도주의적 권한과 원칙 특히, 중립성과 공정성의 왜곡을 낳는다는 것을 주장하는 사람들과 대립된다.

원조에 대한 가장 중요한 비판 중 하나는 중립성에 대한 환상이다. 왜냐하면, 인간적으로 불안정한 (갈등과 같은) 상황에서의 원조는 정치적 입장에서 이해될 수 있는데, 긍정적이고 부정적인 보상제도를 만들 수 있다. 원조는 궁극적으로 자원의 크기와 어떻게 분배해야 하는가 하는 것뿐만 아니라 경쟁하는 활동가들 사이에서의 권력의 균형과 경쟁하는 경기 규칙에도 또한 영향을 미친다.

랑겐캠프는 제2차 세계대전 이후 시대에 원조가 처음엔 중립적이며 치우치지 않았다고 설명한다. 하지만 1970년대와 1980년의 경험은 정치적으로 피할 수 없었다는 것을 보여주었다. 갈등의 상황에서, 그는 다음을 주장한다.

(한 면이나 또 다른 면을 선호하는 것으로 보일 수 있는 위치를 가지지 않는 것으로 정의되는) 중립성과 (합동과는 상관없이 필요로 하는 누구에게나 원조를 제공하는 것으로 정의되는) 공정성은 상호 목적에 작용하는 것처럼 보이는데, 어떤 경우에는, 특히 정부가 원조 중개자의 이점을 이용하려 했다(Langenkamp, 2003).

이러한 경우는 캄보디아, 에티오피아, 수단이나 방글라데시에서 나타났다. 랑겐캠프는 또한 원조 자체의 결정은 기부국의 이해와 연관되어 있었다는 것을 보여준다. 1990년대 후반 원조 제공에 대한 명분은 점차 정치적인 모습으로 변질되었으며(Langenkamp, 2003:11), 신뢰성, 공정성, 중립성과 기부국의 독립성을 위험에 빠뜨렸다. 아프가니스탄에 대한 그의 연구에 따르면, 랑겐캠프는 1996-2001년 동안 원조 프로그램은 폭력적인 갈등에서의 원조 조항과 관련한 대규모 고전적 문제— 원조 제공자들 사이의 느슨한 협력, 적대하는 파벌들의 직·간접 원조, 증가된 난민들, 국민들의 의존성 등— 와 탈레반 정권과의 모종의 협력에 의한 정치적으로 모순적인 목표에 의해 손상되었다. 아프가니스탄에서의 인간안보와 인간개발에 대한 유엔개발계획 2005년 보고서는 이러한 모순이 전쟁 상태에 국한되지 않았고, 탈레반 후기에 계속적으로 줄어들지 않았으며, 이때 국제원조가 새 정부의 존재성과 지속 가능성을 위한 중요한 중추가 되었다고 한다(Tadjbakhsh et al., 2004).

앤더슨은 또한 특히 폭력적인 갈등에서 어떻게 원조가 절대로 중립적이지 않은지를 강조한다. 원조국들은 가끔 오해의 소지가 있기 때문에 중립성과 공정성을 훼손하지 않기 위해 함축적인 메시지를 던지곤 한다. 예를 들면, 무기가 원조국들 자신의 보호를 위해 필요하듯이 전쟁 지역에서는 누가 식량과 의료 지원을 받게 될지를 결정하게 된다. 안보와 안전의 문제는 이와 같이 도출된다. 원조국들이 더 나은 음식과 즐거움을 가진다는 사실은 불평등의 가치와 자원에 대한 통제가 개인적 목적과 즐거움 등을 위해 쓰인다는 메시지도 시사한다. 앤더슨(Anderson, 1999)은 원조가 갈등 상황에서는 전쟁을 감행하기 위한 자금으로 불법 전용이 가능하다는 점을 지적했다. 원조는 또한 경제를 왜곡시켜 대외종속에 이르게 한다. 분배 결과는 계층 간 긴장을 부추긴다. 군벌이 시민 복지에 대한 그들의 책임을 완전히 버리도록 만들어 마침내 원조국들은 그들이 종사하는 지역에서의 정권에 의해 징수된 세금과 보수의 지불을 통해 군대를 합법화시킬 수 있다.

대규모의 갑작스러운 원조가 군대에 의해 전용된다면 갈등을 더 조장하게 될 것이다. 예를 들어, 아프가니스탄에서 구소련 붕괴(1980-1991)와 그 이후 무자히딘 지배(1991-2001) 동안 서구 원조는 직·간접적으로 무장단체를 양성함으로써 전시 경제의 필수적인 부분이 되었다. 평등한 분배를 위한 기관의 조직이 준비되지 않는다면, 원조는 오히려 경쟁을 더 심화시킬 수 있다. 원조국은 그들이 제한 자원을 가지고 있을 때 가장 큰 필요성을 지향하면서 일정한 대상을 목표로 삼게 된다. 이것은 정착 인구와 귀환 피난민 간, 경쟁 파벌 간, 남녀간, 인종 또는 사회 계층 간 긴장을 강화시키며, 더 많은 개입을 하게 된다.

식량과 같은 대규모 구호 원조의 분배는, 지역 공급과 강한 경쟁을 전제하고 있어 시장 왜곡과 상품 대체를 야기할 수 있다. 복지에 대한 지역의 책임을 대체하면서, 식량 분배와 같은 이목을 끄는 구호 프로그램은 고객 네트워크를 먹여 살리는 원조를 퇴색시키는 경향이 있을 수 있다. 원조는 그 자체의 산업, 일자리와 임금을 만들어 시장에 영향을 끼치며, 경제를 왜곡시킬 수 있다. 인도주의적 원조자들은 종사자들을 고용하여 그들의 왜곡된 봉급 체계를 잘 무마해 주면서 그들의 식량을 보호한다. 또한 지역적으로 비용 없이 생산될 수 있는 상품을 수입, 분배한다. 원조는 일시적일 수 있는 반면, 지역경제와 경쟁하면서 생존할 수 있게 해준다. 한 국가가 식량, 의료보건과 다른 사회 서비스를 제공할 수 있는 데 반해, 원조는 그 나라 전체를 통틀어 대체효과를 가질 수 있어서 갈등 이후 국가의 정당성 위기를 극복하게 해준다. 원조 전략은 중앙정부를 따돌리고 군벌에 의해 통제되는 지역정부와 직접적으로 일하며, 중앙과 지방과의 긴장을 고조시킬 위험이 있으며, 선호하는 지역에 대한 분배를 잠재적으로 왜곡시킨다. 정부에 의해 공정한 분배가 계획되지 않거나 이행되지 않을 경우에 중앙집권적 국가에 단독으로 집중하는 원조 또한 목표로 하는 수혜자에 도달하지 못하는 위험이 있다. 이러한 논쟁은 원조가 억제될 수 있다는 것을 의미하지 않는다. 다만 인간안보의 목적을 더 잘 달성할 수 있도록 새롭게 재조정되어야 한다.

원조가 도움이 되는 경우

잘 운영되고, 잘 평가되고, 잘 관찰된 원조는 부정적인 결과를 효과적으로 회피할 수 있게 한다. 관개시설이나 목초지, 무역 네트워크, 사회기반시설의 복구, 언론에 대한 지원 등과 같은 공동 자원 관리를 위한 파벌적 노선을 넘어서 국민들을 지역적인 단위에서 통합시키기 위한 실질적인 개입 조치는 평화적이고 협력적인 공존의 긍정적 결과를 낳게 한다. 교육 프로그램은 문학 수준을 고양시킬 뿐만 아니라 많은 긍정적인 결과를 낳는다. 인간안보를 향상시키는 긍정적인 결과에는 향상된 가정 의료보건 관리에서부터 의사결정 능력, 고지된 자료의 관리 등이 있다. 사회기반시설 투자는 원조가 경제적 성취를 향상시킬 수 있게 하는 것과 민간 부문의 개발을 장려하는 것 등을 가능하게 한다. 비정부기구와 공동체기반기구(CBO: Community-Based Organization)의 개입은 이행의 효율성과 원조에 사실상의 해를 끼치지 못하게 하는 책임성 둘 다를 증가시킬 수 있다. 이러한 개입은 군벌이 계층을 조직화하여 결속하지 못하도록 사회적 자본을 촉진시킨다(Anderson, 1999).

'나쁜 기부자'를 '좋은 인간안보 원조자'로 대체하기

원조는 양날의 칼이다. 효과적으로 사용되면, 개발문제, 갈등 상황, 빈곤과 불안정을 극복하도록 분명하게 도울 수 있다. 반면 그렇지 않을 경우에는 과거의 노력을 없애며, 저개발과 빈곤을 증가시킬 수 있으며, 불안과 불안정을 야기한다.

원조와 지원에 대한 인간안보의 목표는 사실상 구호, 재건, 개발, 그리고 예방 등의 다른 측면들을 통합해서 전환의 문제를 해소하고, 모순과 부정적 결과들을 극복하고 최소화하게 하는 것이다.

위기상황에서는 그러한 활동이 항상 '평화를 가져다주는' 것은 아니며, 공동체를 지탱하는 역할을 하여, 전략을 따라잡고 전시 경제에 대체재를 제공해 준다. 기껏해야 중앙정부, 지방정부, 지역 사령관과 공동체에 기반을 둔 많은 활동가들과 협조하면서, 원조국들은 인도주의적이며 재활과 개발 지향적인 지원을 할 뿐이다. 인도주의적이고 개발 지향적인 원조는 적어도 국가제도를 재건하려는 정책도구와 평화구축 노력을 방해하지는 않는다.

잘 갖추어진 개발은 모든 계급과 부문의 자문과 협력이 전제되어야 한다. 이는 이익집단에 의한 조작이나 정치화의 위험에 대항해 민감하고 잘 계획된 행동을 요청한다. 전체론적인 접근은 부분에 제한될 수 없다. 전 세계의 모든 시위운동에서 인간 불안정과 싸우기 위해, 기부공동체는 국내적 또는 외부적 정책 접근 둘 다에서 인종적 책임과 국제적 금융 구조의 과감한 개혁이 필요하다. 따라서 인간안보 원조는 인종적 책임성과 함께 시작한다. 예를 들면, 아프가니스탄에서는 불안정이 외국 개입에 의해 조성된 갈등의 결과라는 것을 고려하면, 인종적 책임성은 아프가니스탄 국민들 사이에서 오랫동안 부정된 인간안보를 회복시키는 것이었다. 하지만 「아프가니스탄의 미래 보장」 보고서는 2003년 베를린에서 개최된 기부국 회의를 위해 마련되었다. 이 회의의 주요 내용은 만약 국제공동체가 적절한 조력을 제공하지 않는다면, 아프가니스탄은 마약 마피아 국가가 될 것이라는 것이었다. 이 주장이 유효한 것처럼, 인간안보 접근은 마약 국가가 국제적, 지역적 체제의 전통적 안보 관심사에 대해 갖게 되는 잠재적 비용이 아니라, 아프가니스탄 국민의 요구사항을 충족해야 하는 것을 강조해야 했다. 아프가니스탄에 있어서, 서구의 이해관계는 수년 동안 많은 나라들이 여러 정권과 관계하는 민주적 원칙을 종종 간과함으로써 기회와 자기 이익을 생각하는 바에 바탕을 두고 있다. 이와 같은 일은 특정한 인도주의 원칙과 실천 강령의 취지를 훼손할 수 있었지만, 냉전기간 동안 소련의 지원을 받는 체제를 전복시키고 테러와의 전쟁에서 이기기 위한 후기 탈레반의 이익을 얻기 위한 원조의 정치적 도구화와 본(Bonn) 협정의 절차를 통해 기획된 아프가니스탄 프로젝트의 성공적인 결과임은 명백하다(Barakat, 2002). 인간안보의 관점에서 볼 때, 알 카에다 잔당과 탈레반 조직을 일망타진하고자 하는 아프가니스탄에 있어서 단기 군사력 투입과 안정화 목표는 평화를 위험에 빠트렸다. 행동을 위한 국제적 어젠다가 항만을 테러의 목표로 삼지 못하도록 하는 최소주의자의 입장을 견지하면 할수록 그 국민들의 지속되는 요구는 한계를 넘을 수 있다(Tadjbakhsh et al., 2004).

따라서 '좋은' 인간안보 원조란 다음의 다섯 가지 요소를 필요로 한다.

대중의 관점에서의 원조와 개입 평가

인간안보 접근을 적용하는 가장 중요한 추가된 가치는 지역민의 요구와 감수성에 부응하여 기부 대상과 개입이 어떻게 이루어졌는지를 평가하는 것이다. 이것은 제공된 원조의 영향을 받는 대중의 기대에 대한 이해를 요구하며, 그러므로 그들의 요구만큼이나 열망도 책임을 진다. 공동체에 귀를 기울이고, 그들의 탄력성을 인식할 필요가 있다. 만약 안보 초점이 국가에 주어지게 되면 인간안보의 가치는 침식될 것이다.

갈등 후기의 상황에서 재건과 개발을 향한 첫째 단계는, 갈등 상황에서는 생존을 위한, 국가의 부재 상황에서는 기술을 잘 습득하기 위한 국민들의 현존하는 활력을 깨닫고 가치를 부여해야 한다. 위기 이후 상황에서의 적절한 조언은 자금 조달 제안이 매우 짧은 시간 내에 국제회의에 상정되었을 때 종종 소홀히 취급되기도 한다. 한편 불안전함은 많은 지역을 대상으로 조언할 수 없게 해주며, 그러한 조언을 위한 하부구조는 대체될 수가 없다. 작은 프로젝트에 관한 협상에 이르는 것들을 공들여 만드는 효율적 합의에 대한 조언은 인간안보 어젠다를 이행하고, 고안하고, 안보에 관한 국가중심적 이해관계로부터 해방시키는 것이 중요하다. 대부분의 위기 이후 상황에서는, 수십 년간의 폭력적인 갈등에도 불구하고, 공동체 수준의 조직과 시민 사회의 부분들이 있으며, 생존하고 있을 뿐만 아니라 계속해서 성장한다. 너무 자주 국제공동체는 그러한 지역의 구상을 깨닫거나 가치를 부여하지 못하고, 이러한 것 위에 세우는 것보다는, 새로운 조직을 만들도록 권고한다. 그러므로 그러한 정치화된 환경에서는 시민사회를 성숙시키도록, 평화 협상이나 과정을 진전시키는데 긍정적 공헌을 하는 공간이 주어진다. 대중의 요구에 집중하도록 변화함으로써, 인간안보 접근은 재건과 회복 절차에 대한 의사결정에 일반시민을 중심무대에 오게끔 한다.

위협의 내부 상호의존성은 전체적이지 분파적인 접근을 의미하지 않는다

분파적인 접근은 이행하기 더욱 쉬운 곳일지라도, 갈등 상황에서 개발을 다루는 최고의 방법은 아니다. 분열과 모순을 낳을 때뿐만 아니라, 특히 다양한 '불안정'사이의 상호의존성을 책임지지 못할 때도 그렇다. 대신에, 부정적 결과를 피하기 위해 계획, 예산과 감시에 대한 융합된 접근은 필요하다. 예를 들어, 만약 식량 원조(구호 원조)는 식량안보(농업과 농촌 경제 회복)와 상호 연관되어 있지 않다면, 전후 농업 회복에 방해될 수 있다. 유사하게 농업 회복은 광산 청소와 고용 부문이 상호 연관되어야 한다. 같은 시골과 도시 공동체에 돌아갈 것 같다는 것을 고려해 보면, 피난민과 IDP의 재통합은 소집 해제된 전투원의 재통합으로부터 격리되어 다루어지지 않아야 한다. 많은 중개자들이 주류를 이루는 성문제를 그들의 프로그램에 대해 포함하더라도, 여성은 더 넓은 사회, 문화와 가족 범주에서 소외된 '부류'로서 배척된다. 시장장려제도에 기반을 둔 거시경제학의 틀은 개인들의 빈곤을 확산시키고 불평등을 낳는다.

빠른 수정 대신 장기적 관점 취하기

장기적 접근과 중/단기 접근 사이의 긴장은 인간안보의 경우에 특히 강하다. 개발원조 대리인들은 장기 발전에 초점이 맞춰져 있다. 반면 인도주의적 비정부기구는 단기 구호에 관심을 가진다. 전자는 자주 후자가 전쟁을 연장시키는 것과 갈등을 악화시킨다고 비난한다. 많은 원조량에 대한 매스컴의 보도는 계속되는 위기와 위기 후 상황에 관심이 쏟아진다. 예를 들면, 아프가니스탄, 이라크와 수단에서처럼, 빠른 결과를 보여주는 구제 프로젝트의 유혹을 뿌리치기 어렵다. 이처럼 이러한 국가들의 문제점은 자금 조달의 부족이 아니라 흡수 능력과 정책 우선성에 있다. 급속한 충격과 장기 인간안보 사이를 연결하는 것은 회복과 재건 과정에 국민을 개입시켜 그들로 하여금 지속적인 평화에 대한 관심을 가지게 하는 것이다. 지역기구를 설립하는 능력은 시간이 걸리는 절차이므로, 하룻밤 사이에 생겨날 것으로 예상되지 않는다. 외부에서 제기된 청사진과 모형 해법을 맹신하지 않는 것이 중요하다. 인간안보의 관점에서는 국민과 기구는 필요한 존중과 충분한 기간이 주어져야 하며, 그것들을 최대한 잘 맞추어야 하며, 기부 정부에 의해 정해진 예산 마감 시한의 압박을 피해야 한다.

국가와 사회 연계를 강화하기

국제공동체가 위기상황에서 개입을 결정하는 데 앞장설 때, 위협은 국가의 약한 과도기적인 구조가 의사결정과정에서 배제되고 압도될 뿐만 아니라, 변화의 대리자로서의 국민의 역할을 약화시킬 수 있다. 따라서 하향식/상향식 연계의 결합을 강화하는 것은 국가적, 지역적 수준에서 기구를 도와준다는 점에서 중요하다. 국민들이 국제공동체나 국제체제에 관계하는 것은 대부분 국가를 통해서이다. 국제공동체는 국가를 무시할 수도 있고, 국민의 국가하부의 사회적 단위와 직접적으로 협력할 수도 있다. 이런 경우 국가를 대체하는 위험이 있으며, 반드시 인간안보 관점을 장기적으로 강화하지는 않을 것이다. 인간안보 노력은 지역적으로 지속적이어야만 할 필요는 없으며, 효과적이고 합법적인 책임을 지고 참여하는 정치구조를 필요로 한다. 또한 경제적으로 독립할 수 있는 정부는 자체 지원을 만들어내는 것도 필요하다. 만약 직접적으로 영향을 끼치는 능력과 기존의 노력 위에 세우지 않는다면 외부의 간섭은 지역의 능력을 강화할 것 같지 않다.

정치경제적 접근하기

아마도 국제적 원조 대리자에게 닥치는 가장 크고 중요한 도전은 새로운 문제를 묻는 것부터 시작된다. 현재 수많은 구호 프로그램은 우선 단기적이고 기술적이다. 본질적으로 그것은 '무엇(What)'이라는 질문이다. 그러한 질문에는 '어떤 계층이 식량 불안정에 직면하는가?' '어떤 생활필수품이 어떤 가격에 교환되는가?' 등이 있다. 정치경제적 접근은 훨씬 더 명확하게 '왜(Why)'와 '어떻게(How)'에 집중한다. 약함과 강함의 패턴이 어떻게 일어났는가? 예를 들면, 만약 어떤 계층이 심각한 식량 불안정(또는 빈곤)에 직면하였다면, 왜 그런가? 어떻게 정치적, 경제적 그리고 다른 절차가 그 계층을 곤경에 빠지도록 했는가?

갈등 상황에서의 어떤 프로젝트는 변화로서 갈등을 이해하는 배경에 대해 평가될 필요가 있다. 잠재적인 갈등 상황은 상당히 복잡하고 급격하게 현실을 변화시킨다. 갈등의 발생 전에는 많은 문제가 존재하지만, 폭력의 결과는 급진적으로 정치적 인구 통계학상의 변화, 경제적 구조의 변화를 가져온다. 예를 들면, 여성이 남성의 부재 시 가장이 될 때 성 균형은 변하게 된다. 숙련된 전문가의 이민은 해당국가의 인적 자본에 부정적 충격을 가한다. 그러한 변화는 윤리적으로 다극화한 영역을 새롭게 만든다. 따라서 갈등이 야기한 변화는 재활과 원조 전략에서 인식되고 구체화 되어야 한다. 원조의 효율성을 향상시킬 공동체 간 연결과 분열에 대해 알아야 한다. 이를 위해서는 '어떻게 개발이 갈등을 위한 위험 요소들에 충격을 가하는가?' '어떻게 갈등은 개발에 충격을 가하는가?' 등의 질문을 해야 한다. 그러한 접근은 잘못 인도되거나 암울한 원조가 야기할 수 있는 부정적 결과 인식에서 비롯된다. 이것은 먼저 평등한 혜택에 대한 감성, 둘째로는 계획과 이행의 관점에서의 유연성, 셋째로는 평화에 대한 여러 형태와 갈등 충격 평가를 포함하는 점검과 평가이며, 넷째로는 사회와의 강한 연계성이 있다. 갈등이 정치화하는 되는 것(예, 윤리와 종교)에 대한 이런저런 문제점뿐만 아니라 통치에 있어서의 선행 실패가 중요하다. 이것은 원조 활동가들을 역사적으로 생각하고, 교훈으로부터 지식과 의지에 기반하여 장기간에 걸쳐 계획하도록 요구한다.

결론

인간안보 전략은 누가 위험에 처해 있는지, 특정 국가에 얼마나 많은 원조가 필요한지와 같은 평가와 함께 시작한다. 그것은 기본적 욕구와 요구 연계 필요성의 간극을 계량화하기 위해 권리 기반 접근을 융합시킨다. 갈등 상황에서는 특히 원조와 갈등과 관련하여 그 국가의 역사에 대한 심층 분석을 통해 갈등의 근본 원인을 알 필요가 있다. 평가 절차가 포괄적이 아니라면, 원조 프로그램은 아마 부적절하여 타당하지 않을 것이다.

평가 실행이 만족스럽게 완성되기만 한다면, 인간안보 원조는 군사적 개입과 일시적 구호보다는 재건과 개발에 대한 장기적인 약속을 요구한다. 이것은 목표로 한 대중의 관점에서는 대규모 자금의 적절한 목표 정하기, 프로그램의 이행과 충격의 밀접한 감시를 수반한다. 진행 중인 변화의 과정은 시장 지향보다는 국민 지향적이어야 한다. 장기적으로 원조는 정의를 집행하는 사회경제적 변화를 요구하고 행동의 패턴을 수정할 능력을 가진다. 그러므로 이러한 지역에서 급속한 결과에 대한 기대는 안타깝게도 어긋날 수가 있다. 어떤 기부국도 근본적인 체제의 변화에 대하여 수혜국에 마감 시한을 정할 수 없다. 궁극적으로, 지역과 계층 전역에 걸쳐 원조와 평화 배당의 공평한 분배를 보장하여, 하향식과 상향식 접근 사이에 균형을 유지시켜야 한다. 일반적으로 분파적인 접근은 분열과 모순을 낳는다. 왜냐하면, 다양한 불안정 사이의 연관을 고려하지 않기 때문이다. 전체적인 인간안보 접근으로는 부문과 계층을 넘어선 여러 개입에 대한 계획, 예산과 감시는 통합되어야 한다.

잘못된 원조는 갈등이나 인간 불안정의 심화를 낳게 된다. 그러므로 기부국과 원조 대리자는 반드시 자기 비판적이어야 하며 잠재적으로 원조의 부정적인 효과에 대해 인식하여야 한다. 평화구축개발에 대한 직접적인 원조는 국제공동체의 책임 중의 유일한 것이지만, 여러 환경에서 가장 중요한 것은 아니다. 원조를 넘어서 무기 확산의 흐름을 저지하는 것, 공정하고 평등한 무역을 장려하는 것, 그리고 지역 협력과 전문지식, 투자의 흐름에 용기를 북돋워주는 것 등과 같은 책임이 있다. 인간안보의 궁극적인 도전에 대응하는 것은 원조를 넘어 생각하기를 요구한다. 결국 지속 가능한 평화와 개발은 개발원조의 결과가 아니라 자생적인 정책과 개인에 의해서 비롯된다.

10장 끝맺는 생각

인간안보 어디로 갈 것인가?

이론상의 인간안보

이 책의 핵심 내용은, 정의에 대한 합의의 부족에도 불구하고 인간안보는 상호 연결된 개념의 덩어리로서 유용하다는 점이다. 왜냐하면 인간안보는 통합되고 포괄적인 분석적 정치 어젠다를 널리 포함하고 있기 때문이다. 인간안보는 기존 연구 분야에 대한 구체적 추가로서뿐만 아니라 안보 개발과 인권을 기존의 개념과 그것들의 상호연관성을 결정적으로 평가, 강화, 심화시키는 유일한 틀로 만들어내는 변형의 합성물로서의 진정한 잠재력을 가진다. 이것은 장기적인 기반에 관한 불안정성을 분석하게 하고, 오늘날 국제관계에서 존재하는 근본적인 구조적 요소와 표준을 밝히는 데 목표를 둔다. 또한 광범위한 문제를 망라하기 때문에, 상호 연계적인 접근을 하게 하며, 다른 모든 분야가 만나 공통의 언어를 사용하여 그것들의 활동을 통합하고 협동하도록 하는 다리와 같은 역할을 한다(Thomas, 2004).

인간안보는 국제관계와 안보 문제에 대해 국가의 관점에서 개인의 인식의 관점으로 변환하는 이른바 안보 문제에 대한 최첨단의 일종의 혁신이다. 인간안보는 인권, 인간개발과 안보의 실제적인 융합과 조화를 통해 예방에서 응급상황에 이르는 문제를 다룬다. 그들 자신이 이러한 자유를 위해 싸우지 않는 한 어떤 사람도 진실로 자유로울 수 없다는 밀(Mill)의 통찰력은 같은 맥락에서 이해된다. 사람이 권한을 부여받을 수 있으며, 공포와 궁핍으로부터 품위와 자유를 다시 찾아 그들을 자유롭게 하며 민주주의와 권리를 위해 노력하는 것, 그것은 수단이다. 이와 관련하여 센(Sen)은 '기능과 능력'을 보장하여 그들을 훈련시킨다고 말했는데, 이는 도일(Doyle)이 강조한 '민주주의적 평화'를 지향한다. 민주주의와 문명이 강요되어야 한다는 입장에 따르면, 그것은 스트로스(Strauss)의 '교조적 제국주의'에서 지적된 바와 같은 수십 년 간의 수치를 거부하는 것이다. 인간안보는 벌린의 자유의 유형학에 있어서 양 측면을 확장시키는 수단이기도 하다(Berlin, 1969). 국가나 공동체 억압에 맞서 비롯된 것은 '부정적 자유'이고, 대중의 토론과 법의 정교화에 사회적, 정치적 인간성을 깨닫는 것은 '긍정적 자유'이다. 인간안보는 필연적으로 진보적 민주주의의 독설, 즉 권한 위임된 자유로서, 자신의 운명을 찾아가는 자유로서, 자신을 주인으로 보는 자유 개념 밖에서 자유를 생각하는 것을 가능하게 한다(Reve, 2004a).

따라서 인간안보는 필요한 깊고 넓은 전통적 개념을 제시한다. 이러한 새로운 요청은 세계화의 도전, 약육강식의 민족국가, 그리고 국제관계에서의 새로운 행위자 등을 다룬다. 안보의 렌즈를 국민에게 준거목표로 교체하는 일은 전쟁과 폭력, 심지어 일상의 존재와 존엄성을 가진 사람에게 불안전을 인식하게 해준다. 이와 같이 지역적 수준에서부터 국가적, 국제적 모든 수준에서 사회, 정치, 경제적 구조 속에 각인된 불평등이나 빈곤과 같은 비군사적 위협, 구조적 폭력 등의 주제로 확장된다. 마지막으로, 안보연구를 다시 떠올리게 하는 인간안보 개념의 장점은 많은 활동가들을 잠재적인 안보 제공자로 만들며, 새로운 구조조정과 규범체계 속에서 잘 협조되고 국제적인 대응을 할 수 있도록 하는 기회를 증가시키는 것이다.

만약 인간안보가 새로운 활동가들에 대한 안보 제공자로서의 확대이며 새로운 위협에 대한 불안정의 확대라면, 이것은 또한 예방적 조치를 만드는 동안 인간개발 증진을 보장하도록 돕는다. 따라서 '안보로 인해 퇴보(downturns with security)'되었다는 개념은 '평등으로 인해 성장(growth with equity)'되었다는 개념으로 대체된다. 인간안보를 달성하는 것은 안전망과 같은 임시적 조치, 삶과 품위를 손상시키게 하는 정치적 참여 등과 같은 임시적 방책을 통해서 일상의 삶을 확고하게 하는 것이다.

안보와 개발 사이의 관계성에 집중함으로써, 인간안보는 더욱 포괄적이고 예방적인 조치를 할 수 있는 개발 정책에 대한 강한 토대를 마련할 수 있다. 저개발이나 안 좋게 분배된 개발은 어떤 경우에는 한 사회 내에서의 심각한 긴장은 잘 분배된 개발을 진작시킬 중대한 필요성을 느끼게 한다. 모든 수준에서의 구조적 폭력에 대한 연구를 고양하면서, 인간안보는 경제, 정치, 사회적 영역에서의 계층 간 불평등이 어떻게 불만과 군대 동원의 악순환을 일으키는가 하는 내부적 갈등의 원인 분석을 가능하게 한다(Stewart, 2000). 국가 내부의 갈등과 군사 외교를 넘어서서 국가간 갈등의 원인을 밝힌다. 그럼으로써 계층화되고 단계적인 적절한 예방적 조치를 통해 이어지는 군사개입과 갈등의 분출을 사전에 제어할 수 있다. 갈등이 한 번 발생하게 되면, 그에 대한 해결책은 적절해야만 한다. 조화는 전쟁을 그치게 할 뿐만 아니라, 앞으로의 갈등을 예방하고 오래 지속되는 평화를 구축하는 것이어야 한다.

인권의 틀과 같이 인간안보는 폭력에 대한 총체적 접근법을 취한다. 즉, 첫째는 공포로부터의 자유에 상응하는 인권의 생성이며, 둘째는 궁핍으로부터의 자유에 상응하는 인권의 생성, 셋째는 품위 있는 삶에 상응하는 인권의 생성이다. 사실상 크고 발전된 표준적이며 법적인 틀을 갖춘 인권은 인간안보를 위한 실질적인 도구가 될 수 있다. 한편 인간안보는 도덕적 필요성에 의해서 뿐만 아니라 세계안보를 달성하기 위한 수단으로서 인권을 강화하고, 인권 개선을 위한 구조적 조건과 인권에 대한 잠재적 위협의 원인에 대해 심층 검토를 할 수 있게 해준다.

결국 "희구하는 목표로 안보를 이상화하려고" 하지 않고 삶의 질과 복지에 이르는 더 나은 인권에 대한 인식을 통해 개인적 능력을 증진시키려고 하는 구체적인 윤리적 목표를 가진 규범적 개념이다 (Buzan, 2004). 인간안보는 무엇인가를 근절하려 하는 그 목표 설정에 국한되지 않는다. 또한 '전쟁이 없음'이라는 고전적 이해를 넘어 평화를 다시 생각하게 만든다. 인간안보는 아난이 정의한 "전쟁의 부재와 경제적 발전, 사회적 정의, 환경의 보호, 민주화, 무장해제, 인권과 법규정의 준수"(Annan, 2001)와 갈퉁(Galtung)이 정의한 '구조적 폭력'의 제거를 전제로 한 '적극적인 평화' 개념을 지지한다.

인간안보에 대한 다차원적인 접근은 장점이 있으며 필요하다고 생각하면서 우리는 이 책에서 개념의 광범위함과 연관되는 비판에는 이의를 제기하였다. 그러한 장점은 안보, 개발, 인권, 평화 등에 대한 현재적이고 구획화된 연구 경향에 반대하며 통합적이고 간학문적인 분석을 제공해 준다. 이러한 통합된 접근법이 없기 때문에 그러한 연구의 필요성이 있으며, 그러한 필요성은 본질적으로 연계된 위협에 효율적으로 대응하는 것은 불가능하다. 이러한 개념은 야심 찬 계획이며, 가장 큰 장점 중의 하나이다.

인간안보의 실천

인간안보에 대한 경쟁적 정의와 새로운 개념이 불러일으키는 비판을 목도하고서, 우리는 인간안보를 정치적 틀을 평가하기 위한 규범적 개념으로 다루고자 했다. 인간안보는 모든 나라에 적용되기 때문에 특수한 맥락과 구조를 갖고 있다(Hampson, 2004). 몇몇 나라에서는 불안정의 개념에 배고픔과 질병이 포함되며, 반면 또 다른 나라에서는 밀수, 마약과 도시범죄 등이 포함되기도 한다. 하지만 불안정 위협이 특수한 맥락인 한, 세계의 일부 지역에서의 불안정의 결과는 전 세계에 광범위하게 전파될 수 있다. 기근, 윤리적 갈등, 사회적 붕괴, 마약, 테러리즘, 환경오염, 마약밀수는 이제 국경을 넘어섰다. 그것의 결과는 세계를 넘나들며 한편으로 국가와 국제 체제 사이의 상호연관성과 상호의존성을 야기하며, 또 다른 한편으로는 공동체 사이에 쌍방의 취약함을 야기한다. 동시에 인간안보는 독립적이며 의존적인 변수이고 위협들 사이의 상호 반응이며, 연결과 결과의 악순환, 선순환을 하게 된다.

인간안보 접근은 많은 정책 영향력과 도전을 생겨나게 한다. 첫 번째는 책임의 중심적인 의문인 '누구에 의한 인간안보인가?'이다. 정책 문제는 표준적인 생각으로부터 분리될 수 없다. 국가 시민이라는 것을 제외하고 모든 개인들의 범할 수 없는 근본적인 권리로서 인간안보를 고려하는 것은 자동적으로 책임의 문제에 부딪히며, 국가를 넘어서서 또는 국가 위에서 광범위한 활동가들에 대한 의무로 지워지는 경우 인간안보의 규정에 대해 길을 열었다. 그러나 이것은 결코 국제관계의 동요를 내포하지 않는다. 다만, 우리가 7장에서 주장한 것처럼 인간안보 접근은 국가를 무시하지 않는다. 인간안보의 관점에서는, 개인의 주권국가는 국제관계에서 여전히 근본적이며 유기적인 단위이며 활동가이다. 시민에 대한 인간안보 규정에 대해 국가는 가장 중요한 책임을 진다. 게다가, 국가가 지속적으로 근본적인 역할을 하는 인간안보 구조는 국가가 주권을 침범하지 못하게 한다.

국가가 인간안보의 가장 중요한 제공자라는 것을 받아들이게 되면, 인간안보 접근은 이러한 역할에 대해 다음 세 가지 조건을 갖게 된다. 첫째, 현실주의자의 방법론과는 반대로 인간안보 접근은 민주주의적 권리에 기반한 국가를 인간안보의 가장 효과적이며 합법적인 제공자라고 생각하게 한다. 둘째, 주권은 책임의 관점에서 재정의된다. 이 주권은 인간안보를 제공하는 국가의 의지와 능력에 대한 조건이다. 이는 또한 갈등과 저개발 사이의 연계를 뚜렷하게 하고 국가의 실패 문제를 제기한다. 전형적으로 갈등은 세계의 가장 가난한 국가에서 냉전 후 발생했고, 재발의 상황도 그러하다. 그 과정에서 일반 시민이 목표가 되고 지역적 불안정은 보편적인 상황이다. 우리는 빈발한 국가 내부 갈등의 도전을 명확히 하도록 어떻게 인간안보 관점을 잘 일치시킬 것인가를 제시했다. 셋째, 인간안보 접근은 심지어 국가도 인간안보를 제공할 수 있다 할지라도 국가가 유일한 제공자는 아니라는 것을 인식하는 것이다. 이상적인 인간안보 접근은 국가를, 개인과 공동체뿐만 아니라 비정부기구, 시민사회, 국제적, 지역적 조직을 포함하여, 비정부활동가와 함께 결함이 없는 정책 네트워크의 부분으로서 상정하는 것이다. 인간안보의 관점에서 보면, 비정부활동가들은 경쟁하지 않지만 인간안보를 증진시키는 것에 대한 공통의 목적에서 국가를 보완한다.

인간안보 정의의 확장성과 광범위한 정책구조를 고려할 때, 인간안보 접근법이 행동을 위한 상세한 청사진을 제공할 수 있다는 것은 정말 바람직하지 않다. 이상적으로 인간안보 접근은 협력 활동을 위한 실질적인 구조를 채택해야 한다. 이러한 활동 안에서 상이하지만 구조적으로 양립할 수 있는 인간안보 목적을 성취하기 위한 그들의 능력에 따라 여러 활동가들이 일하게 된다. 핵심적인 생각은 반드시 인간안보를 증진시키기 위해 무엇보다 개인을 포함해야 한다는 것이다. 개인의 권한 부여는 인간안보의 목적뿐만 아니라 수단이 되어야 한다.

햄슨에 따르면, 그러한 구조 내에서 인간안보를 운영하는 확실한 방법은 세계적인 공공선으로 그것을 개념화하는 것이다(Hampson et al., 2002). 인간안보를 국제적인 공공선으로 간주하는 것은 국제공동체와 조직의 의무와 책임을 다하는 것이다. 반대로 만약 인간안보가 국제적 공공선이 아니라면, 인간안보를 고양하기 위한 유엔과 같은 국제조직은 기대할 수 없다. 8장에서는 인간안보를 위한 국제공동체의 의무는 추가적인 일이다. 그 속에서 국가가 책임을 포기한다면 그때 국제사회는 책임을 져야 한다. 하지만 인간안보를 구현하기 위한 궁극적인 책임을 다하는 것은 기본적인 일이다. 국제적 노력은 최근 일련의 높은 수준의 보고서에 의해 입증되고 있으며, 집단적 안보의 개념을 재정의하고, 인간안보 접근이 도덕적 의무일 뿐만 아니라 자신에게는 최고의 이익이라는 것을 민족국가가 확실히 할 수 있도록 한다. 이러한 보고서들의 중요한 통찰력은 단지 집단적, 협력적이고 다양한 대응만이 오늘날의 상호 연관되고 국경을 초월한, 세계적 위협의 도전에 대응할 수 있다는 것이다. 이 보고서들의 집요한 테마는 우리가 대응할 위협은 어떤 것인가이고, 우리가 그것들을 우선시할 수 없으며, 역사적으로 그리고 협력 방식으로 다루어져야만 한다는 것을 신중하게 고를 수 없다는 것이다. 따라서 인간안보는 기회와 상호연관성의 새로운 묶음을 정의하는 것이며, 우리가 새로운 도전에 대응하도록 할 것이다. 센이 지적하는 것처럼, 오늘날의 도전의 본성은 점점 더 복잡하고 다양해졌으며, 그래서 그것들에 대응하기 위해 너무 많은 수단들을 가진다(Sen, 2000b). 이러한 배경 때문에 로드가 드는 평등하고 문화적으로 민감한 상징적인 발전을 통한 '기초적 예방(foundational prevention)'과 '위기 예방(crisis prevention)'을 구별한다(Lodgaard, 2000:51-52).

　핵심 문제는 이런 강화된 능력이 효율적인 정책으로 변화될 수 있는가이다. 효율적인 정책은 국제적, 지역적 조직 내에서 뿐만 아니라 정치적 약속 내에서 또한 어느 정도의 기구 개혁을 필요로 할 것이다. 인간안보의 용어와 목표는 인간안보를 무시하게 하는 제도적 변화, 즉 유엔의 장에서 점차 그 입지를 다져가고 있다. 심지어 그런 개념이 단지 10년이 지났고 새로운 접근에 대한 이런저런 발전을 위한 기구의 배열에 시간이 걸린다는 사실을 인정하면서, 인간안보 접근을 통합시키는 유엔에 의한 제한된 진전은 정치적 민감성과 의지의 반영이거나 부재의 반영이다. 따라서 문제는 여전히 다음에 있다. 이해와 능력 둘 다 다른 인간안보 활동가의 네트워크가 인간안보를 증진시키는 방법으로 작용할 수 있는가? 그것은 광의 혹은 협의의 정의인가? (그러한 역할을 하는 유엔의 능력을 반박하면서) 보편적으로 받아들여진 정의가 아니라 또는 보편적으로 받아들여진 협력자가 없이 처음엔 이행되는 것은 말할 것도 없이 어떻게 정책이 정해질 수 있는가를 이해하기 힘들다. 그러나 우리는 인간안보를 그들의 능력과 이익의 범위 내에서 다른 활동가들이 활동하는 곳의 협력과 상보성 구조로서 간주할 수 있다. 하지만 때로는 다양한 목표를 향한다. 그렇게 제시된 해결책은 이상적인 것과는 동떨어져 있을 것이지만 격려되고 협조되지 않은 분야로의 진출을 하는 것보다는 더 좋다. 더구나 그러한 시나리오에서조차도, 유엔은 다른 어젠다를 가진 (약간 덧붙이자면, 개발을 위한 유엔개발계획, 식량을 위한 FAO, 평화를 위한 안전보장이사회) 대리자들과 (유엔에서 대표되며, 그들의 전문성과 능력 때문에 상호 선택되는) 국가들과 많은 국제 비정부기구를 집중시키는 것처럼 보일 수 있다. 마지막으로, 유엔의 역할이 장기적인 개입, 예방과 조기경보를 제공할 유일한 능력 때문에 필수 불가결 하지만, 인간안보의 중요한 제공자는 권한 부여를 통해 또한 다른 사람들의 잠재력과 열망을 통해 자신을 충족시키는 개인 자신이다(Ul Haq, 1995).

인간안보의 운영에 대한 핵심 장애는 특히 G77 내 주요 국가의 저항이다. 중국과 인도 같은 세계적 대책에 중요한 핵심 주자들은 그들의 국가주권에 충격을 주기 위한 '서구'의 계획된 의도로 인간안보를 인식한다. 한편 인간안보를 포용하는 국가들, 특히 캐나다와 일본은 개념의 경쟁적인 정의를 옹호하며, 그것을 증진시키기 위해 일방적으로 일해 왔다. 어떤 국가들이 고의로 인간안보 논의에서 '인간'을 무시하고 베스트팔렌 체제의 주권 개념을 고수하는 이유는 이 책에 간략하게 기술되어 있지만 그 미묘한 차이에 대해서는 더 분석적 가치가 있다. 하지만 인간안보에 제기된 비난, 즉 서구식의 어젠다를 부과하기 위한 보편주의의 가면은 무시될 수 있다. 심지어 아차리아는 인간안보를 "의미 있는 아시아의 혈통"이라고 주장한다(Acharya, 2001). 인간안보 개념은 온정주의의 인식을 피하기 위해 조심스러워야 한다. 이를 위해서는 인간안보 정책은 반드시 그들 자신의 처방을 따라야만 하고, 가능하다면, 지역의 파트너십을 꾸준히 발전시키도록 변해야 한다. 궁극적으로 만약 각 나라가 그 자체의 불안정이 무엇인가와 어떻게 그것을 다룰 것인가를 결정했다면, 인간안보의 이념은 이전보다 훨씬 민주화되었을 것이며, 남반구 국가들에 대한 북반구 국가들의 원조는 의미가 없을지도 모르겠다.

이 책은 인도주의자 개입을 위해 군대의 무력을 사용하는 것을 옹호하진 않는다. 다만 국제적 공동체의 책임 있는 개입을 주장한다.

396

그러한 국제적 원조에 대한 인간안보의 개입을 위해서는 그 자신의 소유권, 충격, 효율성, 협력, 정치적 어젠다 등에 대해 면밀히 조사해야 한다. 인간안보는 학제간적인 문제이다. 따라서 그 해법도 학제간적으로 모색되어야 한다. 예를 들어 안보, 개발, 재정 운영, 인권, 어린이 또는 여자와 같은 다양한 문제에 대한 정치 위임의 정부 관료주의와 오늘날의 국제 조직의 범위를 다소 넘어선 것처럼 보인다. 협력은 '담당구역' 보호와 (다수가 아니라) 상호 분야에 관계가 있는 접근이 어떻게 고안되어야 하며 이행되어야 하는가에 대한 지식의 부족으로 인해 종종 방해를 받는다. 인간안보 비전의 이행은 국제공동체에 대한 군사적, 정치적, 그리고 개발 목표의 조화를 요구한다.

또한 상호 혜택과 믿음에 기반한 전략적 파트너십, 국제적 기부국들 사이의 활동의 상호관계, 국내 및 국제적 사건과 대책 사이의 연관성과 비정부 또는 국가 하부 활동가들, 민족국가와 다자간 또는 국제적 시스템을 포함하는 다양한 접근 사이의 전반적 협력에 대한 우선권에 대한 공통의 어젠다와 함께 개발 협력에 대한 세계적 수준에서의 합의를 필로로 한다.

인간안보는 구호와 개발 개입의 긍정적, 부정적 충격들과 그것들의 2차적 효과와 외형들 모두를 평가하는 구조를 제공한다. 목표 이행, 감독 및 협력이 잘 되지 않는 의존성을 증가 시키는 개입은 특정 계층의 온정주의, 권력, 의존성을 증가시킬 수 있으며, 절차를 따르는 것에 대한 부정적 충격도 있다. 실제로 더욱 많은 문제를 야기하는 분열되고 협력이 이루어지지 않는 많은 형태의 개입이어야 한다. 인간안보의 기치를 위해 국제조직들이 할 수 있는 최선은 파트너들 사이에서, 부분들 사이에서 적절한 협력을 통해 불안정을 증가시키지 않는 것이다. 궁극적 도전은 개입이 피해를 주지 않음을 확실히 하는 것이다.

끝나지 않은 어젠다: 인간안보에 대한 향후 연구

개념으로서의 인간안보는 변화하는 상황과 이해의 수준에 적응하는데 있어 충분하게 유연해야 한다. 인간안보에 대한 실제적인 처방은 근본 원인, 포괄적 정책, 감독을 위한 적절한 측정 방법 등이 준비되어야 한다. 따라서 인간안보는 패러다임을 바꿀 만한 전쟁 시기 동안에 등장하는 것도 아니며, 더 좁혀질 수도 없는 연구 분야이다. 인간안보는 이러한 접근에 관심 있는 학자들 네트워크의 수단에 의한 분명한 대상으로 더 광범위한 그림이나 밀접한 구조에 대한 정치경제학과 같은 고전적 학문 분야에서 연유한 특정한 발견을 관련짓는 관계성을 나타낸다. 인간안보의 방법론이 만들어낸 급속한 연구 발전에도 불구하고, 이 책에서 다룰 수 없는 문제가 상존해 있다.

우리의 견해에서 가장 긴급한 연구 어젠다는 인간안보 지표에 대한 것이며, 인간이 견딜 수 없는 삶 이하이고, 그런 삶에 대해 무엇인가 할 수 있는 사람들에 의해 관용을 베풀 수 없어야 하는 불안정의 발단에 대한 검증을 확장시키는 것이다. (실제의) 목적과 (인식된) 주체의 두려움 사이의 구분을 고려하면, 인간안보의 발단과 조치는 특히 복잡하다. 어떠한 범위에 있어서도 안보는 감정으로 남을 것이기 때문이며, 관용의 발단과 특정한 문화/공간/시간/환경도 다를 수 있기 때문이다. 하지만, 연구는 모든 사람에게 공통적이며, 보편적 가치가 있는 대상과 주체 둘 다에 대한 취약성의 계측을 결정할 수 있다. 같은 방식으로, 인간개발지수가 포함할 수 있었던 많은 가능한 구성요소들은 가장 기초적이고 보편적이며, 계산할 수 있도록 선택된 세 가지가 있다. 그것은 기대 수명에 의해 측정되는 장수, 평균적인 수학기간과 성인 문해력에 의해 측정되는 지식, 그리고 구매력, 지역적인 삶의 비용을 고려한 1인당 GNP 등에 의해 측정되는 삶의 기준 등이다. 킹과 머레이(King and Murray, 2001), 부이센(Booysen, 2002), 로너간 등(Lonergan et al., 2000)과 같은 많은 학자들이 인간안보지수를 만들려고 시도했지만, 정의 범위를 줄이고, 포함할 규모를 선택하고, 적절한 수치를 정의하고, 요소를 재고, 적절하고 신뢰할 수 있는 데이터를 찾아내는 등의 일련의 과정은 여전히 문제점을 가지고 있다. 궁극적으로, 인간안보지수는 맥(Mack)이 인식한 것처럼, 환영받지 못하는 순위 매김의 결과이다.

형편없는 등급이 매겨진 국가들은 굉장히 불쾌하게 여길 수 있다. 정부들이 염려하는 낮은 등급은 그들의 시민을 보호할 의지도 없을 뿐더러 능력도 없다. 모든 등급 매기기는 정부들의 저항과 분개 둘 다를 만들 것이라는 것을 반영한다. 이것이 유엔이 오랫동안 인권지수(HRI)로부터 실망한 이유이다(Mack, 2002b).

그러나 인간안보 지수 이상으로, 위협의 원인과 관계성을 증명하고 궁극적으로 정책의 충격을 측정하므로 학자들과 정책 입안자들이 인간 불안정을 규정하는 새로운 도구를 가능하도록 일련의 양적, 질적인 측정 지수를 고안하는 것이 적절할 것이다.

연구의 또 다른 분야는 특정 위협과 협박을 다루는 지역 연구이다. 인간개발과 같이 인간안보는 지역의 윤곽을 따라 광범위하게 다양하므로, 모든 지역에 걸쳐 같은 방식으로 정치화되어 이해되거나 적용될 수 없다. 인간안보에 대한 지역 연구 접근은 일련의 유네스코 연구가 앞장서고 있다. 2005년 중반을 전후해서 유네스코의 인문사회과학국은 아랍국가들(2005), 라틴아메리카와 카리브해 연안 국가들(2005), 동아시아 국가들(2004), 그리고 중앙아시아 국가들(2006)을 대상으로 「인간안보의 증진: 윤리적, 표준적, 교육적 구조」라는 보고서를 만들었다. 동유럽과 서유럽에 대한 보고서를 작성하는 과정에 있었다. 각각은 그 지역에서의 인간안보 문제의 광범위한 복합성을 분석했다. 예를 들어 아랍 세계에 대해서는, 주요 인간 불안정은 정치적 자유의 부족뿐만 아니라 타 국가에 의한 군사개입이었다. 아프리카에서는 식량 부족, 갈등과 성불균형이 가장 적절한 연구 주제였다. 라틴아메리카에서 불안정은 그 지역에서의 민주주의 본질의 변화와 개혁의 속도에서 기인했다. 남아시아에서는 각국의 경제적 통합과 밀접한 관련을 맺고 있어, 모든 수준에서의 불안정은 금융위기, 세계화 등의 외부 충격의 결과였다. 동유럽에서의 불안정은 시장경제와 민주주의에서 기인하였다. 반면, 몇몇 소수의 국가들은 상당히 성공적인 변화를 누렸지만, 다른 국가들은 오늘날의 굳어진 갈등, 경제위기, 국경 갈등, 인권 문제, 인신매매와 무기와 마약 거래 등에서 나온 격렬한 갈등, 빈곤, 윤리적 문제 등을 처음부터 겪게 되었다. 인도에서의 불안정은 인구과잉의 결과이다. 각 지역 내에서도 국가마다 사례가 다르다. 각 국가 내에서 공동체에 대한 불안정도 다르다. 각 공동체 내에서도, 자신의 직위, 열망, 부, 가능성 등으로 인해 사람들마다 다르게 영향을 받았다. 이런 다양한 배경으로부터 사회, 경제, 정치 모델의 경우에 배울 수 있는 것은 무엇인가? 그리고 불안정이 사회에 충격을 주는 방법과 인간안보를 제공하는 가능성과 그것들이 인간안보를 제공하는 능력과 어떻게 연관되어 있는가? 지방에서부터 국가로, 지역으로, 그리고 세계로 연계된 위협은 어떠한가?

연구는 또한 어떻게 인간안보가 국내 정책에 적용될 수 있는가를 알아봐야 한다. 일본, 캐나다와 유럽연합을 예로 들면, 그들의 외부 문제에 대한 개념을 채택하면서, 출발점으로서 이러한 국가/지역의 안보가 국경 외부 사람들의 불안정과 연관되어 있다고 전제하였다. 하지만 인간안보는 또한 선진국 내 국민의 요구와의 관련성을 필요로 하는 것은 분명하다. 개발도상국이나 선진국, 모든 사회에 대한 사회경제학의 개념으로 인간안보 렌즈를 적응시키는 것에 대해서는 추가 연구가 필요하다. 유사하게, 인간안보의 영향 때문에, 각 지역의 공간에서 국가 하부와 국가 상호간 힘의 기능이 있다. 지역의 통합은 독특한 지역의 특정 성격, 그리고 인간안보의 도전에 대해 특별한 초점으로 연구되어야 한다. 인간안보는 개발도상국에만 한정된 문제가 아니므로, 선진국은 그것에 대한 개입, 금융원조, 보호 책임 등 모든 '해결책'을 가지고 있지는 않다. 개념은 쉽게 스스로 현재 서구가 위협받는 도시 폭력, 일자리 불안정, 전염병, 사회적 이행의 사유화, 사회의 무장화 등에 대해 서구 사회에 확장할 수 있다. 서구 사회에서 인간안보의 범위에 대한 연구 도전은 아마도 전보다 더 많아야 하며, 세계의 다른 지역에서 더 중요한 것이다.

지역의 사례 연구를 넘어서, 왕성한 연구 흥미를 이끌어내는 많은 다른 영역이 있다. 위협의 독립이 의미하는 것과 어떻게 우리가 경제적, 환경적, 개인적 등의 여러 분야를 가로지르는 불안정의 원인과 결과를 분석할 수 있는가? 이러한 변수들이 어떻게 연관되어 있는가? 이에 대한 연구는 여전히 광범위하게 미개척 분야로 남아 있다.

마지막으로, 인간안보가 만약 냉전의 종말 이후에 온 기회의 창이었다면, 9·11 이후와 이라크 이후 변화는 무엇을 의미하는가? 국가와 민족 안보에 대한 높은 긴장의 시기에 평화구축을 위해 방위비 증가 충동을 느꼈을 것이다. 비관론자들은 인간안보의 기회의 창은 사실 닫혔고, 이라크 이후의 세계는 질서의 붕괴, 혼돈, 혼란과 무작위의 폭력과 점점 더 증가하는 무장된 일방적 세계로서 국가적/민족적/종교적 파벌 일체성으로의 복귀라고 주장한다. 그러나 한편으로는 시대의 동요, 전쟁 숭배와 서구의 우월성은 또한 일반 시민의 반대를 불러일으킨다. 9·11 이후 세계의 변화는 점점 더 군사적 해결과 테러에 대한 전쟁이나 빈곤에 대한 전쟁에까지 모든 것에 대한 부정적 검토를 통해서 이루어져 왔다.

우리는 아마도 '인간존엄'과 같은 새로운 비군사적 용어를 고안하는 것 대신에, '인간안보'가 궁극적으로 자체의 부정적 내포를 멀리할 수 없다거나 '검토'와 관련 있다면, 대응해야 한다. 인간존엄의 새로운 윤곽은 관용의 경계 지점으로 고안되어야 한다. 처음의 관심사는 개인의 실제적 안보가 되어야 한다. 그리고 나서는 사람들의 존엄, 그러한 다양한 변수들과 관련하여, 권한 부여, 자긍심, 자신감, 교육, 평등, 문화 등에 관심이 주어진다. 공동체, 국가, 지역과 국제공동체 등이 선형적 질서가 아니라, 인간의 둘레를 도는 인공위성처럼 상상의 경계 바깥의 다른 수준에서 범죄자를 찾아야 한다.

결론적으로, 전쟁의 어두운 시대로부터 오직 한 가지 살아남은 것은 "세계사회의 어리석은 것들을 규제하기 위한 새로운 윤리적 규범의 열망"이라는 명제이다. 인간안보의 접근법을 빈번하게 자주 특성화해서 폭넓고 야심 찬 개념이나 정책 안건으로 상정함에도 불구하고, 여전히 그것은 인간안보의 존재이유에 대한 질문이다. 그 핵심적 목적은 매우 겸손한데, 상황이 악화되지 않고 우리의 삶은 살 만한 가치가 있다는 것을 보장하는 것이다.

참고문헌

Acharya, A.(2000) 'Human Security in the Asia Pacific: Puzzle, Panacea or Peril?', *CANCAPS bulletin*, 27.

____(2001) 'Debating Human Security: East Versus West', paper presented at 'Security with a Human Face: Expert Workshop on the Feasibility of a Human Security Report', Cambridge, MA: Harvard University.

____(2002) 'Redefining the Dilemmas of Humanitarian Intervention', *Australian Journal of International Affairs*, 56(3): 373-381.

____(2004) 'A Holistic Paradigm', in P. Burgess and T. Owen(eds). 'What is Human Security?' Comments by 21 authors, Special Issue of *Security Dialogue*, 35(Sept.): 355-356.

Adle, E.(1997) 'Seizing the Middle Ground: Constructivism in World Politics', *European Journal of International Relations*, 3(3): 319-363.

Ahounou, M., Sayed, H. E., Antunes Dos Santos Rego, J.(2004) 'Financing and Assisting Human Security', unpublished paper, Human Security Class, Sciences-Po, Pairs.

Alagappa, M.(1998) *Asian Security Practice: Material and Ideational Influences*, Stanford, CA: Stanford University Press.

Alesina, A. and Dollar, D.(2000) 'Who Gives Foreign Aid to Whom and Why?', *Journal of Economic Growth*, 5(1): 33-63.

Alkire, S.(2002) 'Conceptual Framework for Human Security', prepared for the Commission on Human Security. Available at http://www. humansecurity-chs.org/doc/frame.pdf (accessed 25 April 2006).

____(2004) 'A Vital Core that Must be Treated with the Same Gravitas as Traditional Security Threats', in P. Virgess and R. Owen(eds), 'What is Human Security?' Comments by 21 authors, Special Issue of *Security Dialogue*, 35(Sept.): 359-360.

Alpes, J. M.(2004) 'Thinking and Implementing Human Security in a World of States-"State"ments About the Potential Impact of Human Security on Global Politics', unpublished paper, Human Security Class, Sciences-Po, Paris.

Amouyel, A.(2005) 'What is Human Security?', unpublished paper, Human Security Class, Sciences-Po, Paris.

Anderson, M.(1999) *Do No Harm: How Aid Can Support Peace — or War*, Boulder, CO: Lynne Rienner.

Andersen, R.(June 2000) 'How Multilateral Development Assistance Triggered the Conflict in Rwanda', *Third World Quarterly*, 21(3): 441-456.

An-Na'im, A. A.(2001) 'The Legal Protection of Human Rights in Africa: How to Do More with Less', in A. Sarat and T. R. Kearns (eds), *Human Rights Concepts, Contests, Contingencies*, Ann Arbor, MI: University of Michigan Press.

Anna, K.(2001) 'Towards a Culture of Peace', lecture delivered at UNESCO. Available at http:www.unesco.org/opi2/lettres/TextAnglais/ AnnanE.html (accessed 5 May 2006).

____(2005a) *In Larger Freedom: Towards Development, Security and Human Right For All*, Report of the Secretary-General, 21 March 2005. Available at http://www.un.org/largerfreedom/ (accessed 25 April 2006).

____(2005b) 'Managing Risk', *Global Agenda: The Magazine of World*

Economic Forum Annual Meeting, 2005 Edition: Available at http://www.globalagendamagazine.com/2005/kofiannan.asp (accessed 5 May 2006).

Annen, B.(2005) 'What Is Human Security?', unpublished essay, Human Security Class, Sciences-Po, Paris.

Axworthy, L.(1997) 'Canada and Human Security: The Need for Leadership', *International Journal*, 52(2): 183-196.

____(1999a) 'Introduction to Human Security: Safety for People in a Changing World', Concept Paper of the Department of Foreign Affairs and International Trade(April).

____(1999b) Interview with *Canada World View*, Special Edition, (Fall). Available at http://www.international.gc.ca/canada-magazine/special/se1t3-en.asp (accessed 7 May 2006).

____(2001a) 'Introduction', in Robert Grant McRae and Don Hybert (eds), *Human Security and the New Diplomacy: Protecting People, Promoting Peace*, Montreal: McGill-Queens University Press.

____(2001b) 'Human Security and Global Governance: Putting People First', *Global Governance*, 7: 19-23.

____(2004) 'A New Scientific Field and Policy Lens', in P, Burgess and T. Owen(eds), 'What is Human Security?' Comments by 21 authors, Special Issue of *Security Dialogue* 35(Sept.): 348-349.

Ayoob, M.(2004) 'Third World Perspectives on Humanitarian Intervention and International Administration', *Global Governance*, 10: 99-118.

Badie, B.(2001) 'Opening Remarks: UNESCO, What Agenda for Human Security in the Twenty-First Century?', First International Meeting of Directors of Peace Research and Training Institutions, Paris, 27-28 November.

____(2002) *La diplomatie des droits de l'Homme: entre éthique et volonté de puissance*, Paris: Fayard.

____(2004) *L'impuissance de la puissance*, Paris: Fayard.

Bain, W.(1999) 'Against Crusading: The Ethic of Human Security and

Canadian Foreign Policy', *Canadian Foreign Policy*, Spring: 85-98.

____(2000) 'National Security, Human Security, and the Practice of Statecraft in International Society', paper presented at the Conference on Global Governance and Failed States, Purdue University, Florence, 6-10 April.

Bajpai, K.(2000) *Human Security: Concept and Measurement*, Occasional Paper 19, The Joan B. Kroc Institute for International Peace Studies, University of Notre Dame, August.

____(2004) 'An Expression of Threats Versus Capabilities Across Time and Space', in P. Burgess and T. Own(eds), 'What is Human Security?' Comment by 21 authors, Special Issue of *Security Dialogue*, 35(Sept.): 360-361.

Baldwin, D. A.(1997) 'The Concept of Security', *Review of International Studies*, 1(23): 5-26.

Barakat, S.(2002) 'Setting the Scene for Afghanistan's Reconstruction: The Challenges and Critical Dilemmas', *Third World Quarterly*, 23(5): 797-816.

Barakat, S. and Chard, M.(2002) 'Theories, Rhetoric and Practice: Recovering the Capacities of War-torn Societies', *Third World Quarterly*, 23(5): 817-835.

Bellow, W.(2006) 'Humanitarian Intervention: Evolution of a Dangerous Doctrine', speech delivered at the conference on Globalization, War, and Intervention, International Physicians for the Prevention of Nuclear War, Frankfurt, Germany, 14 January. Available at http://www.focusweb.org/content/view/818/26/ (accessed 5 May 2006).

Berdal, M. and Malone, D.(2000) *Greed and Grievance: Economic Agendas in Civil Wars*, International Peace Academy. Boulder, CO: Lynne Rinner.

Berlin, I.(1969[2002]) 'Two Concepts of Liberty', in *Four Essays on Liberty*, London: Oxford University Press.

Betram, C.(1995-6) 'Multilateral Diplomacy and Conflict Resolution', *Survival*, 37(4): 65-83.

Boer, L. and Koekkoek, A.(1994) 'Development and Human Security', *Third World Quarterly*, 15(3): 519-22.

Booth, K.(1995) 'Dare To Know: International Relations Theory Versus the Future', in K. Boothand S. Smith(eds), *International Relations Theory Today*, Philadelphia, PA: Penn State University Press.

____(1998) 'Introduction', in K. Booth(ed.), *Statecraft and Security: The Cold War and Beyond*, Cambridge: Cambridge University Press.

Booysen, F.(2002) 'The Extent of and Explanations for International Disparities in Human Security', *Journal of Human Development*, 3(2): 273-300.

Boulding, K.(1991) 'Stable Peace Among Nations: A Learning Process', in E. Boulding, C. Brigagao and K. Clements(eds), *Peace, Culture and Society: Transnational Research and Dialogue*, Boulder, CO: Westview Press.

Brecher, M. and Harvey, H.(2002) *Conflict, Security, Foreign Policy and International Political Economy*, Ann Arbor, MI: University of Michigan Press.

Brown, M., Lynn-Jones, S. and Miller, S.(eds)(1995) *The Perils of Anarchy, Contemporary Realism and International Security*, Cambridge. MA: MIT Press.

Brown, N.(1989) 'Climate, Ecology and International Security', *Survival*, 31(November/December): 519-532.

Brown, S.(2004) 'Beyond Conditionality: UNDP's Policy Opportunity', unpublished paper, internal document for UNDP, New York.

Bruderlein, C.(2001) 'People's Security as a New Measure of Global Stability', *International Review of the Red Cross*, 842: 353-366.

Bull, H.(1977) *The Anarchical Society: A Study of Order in World Politics*, New York: Columbia University Press.

Burke, N.(2005) 'Using the Human Security Paradigm to Guarantee Human Rights', unpublished paper, Human Security Class, Sciences-Po, Paris.

Burnell, P.(1997) 'State of the Art: The Changing Politics of Foreign

Aid — Where to Next?', *Politics*, 17(2): 117-125.

Burnside, C. and Dollar, D.(2000) 'Aid, Policies, and Growth', *American Economic Review*, 90(4): 847-868.

Buzan, B.(1983) *People, States and Fear: The National Security Problem in International Relations*, Chapel Hill, NC: University of North Carolina Press.

_____(1997) 'Rethinking Security after the Cold War', *Cooperation and Conflict*, 32(1)(March): 5-28.

_____(2000) 'Human Security in International Perspective', paper prepared for the ISIS Malaysia 14th Asia-Pacific Round Table on Confidence Building and Conflict Reduction, Kuala Lumpur, 3-7 June.

_____(2001) 'Human Security in International Perspective', in M. Anthony and M. J. Hassan(eds), *The Asia Pacific in the New Millennium: Political and Security Challenges*, Kuala Lumpur: ISIS.

_____(2004) 'A Reductionist, Idealistic Notion that Adds Little Analytical Value', in P. Burgess and T. Owen(eds), 'What is Human Security?' Comments by 21 authors, Special Issue of *Security Dialogue*, 35 (Sept.): 369-370.

Buzan, B., Waver, O. and de Wilde, J.(1998) *Security: A New Framework for Analysis*, Boulder, CO: Lynne Rinner.

Byers, M.(2005) 'New Threats, Old Answers', *Behind the Headlines*, 62(2): 8-15.

Caballero-Anthony, M.(2000) 'Human Security (and) Comprehensive Security in ASEAN', *Indonesian Quarterly*, XXVII(4): 413-422.

Caillonneau, N. and Hamill, O.(2005) 'Underdevelopment as Dangerous Greed and Grievance: Underlying Causes of Conflict?', unpublished paper, Human Security Class, Sciences-Po, Paris.

Campbell, D. and Shapiro, M. J.(eds)(1999) *Moral Spaces: Rethinking Ethics and World Politics*, Minneapolies, MN: University of Minnesota Press.

Canagarahah, C. and Sethuraman, S.(2001) *Social Protection and the Informal Sector in Developing Countries: Challenges and Opportuni-*

ties, Social Protection Discussion Series Working Paper, no. 0103, Washington, DC: The World Bank.

Capeling-Alakija, S.(1994) 'Shared Vision: Women and Global Human Security', *Development*, 2: 44-48.

Carim, X.(1995) 'Critical and Postmodern Readings of Strategic Culture and Southern African Security in the 1990s', *Politikon*, 22(2): 53-71.

Carnegie Commission on Preventing Deadly Conflict(1997) *Preventing Deadly Conflict* Final report of the Carnegie Commission, New York: Carnegie Corporation. Available at http://www.carnegie.org/sub/research/ index.html (accessed 5 February 2006).

Carillo, J., Djebbi, S. and Röder, A.(2005) 'Financing and Development Assistance for Human Security', unpublished paper, Human Security Class, Sciences-Po, Paris.

Carothers, T.(2003) 'Promoting Democracy and Fighting Terrorism', *Foreign Affairs*, 82(1) (Jan./Feb.): 84-97.

Carr, E. H.(1945) *The Twenty Years' Crisis, 1919-1939*, New York: Harper and Row.

Carter, D.(2004) 'Human Security and Human Rights', unpublished paper, Human Security Class, Sciences-Po, Paris.

Carter, J. and Rubin, R.(2002a) 'Human Security and the Future of Development Cooperation', Development Cooperation Forum, Atlanta, GA: The Carter Centre. Available at http://www.cartercenter.org/ documents/950.pdf (accessed 4 May 2006).

_____(2002b) 'Mapping and Explaining Civil War: What to do About Changing Paradigms', *Journal of Peace-building and Development*, 1(1).

Castillo, L., Miler, K. and Zelenovic, J.(2005) 'Human Security and Human Rights Compared', unpublished paper, Human Security Class, Sciences-Po, Paris.

Checkel, J. T.(1998) 'The Constructivist Turn in International Relations Theory', *World Politics*, 50(2): 324-348.

Chen, L., Fukuda-Parr, S. and Seidensticker, E.(eds)(2003) *Human*

Insecurity in a Global World, Cambridge, MA: Harvard University Press.

Chenoy, A.(2001) *Militarism and Women in South Asia*, New Delhi: Kali Books.

____(2005) 'A Plea for Engendering Human Security', *International Studies*, 42(2): 167-179.

Chenoy, K. M.(2001) 'Human Rights Violations in Kashmir: A Report', *Social Action*, (India), 51(April-June): 192-209.

Chenevat, L. and Kohn, J.(2005) 'Human Security as a Global Public Good', unpublished paper, Human Security Class, Sciences-Po, Paris.

Chomsky, N.(1999) *The New Military Humanism: Lessons from Kosovo*, Monroe, ME: Common Courage Press.

Chourou, B.(2005) 'Promoting Human Security: Ethical, Normative and Educational Frameworks in Arab States', Paris: SHS/FPH/UNESCO. Available at http://unesdoc.unesco.org/images/0014/001405/140513E.pdf (accessed 5 May 2006).

Christian Aid(2004) 'The Politics of Poverty: Aid in the New Cold War', April. Available at http://www.un-ngls.org/politics%20of%20 poverty.pdf (accessed 25 April 2006).

Colard, D.(2001a) 'La doctrine de la Sécurité humanine. Le point de vue d'un juriste', *Arès*, XIX(47): 11-25.

____(2001b) 'A propos de la sécurité humanine', *Arès*, 47(1).

Collier, J. F.(2001) 'Durkheim Revisited: Human Rights as the Moral Discourse for the Post-colonial, Post-Cold War World', in A. Sarat and T. R. Kearns(eds), *Human Rights Concepts, Contests, Contingencies*, Ann Arbor, MI: University of Michigan Press.

Collier, P.(1999) 'Economic Consequences of Civil War', *Oxford Economic Papers*, 51: 168-183.

____(2000) 'Doing Well Out of War', in M. Berdal and D. Malone (eds), *Greed and Grievance: Economic Agendas in Civil Wars*, Boulder, CO: Lynne Rienner.

____(2001) 'Economic Causes of Civil Conflict and Their Implications for Policy', in A. C. Chester, F. O. Hampson and P. Aall(eds), *Turbulent Peace: The Challenges of Managing International Conflict*, Washington, DC: United States Institutes of Peace Press.

Collier, P. and Dollar, D.(2004) 'Development Effectiveness: What Have We Learnt?' *The Economic Journal*, 114: 496.

Collier, P. and Hoeffler, A.(1998) 'On the Economic Causes of Civil War', *Oxford Economic Papers*, 50: 563-573.

____(2000) 'Greed and Grievance in Civil War', *World Back Policy Research Group Working Paper Series* 2355, Washington, DC: The World Bank. Available at http://www.worldbank.org/research/conflict/papers/greedgrievance_23oct.pdf (accessed 3 May 2006).

____(2002) 'Military Expenditure: Threats, Aid and Arms Races', *The World Bank Policy Research Working Paper Series* 2927, Washington, DC: The World Bank.

Collier, P., Elliot, L., Hegre, H., Hoeffler, A., Reynal-Querol, M. and Sambanis, N.(2003) 'Breaking the Conflict Trap: Civil War and Development Policy', *A World Bank Policy Research Report*, Oxford: World Bank and Oxford University Press.

Commission on Human Security(CHS)(2003) *Human Security Now, Final Report of the Commission on Human Security*, New York: United Nations Publishing: Available at http://www.humansecurity-chs.org/finalreport/ (accessed 25 April 2006).

Constantin, F. O.(ed.)(2002) *Les Biens Publics Mondiaux: Un mythe légitimateur pour l'action collective?* Logiques Politiques, Paris: l'Harmattan.

Coomaraswamy, R.(1986) 'Nationalism: Sinhala and Tamil Myths', *South Asia Bulletin*, VI(Fall): 21-26.

Cornia, G. A. and Court, J.(2001) *Inequality, Growth and Poverty in the Era of Liberalization and Globalization*, Policy Brief no. 4, Geneva: UNU/WIDER.

Cornia, G. A., Jolly, R. and Stewart, F.(1987) *Adjustment with a Human Face*, Oxford: Oxford University Press.

Cortright, D. and Lopez, G. A.(2000) *The Sanctions Decade: Assessing UN Strategies*, Boulder, CO: Lynne Rienner.

Cramer, C.(2005) 'Inequality and Conflict A Review of an Age Old Concern', *Identities, Conflict and Cohesion Programme Paper*, Number 11, October 2005, UN Research Institute for Social Development.

Dalgaard, C. -J., Hansen, H. and Tarp, F.(2004) 'On the Empirics of Foreign Aid and Growth', *The Economic Journal*, 114(496): 191-216.

Dallymayr, F.(2002) 'Asian Values and Global Human Rights', *Philosophy East and West*, 52(2)(April): 173-189.

Darcy, J. and Hofmann, C. A.(2003) 'According To Need? Needs Assessment and Decision: Making in the Humanitarian Sector', Humanitarian Policy Group Paper Number 15(September), Overseas Development Institute.

Daudelin, J.(1999) 'Human Security and Development Policy', Concept Paper Prepared for the Canadian International Development Agency Policy Branch, Ottawa: Strategic Planning Division.

Degnbol-Martinussen, J. and Engberg-Pedersen, P.(2003) *Aid: Understanding Development Cooperation*, London: Wed Books.

Del Rosso, Jr, S. J.(1995) 'The Insecure State (What Future for the State?)'. *Daedalus: Journal of the American Academy of Arts and Sciences*, 124(2) (Spring): 175-207.

Department for International Development Report(2005) 'Why We Need to Work More Effectively in Fragile States', London. Available at http://www.dfid.gov.uk/pubs/files/fragilestates-paper.pdf (accessed 3 May 2006).

De Soto, H.(2000) *The Mystery of Capital: Why Capitalism Triumphs in the West and Fails Everywheres Else*, New York: Basic Books.

____(2001) 'Dead Capital and the Poor', *Sais Review*, 21(1)(Winter/Spring): 13-43.

DiPrizio, R. C.(2002) *Armed Humanitarians: U.S. Interventions from Northern Iraq to Kosovo*, Baltimore, MD: The Johns Hopkins University Press.

Donnelly, J.(2002) *Universal Human Rights in Theory and Practice*, Ithaca, NY: Cornell University Press.

Doyle, M.(1983) 'Kant, Liberal Legacies, and Foreign Affairs, Part I', *Philosophy and Public Affairs*, 12(Summer): 205-235. Part II, ibid: 323-353.

____(1986) 'Liberalism and World Politics', *The American Political Science Review*, 80(4)(December): 1151-1169.

Duffield, M.(2001) *Global Governance and the New Wars: The Merging of Development and Security*, London: Zed Books.

Dumenil, G. and Levy, D.(2004) 'Neo-Liberal Dynamics: A New Phase?', in L. Assassi, K. van der Pijl and D. Wigan(eds), *Global Regulation. Managing Crisis After The Imperial Turn*, London: Palgrave.

Dutt, A. K.(ed.)(2005) *International Handbook of Development Economic*, Cheltenham: Edward Elgar Publishers.

Easterly, W.(2002a) *The Elusive Quest for Growth. Economists' Adventures and Misadventures in the Tropics*, Cambridge, MA: MIT Press.

____(2002b) 'What did Structural Adjust? The Association of Policies and Growth with Repeated IMF and World Bank Adjustment Loans', Centre for Global Development, Institute for International Economics, Yale University.

Espring-Anderson, G.(1990) *The Three Worlds of Welfare Capitalism*, Cambridge: Polity Press.

European Commission(2005). *European Neighbourhood Policy: Strategy Paper*, Brussels, 12 May. Available at http://europa.eu.int/comm/world/policy_en.htm (accessed 25 April 2006).

Evans, P.(2003) 'Asian Perspectives on Human Security: A Responsibility to Protect?', July 23, paper for UNESCO Conference on Human Security in East Asia, 23 June, Seoul, 35-61. Available at http://unesdoc.unesco.org/images/0013/001365/136506e.pdf (accessed 25 April 2006).

____(2004) 'A Concept Still on the Margins, but Evolving from Its Asian Roots', in P. Burgess and T. Owen(eds), 'What is Human Security?' Comments by 21 authors, Special Issue of *Security Dialogue*, 35(Sept.): 363-364.

Evans, T. and Thomas, C.(2001) *The Politics of Human Right: A Global Perspective*(Human Security in the Global Economy), Sterling, VA: Pluto Press.

Evans, P., Jackson, H. K. and Putnam, R.(eds)(1993) *Double-Edged Diplomacy: International Bargaining and Domestic Politics*, Berkeley and Los Angeles, CA: University of California Press.

Ezrati, M.(2000) *Kawari: How Japan's Economic and Cultural Trans-formation Will Alter the Balance of Power Among Nations*, Massachusetts: Perseus Books.

Fanon, F.(1963) *The Wretched of the Earth*, New York: Grove Weidenfiled.

Finnemore, M.(1996) 'Norms, Culture, and World Politics: Insights from Sociology's Institutionalism', *International Organization*, 50(2): 325-347.

Finnemore, M. and Sikkink, K.(1998) 'International Norm Dynamics and Political Change', *International Organization*, 52(4)(Autumn): 887-917.

Florinin, A. M. and Simmons, P. J.(1997) 'The New Security Thinking: A Review of the North American Literature', Rockefeller Brothers Fund Project on World Security, New York: Carnegie.

Foucault, M.(2000) 'Lemon and Milk', in J. Faubion(ed.), *Power*, New York: New Press, 435-438, translated by Robert Herley.

Fuentes, C. and Aravena, F. R.(2005) 'Promoting Human Security: Ethical, Normative and Educational Frameworks in the Caribbean', Paris: SHS/FRH/UNESCO. Available at http://unesdoc.unesco.org/image /0013/oo1389/138040e.pdf (accessed 5 May 2006).

Fukuda-Parr, S.(2003) 'The New Threats to Human Security in the Era of Globalization', in L. Chen, S. Fukuda-Parr and E. Seidensticker (eds), *Human Insecurity in a Global World*, Global Equity Initiative,

Cambridge, MA: Harvard University Press

____(2006 forthcoming) 'International Cooperation for Human Security: A Coherent Agenda for Development and Conflict Prevention', *Kokuren Kenkyu Journal*(Journal of UN Studies) Japan.

Fukuda-Parr, S. and Shiva Kumar, A. K.(eds)(2005) *Readings in Human Development: Concepts, Measures and Policies for a Development Paradigm*, New Delhi: Oxford University Press.

Fukuyama, F.(1992) *The End of History and the Last Man*, New York: Penguin.

Furtado, X.(2000) 'Human Security and Asia's Financial Crisis: A Critique of Canadian Policy', *International Journal*, 55(3).

Galtung, J.(1969) 'Violence, Peace, and Peace Research', *Journal of Peace Research*, 6: 170-171.

____(2003) 'Human Needs, Humanitarian Intervention, Human Security and the War in Iraq', Keynote Speech, Sophia University/ICU, 14 December, Tokyo.
Available at http://www.transnational.org/forum/meet/
2004/Galtung_HumanNeeds.html (accessed 5 May 2006).

Gasper, D.(2005a) *The Ethics of Development: From Economism to Human Development*, New Delhi: Vistar Publications.

____(2005b) 'Securing Humanity: Situating "Human Security" as Concept and Discourse', *Journal of Human Development Special Issue*, 6(2) (July): 221-245.

George, J.(1993) 'Of Interaction and Closure: Neorealism and the New World Order', *Millennium*, 22(2): 555-592.

Giacomazzi, M.(2005) 'Human Rights and Human Responsibilities: A Necessary Balance?', Markkula Center for Applied Ethics, Santa Clara University. Available at http://www.scu.edu/ethics/practicing/focusareas/ global_ethics/laughlin-lectures/balance-rights-resposibilities.html (accessed 25 April 2006).

Gilpin, R.(1981) *War and Change in International Politics*, Cambridge: Cambridge University Press.

Glendon, M. A.(2000) 'Rights from Wrongs', in H. J. Steiner and P. Alston(eds), *International Human Rights in Context: Law, Politics, Morals*, Oxford: Oxford University Press.

Goldstein, J. and Keohane, R. O.(eds)(1993) Idea*s and Foreign Policy: Beliefs, Institutions, and Political Change*, Ithaca, NY: Cornell University Press.

Gómez Buendía, H.(2002) 'Human Development: An Introduction', unpublished basic text prepared for the Los Andes University Course on Human Development, Bogotá. Colombia.

Goodhand, J.(2002) 'Aiding Violence or Building Peace? The Role of International Aid in Afghanistan', *Third World Quarterly*, 23(5): 837-859.

_____(2003) 'Enduring Disorder and Persistent Poverty: A Review of the Linkages Between War and Chronic Poverty', *World Development*, 31(3) (March): 629-646.

Gordon, C.(1991) 'Governmental Rationality: An Introduction', in G. Burchell, C. Gordon and P. Miller(eds), *The Foucault Effect —Studies in Governmentality*, Chicago, IL: University of Chicago Press.

Gordon, S.(2004) 'Understanding the Priorities for Civil-Military Co-operation(CIMIC)', *The Journal of Humanitarian Assistance*, 13 July. Available at http://jha.ac/articles/a068.htm (accessed 5 April 2006).

Gramham, D. T. and Poku, N. K.(eds)(2000) *Migration, Globalization and Human Security*, London: Routledge.

Grayson, K.(2001) 'Human Security In The Global Era', in D. Drache (ed.) *The Market or the Public Domain: Global Governance and the Asymmetry of Power*, New York: Routledge, 229-252.

_____(2004) 'A Challenge to the Power over Knowledge of Traditional Security Studies', in P. Burgess and T. Owen(eds), 'What is Human Security?' Comments by 21 authors, Special Issue of *Security Dialogue*, 35(Sept.): 357.

Gurr, T.(1968) 'A Causal Model of Civil Strife: A Comparative

416

Analysis Using New Indices', *American Political Science Review*, 62(4): 1104-24.

Haftendorn, H.(1991) 'The Security Puzzle, Theory-Building and Discipline-Building in International Security', *International Studies Quarterly*, 35(1): 3-17.

Hallam, A.(1998) 'Evaluating Humanitarian Assistance Programmes in Complex Emergencies', *Good Practice Review*, 7. London: Overseas Development Institute(ODI).

Hampson, F. O. and Aall, P.(eds)(2001) *Turbulent Peace: The Challenges of Managing International Conflict*, Washington, DC: United States Institute of Peace Press.

Hampson, F. O. with Daudelin, J., Hay, J., Reid, H. and Martin, T. (2002) *Madness in the Multitude: Human Security and Word Disorder*, Oxford: Oxford University Press.

＿＿(2004) 'A Concept in Need of a Global Policy Response', in P. Burgess and T. Owen(eds), 'What is Human Security?' Comments by 21 authors, Special Issue of *Security Dialogue*, 35(Sept.): 349-350.

Hart, A.(2004) 'What is Human Security: And Does it Matter?' unpublished paper for Human Security Class, Sciences-Po, Paris.

Hasenclever, A., Mayer, P. and Rittberger, V.(1996) 'Interests, Power, Knowledge: The Study of International Regimes', *Mershon International Studies Review*, 40(2): 177-228.

Harshe, R.(2005) 'Gramscian Hegemony and the Legitimation of Imperialism', in K. Bajpai and S. Mallavarapu(eds), *International Relations in India: Bringing Theory Back Home*, New Delhi: Orient Longman, 172-222.

Haut Conseil de la Coopération Internationale(2002) *Biens Publics mondiaux et coopération internatioñale, nouvelle stratégie pour de nouveaux enjeux*, Paris: Karthala.

Hankin, L.(1990) 'Epilogue: Human Rights and Competing Ideas', in *Age of Rights*, New York: Columbia University Press, 81-193.

Higate, P. and Henry, M.(2004) 'Engendering (In)security in Peace

Support Operation', *Security Dialogue*, 35(4): 485-486.

High Level Panel on Threats, Challenges and Change(2004) 'A More Secure World: Our Shared Responsibility', December. Available at http://un.org/secueworld/report.pdf (accessed 25 April 2006).

Holmqvist, C.(2005) 'Private Security Companies: The Case for Regulation', *SIPRI Paper*, no. 9, January. Stockholm International Peace Research Institute.

Holmstrom, N.(2004) 'Security and Global Justice', *Logos*, 3(2)(Spring). Available at http://www.logosjournal.com/issue_3.2/holmstrom.htm (accessed 5 May 2006).

Holsti, K. J.(1996) *The State, War, and the State of War*, Cambridge: Cambidge University Press.

Homer-Dixon, T.(1999) *Environment, Scarcity, and Violence*, Princeton, NJ: Princeton University Press.

Homer-Dixon, T. and Blitt, J.(eds)(1998) *Ecoviolence: Links Among Environment, Population, and Security*, New York: Rowman and Littlefield.

Hough, P.(2005) 'Who's Securing Whom? The Need for International Relations to Embrace Human Security', *St Antony's International Review, Special Issue on Human Security*, 1(2)(November): 72-88.

Hubert, D.(2004) 'An Idea that Works in Practice', in P. Burgess and T. Owen(eds), 'What is Human Security?' Comment by 21 authors, Special Issue of *Security Dialogue*, 35(Sept.): 351-352.

Hudson, H.(2005) 'Doing Security As Though Humans Matter: A Feminist Perspective on Gender and the Politics of Human Security', *Security Dialogue*, 36(June): 155-174.

Human Security Council(1999-2000), *Ottawa Law Review*, 31(2): 214-241.

Humphreys, M.(2003) *Economic and Violent Conflict*, Cambridge, MA: Harvard University. Available at http://www.preventconflict.org/portal/economics (accessed 2 February 2006).

Huntington, S.(1993) 'Clash of Civilizations', *Foreign Affairs*, 72: 22-49.

Independent Commission on Disarmament and Security Issues chaired by Olaf Palme(1982) *Common Security: A Blueprint for Survival*, New York: Simon and Schuster.

Independent Commission on International Development Issues(1980) *North-South: A Programme for Survival (Brandt Report)*, London: Pan Books.

International Commission on Intervention and State Sovereignty(ICISS) (2001) *The Responsibility to Protect*, Report of the Commission. International Development Research Center. Canada. Available at http://www.dfait-maeci.gc.ca/iciss-ciise/pdf/Commission-Report.pdf (accessed 5 May 2006).

International Crisis Group(2001) *Uzbekistan at Ten: Repression and Instability*, Osh/ Brussels: International Crisis Group.

____(2002) 'The OSCE in Central Asia: A New Strategy', ICG Asia Report, no. 38, September.

____(2003) *Cracks in the Marble: Turkmenistan's Failing Dictatorship*, Osh/Beussels: International Crisis Group

International Peace Research Institute, Oslo, The World's Armed Conflicts site. Available at http://www.jmk.su (accessed 25 April 2006).

International Monetary Fund(2004) 'The Kyrgyz Republic: Ex Post Assessment of Longer-Term Program Engagement — Staff Report', 5 November.

International Task Force on Global Public Goods(2004) 'International Cooperation in the National Interest: Across-Cutting Approach to Enhancing the Provision of Global Public Goods with Specific Focus on Global Commons'. Available at http://www.gpgtaskforce.org/bazment.aspx?page_id=147 (accessed 7 May 2006).

IPA/FAFO(2001) 'Private Sector Actors in Zones of Conflict: Research Challenges and Policy Responses', IPA Workshop Report, April. Available at http://www.fafo.no/nsp/ipa-report.pdf (accessed 5 May, 2006).

Irwin, R.(ed.)(2001) *Ethics and Security in Canadian Foreign Policy*, Vancouver: USB Press.

Jackson, R. H.(1990) *Quasi-states: Sovereignty, International Relation and the Third World*, Cambridge: Cambridge University Press.

Jackson, R.(1998) 'Surrogate Sovereignty? Great Power Responsibility and Failed States', Institute of International Relations Working Paper No. 25, Canada: University of British Columbia. Available at http://www.iir.ubc.ca/pdffiles/webwp25.pdf (accessed 5 May 2006).

____(2000) *Global Covenant — Human Conduct In A World Of States*, Oxford: Oxford University Press.

Japan Ministry of Foreign Affairs(2000) 'Section 2, Human Security and ODA', in *ODA Annual Report*, Ministry of Foreign Affairs of Japan, February. Available at http://mofa.go.jp/policy/oda/summary/1999/ov2_1_04.html (accessed 25 April 2006).

Johnson, M.(1987) 'The Contributions of Eleanor and Franklin Roosevelt to the Development of International Protection for Human Rights', *Human Rights Quarterly*, 9: 19-48.

Kaldor, M.(2003) 'Perspective On Global Governance: Why the Security Framework. Matters', paper presented at the Conference Taking the Initiative on Global Governance and Sustainable Development, Paris: IDDRI, 13-14 April. Available at http://www.iddri.org/iddri/telecharge/G8/kaldor.pdf (accessed 5 May 2006).

____(2004) 'A Human Security Doctrine for Europe and Beyond', *International Herald Tribune*, 30 September.

Kaldor, M. and Vashee, B.(eds)(1997) *New Wars: Restructuring the Global Military Sector*, London: Pinter.

Kaldor, M., Gladius, M. and Anheier, H.(eds)(2002) 'The State of Global Civil Society Before and After September 11', in *Global Civil Society*, Oxford: Oxford University Press, 3-22.

Kanbur, R.(2000) 'Aid, Conditionality and Debt in Africa', in F. Tarp (ed.), *Foreign Aid and Development*, London: Routledge.

____(2003) 'The Economics of International Aid', paper prepared for

Serge S. Christophe-Kolm and J. Mercier-Ythier(eds), *Handbook on The Economics of Giving, Reciprocity and Altruism*, North-Holland, July 2006. Available at http://www.arts.cornell.edu/poverty/kanbur/Hand bookAid.pdf (accessed 5 May 2006).

Kant, I.(1983) *Perpetual Peace and Other Essays on Politics, History and Morals*, Indianapolis, IN: Hackett Publishing Company.

Katzenstein, P. J.(ed.)(1996) *The Culture of National Security: Norms and Identity in World Politics*, New York: Columbia University Press.

Kaul, I.(2000) 'Global Public Goods: A New Way to Balance the World's Books — What is a Public Good?', *Le Monde Diplomatique*, June.

Kaul, I., Grunberg, I. and Stern, M. A.(1999) *Global Public Goods: International Cooperation in the 21st Century*, Oxford: Oxford University Press.

Keck, M. E. and Sikkink, K.(1998) *Activists Beyond Borders: Advocacy Networks in International Politics*, Ithaca, NY: Cornell University Press.

Keen, D.(1997) 'A Rational Kind of Madness', *Oxford Development Studies*, Special Issue, 25(1): 67-74.

Keller, K.(1996) 'Unpacking the Environment', *World Policy Journal* (Fall): 11-23.

Keohane, R. O. and Nye, J. S(1987) 'Power and Interdependence Revisted', *International Organization*, 41(4): 725-753.

___(1998) 'Power and Interdependence in the Information Age', *Foreign Affairs*, 77(5)(September/October): 81-92.

Keohane, R. and Martin, L.(1995) 'The Promise of Institutionalist Theory', *International Security*, 20(1)(Summer): 39-51.

Keren, C.(2005) 'Human Security and Just War', unpublished paper, Human Security Class, Sciences-Po, Paris.

Kermani, P.(2004) 'The Human Security Paradigm Shift: from an "Expansion Of Security" to an "Extension of Human Right" ', unpublished paper for Human Security, New York: Columbia University.

Khong, Yuen Foong(2001) 'Human Security: A Shotgun Approach to Alleviating Human Misery?', *Global Governance*, 7: 231-236.

King, G. and Murray, C.(2001) 'Rethinking HS', *Political Science Quarterly*, 2001-2, 116(4). Available at http://gking.harvard.edu/files/hs.pdf (accessed 25 April 2006).

King, G., Keohane, R. O. and Verba, S.(1994) *Designing Social Inquiry: Scientific Inference in Qualitative Research*, Princeton, NJ: Princeton University Press.

Kittani, I.(1998) 'Preventing Diplomacy and Peacemaking: The UN Experience', in O. A. Otunnu and M. W. Doyle(eds), *Peacemaking and Peacekeeping for the New Century*, Lanham, MD: Rowman and Littlefield.

Kleschnitzki, S.(2003) 'Human Security Debates with Realism and Neorealism', unpublished paper, Human Security Class, New York: Columbia University.

Krause, K.(2004) 'The Key to a Powerful Agenda, if Properly Defined', in P. Burgess and T. Owen(eds) 'What is Human Security?' Comments by 21 authors, Special Issue of *Security Dialogue*, 35(Sept.): 367-368.

Krause, K. and Jütersonke, O.(2005) 'Peace, Security and Development in Post-Conflict Environments', *Security Dialogue*, 36(4): 447-462.

Krause, K. and Williams, M.(1996) 'Broadening the Agenda of Security Studies: Politics and Methods', *Mershon International Studies Review*, 40: 229-254.

Kreimer, A., Eriksson, J., Muscat, R., Arnold, M. and Scott, C.(1998) *The World Bank's Experience with Post-Conflict Reconstruction*, Washington, DC: The World Bank.

Kuhn, T.(1962) *The Structure of Scientific Revolutions*, Chicago, IL: University of Chicago Press.

Kuperman, R.(2000) 'Rwanda in Retrospect', *Foreign Affairs*, 79(Jan./Feb.): 105-108.

Lachal, A. -C.(2005) 'What Is Human Security?', unpublished paper,

Human Security Class, Sciences-Po, Paris.

Langenkamp, D.(2003) 'The Aims and Impacts of Aid in Afghanistan', The Institute of Human Security Working Paper No. 1, Tufts University, Boston. Available at http://fletcher.tufts.edu/humansecurity/pdf/ Langenkamptotal.pdf (accessed 25 April 2006).

Leaning, J.(2004) 'Psychosocial Well-Bing over Time', in P. Burgess and T. Owen(eds), 'What is Human Security?' Comments by 21 authors, Special Issue of *Security Dialogue*, 35 (Sept.): 354-355.

Leaning, J. and Arie, S.(2000) 'Human Security in Crisis and Transition: A Background Document of Definition and Application', CERTI Project, Payson Center for International Development and Technology Transfer, Tulane University, December. Available at http://www.certi. org/publications/policy/human security-4.htm (accessed 21 April 2006).

Lee, Shin-Wha(2004) 'Promoting Human Security: Ethical, Normative and Educational Frameworks in East Asia', Paris: SHS/FRH/PHS/ UNESCO. Available at http://unesdoc.unesco.org/images0013/001388/ 138892e.pdf (accessed 5 May 2006).

Leone, F.(2004) 'Human Security to the Rescue? How the international community can save itself from Development', unpublished paper for Human Security Class, New York: Columbia University.

Levin, V. and Dollar, D.(2005) 'The Forgotten States: Aid Volumes and Volatility in Difficult Partnership Countries', paper prepared for the DAC Learning and Advisory Process on Difficult Partnership Countries Senior Level Forum, London, 13-14 January.

Lind, M.(1994) 'In Defense of Liberal Nationalism', *Foreign Affairs*, 73(3): 87-99.

Liotta, P. H.(2004) 'A Concept in Search: Concept and Operationalization', paper presented for Expert Seminar on Human Right and Peace, Geneva, December. Available at http//:www.upeace.org/documents/ resources%5Creport_lodgaard.doc (accessed 25 April 2006).

Lonergan, S., Gustavson, K. and Carter, B.(2000) 'The Index of Human Insecurity', *AVISO Series, GECHS Project*, vol. 6.

Lucarelli, G.(2003) 'Law, Fear and Efficiency: Challenges and Inter-sections for Human Security and Human Rights', unpublished paper for Human Security Class, New York: Columbia University.

Lumsdaine, D. H.(1993) *Moral Vision in International Politics: The Foreign Aid Regime, 1949-1989*, Princeton, NJ: Princeton University Press.

MacFarlane, S. N.(2004) 'A Useful Concept that Risks Losing Its Political Salience', in P. Burgess and T. Owen(eds), 'What is Human Security?' Comments by 21 authors, Special Issue of *Security Dialogue*, 35(Sept.): 368-369.

_____(2005) 'The Pre-History of Human Security', *St Antony's International Review, Special Issue on Human Security*, 1(2)(November): 43-66.

MacFarlane, S. N. and Khong, Yuen Foong(2006) *Human Security and the UN: A Critical History*, Bllomington, IN: United Nations Intellectual History Project Series.

MacFarlane, S. N. and Weiss, T. G.(1994) 'The United Nations, Regional Organizations and Human Security: Building Theory in Central America', *Third World Quarterly*, 15(2): 277-293.

Mckinley, T.(2004) 'The Macroeconomics of Transition: The Comparative Experience of Seven Transition Economies', paper prepared for the Initiative for Policy Dialogue, New York: UNDP.

MaLean, G.(1999-2000) 'The Changing Concept of Human Security: Coordinating National and Multilateral Responses', Canada on the Security Council, 1999-2000. Available at http://www.unac.org/en/link_learn/canada/security/perception.asp (accessed 5 May 2006).

McLean, G.(2002) '(Re)defining Security Policy: Canada's Human Security Initiative', in D. Mutimer(ed.), *A New Canadian International Security Policy?*, Toronto: Centre for International and Security Studies.

McRae, R. and Hubert, D.(eds)(2001) *Human Security and the New Diplomacy*, Montreal: Mc-Gill and Queen's University Press.

Mack, A.(2002a) 'Civil War: Academic Research and the Policy Community', *Journal of Peace Research*, 39(5): 515-525.

___(2002b) 'Report on the Feasibility of Creating an Annual Human Security Report', Program on Humanitarian Policy and Conflict Research, Harvard University, February. Available at http://www.hsph. harvard.edu/hpcr/FeasibilityReport.pdf (accessed 25 April 2006).

___(2004) 'A Signifier of Shared Values', in P. Burgess and T. Owen (eds), 'What is Human Security?' Comments by 21 authors, Special Issue of *Security Dialogue*, 35(Sept.): 366-367.

Mack, A.(ed.)(2005) 'The Human Security Report 2005: War and Peace in the 21st Century', Human Security Centre, British Columbia. Available at http://www.humansecurityreport.info/HSR2005/Part.pdf (accessed on 5 May 2006).

Mackinder, H.(1904) 'The Geographical Pivot of History', *Geographical Journal*, 23(4): 421-437.

Maier, N.(2000) *This House has Fallen, Nigeria in Crisis*, London: Penguin.

Makaremi, C.(2004) 'Human Security: Definitions and Critics', unpublished paper, Human Security Class, Sciences-Po, Paris.

March, J. G. and Olsen, J. P.(1989) *Rediscovering Institutions: The Organizational Basis of Politics*, New York: The Free Press.

Marchal, R. and Messiant, C.(2000) 'De l'avidié des rebelles. L'analyse économique de la guerre civile selon Paul Collier', *Critique Internationale*, no. 16.

Mastanduno, M.(1998) 'Economics and Security in Scholarship and Statecraft', *International Organization*, 52(4): 825-854.

Mearchimer, J.(1994/5) 'The False Promise of International Institutions', *International Security*, 19(3)(Winter): 5-49.

Miller, L.(1999) 'The Idea and Reality of Collective Security', *Global Governance*, 5(3)(July-September): 303-332.

Mitter, S.(1986) *Common Fate, Common Bond, Women in the Global Economy*, London: Pluto Press.

Møller, B.(2000) 'The Concept of Security: The Pros and Cons of Expansion and Contraction', Copenhagen Peace Research Institute, Norway, 2000.

_____(2001) 'National, Societal and Human Security', in *What Agenda for the Human Security in the 21st Century?*' Proceedings, UNESCO, pp.41-63. Available at http://www.unesco.org/securipax/whatagenda.pdf (accessed 25 April 2006).

Momsen, J.(1991) *Women and Development in the Third World*, London: Routledge.

Monshipouri, M. and Welch, C. E.(2001) 'The Search for International Human Right and Justice: Coming to Terms with the New Global Realities', *Human Rights Quarterly*, 23: 370-401.

Moravcsik, A.(1997) 'Taking Preferences Seriously: A Liberal Theory of International Politics', *International Organization*, 51(4)(Autumn): 513-553.

Morgenthau, H. J.(1960) *Politics Among Nations: The Struggle for Power and Peace*, New York: Alfred Knopf.

Mosely, P., Hudson, J. and Verschool, A.(2004) 'Aid, Poverty Reduction and the New Conditionality', *Economic Journal, Royal Economic Society*, 114(496): 23-41.

Myers, N.(1989) 'Environment and Security', *Foreign Policy*, 74: 23-41.

Naidoo, S.(2001) 'A Theoretical Conceptualization of Human Security', paper presented at 'Peace, Human Security and Conflict Prevention in Africa', UNESCO-ISS Expert Meeting, South Africa, 23-24 July. Available at http://www.iss.co.za/Pubs/Books/Unesco/Naidoo.html (accessed 5 Mya 2006).

Naidus, M. V.(2001) 'State Sovereignty, Human Security and Military Interventions', in *State Sovereignty in 21st Century*, Concepts, Relevance and Limits, New Delhi: IDSA, 49-73.

Nayyar, D. and Chang, H.(2005) 'Towards a People-Centred Approach to Development', in E. Hershberg and C. Thornton(eds), *The Development Imperative: Towards a People-Centered Approach*, New

York: Social Science Research Council.

Nef, J.(1999) 'Human Security and Mutual Vulnerability The Global Political Economy of Development and Underdevelopment', 2nd edition, Canada: International Research Development Centre. Available at http://www.idrc.ca/en/ev-9383-201-1-DO-TOPIC.html (accessed 5 May 2006).

Nehru, J.(1961) *India's Foreign Policy: Selected Speeches*, September 1946-April 1961, New Delhi: Government of India Press.

Newland, K.(1991) 'From Transnational Relationship to International Relations: Women in Development and the International Decade for Women', in R. Grant and K. Newland(eds), *Gender and International Relations*, Buckingham: Open University Press.

Newman, E.(2004) 'A Normatively Attractive bur Analytically Weak Concept', in P. Burgess and T. Owen(eds), 'What is Human Security?' Comments by 21 authors, Special Issue of *Security Dialogue*, 35(Sept.): 358-359.

____(2005) 'Human Security: Mainstreamed Despite the conceptual Ambiguity?' *St Antony's International Review, Special Issue on Human Security*, 1(2)(November): 24-37.

Nicholson, M.(2000) 'Globalization, Weak States and Failed States', in Globalization and the Failed States: A Conference, Florence, Italy, April 7-10, 2000. Available at http://www.ippu.purdue.edu/failed_states/1999/papers/Nicholson.html (accessed 25 March 2006).

Nordstrom, C.(2004) *Shadows of War, Violence, Power, and International Profiteering in the Twenty-First Century*, Berkeley, CA: University of California Press.

O'Neil, H.(1997) 'Globalization, Competitiveness and Human Security: Challenges for Development Policy and Institutional Change', *European Journal of Development Research*, 9(12)(June): 7-38.

Onuf, N.(1995) *World of Our Making. Rules and Rule in Social Theory and International Relations*, Columbia, SC: University of South Carolina Press.

Oberleitner, G.(2002) 'Human Security and Human Rights', European Training and Research Center for Human Rights and Democracy, Human Rights and Security — The Two Towers Centre for the Study of Human Rights Discussion group, published in European Training and Research Center for Human Right and Democracy, issue no. 8 (June). Available at http://www.lse.ac.uk/Depts/human-rights/Documents/ Security_and_human_rights.pdf (accessed 25 March 2006).

Obuchi, K.(1998) 'Opening Remarks by Prime Minister Obuchi at the Intellectual Dialogue on Building Asia's Tomorrow', Tokyo, 2 December. Available at http://www.mofa.go.jp/policy/culture/intellectual/ asia9812.html (accessed 25 March 2006).

Ogata, S.(2005) 'Human Security: Theory and Practice', *St Antony's International Review, Special Issue on Human Security*, 1(2)(November): 11-23.

Organization for Economic Cooperation and Development(OECD)(2001) 'Helping Prevent Violent Conflict', The DAC Guidelines, Paris: OECD/DAC. Available at http://www.oecd.org/dataoecd/15/54/1886146. pdf (accessed 5 May 2006).

____(2004) 'The Security and Development Nexus: Challenges for Aid', paper presented at the DAC High Level Meeting on 15-16 April. Available at http://www.oecd.org/dataoecd/7/60/31785359.pdf (accessed 5 May 2006).

Ostby, G.(2003) 'Horizontal Inequalities and Civil War', Centre for the Study of Civil War, Oslo: International Peace Research Institute. Available at http://www.prio.no/files/file40747gudrun_ostby_thesis_2003. pdf (accessed 5 May 2006).

Ottoway, M. and Mair, S.(2004) 'States at Risk and Failed States', *Policy Outline, Carnegie Foundation*, September.

Owen, T.(2004) 'Human Security — Conflict, Critique and Consensus: Colloquium Remarks and a Proposal for a Threshold-Based Definition', in P. Burgess and T. Owen(eds), 'What is Human Security?' Comments by 21 authors, Special Issue of *Security Dialogue*, 35

(Sept.): 373-387.

____(2005) 'A Response to Edward Newman: Conspicuously Absent? Why the Secretary-General Used Human Security in All But Name', *St Antony's International Review, Special Issue on Human Security*, 1(2)(November): 37-42.

Paarlberg, R. L.(2002) 'Governance and Food Security in an Age of Globalization', Food, Agriculture, and The Environment Discussion Paper 36, International Food Policy Research Institute, Washington, DC.

Pape, R. A.(1997) 'Why Economic Sanctions Do Not Work', *International Security*, 22(2): 90-136.

Paris, R.(2001) 'Human Security: Paradigm Shift of Hot Air?', *International Security*, 26(2)(Fall): 87-102. Available at http://www.mitpress. mit.edu/journals/pdf/isec_26_02_87_0.pdf (accessed 25 March 2006).

____(2004) 'Still an Inscrutable Concept', in P. Burgess and T. Owen (eds), 'What is Human Security?' Comments by 21 authors, Special Issue of *Security Dialogue*, 35(Sept.): 370-2.

Paul, J. A. and Akhtar, S.(1998) 'Sanctions: An Analysis', Global Policy Forum.
Available at http://www,globalpolicy.org/security/sanction/anlysis 2.htm (accessed 25 April 2006).

Pender, J.(2001) 'From "Structural Adjustment" to "Comprehensive Development Framework": Conditionality Transformed', *Third World Quarterly*, 22(3): 397-411.

Picciotto, R., Olonisakin, F. and Clarke, M.(2006) 'Global Development and Human Security — Towards a Policy Agenda', a Policy Review Commissioned by the Ministry of Foreign Affairs, Sweden.

Pogge, T.(2002) *World Poverty and Human Rights*, Cambridge, MA: Blackwell Publishers Press.

Ponzio, R.(2005) 'A Response to S. Neil MacFarlane: Why Human Security Is a New Concept with Global Origins', *St Antony's International Review, Special Issue on Human Security*, 1(2)(November): 66-72.

Popov, V.(2001) 'Lessons from Transition Economies: Strong Institutions are More Important than the Speed of Reforms', paper presented at UNIPISD meeting on 'The Need to Rethink Development Economies', South Africa, 7-8 September.

Poter, G.(1995) 'An Ethical Basis for Achieving Global Human Security', *Development*, 3: 56-59.

Power, S.(2001) 'Bystanders to Genocide', *Atlantic Monthly*, 288(September): 84-108. Available at http://www.thealantic.com/doc/200109/power-genocide (accessed 5 May 2006).

Preiswerk, R.(1981) 'Could We Study International Relations as if People Mattered', in *Peace and World Order Studies: A Curriculum Guide*, New York: Transnational Academic Program, Institute for World Order, p.8.

Prieto-Oramas, B.(2004) 'Human Security and the European Union Foreign and Security Policy', unpublished paper, Human Security Class, SIPA New York: Columbia University.

Radelet, S.(2003) 'Bush and Foreign Aid', *Foreign Affairs*, 82(5)(September/October): 104-117.

Rahman, A. T. R.(ed.)(2002) *Human Security in Bangladesh in Search of Justice and Dignity*, Dhaka: UNDP.

Ramcharan, B.(2002) *Human Rights and Human Security*, The Hague: Nijhoff Publishers.

Rawls, J.(1971) *A Theory of Justice*, Cambridge, MA: Belknap Press.

Reich, S.(2004) 'Human Security as a Global Public Good', *The Courier ACP-EU 202*: 33-34.

Renner, M.(1996) *Fighting for Survival: Environmental Decline, Social Conflict, and the New Age of Insecurity*, 2nd edition, New York: W.W. Norton.

Reve, A.(2004a) 'What is Human Security?' unpublished paper, Human Security Class, Sciences-Po, Paris.

____(2004b) 'Realist, Liberalist, Constructivist Views of Security', unpublished paper, Human Security Class, Sciences-Po, Paris.

Risse, T., Ropp, S. C., and Sikkink, K.(eds)(1999) *The Power of Human Rights: International Norms and Domestic Change*, New York: Cambridge University Press,

Robertson, G.(2002) *Crimes Against Humanity The Struggle for Global Justice*, London: Penguin.

Rodier, R.(2004) 'Beyond the Egg (Security) and Chicken (Development) Dilemma: A Human Security Approach to Civil Wars', unpublished paper, Human Security Class, New York: Columbia University.

Rothschild, E.(1995) 'What is Security?', *Daedalus*, 124(3)(Summer): 53-98.

Rostow, W. W.(1960) *The Stages of Economic Growth: A Non-Communist Manifesto*, Cambridge: Cambridge University Press.

Roy, O.(2002) *L'Afghanistan, Islam et Modernité Politique*, Paris: Seuil/ Esprit.

Rubin, B.(2004) *The Fragmentation of Afghanistan: State Fromation and Collapse in the International System*, New York: Yale University Press.

Ruffin, J. C.(1992) *Le piège humanitaire*, Paris: Hachette Pluriel.

Ruggie, J. G.(1982) 'International Regimes, Transactions, and Change: Embedded Liberalism in the Postwar Economic Order', *International Organization*, 36: 195-231.

Ryfman, P.(2002) 'Les campagnes globalisées de ONG: les biens publics mondiaux au service de la Société civile?', in F. Constantin(ed.), *Les Biens Publics Mondiaux, un mythe légitimateur pour l'action collective?*, Paris: l'Harmmattan, Collection Logiques politiques.

Saether, G.(2001) 'Inequality, Security and Violence', *The European Journal of Development Research*, 13(1): 193-212.

Sagasti, F. and Alcalde, G.(1999) 'Development Cooperation In A Fractured Global Order: An Arduous Transition', Canada: International Development Research Center publications: Available at http://www.

idrc.ca/ev-9405-201-1-DO_ToPIC.html (accessed 5 May 2006).

Sakai, E.(2004) 'Why is Japan Involved in Human Security?', unpublished paper, Human Security Class, Sciences-Po, Paris.

Scheper, E.(2001) 'On the Right to Development, Human Security, and a Life in Dignity', Weatherhead Center for International Affairs, Harvard University: 4-38. Available at http://www.wcfia.harvard.edu/fellows/papers00-01/scheper.pdf (accessed 25 March 2006).

Schmeidl, S.(2002) '(Human) Security Dilemmas: Long-Term Implications of the Afghan Refugee Crisis', *Third World Quarterly*, 23(1): 7-29.

Schmitt, H., Alpes, J. M. and Cameron, A.(2004) 'Human Security as an "Excuse" For Intervention?', unpublished paper, Human Security Class, Sciences-Po, Paris.

Schraeder, P., Hook, J. S. W. and Taylor, B.(1998) 'Clarifying the Foreign Aid Puzzle: A Comparison of American, Japanese, French and Swedish Aid Flows', *World Politics*, 50(2): 294-323.

Seidensticker, E.(2002) 'Human Security, Human Rights, and Human Development', paper presented at Harvard Kennedy School, February. Available at http://www.humansecurity-chs.org/activities/outreach/0206 harvard.pdf (accessed 25 March 2006).

Sen, A.(1988) 'The Concept of Development', in H. Chenery and T. N. Srinivasan(eds), *Handbook of Development Economics*, New York: North Holland, 10-24.

_____(1999) 'Beyond the Crisis: Development Strategies in Asia', Lecture at Sustainable Development and Human Security: Second Intellectual Dialogue on Building Asia's Tomorrow, Singapore: 25-35.

_____(2000a) *Development as Freedom*, New York: Knopf Publishers.

_____(2000b) 'Why Human Security?', Presentation at the International Symposium on Human Security, Tokyo, July. Available at http://www. humansecurity-chs.org/activities/outreach/Sen2000.pdf (accessed 5 May 2006).

_____(2001) 'Global Inequality and Persistent Conflicts', paper presented at the Nobel Peace Prize Symposium in Oslo, published in G. Lundestad and O. Njølstad(eds), *War And Peace In The 20th Century And Beyond*, Oslo: Norwegian Nobel Institute.

____(2002) 'Basic Education and Human Security', Speech given at Workshop on Education, Equity, and Security organized by the Commission on Human Security, UNICEF/India, the Pratichi Trust, and Harvard University, Kolkota, 2-4 January. Available at http://www.humansecurity-chs.org/activities/outreach/0102Sen.html (accessed 5 May 2006).

Sen, A. and Dreze, J.(1991) 'Public Action for Social Security' in E. Ahmad, J. Dreze, J. Hills and A. Sen(eds), *Social Security in Developing Countries*, New Delhi: Oxford University Press.

Shah, A.(2006) 'The U.S. and Foreign Aid Assistance', Global Issues, 25 April. Available at http://www.globalissues.org/TradeRelated/Debt/ISAid.asp (accessed 25 March 2006).

Sheehan, M.(2006) *International Security: An Analytical Survey*, Delhi: Viva Books.

Shméder, G.(2005) 'Une doctrine de "sécurité humaine" pour l'Europe?', *Défence National et sécurité collective*, February: 50-60.

Shusterman, J.(2005) 'What is Human Security?', unpublished essay, Human Security Class, Sciences-Po, Paris.

Schwarz, R.(2005) 'Post-Conflict Peacebuilding: The Challenges of Security, Welfare and Representation', *Security Dialogue*, 36(4)(December): 429-46.

Smith, D. and Stohl, R. J.(2000) 'The Evolving Role of Military Forces in Human Security', paper presented at 'Globalization and the failed States: A Conference', Florence, Italy, 7-10 April.

Smith, S.(2002) 'The Contested Concept of Security', Institute of Defence and Strategic Studies, Singapore. Available at http://www.ntu.edu.sg/idss/publications/WorkingPapers/WP23.pdf (accessed 25 March 2006).

Sogge, D.(2002) *Give and Take: What's The Matter With Foreign Aid?*,

London: Zed Books.

Sörensen, G.(2000) 'Development in Fragile/Failed States', paper presented at the Conference on Globalization and the Failed States, Florence, Italy, 7-10 April.

South Commission(1990) *The Challenge to the South: The Report of the South Commission*, New York: Oxford University Press.

Stedman, S. J.(1995) 'Alchemy for a New World Order: Overselling "Preventive Diplomacy" ', *Foreign Affairs*, 74: 14-20.

Stewart, F.(1999) 'Horizontal Inequalities: A Neglected Dimension of Development', *Queen Elizabeth House Working Paper no. 81*, Oxford: Queen Elizabeth House. Available http://www2.qeh.ox.ac.uk/RePEc/qeh/qehwps81.pdf (accessed 5 May 2006).

____(2000) 'Crisis Prevention: Tacking Horizontal Inequalities', *QEH Working Paper Series No. 33*, Oxford, Queen Elizabeth House. Available http://www2.qeh.ox.ac.uk/pdf/qehwp/qehwps33.pdf (accessed 5 May 2006).

____(2003) 'Conflict and the Millennium Development Goals', *Journal of Human Development*, 4: 3.

____(2004) 'Development and Security', paper prepared for the Security and Development Workshop, Centre for Research on Inequality, Human Security and Ethnicity (CRISE) Queen Elizabeth House, University of Oxford, 25-26 January.

Stewart, F. and Fitzagerald, V.(eds)(2000) *War and Underdevelopment*, vol. I, Economic and Social Consequences of Conflict, Oxford: Queen Elizabeth House Series in Development Studies.

Stiglitz, J.(2002) *Globalization and its Discontents*, New York: W.W. Norton.

Stockholm International Peace Research Institute(2004) *SIPRI Yearbook*, OSlo: SIPRI.

Stoett, P.(1999) *Human and Global Security: An Exploration of Terms*, Toronto: University of Toronto Press.

Stohl, M.(2000) 'Globalization and the Failed State: The Continuing

Tensions Between National Security and Human Security: A Summing Up', paper presented at the conference on Globalization and the Failed State, Florence, Italy, 7-10 April. Available at http://www.ippu. purdue.edu/failed_states/2000.papers/mstohl.html (accessed 25 March 2006).

Stohl, M. and Lopez, G.(1988) 'Westphalia, the End of the Cold War and the New World Order: Old Roots to a New Problem', paper given at the conference of Failed states and Inter-national Security: Causes, Prospects, and Consequences, Purdue University, West Lagayette, 25-27 Febraury. Available at http://www.ippu.purdue.edu/failed_states/1988/papers/stohl-iopez.html (accessed 5 May 2006).

Study Group on Europe's Security Capabilities(2004) 'A Human Security Doctrine for Europe: The Barcelona Report of the Study Group on Europe's Security Capabilities', Presented to EU High Representative for Common Foreign and Security Policy, Javier Solana, on 15 September, Barcelona. London: London School of Economics.

Sucharithanarugse, W.(2000) 'The Concept of "Human Security" Extended: Asianizing the Paradigm', in W. T. Tow, R. Thakur and I. Hyun(eds), *Asia's Emerging Regional Order: Reconciling Traditional and Human Security*, Tokyo: United Nations University Press, 49-61.

Suhrke, A.(1996) 'Environmental Change, Migration and Conflict: A Lethal Feedback Dynamic?', in C. Crocker, F. O. Hampson and P. Aall(eds), *Managing Global Chaos: Source of a Response to International Conflicts*, Washington, DC: United States Institute of Peace Press, 113-28.

____(1999) 'Human Security and the Interests of States', *Security Dialogue*, 30(3): 265-276.

____(2004) 'A Stalled Initiative', in P. Burgess and T. Owen(eds), 'What is Human Security?' Comments by 21 authors, Special Issue of *Security Dialogue*, 35(Sept.): 365.

Swatuk, L.A. and Vale, P.(1999) 'Why Democracy is Not Enough: Southern Africa and Human Security in the Twenty-First Century',

Alternatives, 24(3): 361-389.

Sylvester, C.(1994) *Feminist Theory in a Postmodern Era*, Cambridge: Cambridge University Press.

Tadjbakhsh, S.(2004) 'A Human Security Agenda for Central Asia', in F. Sabahi and D. Warner(eds), *The OSCE and the Multiple Challenges of Transition: The Caucasus and Central Asia*, Aldershot: Ashgate Publishing.

____(2005a) *Human Security: Concept, Implications and Application*, Paris: Etudes du CERI, Sciences-Po.

____(2005b) 'Paix libérale et assistance en Asia Centrale', in G. Devin (ed.). *Faire la Paix*, Paris: Editions Pepper, Chaos International.

____(1993) *The Bloody Path of Change: The Case of Post-Soviet Tajikistan*, New York: Harriman Institute Forum, Columbia University.

Tadjbakhsh, S.(ed.), Sava, D. and Zakhiwal, O.(2004) *Security with a Human Face: Responsibilities and Challenges, First National Human Development Report for Afghanistan*, Kabul: United Nations Development Programme.

Taliaferro, J. W.(2000/1) 'Seeking Security under Anarchy: Defensive Realism Revisited', *International Security*, 25(3): 128-61.

Tan See Sang(2001) 'Human Security: Discourse, Statecraft, Emancipation', Working Paper no. 11(May), Singapore: Institute of Defence and Strategic Studies.

Taylor, V.(2002) 'Realising Socio-economic Rights: An Imperative for Human Security', paper presented at a colloquium of the Socio-Econovic Rights Project, CLC, UWC.

____(2003) 'Human Security = Women's Security?', paper presented at the Feminist Institute of the Heinrich Boell Foundation in Collaboration with the Friedrich Ebert Foundation and the Women's Security Council, Berlin, October. Available at http://www.glow-boell. de/media/de/txt_rubrik_3/Taylor_autorisiert.pdf (accessed 5 May 2006).

Tehranian, M.(1997) 'Human Security And Global Governance: Power Shifts And Emerging Security Regimes', paper presented at the

International Conference on Human Security And Global Governance, Toda Institute for Global Peace and Policy Research. Honolulu, Hawaii, 6-8 June. Availavle at http://www2.hawaii.edu/~majid/draft_ papers/ hugg_paper/hugg.html (accessed 25 March 2006).

Teschke, B.(2003) *The Myth of 1648: Class, Geopolitics and the Making of Modern International Relations*, London: Verso.

Thakur, R.(2002) 'Outlook: Intervention, Sovereignty and the Responsibility to Protect: Experiences from ICISS', *Security Dialogue*, 33(3): 323-340.

____(2004) 'A Political Worldview', in P. Burgess and T. Owen(eds), 'What is Human Security?' Comments by 21 authors, Special Issue of *Security Dialogue*, 35(Sept.): 347-348.

Thayer, C. A.(1999) 'ASEAN: From Constructive Engagement to Flexible Intervention', *Harvard Asia Pacific Review*, 3(2)(Spring): 67-70.

Therien, J. -P.(1999) 'Beyond the North-South Divide: the Two Tales of World Poverty', *Third World Quarterly*, 20(4)(August): 723-742.

Thomas, C.(2000) *Global Governance, Development and Human Security: The Challenge of Poverty and Inequality*, London: Pluto Press.

____(2004) 'A Bridge Between the Interconnected Challenges Confronting the World', in P. Burgess and T. Owen(eds), 'What is Human Security?' Comments by 21 authors, Special Issue of *Security Dialogue*, 35(Sept.): 353-354.

Tickner, J. A.(1992) *Gender and International Relations*, New York: Cornell University Press.

____(1995) 'Re-Visioning Security', in K. Booth and S. Smith(eds), *International Relations Theory Today*, Cambridge: Polity Press.

____(1999) 'Feminist Perspectives on Security in a Global Economy', in C. Thomas and P. Wilkin(eds), *Globalization, Human Security and the African Experience*, Boulder, CO: Lynne Rinner, 41-58.

Tow, W.T., Thankur, R. and Hyun, I.(eds)(2000) *Asia's Emerging Regional Order: Reconciling Traditional and Human Security*, Tokyo:

United Nations University Press.

Tucker, R. W.(1977) *The Inequality of Nations*, New York: Basic Books.

Uddin, S.(2004) 'Human Security and the Politicization of Overseas Development Assistance', unpublished paper, Sciences-Po, Paris.

Ul Haq, M.(1995) *Reflections on Human Development*, Oxford: Oxford University Press.

_____(1998) 'Human Rights, Security and Governance', *Peace and Policy Journal of the Toda Institute for Global Peace and Policy Research: Dialogue of Civilizations for World Citizenship*, 3(2).

United Nations(1992) 'An Agenda for Peace: Preventive Diplomacy, Peacemaking and Peace-Keeping', Report of the Secretary-General Boutros Boutros Ghali, 17 June. Available at http://www.un.org/Docs/SG/agpeace.html (accessed 5 May 2006).

_____(2002) 'Outcome of the International Conference on Financing for Development "Monterrey Concensus"', Available at http://www.global policy.org/socecon/ffd/conference/2002/monterreyreport.pdf (accessed 5 May 2006).

_____(2005a) 'In Larger Freedom: Towards Development, Security And Human Rights: Report of the Secretary General of the United Nations' New York. Available at http://www.un.org/lagerfreedom/ (accessed 5 May 2006).

_____(2005b) Report of the UN Millennium Project. UN Millennium Project, presented to UN Secretary-General, 17 January, Millennium Report. Available at http://www.ippu.purdue.edu/failed_states/2000/papers/mstohl.html (accessed 25 March 2006).

United Nations Development Programme(UNDP)(1994) *Human Development Report 1994 — New Dimensions of Human Security*, New York: Oxford University Press.

_____(1995) *Estonia National Human Development Report*, Estonia: UNDP.

_____(1998) *Mozambique National Human Development Report*, Mozambique: UNDP.

_____(1999a) *Transition 99*, Regional Bureau for Europe and the CIS, New York: UNDP publication.

_____(1999b) *Central Asia 2010*, Regional Bureau for Europe and the CIS, New York: UNDP Publication.

_____(1999c) *Moldova National Human Development Report*, Moldova: UNDP.

_____(2003a) 'Conflict Related Development Analysis(CDA)', Working Document, October, New York: UNDP Bureau of Crisis Prevention and Recovery(BCPR).

_____(2003b) *Participatory Governance for Human Development: National Human Development Report Kenya*, Kenya.

_____(2005) *Human Development Report 2005: International Cooperation at a Crossroads: Aid, Trade and Security in an Unequal World*, New York: Oxford University Press. Available at http://hdr.undp.org/reports/global/2005/ (accessed 5 May 2006).

United Nations Education, Scientific and Cultural Organization(UNESCO) (1997) From Partial Insecurity to Global Security, UNESCO/IHEDN. Available at http://unesdoc.uneco.org/images/0011/001106/110639e.pdf (accessed 5 May 2006).

_____(1998) *What Kind of Security?*, Paris: UNESCO. Available at http://unesdoc.uneco.org/images/0010/001096/109626eo.pdf (accessed 5 May 2006).

_____(2001) Proceedigns of the Expert Meeting on 'Peace, Human Security and Conflict Prevention in Africa', South Africa: UNESCO-ISS. Available at http://www.unesco.org/securipax/UNESCO_ISSfinal.pdf (accessed 5 May 2006).

_____(2003) International Conference on Contemporary International Security: Consequences for Human Security in Latin America, Santiago, Chile. Availavle at http://www.flacso.cl/flacso/biblos.php?code=642 (accessed 5 May 2006).

Uvin, P.(1998) *Aiding Violence: The Development Enterprise in Rwanda*,

West Hartford: Kumarian Press.

____(1999a) 'Development Aid and Structural Violence: The Case of Rwanda', *Development*, 42(3): 49-56.

____(1999b) 'The Influence of Aid in Situations of Violent Conflict. A Synthesis and a Commentary on Lessons Learned from Case Studies', OECD/DAC, Information Task Force on Conflicts, Peace and Development.

____(2002) 'The Development/Peace building Nexus: A Typology and History of Changing Paradigms', *Journal of Peace building and Development*, 1(1): 5-22.

____(2004) 'A Field of Overlaps and Interactions', in P. Burgess and T. Owen(eds), 'What is Human Security?' Comments by 21 authors, Special Issue of *Security Dialogue*, 35(Sept.): 352-353.

Vanaik, A.(2005) '1945 to 1989: The Realist Paradigm and Systemic Duality', in K. Bajpai and S. Mallavarapu(eds), *International Relations in India: Bringing Theory Back Home*, New Delhi: Orient Longman, 400-422.

Van Rooy, A.(2000) 'In the Aftermath of Crisis, What Now? Civil Society and Human Security in the Asia Pacific', paper prepared for the ISIS Malaysia, 14th Asia-Pacific Roundtable on Confidence Building and Conflict Reduction, Kuala Lumpur, 3-7 June.

Vaux, T. and Goodhand, J.(2001) 'Disturbing Connections: Aid and Conflict in Kyrgyzstan', The Conflict, Security and Development Group, Centre for Defense Studies, Conflict Assessments 3, July, London: Kings College.

Walt, S.(1991) 'Renaissance of Security Studies', *International Studies Quarterly*, 35(1): 211-239.

Waltz, K. N.(1979) *Theory of International Politics*, Reading, MA: Addison-Wesley.

____(1990) 'Realist Thought and Neorealist Theory', *Journal of International Affairs*, 44: 21-37.

____(2001) *Man, the State, and War: A Theoretical Analysis*, revised edition, New York: Columbia University Press.

Walzer, M.(1992) *Just and Unjust Wars: A Moral Argument with Historical Illustrations*, New York: Basic Books.

___(2004) 'Au-delà de l'intervention humanitaire: les droits de l'homme dans la société globale', *Esprit*, 8(August-September): 66-79.

Wapner, P. and Ruiz, L. E. J.(eds)(2000) *Principled World Politics: The Challenge of Normative International Relations*, Lanham, MD: Rowman and Littlefield.

Weber, M.(1946) 'Politics as Vocation', in H. H. Gerth and C. Wright Mills(eds), *From Max Weber: Essays in Sociology*, New York: Oxford University Press.

Weiss, T. G.(2000) 'Governance, Good Governance and Global Governance', *Third World Quarterly*, 21(5) (October): 795-814.

Wendt, A.(1987) 'The Agent-Structure Problem in International Relations Theory', *International Organization*, 41(3) (Summer): 335-370.

___(1992) 'Anarchy is What States Make of it. The Social Construction of Power Politics', *International Organization*, 46(2) (Spring): 391-425.

Werthes, S. and Bosold, D.(2005) 'Human Security And Smart Sanctions: Two Means To A Common End?', *International Review*, 14(2): 111-36.

Wesley, M.(1999) 'Human Security in Development and Crisis: How to Capture Human Security in Regional Institutional Arrangements?', *The Asia-Australia Papers*, no. 2.

Williams, W.(1998) '*Honest Numbers and Democracy*', Washington, DC: Georgetown University Press.

Winslow, D. and Eriksen, T. H(2004) 'A Broad Concept that Encourages Interdisciplinary Thinking', in P. Burgess and T. Owen (eds), 'What is Human Security?' Comments by 21 authors, Special Issue of *Security Dialogue*, 35(Sept.): 361-362.

'Women's Equal Participation in Conflict Prevention, Management and Conflict Resolution And In Post-Conflict Peace-Building', Commision on the Status of Women, Report of the Secretary-General, March

2004. Available at http://econ.worldbank.org/prr/CivilWarPRR/.

Wood, B.(2003) *Development Dimensions of Conflict Prevention and Peace Building*, An Independent Study Prepared for the Emergency Response Division, New York: UNDP.

World Bank(1996) *From Plan to Market: World Development Report 1996*, Washington, DC: The World Bank.

____(2000) *Making Transition Work for Everyone: Poverty and Inequality in Europe and Central Asia.* Washington, DC: The World Bank.

____(2002) *Transition: The First Ten Years: Analysis and Lessons for Eastern Europe and the Former Soviet Union*, Washington, DC: The World Bank.

____(2005) *Towards a Conflict: Sensitive Poverty Reduction Strategy: Lessons from a Retrospective Analysis*, Report no. 32586, SDV/ESSD, 2005. Washington, DC: The World Bank.

Yeo, R.(2004) 'Whither Human Security? An Argument for Complementarity and Cooperation in Canadian and Japanese Human Security Policies', unpublished paper, Human Security Class, Sciences-Po, Paris.

찾아보기

지은이

타지박시(Shahrbanou Tadjbakhsh)
프랑스 파리에 있는 정치학연구소 내 평화와 인간안보를 위한 CERI 프로그램
의 팀장으로 일하고 있다. 인간안보와 국제기구에 대해서 강의를 하고 있으며,
『인간안보지(*Human Security Journal*)』의 편집인이기도 하다. 뉴욕의 컬럼비아
대학교 겸임교수로서 인간안보에 대해 가르쳤고, 1995-2002년에는 유엔개발계
획의 일원으로서 일하였으며, 각국의 인간개발보고서를 준비하는 팀의 자문역
을 수행하고 있다. 그동안 인간개발, 인간안보, 성문제, 그리고 중앙아시아와
아프가니스탄에 관한 많은 논문을 발표하였다.

체노이(Anuradha M. Chenoy)
인도 뉴델리에 있는 자와할랄 네루 대학교의 국제정치학부 교수이다. 러시아와
중앙아시아에 관한 지역학 프로그램의 팀장으로 일해 왔으며, 인도 내의 다양
한 기구와 유엔의 다양한 모임의 전문가로 활동해 왔다. 그동안 국제관계, 성
문제, 사회문제 등에 관한 많은 논문을 발표하였다.

옮긴이

박균열 : 경상대학교 사범대학 윤리교육과 교수
조홍제 : 국방대학교 국가안전보장문제연구소 전문연구원
김진만 : 육군3사관학교 윤리학과 교수
이영진 : 전 국방대학교 공보관/경상대학교 대학원 박사과정

인간안보 : 개념과 함의

1판 1쇄 인쇄	2010년 11월 10일
1판 1쇄 발행	2010년 11월 15일

지은이	타지박시 · 체노이
옮긴이	박균열 · 조홍제 · 김진만 · 이영진
발행인	전 춘 호
발행처	철학과현실사

등록번호	제1-583호
등록일자	1987년 12월 15일

서울특별시 종로구 동숭동 1-45
전화번호 579-5908
팩시밀리 572-2830

ISBN 978-89-7775-737-0 93340
값 20,000원